Joseph von Sonnenfels

Grundsätze der Polizei, Handlung und Finanzwissenschaft (1787)

Joseph von Sonnenfels

Grundsätze der Polizei, Handlung und Finanzwissenschaft (1787)

ISBN/EAN: 9783741174155

Hergestellt in Europa, USA, Kanada, Australien, Japan

Cover: Foto ©Suzi / pixelio.de

Weitere Bücher finden Sie auf **www.hansebooks.com**

Josephs von Sonnenfels

K. K. wirklichen Hofrathes, und Professors zu Wien.

Grundsätze

der Policey, Handlung und Finanzwissenschaft.

Abgekürzet,

in Tabellen gebracht, und zum Gebrauche
seiner akademischen Vorlesungen eingerichtet

vom

Hofrathe Moshammer zu Ingolstadt.

München 1 7 8 7
bei Johann Baptist Strobel.

Der Staat, als ein einzelnes Wesen genommen, kann wie ein Körper betrachtet werden, der einem Menschen ähnlich begliedert, und belebt ist. Die oberste Gewalt stellet das Haupt vor; Gesetze und Gewohnheiten sind das Gehirn, wo die Nerven ihren Anfang nehmen, der Sitz des Verstandes, des Willens und der Empfindung, deren Werkzeuge die Richter, und obrigkeitlichen Beamten sind. Die Handlung, Aemsigkeit, und der Feldbau sind der Magen und Mund, welche die allgemeine Nahrung zubereiten. Die öffentlichen Einkünfte sind das Geblüt. Eine kluge Hausbaltung vertritt die Stelle des Herzens, sendet das Geblüt zurück, und vertheilt dadurch in dem ganzen Körper Nahrung und Leben. Die Bürger sind der Leib, und die Glieder, wodurch die Maschine sich bebt, lebet, im Gange erhalten wird.

J. J. Rousseau.

Vorrede.

Vor etlichen Jahren wurden mir die Grundsätze der Polizei, Handlung, und Finanzwissenschaft eines vortreflichen Schriftstellers des Herrn von Sonnenfels in Wien, als Lehrbuch für meine Vorlesungen über die politischen Wissenschaften vorgeschrieben: die allgemein anerkannten Vorzüge dieses Werkes besonders die gründliche, und deutliche Entwicklung der Grundsätze wurden von berühmten, und einsichtsvollen Männern schon so oft geschildert, daß meine Lobsprüche ganz überflüßig seyn würden.

Das Werk selbst war mir jederzeit äusserst schätzbar, nur bei dem Gebrauche desselben, als Lehrbuch begegneten mir mehrere Schwierigkeiten, die meinen Bemühungen für die Aus-
brei-

Vorrede.

breitung gesunder politischer Grundsätze in meinem Vaterlande Hindernisse in den Weg legten. Dieses Werk war als Lehrbuch theils zu theuer, theils zu lang; da es zu theuer war, so konnte ich die traurige Erfahrung machen, daß fast die Hälfte meiner Zuhörer dieses Werk nicht kaufen, und folglich auch nicht die zahlreichen Früchte aus meinen Vorlesungen einärndten konnten, die ich wünschte. Sie besuchten zwar meine Vorlesungen mit großem Fleiße, vergaßen aber in einer kurzen Zeit das Gehörte, und konnten die verlornen Ideen aus Mangel des Lehrbuches nicht wieder in das Gedächtniß zurückrufen.

Auch als Vorlesebuch war es mir für den Zeitraum eines akademischen Jahres, in welche meine Vorlesungen eingeschränket wurden, viel zu weitläuftig; der akademische Lehrer kann nicht Zeit genug finden über drei Octavbände seine Vorlesungen so gründlich zu halten, daß er alle Grundsätze genau, und deutlich nach der Fassung seiner Zuhörer entwickeln kann.

Ich

Vorrede.

Ich entschloß mich also dieses Werk abzukürzen, und für meine Vorlesungen so brauchbar einzurichten, daß ich es bequem erläutern, und in dem mir vorgesteckten Zeitraume auch meine Vorlesungen endigen könne.

Man kann leicht vermuthen, daß ich in verschiedenen Grundsätzen einer dem würdigen Verfasser ganz entgegengesetzten Meinung seie; da ich aber hier nur die Grundsätze eines fremden Schriftstellers zum Nutzen, und Bequemlichkeit meiner Zuhörer abzukürzen mich bemühet habe; so würde es hier überflüßig, und am unrechten Orte gewesen seyn, wenn ich die Gegengründe, die mich eine entgegengesetzte Meinung zu ergreifen bewogen haben, hier zergliedert, und das Werk, welches ich abkürzte, dadurch wieder verlängert hätte; bey meinen Vorlesungen werde ich hierzu Gelegenheit genug finden.

Noch muß ich einem Einwurfe, den mir vielleicht unbillige Kunstrichter machen könnten, begegnen; warum ich nur die Grundsätze eines

*) an-

Vorrede.

andern Schriftstellers benutzet, und nicht vielmehr ein eignes Lehrbuch geschrieben habe: ich gestehe es, dieser Einwurf hätte mich bald von der Herausgabe des gegenwärtigen Werkes abgehalten; allein der Gedanke, daß es mir eben nicht darum zu thun seyn soll, Bücher zu schreiben, sondern vielmehr alle meine Kräfte dahin zu verwenden, daß gesunde politische Grundsätze, von denen das Glück ganzer Nationen, ganzer Länder abhängt, immer mehr verbreitet werden, der Gedanke, daß ich meinen Pflichten schon vollkommen Genüge leisten würde, wenn ich meinem Vaterlande, und besonders meinen jungen Freunden ein Werk liefern würde, in welchem die politischen Grundsätze in einer zierlichen, deutlichen, und gründlichen Schreibart auf das vortrefflichste entwickelt sind, diese Gedanken bestärkten mich wieder in meinem Vorhaben. Vielleicht werde ich einst, wenn vieljähriges Studium, und Nachdenken über politische Gegenstände, über die Geschichte, und Revolutionen der Staaten, dann auch Zeit, und äussere Umstände mir erlauben werden, die

Sprache

Vorrede.

Sprache meines Herzens freimüthig, und gründlich zu sprechen, mit einem größern Werke die politischen Wissenschaften bereichern, bis dahin werde ich mir immer den Grundsatz, der jungen Schriftstellern schon so oft vorgesagt, und so selten befolgt wurde, selbst vorsagen: nonum prematur in Annum.

Fur ietzo soll dieses vortrefliche Werk, und meine Vorlesungen über dasselbe meinen jungen akademischen Freunden hinlänglich seyn, sich auf der hohen Schule gesunde Grundsätze über politische Gegenstände zu sammeln, um einst mit vereinigten Kräften in meinem Vaterlande alle diejenigen nützlichen Einrichtungen, und Anstalten zu verbreiten, welche ich in diesem verbreitet wünsche.

Da die Tabellenmethode jungen Akademikern eine große Erleichterung in ihren Studien verschaffet, indem Sie dadurch die Grundsätze der ganzen Wissenschaft schneller und richtiger überschauen, die einzelnen Gegenstände tiefer im Gedächtnisse aufbewahren, das Vergessene in dasselbe wieder zurückrufen können: so verfertigte

*)   ich

Vorrede.

ich ebenfalls für meine Zuhörer einige Tabellen über das gegenwärtige Werk. Die Buchhandlung hat die Anstalt getroffen, daß sowohl das Werk, als die Tabellen einzeln, und auch in Verbindung gekauft werden können.

Noch setzte ich auch ein kurzes Verzeichniß von Schriften hinzu, die ich für meine Vorlesungen benutzte, und die durch ihren innern Gehalt, oder durch besondere äussere Umstände merkwürdig geworden sind.

Ich schließe diese Vorrede mit dem Wunsche, daß ich mich in den Geist dieses tiefdenkenden Politikers ganz hinein studiret habe, und daß das gegenwärtige Werk eben so großen Einfluß auf Staatsverbesserungen in meinem Vaterlande haben möge, als die sämmtlichen Schriften des Herrn von Sonnenfels in den K. K. Erbländern sichtbaren Einfluß gehabt haben.

Geschrieben den 3. Mai 1786.

E. X. M.

Litteratur
Schriften der ganzen Staatswissenschaft.

1. *Justi Lipsii* Politicorum, seu Doctrina civilis Libri IV. Lugd. Batav. 1590. 8.
2. *Veit Ludw. v. Seckendorf* teutscher Fürstenstaat, neue Auflage, Jena, 1754.
3. *Philosophiae* civilis, sive Politicae Partes IV. tanquam continuatio Systematis philos. Christ. L. B. de Wolf, Auctore Mich. Christ. Hannovio. Halæ Magd. 1756. 4. Tomi. 4.
4. Entwurf einer Staatskunst, worinnen die natürlichsten Mittel entdeckt werden ein Land mächtig, reich, und glücklich zu machen, von *I. M. v. Loen* dritte Aufl. Frankf. 1751.
5. de l'Esprit des Loix (par M. le Président de Montesquieu) Nouvelle Edition à Londres 1768. 3. Tomes 8. teutsch. Frankf. 1753. 3. Theile, neue Uebersetzung nach der neuesten Auflage aus dem franz. 4. Bände. Altenburg, 1782.
6. Institutions politiques, par Mr. *le Baron de Bielefeld*, à la Haye 1760. 3. Tomes; teutsch, Breslau 1776. 8.
7. Die Staatsklugheit nach ihren ersten Grundsätzen entworfen, von *Gottfr. Achenwall*, 4te Ausgabe, Göttingen, 1779. 8.

8. Joh. Heinr. Gottl. v. Justi. Staatswirthschaft, oder systematische Abhandlung aller ökonomischen, und Kammeralwissenschaften, die zur Regierung eines Landes erfordert werden. 2. Theile, 2te vermehrte Auflage. Leipzig, 1758. 8.

9. Introduction generale à l'Etude de la Politique des Finances, & du Commerce *par Mr. de Bezusobre.* Nouvelle Edition augm. à Berlin 1771. 3. Tomes 8. teutsch mit Zugaben von F. von Albaum. Riga 1773 — 75. 3. Theile, 8.

10. Principes naturels du Droit & de la Politique à Paris, 1765. 8.

11. Principes de tout Gouvernement, ou Examen de Causes, de la Splendeur, ou de la Foiblesse de tout Etat considéré en lui méme, & indépendamment des Moeurs, à Paris, 1766. 2. Tomes.

12. (von Pfeiffer) Lehrbegriff sämmtlicher ökonomischer, und Kammeralwissenschaften. Stuttgard, 1764. 4. I. Band, I. und II. Theil, Anhang 1772. Mannheim, 4. II. B. I. Th. 1770. Mañh. II. Th. 1777. III Band. 2. Theile 1778. 4.

13. An Inquiry into the Principles of political Oeconomy, being an Essay on the Science of domestic Policy in free Nations in which are particularly considered Population, Agriculture, Trade, Industry, Money, Coir, Interest, Circulation, Banks, Exchange, public Credit, and Taxes. *by sir James Stewart.* London 1767. 2. Vol. teutsch, Hamburg,

burg 1768. 3. Bände. 4. Tübingen. 1769 — 72. 4. Bände, gr. 8.

14. Neues Staatsgebäude in drei Bücher von L**. (Lilienfeld) Leipzig 1767. 8.

15. Delle Lezioni di Commercio, o sia d'Economia civile da legerſi nella Cattedra interiana di Napoli dell' Abate *Genoveſi*, in Milano. 1768. 2. Part. 4. teutſch 1772. Leipzig 2. Theil. 8.

16. Joſ. von Sonnenfels Grundſätze der Polizei, Handlungs, und Finanzwiſſenſchaft, dritte verbeſſerte Auflage. Wien 1770 — 76. 3. Th. 8.

17. Unterſuchung über die Natur, und den Urſprung der Reichthümer, und ihrer Vertheilung unter den verſchiedenen Gliedern der Geſellſchaft aus dem franz. Lemgo, 1775. 8.

18. *Th. Mortimers* Elements of Commerce, Polities, and Finances. London 1773. 4.

19. An Inquiry into the Nature, and Cauſes of the Wealth of Nations *by Adam Schmith.* Edit. II. London 1777. II. Vol. 4. überſetzt nach der erſten Ausgabe, teutſch, Leipzig, 1776. 2. Bände in 8.

20. *v.* Veri Betrachtungen über die Staatswirthſchaft, aus dem Italiäniſchen, Dresden, 1774. neue Ueberſetzung vom Hofrathe Schmid. Mannheim 1785.

21. *Conte Bonandi delle Mallere. Saggio di Economia civile 1776. Torino. 8.*

22. Joh. Georg Büsch, Schriften über Staatswirthschaft, und Handlung. 3. Theile Hamburg und Kiel 1782 — 84. 8.

23. Schmids, L. B. M. Lehre von der Staatswirthschaft, 2. Bände. Mannheim, 1781. 8.

24. Grundsätze der Univerfal Kammeralwissenschaft, oder deren vier wichtigsten Säulen, nemlich der Staatsregierungskunst, der Polizeiwissenschaft, der allgemeinen Staatsökonomie, und der Finanzwissenschaft (von Pfeiffer) 2. Theile, Frankfurt am Mayn, 1783. 8.

Polizeiwissenschaft.

Allgemeine Einleitung.

I. Abtheilung der Staatswissenschaft in ihre Zweige.

§. 1. Wenn mehrere Menschen sich vereinbaren einen gewissen Endzweck mit gemeinschaftlichen Kräften zu erreichen: so entsteht eine Gesellschaft, dieser Endzweck, welchen die Gesellschaft zu erreichen sich begnüget, muß als ein Bestes von derselben angesehen werden.

§. 2. Auch der Staat ist eine Gesellschaft von Bürgern, die sich vereiniget haben, mit vereinbarten Kräften ein gewisses Beste zu erreichen. Die Wirkung dieser Vereinigung ist, daß die Vereinigten in Ansehen des Endzwecks für eine sittliche Person anzusehen sind, mithin nur ein Bestes haben, welches

das

das gemeinschaftliche ist, nur einen Willen, nemlich den gemeinschaftlichen Willen, das gemeinschaftliche Beste zu verlangen, und nur eine Kraft, aus den einzelnen Kräften aller Glieder zusammengesetzt, dasselbe zu erreichen.

§. 3. Daraus, daß die moralische Person des Staates nur ein gemeinschaftliches Beste hat, folget, daß der Privatnutzen nicht anders in Betrachtung gezogen werden kann, als in soferne er einen Theil des allgemeinen ausmachet, und daß in dem Falle, in welchem er dem gemeinen Besten dergestalt entgegen stünde, daß beide nicht zu vereinbaren wären, der Privatnutzen dem allgemeinen nothwendig nachgesetzet werden müste. Die Wohlfahrt der Theile gründet sich auf die Wohlfahrt des ganzen.

§. 4. Daraus, daß im Staate nur ein gemeinschaftlicher Willen vorhanden ist, fliest: daß daselbst keinem Eigenwillen Platz gelassen wird, sobald es um etwas zu thun ist, so seine Wirkung in die gemeinschaftlichen Angelegenheiten erstrecken kann.

§. 5. Die einzelnen Kräfte jedes Mitglieds, in soferne Sie zur Erreichung des gemeinschaftlichen Endzwecks nothwendig sind, sollen auch auf keine andere Art angewendet werden, als wozu die gemeinschaftliche Kraft bestimmet ist.

§. 6. Die Anstalten und Maaßregeln zur Beförderung des gemeinschaftlichen Besten vorzuschlagen, zu prüfen, entweder gutzuheißen, oder zu verwerfen ist ein gemeinschaftliches Recht aller Glieder der Gesellschaft,

schaft, hierzu wird auch die Uebereinstimmung aller Glieder, das ist, die Erklärung des gemeinschaftlichen Willens erfordert.

§. 7. Dieses war die erste Gestalt aller Staaten: Uebergang von der Menge zur Gesellschaft, von der Anarchie zu der einfachsten Demokratie. Aber man sieht die Schwierigkeiten ganz leicht ein, welchen diese Erklärung bey einer grössern Gesellschaft unvermeidlich unterworfen ist. Eine allgemeine Uebereinstimmung kann nicht allemal, ja Sie wird nur sehr selten erhalten werden können. Oft also würden die öffentlichen Berathschlagungen keinen Ausgang haben. Die Beschaffenheit der Vorfälle verträgt nicht immer eine solche Verzögerung, als bey allgemeinen Zusammenkünften, oder bis zur Sammlung aller Stimmen besonders in zahlreichen Gesellschaften und Ländern von weiterm Umfange nothwendig ist. Die Einsicht der Mitstimmenden, der Antheil, den Sie nach Unterschied des Vermögens, oder nach Verschiedenheit anderer Umstände an den öffentlichen Angelegenheiten haben, sind ungleich. Gleichwohl hätte die Stimme des Klügern, des Vermögenden nicht mehr Gewicht, als die Stimme des Unerfahrnen, des Unvermögenden. Man muste also über eine Art einig werden, wodurch die angeführten Unbequemlichkeiten vermieden wurden. So, wie die Gesellschaften auf verschiedene Art den Schwierigkeiten auszubeugen suchten, entstunden verschiedene Regierungsformen.

§. 8. Um den öffentlichen Angelegenheiten wenigstens einen Ausgang zu geben, blieb es zwar dabei,

daß

daß jeder Bürger mit einstimmte; jedoch die Mehrheit der Stimmen entschied. Staaten, wo diese Art die öffentlichen Geschäfte zu verwalten üblich ist, heissen noch immer Demokratien, aber in einer beschränkteren Bedeutung. Nicht nur, daß die mehresten Stimmen bei einer unterrichteten Menge gewiß nicht die klügsten sind, daß vielleicht gerade das Gegentheil zu vermuthen ist; so sind durch die demokratische Regierungsform weder die Verzögerung, noch der Unterscheid des Antheils gehoben, welche in die öffentliche Berathschlagungen so sehr einfliessen. Daher wählten andere aus dem Volke gleichsam die Edleren zur Verwaltung des gemeinen Wesens: von ihnen empfiengen diese Staaten den Namen Aristokratien. In Aristokratien zwar ward die Gesezgebung an den einsichtsvolleren Theil des Volks übertragen; aber Familienabsichten wurden immer in die öffentliche Berathschlagungen mitgebracht, und machten Spaltungen, oder lenkten die allgemeinen Geschäfte nach den Privatnutzen hin. Daher andere in der hausväterlichen Regierung ein Urbild suchten, wornach sie aus Zutrauen zu der Weisheit eines einzigen zu seiner Gerechtigkeit und Liebe alles an einen übertrugen, der ihr Vater, ihr Gesezgeber und Rath, ihr Haupt sein sollte, der mit der nothwendigen Einsicht begabt, keinen von dem allgemeinen abgesonderten Vortheil kennte. Dieses sind Monarchien. Alle drey Regierungsformen sind wieder verschiedener Zusammensetzungen, Einschränkungen, Mäßigungen, und Ausartungen fähig.

§. 9. Durch diese verschiedenen Regierungsformen ward nichts an dem wesentlichen der Gesellschaft,

son-

sondern nur die Förmlichkeit geändert, mit welcher sich der gemeinschaftliche Willen erklärte; welches nun nach dem Unterschiede der Regierungsformen entweder durch die Mehresten, oder den Ausschuß, oder den Alleinherrscher geschah, da es sonst durch die allgemeine Uebereinstimmung geschehen muste.

§. 10. Indem nun die oberste Gewalt den gemeinschaftlichen Willen enthält; so kömmt es ihr gleichfalls zu, zu bestimmen, wie die gemeinschaftlichen Kräfte zum allgemeinen Besten am schicklichsten zu gebrauchen seien.

§. 11. Der Endzweck, um dessen willen die Glieder einer Gesellschaft zusammen getretten sind, ist das gemeinschaftliche Beste, oder die Summe aller einzelnen Besten. In bürgerlichen Gesellschaften war dieses Beste, dieser Endzweck die Sicherheit, und Bequemlichkeit des Lebens, welche vereinbart die öffentliche Wohlfahrt ausmachen.

§. 12. Die Sicherheit ist der Zustand, worinnen wir nichts zu fürchten haben. Der Zustand, worinnen der Staat von aussen nichts zu fürchten hat, heist die äussere öffentliche; worinnen kein Burger von aussen etwas zu fürchten hat, die äussere Privatsicherheit. Wenn der Staat von seinen Bürgern nichts zu fürchten hat: so heist dieser Zustand die innere öffentliche Sicherheit. Wenn kein Bürger weder vom Staate noch vom Mitbürger etwas befürchtet: so heist dieses die innere Privatsicherheit. Wenn weder der Staat von aussen noch von seinen Bürgern, weder diese irgendher etwas zu befürchten

B   haben:

haben: so heist dieser glückliche Zustand die allgemeine Sicherheit.

§. 13. Die Bequemlichkeit des Lebens ist die Leichtigkeit sich durch seinen Fleiß Unterhalt zu verschaffen, je vervielfältigter die Nahrungswege sind, desto leichter kann der Fleiß seinen Unterhalt finden. Die allgemeine Bequemlichkeit des Lebens wird also durch Vervielfältigung der Nahrungswege erhalten.

§. 14. Zur Gründung und Erhaltung der gemeinschaftlichen Wohlfahrt ist mancherlei Aufwand erforderlich. Die äussere Sicherheit fordert Vestungen, Kriegsheere, Gesandschaften; die innere Sicherheit Magistrate, Gerichte. Der Regent muß mit Einkünften versehen werden, die zu seiner Würde ein Ebenmaaß haben. Da dieser Aufwand zum Besten aller Bürger gemacht wird; so ist es billig, daß er von allen Bürgern getragen, aber auch von denselben auf eine solche Art erhoben werde, welcher dem Endzweck zusaget.

§. 15. Nach vielfältigen Beobachtungen, und Erfahrungen konnten die verschiedenen Maaßregeln, durch welche die allgemeine Wohlfahrt erhalten wird, auf zuverläßige Grundsätze zurückgeführet, und in die Gestalt einer Wissenschaft gebracht werden, welche die Staatswissenschaft im ausgedehntesten Verstande ist: Die Wissenschaft nemlich die Wohlfahrt eines Staates handzuhaben. Diese Wissenschaft wird gewöhnlich wegen seinem weitläuftigen Umfange in vier abgesonderte Wissenschaften eingetheilet.

§. 16.

§. 16. Die Sammlung derjenigen Grundsätze nach deren Anleitung die äussere Sicherheit der Staaten handgehabt wird, machen die Staatswissenschaft insbesondere (die sogenannte Staatsklugheit, oder Politik) aus.

§. 17. Die Grundsätze die innere Sicherheit zu gründen und zu erhalten, lehrt die Polizeiwissenschaft.

§. 18. Die Vervielfältigung der Nahrungswege durch einen vortheilhaften Umsatz dessen, was das Erdreich, und die Emsigkeit hervorbringen, lehret die Handlungswissenschaft.

§. 19. Die Finanzwissenschaft endlich zeiget, auf welche Weise die Staats-Einkünfte auf das vortheilhafteste gehoben und verwaltet werden sollen.

* Man begreift die Polizei, Handlung, und Finanz auch unter dem Worte Staatswirthschaft, oder nennet sie die ökonomischen Wissenschaften; den beiden letztern leget man auch insbesondere den Namen Kammeralwissenschaften von den Kammern der Regenten bei, als bei denen die dahin einschlagenden Geschäfte gewöhnlicher Weise verwaltet werden.

§. 20. Eine Menge anderer Wissenschaften, und Kenntnisse sind theils, als eine unentbehrliche Vorbereitung, theils als erleichternde Hilfsmittel zu der Polizei-Handlungs und Finanzwissenschaft anzusehen: die Vernunft- und Sittenlehre, die Naturlehre mit allen

allen ihren Theilen, die mathematischen Wissenschaften, die Erdbeschreibung, die Geschichte, die Rechte, Sprachen.

II. Hauptgrundsatz der Staatswissenschaft und ihrer Zweige.

§. 21. Da die Maaßregeln, durch welche die gemeine Wohlfahrt gehandhabt wird, in eine wissenschaftliche Gestalt gebracht werden können: so müssen Sie sich aus einem Hauptgrundsatze ableiten, und ihre Uebereinstimmung mit dem Endzwecke darthun lassen. Der Beweis nemlich muß stuffenweise von einer Folge zur andern zurücksteigen, bis er endlich zu einer erwiesenen Wahrheit gelanget, von der alle andere abgeleitet werden. Diese Wahrheit ist dann der Hauptgrundsatz, Prüfungsstein, Criterium genannt. Die Eigenschaften eines solchen allgemeinen Hauptgrundsatzes sind aus der Grundlehre bekannt. Er muß wahr seyn, wie liessen sich sonst davon andere Wahrheiten ableiteleiten? er muß der erste sein, sonst wäre er untergeordnet; eben darum muß es nur ein Satz seyn, weil bey mehrern zuvor ihre Verbindung unter sich durch einen höhern Satz dargethan werden müste; er muß zureichend sein, weil sich daraus die Ursache aller untergeordneten Sätze muß angeben lassen; er muß endlich nicht zu entferner sein, das ist, der Verstand muß bei den geführter Beweisen nicht schon ehe befriediget seyn, bevor er bis zu dem angenommenen Grundsatze zurückgeführet wird.

§. 22.

§. 22. Der erste, der die Staatswissenschaft mit allen ihren untergeordneten Wissenschaften zu einem allgemeinen Grundsatze zurückführte, war der Herr von Justi, und er hat hierzu die Beförderung der allgemeinen Glückseligkeit angenommen. Die Beförderung der allgemeinen Glückseligkeit ist zwar die Entstehungsursache der Staaten, und ihr immerfortdauernder Endzweck: allein eben darum kann Sie als der Prüfungssatz, oder der allgemeine Grundsatz nicht angenommen werden, da durch diesen die Güte der Maaßregeln, die in ihrer Uebereinstimmung mit dem Endzwecke bestehet, geprüfet werden soll.

§. 23. Der einzelne Mensch suchte seine Kräfte durch die Vereinigung mit mehrern zu vergrössern, suchte durch diese Vergesellschaftung mehrere Bedürfnisse zu befriedigen, mehrere Gemächlichkeiten zu erhalten, je grösser die Gesellschaft war, worein er sich begab, desto grösser ward das Maaß des Widerstandes, den er auf jedem Fall leisten, und dadurch seine Sicherheit vergewissern konnte. Je zahlreicher die Gesellschaft war, desto häufiger wurden die Bedürfnisse, desto mannigfaltiger waren die Erzeugnisse des Fleisses, desto leichter ward es ihm, jede seiner Bedürfnisse und Gemächlichkeiten zu erhalten. Durch die Vergrösserung der Gesellschaft also, und nach ihrem Maase ward der Endzweck der bürgerlichen Gesellschaften die Sicherheit, und Bequemlichkeit des Lebens erreichet. Dieser Endzweck bleibt in der Folgezeit stets ebenderselbe; es wird also ebendasselbe Mittel wirksam bleiben,

§. 24. Die Vergrösserung der Gesellschaft enthält also alle untergeordneten einzelnen Mittel in sich, welche gesammelt die allgemeine Wohlfahrt befördern. Sobald also, als es von einer Anstalt, von einem Gesetze erwiesen ist, daß Sie der Vergrösserung der Gesellschaft vortheilhaft, oder derselben wenigstens nicht entgegen sind; so enthält dieser Beweis zugleich den höhern in sich: daß Sie die allgemeine Wohlfahrt von Seite der Sicherheit oder Bequemlichkeit des Lebens befördern, oder wenigstens nicht beschränken. Wir nehmen demnach die Vergrösserung der bürgerlichen Gesellschaft durch Beförderung der Bevölkerung zum gemeinschaftlichen Hauptgrundsatze der Staatswissenschaft, und der darunter begriffenen Wissenschaften an; und der **Prüfsatz** jeder Maaßregel, welche zur Beförderung der gemeinen Wohlfahrt ergriffen wird, heist: ist Sie der Bevölkerung zuträglich? ist Sie der Bevölkerung nachtheilig?

§. 25. Je grösser die Menge des Volkes ist, desto grösser ist das Maas des Widerstandes, worauf die äussere Sicherheit beruhet: folglich der Hauptgrundsatz der **Politik**.

§. 26. Je grösser die Menge des Volkes ist, auf dessen bereiten Beistand man bauen darf, destoweniger hat man von innen zu fürchten: folglich der Hauptgrundsatz der **Polizei**.

§. 27. Je mehrere Menschen, desto mehrere Bedürfnisse, desto vervielfältigter die Nahrungswege von innen, je mehrere Hände, desto häufiger die Erzeugnisse des Erdbaues und Fleisses, der Stoff zur äusserlichen Vertauschung: folglich der Grundsatz der **Handlungswissenschaft**.

§. 28. Je mehrere Bürger, desto mehrere die zum öffentlichen Aufwande beitragen; desto kleiner der Antheil eines jeden Mitsteuernden insbesondere, ohne Verminderung der öffentlichen Einkünfte selbst; folglich der Hauptgrundsatz der Finanzwissenschaft.

Polizei.

Es ist viel, wenn Ordnung, und Friede in allen Theilen des gemeinen Wesens herrschen. Es ist viel, wenn der Staat ruhig ist, und die Geseze beobachtet werden. Woferne man aber dabei stehen bleibt, wird aller Orten mehr Schein als Wirklichkeit vorhanden seyn. Ist es gut, die Menschen, so wie Sie sind, leiten zu wissen; so ist es weit zuträglicher Sie so zu bilden, wie Sie sein sollen. Die unumschränkteste Gewalt ist diejenige, die bis in das Innerste bringt, und nicht weniger über den Willen als die Handlungen ausgeübet wird.

Polizei-Litteratur.

1 Traité de la Police, par Mr. *de la Mare.* à Paris 1729. 4 Tomes, fol.

2 Code de la Police, ou Analyse des Reglements de Police divisé en douze Titres par M. D** (du Chesne) Edit. III. à Paris 1761. 8.

3 J. J. Bechers, politischer Discours von den eigentlichen Ursachen des Auf- und Abnehmens der Städte und Länder, vermehrt durch G. H. Zinken, Frankf. 1759. 2 Theile, 8.

4 J. H. G. v. Justi, Grundsätze der Polizeiwissenschaft. Göttingen, 1756. 2te vermehrte Aufl. 1759. Dritte Ausgabe mit Verbesserungen und Anmerkungen, von Johann Beckmann, Göttingen, 1782.

5 J. H. G. v. Justi, Ausführliche Vorstellung der Polizeiwissenschaft. Königsberg, und Leipzig, 1760. 2 Theile, 4.

6 Petri Caroli Guil, L. B. ab *Hohenthal*. Liber de Politia adspersis Observationibus de causarum Politiae, et Justitiae differentiis. Lipsiae 1776. 8.

7 Natürliche aus dem Endzwecke der Gesellschaft entstehende allgemeine Polizeiwissenschaft, von dem Verfasser des Lehrbegriffs sämmtlicher ökonomischer und Kammeralwissenschaften (v. Pfeiffer.) Frankf. 1779. 2 Theile.

Einleitung.

§. 29. Die **Polizeiwissenschaft** enthält die Grundsätze die innere Sicherheit des Staates zu gründen und handzuhaben.

§. 30. Was immer die innere Sicherheit vergrössern kann, gehört in den Umfang der Polizei. Daher, wenn Sie mit den Anstalten für die Sicherheit auch solche verbindet, die oft blos die Gemächlichkeit befördern, und das Dasein der Bürger angenehm machen, z. B. Spaziergänge, Schauspiele, die Zierde der Städte, so ist ihre Absicht als Polizei keine andere, als den Grad der Sicherheit zu erhöhen.

§. 31. Die innere Sicherheit ist eine **öffentliche** und eine **Privatsicherheit**; aus dieser Abtheilung entstehen die zween Hauptzweige der Polizeigeschäfte: 1. Die Vorsorge für die innere öffentliche Sicherheit. 2. die Vorsorge für die innere Privatsicherheit.

§. 32. Die **öffentliche innere Sicherheit**, oder der Zustand, worinnen der Staat von seinen Bürgern nichts zu befürchten hat, beruhet auf der Folgsamkeit, die sowohl jeder Stand, als jeder einzelner Bürger dem Staate, das ist, der ihn vorstellenden obersten Gewalt in jedem Falle leistet. Eine freiwillige Folgsamkeit läst sich auch bei den weisesten Gesetzen wenigstens nicht allgemein erwarten. Daher muß die Polizei besorgt sein, die Folgsamkeit auf die **Unmöglichkeit der Widersetzung** zu gründen. Sie erhält dieses, wenn Sie die einzelnen Kräfte der Bürger dergestalt abnützt, daß Sie mit den allgemeinen Kräften stets in

einem

einem ebenmäßigen Verhältnisse stehn. Das Ebenmaaß dieses Verhältnißes beruhet darauf: Daß das Maaß der Kräfte der Widersetzung stäts kleiner, als das Maas der Zwangkräfte ist. Die Polizei muß daher aufmerksam sein, damit kein Stand, oder einzelner Bürger zu einer der gemeinschaftlichen Wohlfahrt nachtheiligen Stärke anwachse, sich der obrigkeitlichen Gewalt widersetzen könne.

§. 33. Die innere Privatsicherheit bezieht sich auf die Handlungen, Personen, Ehre und Güter der Bürger. Der zweite Hauptzweck der Polizei untertheilet sich also in die Vorsorge für die Sicherheit 1. Der Handlungen. 2. Der Personen. 3. Der Ehre. 4. Der Güter.

§. 34. Die Sicherheit der Handlungen ist der Zustand, worinnen wir wegen unsern Handlungen nichts zu besorgen haben; es ist offenbar, daß in einer bürgerlichen Gesellschaft die Sicherheit sich auf solche Handlungen nicht erstrecken könne, die den Gesezen zuwider sind.

§. 35. Hingegen muß die Sicherheit in Ansehn derjenigen Handlungen, welche den Gesezen nicht zuwider sind, dergestalt befestigt sein, daß der handelnde Bürger weder von Seite der obersten Gewalt eine nachtheilige Folge, weder von Seite des Mitbürgers eine Beschränkung zu besorgen habe. Das erste hängt von der Beschaffenheit der peinlichen Geseze im ausgedehntesten Verstande, und von der Förmlichkeit des peinlichen Verfahrens ab, welche dem unschulschuldigen zureichende Vertheidigungsmittel an die Hand geben, und nur dem schuldigen schrecklich werden muß. Die Sicherheit der Handlungen in Ansehen unserer Mitbürger gründet sich auf den Schutz der Polizei gegen jedermann, der uns auf irgend eine Art in dem Genusse derjenigen Freiheit Hindernisse legen wollte, welche uns durch die Geseze eingeräumet worden.

§. 36. Soll die persönliche, und die Sicherheit unserer Ehre, und Güter gegründet sein; so muß Sie weder durch die Handlungen der Mitbürger, noch durch Zufälle verletzet werden können; die der Privatsicherheit nachtheiligen Handlungen sezen: 1. den Willen, 2. das Vermögen zu handeln, und zwar dergestalt vereinbart voraus, daß die Polizei denselben der Würkung nach hinlänglich vorbeugt, wenn Sie eines aus beiden thätig einschränket.

§. 37. Der Willen der Handelnden wird durch Beweggründe bestimmet, und diese sind entweder die Betrachtung der Sittlichkeit der Handlung abgesondert von ihren Folgen, oder die Vorstellung der guten, und bösen daraus möglichen Folgen; beides kömmt auf eine richtige Beurtheilung, diese aber auf den Verstand an. Auch die Neigungen und Leidenschaften haben in den Willen einen starken Einfluß: Die Ausbildung des Verstandes, der Neigungen, und überhaupt der sittliche Zustand der Bürger fordert also die erste Aufmerksamkeit der Polizei.

§. 38. Diese Aufmerksamkeit muß mit Gesezen vereinbart seyn, welche erklären, was zu thun, was

zu

zu unterlassen seie, und um den Willen thätiger zu bestimmen, jede schädliche Handlung mit solchen Folgen unausbleiblich verknüpfen, deren Erwägung stark genug ist, von ihrer Ausübung abzuhalten.

§. 39. Gleichwohl lehret uns die Erfahrung, daß die Gesetze, und Furcht der Strafe nicht auf jedermann einen genugsam mächtigen Eindruck machen; der Bösewicht schmeichelt sich beständig mit der Hoffnung nicht betretten zu werden. Es wird daher erfordert, daß wirksame und offenbare Anstalten ihm das Vermögen benehmen, einen nachtheiligen Entschluß in das Werk zu setzen, oder, da dieses in allen Umständen nicht möglich ist, ihm wenigstens die Hoffnung vereiteln bey Ausübung einer der Sicherheit nachtheiligen Handlung unentdeckt und unbestraft zu bleiben.

§. 40. Zufälle, wie Sie hier verstanden werden, sind alle Begebenheiten, deren Ursache nicht in dem menschlichen Willen liegt. Diejenigen Begebenheiten also, die ihren Grund wenigstens in jemandes Nachläßigkeit haben, sind eigentlich keine Zufälle. Es liegt nun zwar nicht in den menschlichen Kräften, die Ereignung schädlicher Zufälle zu hindern; aber es gehöret zu den Verrichtungen der Polizei die Folgen der Zufälle zu verringern, oder zu vernichten.

§. 41. Aus dem Vorhergehenden läst sich die Beschäftigung der Polizei gleichsam unter einem Gesichtspunkt zusammenziehen. Sie erhält

Die innere öffentliche Sicherheit,
durch das ebenmäßige Verhältniß der Stände.

Die

Die innere Privatsicherheit
a.) der Handlungen,
- a) in Ansehen der obersten Gewalt; durch die genau beobachtenden Gränzen der Gesetzgebung, die Güte der peinlichen Geseze, und Ordnung des Kriminalverfahrens.
- b.) gegen die Privatbürger; durch den Schutz gegen alles, was die den Gesetzen nicht entgegen laufenden Handlungen beschränken könnte;

b.) der Personen Ehre, und Güter, durch Verhinderung
- a.) schädlicher Handlungen, welche bestehen können
  - α.) in dem Willen: durch Aufmerksamkeit auf den sittlichen Zustand, auf die Bildung der Sitten, durch Gesetze und verhängte Strafen.
  - β.) in dem Vermögen zu handeln: durch wirksame Anstalten gegen die Vollbringung schädlicher Handlungen, oder durch ihre Bestrafung;
- b.) gegen Zufälle: durch Verringerung und Vernichtung ihrer Folgen.

Dieser kurze Begriff der Polizeiverrichtungen wird die Grundlage der Eintheilung seyn, nach welcher wir von jeder zu handeln haben.

Die innere öffentliche Sicherheit.

Von dem Verhältnisse der Kräfte einzelner Stände, und Bürger zu dem Staate, und der hiebei nothwendigen Aufmerksamkeit der Polizei.

§. 42. Die einzelnen Kräfte der Bürger müssen mit den allgemeinen Kräften stets dergestalt in einem ebenmäßigen Verhältnisse stehen, daß auf allen Fall das Maaß der Kräfte der Widersetzung von Seiten der Bürger kleiner, als das Maaß der Zwangkräfte von Seiten des Staates seie. Diese Kräfte bestehen in dem Reichthume, in der Stärke eines Standes, und seinen Vorrechten. Das Verhältniß kann also in diesen dreien Theilen verletzet werden. 1. Durch das Uebermaaß des Reichthums. 2. Durch die Grösse und Ausbreitung eines Standes. 3. Durch die einem Stande, oder Bürger zugestandene, oder von ihnen eigenmächtig angemaßte Gewalt, und Freiheiten.

§. 43. Es giebt Staatskluge, welche den grossen Reichthum der Bürger insgesammt dem Staate in der Person des Regenten nachtheilig glauben; allein alle Beispiele von dem Sturze der Staaten, der durch die überwiegenden Reichthümer beschleuniget worden, beweisen nur wider den Mißbrauch derselben, und eigentlicher wider ihre ungleiche Vertheilung.

§. 44. Die Aufmerksamkeit der Polizei muß eigentlich darauf gerichtet seyn, damit nicht irgend ein Stand, eine Familie, ein Bürger den Reichthum vorzüglich an sich ziehe, und dadurch Kräfte sammle, etwas der Ruhe des Staats nachtheiliges zu unternehmen, und auszuführen. Sind die Besitzer grosser Reichthümer durch solche Wege dazu gelanget, welche, weil sie von keinem Gesetze beschränkt sind, nicht als unrechtmäßig angesehen worden: so hat die oberste Gewalt kein Recht Sie derselben zu entsetzen. Die Klugheit gebeut also der Häufung allzugroßer Schätze vorzubeugen.

§. 45.

§. 45. Alles kömmt hier auf die Geseze von Eigenthums=Erwerbungen an, wodurch den an sich Bringungen Gränzen ausgezeichnet werden müssen. Die Untertheilung der Güter unter mehrere Kinder, scheint Sie auch von dieser Seite der Sorge zu überheben. Nur müssen sie nicht Familienabsichten gefällig die Hände bieten, und die Errichtung der Majorate, Verbrüderung, Erblehnfolge, und andere Familienverträge ohne Einschränkung freistellen. Selbst die Mitgabe der Weiber kann der öffentlichen Ruhe nachtheilig werden, im Falle, daß dadurch beträchtliche Güter an ein vieleicht für sich übermächtiges Haus übergiengen.

§. 46. Die unsterblichen Gesellschaften hingegen erlauben dem Staate die Vorsehung, die Gränzen ihres Besitzes genau auszuzeichnen; diejenigen besonders, deren Vermehrung nicht eben unter die grossen Vortheile des gemeinen Wesens zu zählen ist. Ihre Bestimmung setzet auch ihre Zahl fest, eine bestimmte Zahl hat einen berechneten Unterhalt, was immer diesen Unterhalt übersteigt, ist für die Glieder der Gesellschaft unnützes Gut, dessen Misbrauch zu fürchten ist. Ist also die Summe des zureichenden Unterhalts berechnet, und festgeseset, so ist nothwendig der weitern Vergrösserung des Vermögens durch Anordnung der Vermächtniße, Schenkungen, Käufe, und aller Verträge und Wege, wodurch erworben, oder Reichthum angehäufet wird, zu wehren. Dieser Theil der Gesetzgebung ist der grösten Aufmerksamkeit würdig.

§. 47.

§. 47. Hätte man diese Aufmerksamkeit aus den Augen gesezt, und wäre das Vermögen einer Familie, einer Gemeinde zu unebenmäßig geworden; so hat man an den eingeführten Wiederlösungsrecht ein Mittel die Besitzung der unbeweglichen Güter zu zerstücken. Dieses Wiederlösungsrecht, welches sonst Anverwandten gegen Auswärtige, oder den Gliedern einer Gemeinde gegen diejenigen zugestanden wird, welche nicht von der Gemeinde sind, könnte z. B. erstlich allen Anverwandten, falls diese nicht vorhanden, oder vermögend wären, allen Laien gegen Klöster eingeräumet werden. Es würde klug gehandelt seyn Standeserhöhungen vorzunehmen, die Ehrbegierde der Vermögenden zu einem grossen Aufwande aufzumuntern. In Frankreich werden verdienten Officieren Gnadengehalte auf die Vermögen der Klöster angewiesen.

§. 48. Die Polizei muß von der Stärke aller Stände und Gemeinden genau unterrichtet sein, damit Sie, wenn einer derselben zu einer verdächtigen Grösse anwüchse, Sie ihn sogleich in die verhältnißmäßigen Gränzen einschränken möge.

§. 49. Um dieses Kenntniß der Stärke einzelner Stände zu erlangen muß dem Staate die Stärke des ganzen zuvor bekannt werden. Man preißt hierzu drei verschiedene Arten an, deren grössere, oder kleinere Zuverläßigkeit untersucht zu werden verdienet, um darunter die zuverläßigste zu wählen. Die erste ist die Grundlage der sogenannten politischen Rechnung, deren Erfindung den Eng-
län-

ländern angehöret. Sie besteht in einer Berechnung der Gebohrnen, und Verstorbenen, und ist aus verschiedenen Verhältnissen zusammengesetzet. Aus denen durch viele Jahre, und selbst in verschiedenen Ländern gesammelter Todesverzeichnissen glaubte man ein Verhältniß der Sterbenden zu den lebenden festsetzen, und durch die wechselseitige Multiplikation dieser beiden Zahlen die wirkliche Anzahl der Bevölkerung bestimmen zu können. Angenommen z. B. mit Süßmilch, daß von 36 immer 1 sterbe; so beweist jeder gestorbene 36 lebende, mithin werden 300 Todte, weil mit 36 unter 300 gegangen wird, zum Beweise von 10, 800 in der Stärke der Bevölkerung dienen.

§. 50. Dem Verzeichnisse der Todten gesellt man die Zahl der gebohrnen bei, und schließt von der Zahl der Kinder auf die Zahl der Ehen, und von von der Zahl der Ehen abermal auf die ganze Bevölkerung, man nimmt z. B. von 35 lebenden immer 1. Kind an, mithin würden 300 Kinder, wenn mit 35 unter 300 gegangen wird, einen Beweis von 10500 Lebenden machen.

§. 51. Diese Arten von Berechnungen scheinen wenigstens diejenige Zuverläßigkeit nicht zu haben, welche der Staat in einer so wichtigen Sache wünschen muß. Die Verzeichnisse der Todten enthalten selten die im Felde, oder zur See gestorbenen; daher wird die Totalsumme manchmal zu klein ausfallen. Auf einer andern Seite begreifen Sie die

Fremden gleichfalls mit darunter; und dann muß die herausgebrachte Totalsumme zu stark sein. Doch diese Fehler würden sich durch eine genaue Aufmerksamkeit beheben lassen. Aber noch haben sich die politischen Rechner selbst über die Grundverhältnisse der Sterbenden zu den Lebenden, der Gebohrnen zu den Ehen, der Ehen zu der Bevölkerung nicht vereinbaret, und ihre Unübereinstimmung beweist die Unsicherheit des Produkts, wovon diese Verhältnisse der Grund sein müssen. Auch scheint es in der That unmöglich wegen verschiedenen Veränderungen darinnen etwas unzweifelhaftes zu bestimmen.

§. 52. In denienigen Ländern, wo das Metzenrecht eingeführet ist, hat man die Stärke der Bevölkerung aus der Verzehrung des Getreides berechnen wollen. Man hat nemlich auf einen Kopf soviel Metzen angenommen, und dann geglaubt aus der Summe des verzehrten Getreides durch die Division die Zahl der Menschen herausgebracht zu haben. Die Ungewißheit dieser Berechnung fällt in die Augen. Die Zählung der Kommunikanten verdienet keine besondere Erwähnung, weil dieselbe so unvollständig ist, daß Sie gleich den Taufregistern anders, als Bethülfsweise, nicht leicht von iemanden werden empfohlen werden.

§. 53. Wäre aber auch bei einer, oder andern dieser Arten von Berechnungen die Gewißheit zu hoffen: so kann immer dadurch mehr nicht, als eine obenhinige Summe höchstens mit dem beiläufigen

Verhältniſſe der Geſchlechte erhalten werden, da dem Staate gleichwohl daran gelegen ſein muß, alle nur möglichen einzelnen Untertheilungen, und Verhältniſſe herauszubringen, von denen er ſo mancherlei Vortheile erheben kann. Er wird dieſelben leicht, und mit groſſer Zuverläßigkeit durch die jährlichen Seelenbeſchreibungen erhalten.

§. 54. Die nothwendigſten Rubriken dieſer Seelenbeſchreibungen ſind folgende: der Stand der Familie bei der letztern Beſchreibung: der Zuwachs von dieſer Zeit an Gebohrnen, an aus andern Häuſern, aus andern Städten hieher verſetzten: an Fremden: der Abgang an Geſtorbenen nach den Stufen des Alters, an in andere Häuſer, in andere Städte verſetzten, an Ausgewanderten. Die Gegeneinanderhaltung dieſer beiden Fächer zeigt den gegenwärtigen Stand der Familie, wovon weiters umſtändlich das Geſchlecht, das Alter unter gewiſſen Stufenjahren, die Religion, die Beſchäftigung, und der Stand, die Mitarbeiter, Dienſtleute, dann die Ehen, die lebenden Kinder beſchrieben werden müſſen. Jeder Familienvater beſchreibt ſich ſelbſt nach einem ihm vom Staate vorgeſchriebenen Formular: aus dieſen einzelnen Familienbeſchreibungen zieht der Hausinnhaber, der auf die Richtigkeit der erſtern zuſehe, und die Familienbeſchreibungen beizulegen hat, eine Beſchreibung ſeines Hauſes: aus den Haustabellen verfertigen die über die Richtigkeit der Haustabellen wachenden Gaſſenkommiſſäre Gaſſentabellen, oder Tabellen von gewiſſen kleinern

Bezirken, und dann die Viertelkommissäre Viertel-
tabellen. In diesen verschiedenen Tabellen können
mit blos wörtlicher Abänderung alle Rubriken der
Familienbeschreibung beibehalten werden: und daraus
ist es nicht schwer eine Totaltabelle der Städte zu
machen, welches die Pflicht der Magistrate sein wird,
auf dem Lande ist die Beschreibung mit wenigeren
Umgängen möglich. Jeder Dorfrichter kann die Familienbeschreibung selbst, oder mit Beziehung des
Pfarrers, oder Schulmeisters vornehmen, das Total
an die Herrschaftlichen Beamten behändigen, diese
aus den verschiedenen Beschreibungen eine ganze von
ihrem anvertrauten Gute an das Kreisamt abgeben,
hieraus aber können die Kreisämter eine Kreistabelle
an das Landesgubernium zur Zusammenziehung in eine
Hauptlandestabelle einsenden. Aus Landes= und
Stadttabellen nun wird eine zuverläßige allgemeine
Beschreibung eines Staates gezogen, wo die kleine-
ren Untertheilungen hinweggelassen werden. Diese
Tabelle ist in den Händen des Staatsmannes die
Richtschnur aller Anstalten, und nicht weniger eine
Wegweisung das Fehlerhafte in denselben aufzuführen.

§. 55. Er sieht hieraus den Totalstand der
Bevölkerung, das Verhältniß der Provinzialbevölkerung unter sich, das Verhältniß der Geschlechte; die
Zahl der Ehen, und ihr Verhältniß zu den Ehe-
losen; das Verhältniß der Religionen, der Stände,
der Beschäftigungen, den Zuwachs, und Abgang im
ganzen, und nach einzelnen Rubriken. Das Total
der Bevölkerung wird der Magazinirung, dem Manu-
fak-

fakturwesen, und den Beschäftigungen zum Grunde gelegt, weil es die Summe der Bedürfnisse anzeigt; es ist zugleich die Grundlage der Finanz-Operationen, welche mit diesen Hülfsmitteln vorhinein eine arithmethische Zuverläßigkeit erhalten können. Das Verhältniß der Provinzialbevölkerung zeiget, ob die Vortheile unter den verschiedenen Provinzen gleich vertheilet sind, oder welche unter ihnen eine hülfreiche Hand einlade? Das Verhältniß der Ehen weist ihre Abnahme, oder Vermehrung. Im ersten Falle führet es auf die Untersuchung zurücke: ob Mangel der Nahrungswege, zu grosse Kriegsheere, zu viele Klerisei, zu häufiges Dienstgesind u. d. g. die Abnahme veranlassen? Die entdeckten Ursachen des Uebels führen zugleich auf die Mittel demselben abzuhelfen. Die Rubrike der Beschäftigungen zeiget, ob Sie gegeneinander im vortheilhaften Gleichgewichte stehen? wo sie sich die Hände bieten, nicht wechselweise sich entkräften, oder unterdrücken können? Der Abgang, welcher durch unebenmäßige Sterblichkeit verursachet wird, deutet auf einen Fehler der Medicinalanstalten, Auswanderungen auf Mangel der Beschäftigung, zu schwere Abgaben, oder andere Arten von Bedrückungen. Wenn endlich diese Seelenbeschreibungen von einer Zeit zur andern z. B. alle fünf Jahre durch den Druck gemein gemacht würden: so könnten sie nachdenkenden Politikern zum Leitfaden mancher Betrachtung dienen, die dem allgemeinen Besten zuträglich sein dürften.

§. 56.

§. 56. Was aber hier auf die öffentliche Sicherheit die nächste Beziehung hat, ist das Verhältniß der Stände. Aus einer wohleingerichteten Seelenbeschreibung lernet der Staat den Umfang eines ieden auf das genaueste kennen, und er sieht zugleich ein, ob irgend einer auf Kosten der übrigen angewachsen seie. Die Klugheit muß ihm dann die Maaßregeln an die Hand geben, durch welche er den Anwachs hindern, oder den überwiegenden in die ebenmäßigen Gränzen seiner Bestimmung zurückbringen könne.

§. 57. Die Mängel, um deren Willen die Seelenbeschreibungen von einigen Schriftstellern den politischen Berechnungen nachgesetzet werden, sind entweder durch eine genauere Einrichtung zu beheben; oder es sind solche, wie sie in allen menschlichen Veranstaltungen unvermeidlich sind, in welchen selten eine Vollkommenheit von allen Seiten zu erreichen ist. Diese Seelenbeschreibungen hält man dafür, lassen die gesuchte Zuverläßigkeit nicht erwarten, weil die Soldaten gemeiniglich nicht darunter begriffen sind; weil die Reisenden mit darein gezogen werden; weil endlich viele Menschen sich der Beschreibung entziehen: allein durch eine genaue Einrichtung lassen sich alle diese angeführten Mängel leicht heben.

§. 58. Die Untertheilung der Aufsicht über den ganzen Staatskörper unter verschiedene Stellen ist sehr nützlich. Die Uebertragung der Gerichtsbarkeiten an Universitäten u. d. g. einzelne Gemeinden hat darinnen

ihren

ihren Grund, und sind in dieser Absicht die Zünfte, wenn sie gut eingerichtet werden, als eine nützliche Polizeianstalt anzusehen.

§. 59. Die unebenmäßige Ausbreitung der Stände ist von darum zu verhindern, weil die einzelnen Glieder einander auf allen Fall beistehen. Eben diese Anhängigkeit aber ist auch von denen zu besorgen, die aus was immer für einer andern Absicht eine Gesellschaft, oder Parthei ausmachen. Daher muß die Polizei auch über dieselben ihre Aufmerksamkeit erstrecken, und sie nicht allzusehr anwachsen lassen. Die Polizei muß also von dem Endzwecke aller Gesellschaften, und Versammlungen, von ihrer Stärke, und innern Beschaffenheit Unterricht einziehen.

§. 60. Enthält der Endzweck, und die innere Einrichtung einer Gesellschaft nichts der Sicherheit nachtheiliges, oder verdächtiges; so hat die Polizei keine Ursache ihre Zusammenkünfte abzustellen. Um aber zu dieser Gewißheit zu gelangen, ist es nicht nur nothwendig, daß die Satzungen eingesehen werden, sondern den Polizeikommissären muß der Eintritt in die Zusammenkünfte selbst nicht versaget sein, damit man sehe, daß die Satzungen nicht blos zum Scheine entworfen, sondern mit der Ausübung übereinstimmend sind. Eine jede geheime, oder geschlossene Gesellschaft, oder welche sich zu dieser Untersuchung widerspenstig finden läßt, verdient den Namen einer Winkelzusammenkunft, gegen welche der Verdacht der

Polizei gegründet ist. Alle Betheurungen von ihrer Unschädlichkeit, von der Gleichgiltigkeit ihrer Absicht muß diese nicht sicher machen. Die unter dem Namen Società di Giardini bekannte Verschwörung gegen das Haus Medicis, worein auch Machiavell verflochten war, geschah in einer Gesellschaft, die sich blos um der Gartenlust zu genießen, zu vereinigen schien. Die Sicherheit beruht nicht auf der Vermuthung, sondern der Ueberzeugung von der unschädlichen Absicht einer Zusammenkunft. Diejenige, welche der Polizei diese Ueberzeugung verweigert, muß abgestellet werden. Reichet die blosse Abmahnung nicht zu, eine Zusammenkunft abzustellen; so ist die Polizei mit einer nach dem Maaße der Widersetzung geschärften Strenge zu verfahren berechtiget.

§. 61. Eine gleiche Aufmerksamkeit muß angewendet werden, damit nicht irgend ein besonderes Haus, Stand, Bürger sich einer Gewalt, oder solcher Vorzüge anmase, die er auf allen Fall mißbrauchen, und mittels derselben sich der Folgleistung, die er dem Staate schuldig ist, entziehen könnte. Solche Vorzüge sind: wenn jemand ausser dem Regenten Festungen, oder das Recht Soldaten zu halten fordert; wenn eine Gemeinde Gesetze, und Verordnungen ergehen läßt, welche den Gliedern eine nähere, vielleicht eine den Gesetzen des Staates entgegen lauffende Verbindlichkeit aufbringen; wenn jemand die oberrichterliche Gewalt des Fürsten nicht erkennet, Selbsthülfe, Privatgerichtsbarkeit, eigenwillige Ausnahme von Gesetzen, alles was
immer,

immer, als ein auch der geringste Theil der obersten Gewalt betrachtet werden, oder der Thätigkeit der obersten Gewalt Hindernisse legen kann. Hieher kann man rechnen die Uebermacht einer Gerichtsstelle, wie die fürchterlichen Inquisitionen. Die Unvorsichtigkeit einem Vorgesetzten, oder Günstlinge bei dem Kriegsheere, oder in den Civilstellen die eigenmächtige Vergebung der Bedienungen, und Aemter einzuräumen.

§. 62. Soll der Staat nicht gestatten, daß jemand dergleichen Vorzüge eigenwillig an sich reisse, um destoweniger muß eine überwiegende Gewalt jemanden von dem Regenten selbst eingeräumet werden. Der Fürst kan aus dieser Ursache mit Ertheilung der Befreiungen nicht zu behutsam verfahren, solcher besonders, welche einzelne Burger, und Stände von der allgemeinen Folgleistung ausnehmen; woferne nun jemand im Besitze solcher Befreiungen wäre, er mag, auf welche Art es immer seie, dazu gelangt sein; so hat der Regent ein Recht, sie zu widerrufen, weil der Befreite als Bürger keines hat, sie zu besitzen. Keine angeerbte, oder auf andere Art von seinen Vorfahren übertragene Verbindlichkeit kann dieses Recht unkräftig machen.

§. 63. Die Folge des unebenmäßigen Verhältnisses ist die Widersetzung gegen die oberste Gewalt, entweder durch Thathandlungen, wenn der Staat in Ausübung seiner Gewalt gehindert wird, oder durch Unterlassung, die abermal entweder eine

blosse

blosse Nichtbefolgung, oder offenbare Weigerung ist, wovon nur die leztere hieher gehöret.

§. 64. Jede Thathandlung, jede Unterlassung mit offenbarer Weigerung verknüpfet, ist eine Empörung, wenn dieses Wort im ausgedehntesten Verstande genommen wird. Im eingeschränktern aber sind es nur Aufläufe, und ist das Wort Empörung solchen Thätigkeitey vorbehalten, welche auf die gänzliche Umstürzung der Grundverfassung des Staates unmittelbar oder mittelbar in der Person des Regenten abzielen. In diesem Falle werden die Empörer, als fremde betrachtet, und die Staatskunst hat dawider die Mittel vorzukehren.

Rumore, Tumulte, Rottirungen.

§. 65. Es geschieht nur selten, daß die Aufläufe so plözlich ausbrechen, ohne daß gewisse Zeichen vorher giengen, die entweder eine Art von Zubereitung sind, oder wenigstens, wie ein Rauch die nahe Brunst ankündigen. Diese Zeichen sind vorzüglich Pasquille gegen den Staat, oder die Minister, öffentliches Tadeln, oder es miethet die Widerspenstigkeit öffentliche Redner, Prediger, Lehrer, Schauspieler, Zeitungsschreiber, oder andere Schriftsteller zu Ausstreuung ihres Saamens; es gehn Zusammrottungen auf den Strassen vor. Diese Umstände müssen der Polizei als eine Warnung dienen ihre Aufsicht zu verdoppeln.

§. 66. Pasquille gegen den Staat, oder das Ministerium können unter gewissen Umständen die streng-

strengste Ahndung verdienen, wenn z. B. die Gemüther ohnedies in einer Gährung sind, und dadurch gleichsam den lezten Anstoß zur Aufruhr empfangen; wenn die Worte sehr anzüglich sind, und die dem Regenten schuldige Ehrfurcht sehr beleidigen u. d. m. Bei diesen Umständen muß nach dem Verfasser geforscht, und wo er entdeckt wird, mit ihm ernsthaft verfahren werden. Sind aber keine solche Umstände vorhanden, und äussert der Verfasser mehr Leichtsinn und Unüberlegung, als Bosheit, so ist der wahrhaft fürstliche Ausspruch vor Augen zu haben. Si quis Imperatori maledixerit, et id ex levitate processerit, contemnendum est, si ex insania, miseratione dignissimum, si ab iniuria, remittendum.

§. 67. Wenn Pasquille an öffentlichen Orten angeschlagen, ausgestreuet, oder sonst von Hand zu Hand gegeben werden, so hat die Polizei zu beobachten, daß die angeschlagenen von Polizeibedienten selbst abgenommen, die ausgestreuten aber, oder sonst herumgehenden eingesammelt werden.

§. 68. Oeffentliches Tadeln kann unter den oben angeführten Umständen die Strafe verdienen, als die Pasquille; solche öffentlichen Schmäher werden eingezogen, an die Schandsäule, oder auf die Schandbühne gestellet, u. d. g. Wenn aber keine gefährlichen Umstände vorhanden sind, wenn keine ungebührlichen Ausdrücke gebraucht werden, wenn mehr Vernünftelt als getadelt wird; so sind zwar Vernünftler ernstlich abzumahnen, sonst aber Lubricum linguae non facile ad- poenam trahendum est.

§. 69.

§. 69. Da die Polizeibeamten nicht aller Orten selbst gegenwärtig seyn können: so müssen Sie oft auf fremde Anklage verfahren: damit aber durch solche Anklagen nicht Unschuldige in Gefahr gebracht, den Feindseligkeiten und der Rache die Thüre geöffnet werde; so müssen die Ankläger, deren Anklage in Betrachtung gezogen wird, Leute eines unbescholtenen Wandels sein, mit dem Angeklagten nicht in Feindschaft stehen, und obgleich ihr Namen dem Angeklagten verschwiegen bleibt, derselbe dennoch der Polizei nicht unbekannt sein. Auch sind Anzeigen ohne Namen keiner Aufmerksamkeit würdig, es seie dann, daß der Zusammenfluß der Umstände eine ausserordentliche Behutsamkeit erfordere.

§. 70. Wenn öffentliche Redner, Prediger, Lehrer, Schauspieler, Zeitungsschreiber, Schriftsteller sich zu Werkzeugen der Meutherey gebrauchen lassen, so verdienen sie eine desto größere Strafe, je einen größern Nachdruck die Worte der einen von dem Amte empfangen, das Sie mißbrauchen, und je weiter sich bei den andern das Uebel verbreiten kann. Bei glimmender Unzufriedenheit des Volkes ist es eine nothwendige Vorsicht, die Vorträge der öffentlichen Reden, Predigten, und Vorlesungen, bevor Sie gehalten werden, zu durchgehen, vielleicht auch den beiden erstern den Innhalt ihrer Vorträge ordentlich vorzuschreiben, überhaupt Zeitungsblätter und alle Bücher, welche in die Staatsgeschäfte einschlagen, sind ausser der ordentlichen Censur auch der Staatscensur zu unterwerfen, und es ist eine weise Vorsichtigkeit der

Re-

Regierung, wenn geschriebene Zeitungsblätter gänzlich abgeschaffet werden.

§. 71. Zusammenrottungen auf Straßen, wovon die Ursache nicht am Tage liegt, sind nie, besonders aber bei glimmender Unruhe des Volkes nicht zu dulden. Der Anfang der Barrikade gegen Heinrich den dritten war eine Zusammenrottung der Schulknaben von Paris. Es wird also bei solchen Gelegenheiten durch öffentlichen Ruf bekannt gemacht, daß jedermann sein Hausgesind, seine Kinder zu Haus halten, sich aller Thätigkeit gegen die Wache enthalten, widrigenfalls aber die üblen Folgen sich selbst zuschreiben soll. Es werden die müßigen Haufen durch Rumor-Sicherheits- oder auch Militärwachen zerstreuet, jedoch ohne jemanden außer im Falle der Widersezung, zu verlezen.

§. 72. Woferne aber alle angewendeten Mittel nicht zureichen, einen Auflauf zu verhindern, so müssen Zeit und Umstände die nothwendigen Maaßregeln darbieten. Die gewöhnlichen, und allgemeinen Vorkehrungen bei einem wirklichen Auflaufe sind: daß die Gassen mit Ketten bezogen, die großen Pläze mit Mannschaft besezet, die Schildwachen verdopelt, und stets gegeneinander Patrullen ausgeschicket werden, welche auf die geringste Bewegung Acht haben, und keine großen Haufen zusammen leiden; daß die Kaufbuden, um Plünderungen zu verhüten gesperret, das Ausgehn, oft selbst das Heraussehn verboten wird. Hiernächst sind gelindere Mittel, als

als Verheissung einer allgemeinen Vergebung, wenn sich ieder friedsam halten wird, auch daß man den zum Vorwande genommenen Beschwerden abhelfen wolle u. d. g. zu versuchen. Oft ist die Strenge, und ein schreckendes Beyspiel unumgänglich: Geschwindigkeit des Entschlußes und der Ausführung sind hier erfordert; aber wenn die Polizei zu strafen genöthiget ist, so muß ihre Strenge immer also eingerichtet seyn: daß sich die Strafe auf wenige, das Schrecken auf viele, das Beispiel auf alle erstrecke.

Die innerliche Privatsicherheit.

I. Von der Sicherheit der Handlungen, oder bürgerlichen Freiheit.

§. 73. Die Sicherheit der Handlungen, oder die Freiheit der Handlungen sind gleichviel bedeutende Begriffe: es ist der Zustand, worinnen wir wegen unsern Handlungen nichts zu befürchten haben. Sind unsre Handlungen dergestalt frei, daß wir sowohl von Seite des Willens, als des Vermögens zu handeln von nirgend her eine Einschränkung besorgen, so ist es ein Stand der vollkommenen Unabhängigkeit. Die rechtmäßige Einschränkung der Freiheit zu handeln rühret von den Gesetzen her.

§. 74. Nach Beschaffenheit der Gesetze entsteht ein zusammengesetzter Begriff der Freiheit, und Sie ist entweder die natürliche, d. i. die Freiheit zu handeln, insoferne sie den Gesetzen der Natur nicht
zu=

zuwider ist, oder die bürgerliche Freiheit, d. i. die Freiheit zu handeln, in soferne sie den bürgerlichen Gesetzen nicht zuwider ist.

§. 75. Die Sicherheit der Handlungen kann von dem Regenten, als Gesetzgeber und Richter betrachtet, dann von Mitbürgern unter verschiedenen Beziehungen verletzet werden: vom Gesetzgeber, wenn er die Gränzen der gesetzgebenden Gewalt überschreitet, vom Richter durch gewaltsame Vergleichung der Handlungen mit den Gesetzen, und ein unsicheres Urtheil; von Mitbürgern durch Mißbrauch des Ansehens, und durch Gewalt.

§. 76. Hat die gesetzgebende Gewalt Gränzen? und welche sind es? Was immer das gemeine Wohl erfodert, und nur soviel als das gemeine Wohl erfodert, ist ein Gegenstand der Gesetzgebung. Alle Handlungen also, welche in die allgemeine Wohlfahrt weder einen mittelbaren noch unmittelbaren Einfluß haben, die man daher gleichgiltige Handlungen nennet, und wären Sie auch offenbare Lächerlichkeiten, liegen ausser den Gränzen der Gesetzgebung. Allein das Urtheil, ob eine Handlung gleichgiltig seie, oder nicht? ist dem Gesetzgeber allein vorbehalten.

§. 77. Indessen erwartet der Burger von der Billigkeit des Gesetzgebers, daß er seine Handlungen nirgend einschränken werde, wo es die Wohlfahrt des Staates nicht nothwendig machet; er erwartet von seiner Einsicht, daß er keine Handlungen zu Lastern machen werde, die es nicht sind, und welche vielleicht

eher

eher Mitleid, als Züchtigung verdienen; mit einem Worte, daß er nur dasjenige gebieten, und untersägen werde, was jeder Burger, woferne er aus dem Zusammenhange den Einfluß einzusehen fähig wäre, aus eignem Antriebe thun, oder unterlassen würde.

§. 78. Die Freiheit der Handlungen reichet weiter nicht, als es die Gesetze zugeben. Es gehört also zur vollkommenen Sicherheit, daß die Gesetze also abgefasset werden, damit jedermann die Gränzen dieser Freiheit kenne, und Sie weder aus Unwissenheit zu überschreiten verleitet werde, noch sich auf ihre Dunkelheit beziehen könne, noch endlich wegen ihrer Zweideutigkeit zu handeln sich nicht getraue. Die Nothwendigkeit die Gesetze bekannt zu machen, und deutlich abzufassen schlägt also hieher ein. Der gesetzgebende Still ist einer der schwersten. Seine Eigenschaften sind die Kürze, um die Gesetze desto leichter auswendig zu behalten; Einfalt und Deutlichkeit, die sich nach der Fassung der gemeinen Bürger bequemen, die alles fremde Gemengsel verbannen; Bündigkeit, und Eigentlichkeit der Ausdrücke, die nicht weiter, als die Absicht des Gesetzes reichen, aber auch nicht eine eingeschränktere Bedeutung haben sollen, damit alle diejenigen, welche dadurch verbunden werden, darinnen einen gleichen Sinn finden; er schlüsset also alle Weitschweifigkeiten, Schwulst, und Blümchen, alle schwankenden, unbestimmten Begriffe aus, die zu einer Mißdeutung Anlaß geben, die einer sogenannten erweiternden, oder einschränkenden Erklärung nöthig haben, und oft mehr einem Hinterhalte auf die Bürger, als einer Richtschnur ihrer Handlungen ähnlich sind.

§. 79.

§. 79. Gebrauchet sich nun der Bürger der ihm von den Gesetzen eingeräumten Freiheit; so muß er darüber auch von dem Regenten, als Richter keine nachtheilige Folge zu besorgen haben. Der Richter nemlich vergleicht die Handlungen des Bürgers mit den Gesetzen; er findet sie mit denselben übereinstimmend, und er spricht ihn los: er findet sie denselben entgegen, und er zieht ihn zur Verantwortung, und Strafe. Die von Seiten des Richters versicherte Freiheit der Handlungen gründet sich daher auf die weise Vorschrift des Kriminalverfahrens, welches nicht nur den erkannten unschuldigen frei lassen, sondern auch demjenigen, welchen ein Schein des Lasters verdächtig macht, alle Mittel gewähren muß, sich zu vertheidigen. Ein ausführlicher Entwurf des peinlichen Verfahrens ist für die Bestimmung dieser Grundsätze zu weitläufig: aber sie schließen einen Blick auf die vorzüglichsten Theile des peinlichen Prozesses nicht aus, wo die bürgerliche Freiheit verletzet werden kann: diese sind die Verhaftnehmung, die Untersuchung selbst, und die Verurtheilung.

§. 80. Wenn von einem begangenen Verbrechen gegen einen Bürger schwere Anzeichen (oder sogenannte standhafte Innzüchten) vorhanden sind; so wird er in Verhaft genommen. Die Gewalt in Verhaft zu nehmen muß keinem Magistrate unbegränzt eingeräumet, und die Anzeichen genau bestimmet werden, um deren Willen ein Bürger eingezogen werden kann. Der Arrest wird so oft als eine Strafe zuerkennet,

daß

daß sich mit der Verhaftnehmung nothwendig ein
Begriff der Schande verknüpfet hat. Der einge-
zogene Bürger hat dann, falls er unschuldig befunden worden, nicht eben so viele, und alle diejenigen zu Zeugen, welche Zeugen seiner Schande waren.
Die Einziehung eines in Argwohn genommenen Bürgers muß also mit Behutsamkeit, und wenigstens
mit dieser Unterscheidung geschehen: daß diejenigen,
deren guter Ruf dadurch mehr gekränket würde, besonders also von der höheren Klasse der Bürger
ohne vieles Aufsehen zu machen, in der Stille zur
Nachtzeit in Verhaft genommen werden. Auch ist
die innere Beschaffenheit der Arreste zu betrachten.
Solange der Untersuchte von dem vergangenen
Verbrechen nicht überführet worden; so ist es den
strengsten Begriffen der Gerechtigkeit zuwiderlauffend,
über ihn ein Uebel zu verhängen, welches mit der
Strafe übereinkömmt. Die Bestimmung der Arreste
in diesem Falle ist einzig die Versicherung von der
Person des Untersuchten, und die Drangsalen, welchen die eingezogenen darinnen ausgesetzet sind, können als eine Verletzung der bürgerlichen Freiheit
angesehen werden.

* Es ist daher nöthig die Oerter zu unterscheiden,
wo man diejenigen verwahret, deren Verbrechen nur erst untersuchet werden, und diejenigen,
die zur Strafe der Verurtheilten dienen.

§. 81. Die Untersuchung hat zu ihrem Endzwecke nicht allein den Untersuchten des Verbrechens
zu überführen, sondern auch ihm Gelegenheit anzu-
bie-

bieten seine Unschuld darzuthun. Eben weil die Untersuchung noch erst nothwendig ist, ist es deutlich, daß es zweifelhaft seie, ob der Untersuchte ein Uebel der Handlung begangen habe? und solange kann die Gerechtigkeit gegen ihn kein Uebel der Empfindung verhängen, welches erst die Folge des Verbrechens, das ist: die Strafe sein soll. Die gewaltsame peinliche Frage der Folter scheint also wider den bessern Endzweck der Gerechtigkeit sich in das Kriminalverfahren eingedrungen zu haben: besonders da dieses entsetzliche Verfahren nicht einmal ein zuverläßiges Mittel ist, die Gewißheit eines Verbrechens zu bestättigen.

§. 82. Man kann sich dessen aus der eingeführten Ordnung der peinlichen Frage selbst, mithin gewissermassen aus dem eigenen Geständnisse der Kriminalisten überweisen. Das von dem Untersuchten auf der Folter gemachte Geständniß ist zu seiner Verurtheilung unzureichend, er habe dann dasselbe nach der Forderung der Karolina wenigstens über den andern Tag von dem Anblicke der Folterbank entfernet, ad *Bancum Juris*, wie es genennet wird, bestättiget. Diese Vorsichtigkeit hat zum Grunde, damit der Untersuchte nicht etwa auf ein durch die Furcht erpreßtes Geständniß verurtheilet werde. Wäre das unter den Schmerzen abgelegte Geständniß zuverläßig; so würde das zweite ein Ueberfluß, und von Seite der Gesetzgebung Unweisheit sein, dem Verbrecher neue Wege zu Ausflüchten zu eröffnen. Erhält man von dem Untersuchten diese Bestättigung nicht;
so

so wird er auf eben diese Art zum zweiten, und dritten male auf die Folter gebracht. Woferne man zweifelt ob nicht nur das unter den Martern abgelegte Geständniß, sondern auch die nachfolgende Bestättigung durch Furcht erzwungen seie; so spreche man zu dem Gefolterten: er habe ein freies, und eigenwilliges Geständniß der Wahrheit abzulegen, weder sich zum Schaden, noch auch zur Rettung: würde er aber auch seinem Geständnisse, welches vielleicht ihm nur der Schmerz entrissen, widersprechen; so habe er darum weiter keine Folter zu fürchten. Welcher Richter darf nach einer solchen Verheissung von einem Untersuchten eine Bestättigung seiner Aussage erwarten? es ist also offenbar, daß auch das Geständniß, welches von der Folterbank entfernet, geschieht, aus Furcht geschehe, um nicht auf das neue den Martern unterworfen zu werden

§. 83. Die Furcht wird nach Verschiedenheit des Temperaments, der Kräfte, der Denkungsart auf den einen mehr, als auf den andern Eindruck machen. Der Anblick einer Folterbank wird einem schwachen unschuldigen das Geständniß nicht begangener Verbrechen auspressen; er wird verurtheilet werden. Der nervichte, und starkmüthige Verbrecher hingegen, ein Held unter den Bösewichtern wird die Folter standhaft ertragen, läugnen, und losgesprochen werden.

§. 84. Der Fall, wo von der peinlichen Frage ohne diese schrecklichen Folgen zu besorgen Gebrauch gemacht werden kann, ist gegen einen von dem Verbrechen

brechen bereits überführten, welcher die Mitschuldigen verschweigt, ungeachtet die Art des Verbrechens Mitschuldige erforderte, oder welcher auch sonst dem Richter Umstände geheim hält, welche er wissen, und deren Entdeckung der Polizei Mittel an die Hand geben kann, der Sicherheit der Burger durch Anstalten vorzusehen.

§. 85. Die Verurtheilung folgt auf die Ueberführung des Missethäters. Die Verletzung der Sicherheit besteht in einer Verurtheilung ohne Ueberführung, und in dem Mehr, oder Weniger der Strafe. Ob es gleich unmöglich ist, für alle Verbrechen nach den unendlichen Stufen der Bosheit die Strafe auszumessen, und daher dem Gutdünken des Richters nothwendig vieles überlassen werden muß; so ist zur Güte der peinlichen Gesetze dennoch erfordert die Strafen so genau, als es sich thun läst, zu bestimmen, und dadurch von Seite der Untergeordneten Richter alles willkührliche auszuschlüssen.

§. 86. Die Freiheit der Handlungen kann von den Mitbürgern nach Verschiedenheit der wechselweisen Beziehungen beschränket werden; durch den Zwang des Ansehens, oder auch andere Zwangmittel, durch den Misbrauch des väterlichen Ansehens gegen ihre Kinder, um Sie zu einem Stande zu vermögen, um Sie von einem Stande abzuhalten, durch angedrohte Enterbungen im Falle des Nichtgehorsams; durch den Misbrauch des Ansehens, welches der Unterricht über das Gemüth eines Zöglings, oder Schülers einräumet, durch Ueberredungen, und Berufschmiedereien u. d. g.

Der Regent soll sich diesen Beschränkungen widersetzen, und in den wichtigsten Handlungen des Lebens, als Standswählungen, Gelübden, Heirathen u. s. w. allen Zwang, alle Verleitungen hinanhalten.

§. 87. In Ansehen der übrigen Mitbürger beruhet die Freyheit der Handlungen darauf, daß uns niemand in Ausübung dessen, was die Gesetze nicht verbieten, oder was die Gesetze auferlegen, hindern, noch zu etwas, wozu wir durch die Gesetze nicht verbunden sind, oder, was die Gesetze verbieten, zwingen könne.

II. Von dem sittlichen Zustande, und der Vorsorge der Polizei in Bildung des Verstandes, und der Neigungen der Bürger.

§. 88. Die Polizei beschäftiget sich mit den Sitten, nicht als mit ihrem Endzwecke, sondern, als mit einem Mittel, und Sie ist zufrieden, die Uebereinstimmung der Handlungen mit den Gesetzen, nicht aus erhabnen Beweggründen, sondern einzig aus Hoffnung eines Vortheils, oder aus Furcht der Strafe zu erhalten. Hieraus entsteht der Begriff der politischen Tugend, der von dem Begriffe der Tugend, wie Sie von der Sittenlehre, und Religion gefordert wird, abgeht. Die politische, oder Gesellschaftstugend ist die Fertigkeit seine Handlungen mit den Gesetzen der Gesellschaft übereinstimmend einzurichten.

§. 89. Die Aufmerksamkeit der Polizei in Ansehen des sittlichen Zustandes läst sich auf zween Grundsätze zurückführen: daß Sie einen guten sittlichen Zustand
durch

durch die zu diesem Ende gewählten schicklichsten Mittel zu bewirken suche: und daß Sie sich bestrebe, alles dasjenige abzuschaffen, was diese Mittel entkräften, und den sittlichen Zustand verderben kann.

§. 90. Unter den wirksamsten Mitteln, durch welche der gute sittliche Zustand erhalten wird, verdienet ohne Zweifel die Religion den ersten Platz: die Religion ergänzet das Mangelhafte der Gesetzgebung. Wo immer das Auge des Gesetzgebers, und eben darum auch die Strafe des Richters nicht hinreichen kann, ist Sie dem Handelnden gegenwärtig um seinen bösen Unternehmungen durch ihre Drohungen Einhalt zu thun. Der Regent muß also diesen Leitriemen in seinen Händen nicht vernachläßigen, und seine Sorgfalt muß darauf gerichtet sein, daß ieder **Burger Religion** habe.

§. 91. Von diesem Gesichtspunkte erscheint die Freigeisterei, als ein politisches Verbrechen: weil Sie dem Staate gewissermassen die Mittel raubet, seine Burger auf das vollkommenste zu leiten.

§. 92. Aus der Nothwendigkeit der Religion auch für die äussere Glückseligkeit der Bürger, und die gemeinschaftliche Sicherheit wird das Recht der Polizei abgeleitet, ihre Sorfalt auf den Unterricht des Volkes in Religionspflichten zu erstrecken, den Mißbräuchen zu wehren, und über die äusserliche Ordnung der Religionsgepränge, und Feierlichkeiten zu wachen. Der Unterricht in den Pflichten der Religion ist auf dem platten Lande besonders einer größern Aufmerksamkeit wür-

würdig, weil bei dem Landvolke die Religion die Stelle der Erziehung und Sitten vertretten muß. Es ist nothwendig, die Pfarrbezirke also auszumessen, daß die Pfarrer zu des Volkes Unterrichte, und andern Gottes- dienstlichen Uebungen zureichen, auch die allzugroße Entfernung dem Landmanne besonders zur Winters- zeit nicht zu einem scheinbaren Vorwande dienen möge den Gottesdienst und Unterricht zu verabsäumen.

§. 93. Die Landpfarrer, und Schulmeister verdienen gleichfalls von Seite des Staates eine größere Aufmerksamkeit, da Sie Denkungsart, und Sitten eines so großen Theils der Bürger zu bilden haben. Die Geringschätzung leider, und noch mehr ihre geringe Versorgung entfernen fähige Männer von Aemtern, welche nur von ihnen besetzet sein soll- ten. Auch die Sorge einer Wirthschaft zerstreuet Sie zu sehr, und macht oft den Hirten in den Augen der Heerde verhaßt. Reine Geldeinkünfte scheinen also für die Pfarrer die schicklicksten zu sein, und diese müssen zu- reichen, den Anstand des Amtes zu behaupten; weil darauf bei dem gemeinen Volke ein Theil der Achtung ruhet; zugleich auch durch kleine Wohlthätigkeiten das Beispiel des brüderlichen Beistandes zu geben. Auch die Schulmeister sollen mit zureichenden Unter- halte versehen werden.

§. 94. Misbräuche, und alles, was die Religion in den Augen des Volkes unwerth machen kann, müssen gehindert, oder abgestellet werden, als Religionszänke, unehrerbietige Reden von den Geheimnissen, oder Lehren der Religion, Verachtung der Religions-
diener

diener u. d. g. die sogenannte Disciplin der Klerisei ist ein wesentliches Stück der Religions-Polizei.

§. 95. Bei den Gepraͤngen der Religion und ihren Feierlichkeiten, welche den Gottesdienst ausmachen, muß Anstand, und Ordnung herrschen. Die Polizei wachet, damit die Religionsuͤbungen von niemanden gestoͤhret werden, die Polizei koͤmmt der geistlichen Gewalt durch weltliche Zwangmittel zu Hilfe, und schrecket die Gottesdienststoͤhrer wenigstens durch weltliche Strafen zuruͤcke, wenn die geistlichen auf Sie keinen Eindruck machen.

§. 96. Nach der Religion hat die Erziehung zur Bildung der Sitten die groͤste Wirksamkeit. Sie ist zwar eine besondere Pflicht der Eltern; aber es wird durch Sie der Grund zur Bildung des kuͤnftigen Buͤrgers gelegt; Sie kann also der Polizei wegen des Zusammenhanges mit der gemeinen Wohlfahrt nicht so gleichgiltig sein, daß Sie gaͤnzlich, und ohne Aufsicht der Privatsorge uͤberlassen werde. Beinahe in allen Staaten sind hier Gesetze abgaͤngig, welche die besondere Erziehung nach dem allgemeinen Plane des Staates leiteten. Es wuͤrde nuͤtzlich sein, wenn nach dem Unterschiede der Verschiedenheit der Klassen und Bestimmungen der Buͤrger, und des Volkes Erziehungsplane entworfen wuͤrden, wornach Eltern ihre Kinder zu erziehen haͤtten. Dann muͤsten Aufseher der Erziehung bestellet werden. Die Magistrate, und Erziehungsplane wuͤrden das Mittel zwischen der allgemeinen oͤffentlichen, und der Privaterziehung halten, den Nachtheilen von beiden ausweichen, und ihre Vortheile gluͤcklich vereinbaren.

§. 97.

§. 97. Es ist von Seite der Aeltern eine Pflicht den Kindern die gehörige Erziehung zu geben, und ihnen die Rechtschaffenheit sowohl durch Lehren als Beispiele einzuflössen. Die vorgeschlagenen Aufseher der Erziehung hätten also zu wachen, damit die Aeltern dieser Pflicht genau nachleben. Die Nachläßigen müsten durch Zwangmittel zur Erfüllung derselben angehalten, Lasterhaften aber ihre Kinder abgenommen, iedoch ein Theil ihres Vermögens zu ihrer Erziehung angesetzet werden, damit nicht das Laster ein Mittel wäre, sich einer mühesamen Pflicht, welcher wohlgesittete Leute unterworfen sind, zu entziehen.

§. 98. Bei Kindern, die keine Aeltern, oder an deren statt keine Vormünder, Freunde, und Vermögen haben, muß der Staat Vatersstelle vertreten, und ihnen die gehörige Erziehung geben lassen. Akademien, Waisen-Findlingshäuser, und andre der Erziehung der Jugend gewidmete Stiftungen sind also unter die nothwendigen Anstalten der Polizei zu rechnen, und verdienen vorzügliche Begünstigungen.

§. 99. Die Polizei erreichet ihre Absicht nicht schon dadurch, wenn Waisenhäuser vorhanden sind: es ist erforderlich, daß sowohl wegen der Aufnahme in dieselben, als der den Kindern darinnen zu gebenden Erziehung die besten Anstalten getroffen werden. Die Aufnahme soll leicht, und unentgeltlich sein. Es ist nothwendig daß über die Aufnahme der Kinder ein richtiges Protokoll geführet werde, worinnen Namen, Tag, Stunde der Aufnahme, und die beigefügten Merkmale auf das genaueste angemerket werden.

§. 100.

§. 100. Nicht genug, daß die Aufnahme leicht und unentgeltlich geschehe; die Polizei soll die dürftigen Kinder von den Straßen hinwegnehmen, in den Häusern selbst aufsuchen, und in die Versorgung übernehmen. Sie würde in diesem Stücke von Wehemüttern und Pfarrern Nachricht erhalten können, welche es anzuzeigen hätten, wenn von Leuten, die sehr nothdürftig sind, Kinder gebohren, und zur Taufe gebracht werden.

§. 101. Die Erziehung muß dem Endzwecke gemäs eingerichtet werden. Vor allem muß der Unterschied zwischen Findlingen, und Waisen ganz aufgehoben, und dadurch einem solchen Erziehungsorte seine Zweideutigkeit benommen werden, übrigens werden in diesen Häusern überhaupt nur Kinder erzogen, deren künftige Bestimmung ein Gewerb ist, Sie müssen also zu diesem Endzwecke ernähret, und unterrichtet, und zugleich auch, sobald es ihre Kräfte zugeben, nach Unterschied des Geschlechtes, und der Fähigkeit zu denienigen Arbeiten angeführet werden, die für Sie schicklich sind.

§. 102. Die Wissenschaften machen einen wichtigen Theil der Erziehung aus, und von dieser Seite werden Sie ein Gegenstand der Polizeivorsorge. Es müssen Schulen, und Akademien besorget und bey ihrer innern Einrichtung hauptsächlich darauf gesehen werden, daß die Jugend vorzüglich in demienigen unterrichtet werde, was zu den Pflichten des bürgerlichen Lebens gehöret, die Sie dereinst auszuüben verbunden sein wird. Die Schulen müssen auf öffentliche Kosten

unter-

unterhalten werden, damit das Unvermögen niemanden abhalte, den nothwendigen Unterricht zu empfangen, die Unvermögenden wachsen nicht weniger, als die Reichen zu Bürgern heran. Alle Kinder, auch auf dem Lande sollen im **Lesen**, Schreiben, und Rechnen unterrichtet werden.

§. 103. Wenn den Schulen und Akademien Befreiungen gegeben werden; so sollen diese nicht so weit ausgedehnet werden, daß Sie dem Entzwecke der Wissenschaften selbst entgegen stehen, und die Zügellosigkeit der studierenden Jugend zu unterstützen fähig sind. Die Nachsicht der Lehrer, welche zugleich den Akademie-Magistrat ausmachen, ist vieleicht die eigentliche Quelle der übeln Sitten, wovon die Universitäten beschrieen sind. Wenn die **Lehrer** ihres Unterhalts wegen von dem Honorarium der Schüler abhangen, so sind Sie gewissermassen gezwungen nachsehender zu sein. Der Zuhörer würde die Strenge des Lehrers durch seine Entfernung gleichsam bestrafen können. Diese Betrachtungen hören auf, wenn Sie ihren Gehalt aus den Händen des Staates zu empfangen haben. Auch die **Hauptstädte** scheinen dem Endzwecke der Akademien weniger günstig, als kleine **Landstädte**, wo die Gelegenheiten zu Zerstreuungen seltner, das Ansehen der Akademieregierung weniger unterdrükt, und unter der studierenden Jugend eine mehrere Gleichheit einzuführen ist.

§. 104. Der Regent muß auch die übrigen Mittel nicht verabsäumen, die zu diesem Endzwecke beitragen können. Seine Einsicht wird ihm in dem Temperamente,

mente, und Leidenschaften der Bürger hundert Kunstgriffe entdecken, die den grossen Endzweck der Sitten befördern, wovon die Geschichte besonders der griechischen Gesetzgeber verschiedene Beispiele aufbehalten hat.

§. 105. Die guten Sitten können nicht durch zu häufige Beweggründe anempfohlen werden. Der mächtigste Beweggrund ist ohne Zweifel der Eigennutz. Bei Vergebungen der Aemter sollte der Gutgesittete eben darum, weil er gut gesittet ist, vorgezogen, und der, der einen unanständigen Lebenswandel führet, ausgeschlossen werden.

§. 106. Und da das Vorurtheil des Ansehens gleichfalls mächtig auf die Gemüther wirket; so werden die guten Sitten durch lehrende Beispiele derjenigen, die bei dem Volke in Ansehen stehen, der obrigkeitlichen Personen, der Geistlichkeit, der Lehrer, der Hausväter vorzüglich befördert.

§. 107. Auch die Schauspiele sind der Aufmerksamkeit des Gesetzgebers würdig, die, woferne sie ihre gehörige Einrichtung erhalten, das Ergötzende mit dem Nutzbaren vereinigen, und wie Freiherr von Bielefeld saget, eine Schule der Sitten, der Höflichkeit, und Sprachen werden können.

§. 108. Wenn die Schauspiele eine Schule der Sitten werden sollen; so ist darauf zu sehen, daß solche Stücke aufgeführet werden, die diesem Endzwecke zusagen. Das Laster muß also in seiner scheuslichen Gestalt, und mit der Strafe, als einer unabsönderlichen Folge, die Tugend mit allen ihren Reizungen, in

ihrer

ihrer liebenswürdigsten Gestalt, und wenigstens am Ende siegend erscheinen.

§. 109. Sollen ferner die Schauspiele auf die Sitten wirken; so kann diese Wirksamkeit nur dann erwartet werden, wenn der Zuschauer ähnliche Fälle besorgen, gleiches Glück hoffen, von der handelnden Person auf sich, und die Seinigen eine Anwendung machen kann. Stücke, welche Könige, und Helden zu Gegenständen haben, tragen zu dem Endzwecke der Sitten weniger bei, als diejenigen, wo die handelnden Personen gleichsam aus der Mitte derer genommen sind, auf die Sie wirken sollen.

§. 110. Aus eben dem Grundsatze, daß die Schaubühne eine Schule der Sitten sein soll, ist nicht zuzugeben, daß unstättige Possen, oder anders die Sitten, und den Anstand entehrendes Zeug auf derselben zum Vorschein komme. Eine Theatralcensur ist unumgänglich erforderlich. Doch ist in Ansehen der Sitten nicht genug, daß diese Censur die ganz entworfenen, und sogenannten studirten Stücke übersehe; sondern es sind einem solchen Endzwecke gemäs keine anderen, als ganz censurirte Stücke aufzuführen. Die ungezwungenste Folge hieraus also ist die extemporirten Stücke ganz abzuschaffen.

§. 111. Um desto weniger sind die Gliedermännchenspiele mit derienigen Ungebundenheit, mit welcher Sie die unstättigsten Zoten vorbringen, um das Gelächter des Pöbels zu erwecken, zu gestatten.

§. 112.

§. 112. Vielleicht würden die Schauspiele der Beförderung der guten Sitten zuträglicher sein, wenn die Schauspieler, die uns die Tugend liebenswürdig, die Laster abscheuungswerth vorzustellen haben, selbst von guten Sitten wären. Das Lob der Keuschheit in dem Munde einer Phrine scheint eine Satire.

§. 113. Mit geringer Veränderung ist alles das, was in Beziehung auf die Sitten gesagt worden, auch auf die Höflichkeit, und Sprache anzuwenden. Die Schaubühne ist vermögend, dem Umgange einer Nation einen gewissen Anstrich der Artigkeit zu geben, und die Sprache der Geselschaften zu reinigen. Aber um diese beiden Endzwecke mit dem erstern zu vereinigen, muß die Nationalschaubühne vorzüglich der Gegenstand der öffentlichen Vorsorge werden.

§. 114. Es ist durchaus nothwendig das Volk auf gesittete Ergötzungen zu verweisen, und wenigstens über den Grundsatz unnachläßig zu halten: daß die Erholungen der Bürger den guten Sitten nicht nachtheilig sein sollen. Dadurch sind die extemporirten Stücke, deren Anlage Unanständigkeit, deren Ausarbeitung Schmutz, und cinische Anspielungen sind nicht weniger von den Schaubühnen polizirter Nationen zu verweisen.

§. 115. Wenn alles vorgekehret worden, was fähig ist, die guten Sitten einzuführen: so muß nun auch dasjenige aus dem Wege geräumet werden, was diese Vorkehrungen entkräften, und die Sitten verderben könnte. Dieses geschieht, wenn den Lastern vorgegebogen, mithin dieselben gehindert, und die etwa bereits eingeschlichenen ausgereutet werden.

§. 116. In Ansehen der Sitten sowohl, als der Religion, und der politischen Meinung der Bürger ist nichts fähiger den Lastern zu wehren, als wenn die Freiheit, alles, was der Religion, dem Staate, den Sitten, und einer guten Denkungsart entgegen ist, zu schreiben, und Schriften dieser Art zu lesen begränzet wird. Die Büchercensur ist daher als eine der nothwendigeren Polizeianstalten anzusehen.

§. 117. Die Bestimmung einer solchen Censur ist: die Verbreitung irriger, ärgerlicher, und gefährlicher Meinungen zu verhindern; und aus ihrer Bestimmung folget, daß ihre Gerichtsbarkeit sich auf alles erstrecken müsse, wodurch irrige, gefährliche, oder ärgerliche Meinungen verbreitet, oder sonst den Sitten nachtheilige Begierden erwecket werden können. Sie erstrecket sich daher nicht nur auf Bücher, sondern auch auf Schauspiele, Lehrsätze, Zeitungen, alle öffentlichen an das Volk gerichteten Reden, Bilder, und Kupferstiche, und was sonst immer eine Art von Oeffentlichkeit, wenn man so sagen darf, an sich hat.

§. 118. Die Aufsicht einer solchen Büchercensur theilet sich über die Schriften, welche in dem Lande gedrucket, und die, welche von aussen eingeführet werden; wie auch über andere in ihr Fach einschlagenden Sachen. In Ansehung der erstern sind die Buchdrucker dergestalt an Sie anzuweisen, daß ohne vor-
hers

hergehende Durchsehung des Manuscripts bei Strafe der Confiscirung, und nach Beschaffenheit der Sachen, und Umstände an Leib, und Gut nichts gedruckt werde. Es ist daher eine nothwendige Vorsicht die sogenannten Winkelbuchdruckereien, d. i. Buchdruckereien an Oertern, wo tüchtige Censores nicht bestellet werden können, abzuschaffen. In Ansehen der einzuführenden fremden Schriften haben die Buchhändler bei Einführung iedes neuen Verlags der Censur einen Abdruck zu behändigen, und vor erhaltenem Admittitur unter der angeführten Strafe keinen Bogen zu verkaufen.

§. 119. Uebrigens ist die Einrichtung der Censur gleichgiltig: Sie kann einzelnen Personen, oder Universitäten überlassen, oder auch einer eigentlich dazu verordneten Stelle aufgetragen werden. Auf welche Weise aber Sie nun immer eingerichtet seie; so ist stäts erforderlich, daß Sie aus Männern bestehe, die in allen Theilen der Wissenschaften gründliche Einsicht besitzen. Aber, gleichwie die allzugrosse Freiheit der Presse die Mutter des Unglaubens, der Empörung, und der schändlichsten Ausgelassenheit werden kann: eben so fällt eine übertriebene Strenge der Bücheraufsicht dem Wachsthume der Wissenschaften hinderlich. Um nun hierinnen der Willkühr vorzubeugen, sind den bestellten Censoren gewisse Regeln zur Richtschnur vorzuschreiben; es ist auch nothwendig, daß von Zeit zu Zeit ein Verzeichniß der verbotenen Bücher durch den Druck bekannt gemacht werde.

E §. 120.

§. 120. Die Erfahrung bestättiget es, daß der Müſſiggang die Pflanzſchule der Laſter iſt. Man beugt alſo den Laſtern vor, wenn man dem Müßiggange vorbeuget: und es iſt ganz kein Zweifel, daß ſchon er allein von der Polizei geahndet, und ieder Bürger, auch den das Glück durch Mittheilung gröſſerer Güter der Nahrungsſorge entladen hat, zu einer Beſchäftigung angehalten werden mag.

§. 121. Die geſetzgebende Klugheit muß die Mittel an die Hand geben, auf welche Art dem Müſſiggange am ſchicklichſten vorgebauet werde. Die allgemeinen Vorkehrungen ſind: daß die Nahrungswege durch eine geſchickte Leitung der Handlung für das Maaß der Bevölkerung zureichend, und nicht durch freiwillige Bande verenget ſind; daß iede nützliche Beſchäftigung ehrbar, der Müſſiggang und iede unnütze Beſchäftigung verunehrend iſt; daß dieſer Grundſatz der Jugend durch die Erziehung wohl eingeprägt; daß der Geiſtlichkeit aufgetragen wird das Volk zu belehren: das Almoſen, welches Sie zur Arbeit tauglichen Menſchen geben, weit entfernet, ein verdienſtliches Werk zu ſein, ſeie vielmehr eine Nahrung des Müſſiggangs, und ihr zur Unzeit ſich äuſſerndes Mitleiden eine Urſache, und Gelegenheit der Laſter. Die beſonderen ſind vorzüglich folgende: die Abſtellung des Bettelns: eine genaue Aufſicht, wodurch ſich im Staate iedermann ernähre: die Einſchränkung aller unnützen, dem Müſſiggange änlichen Beſchäftigungen: die Verminderung der Studirenden: eine gute Zucht des Hausgeſindes: und um dieſem allen die rechte Wirkſamkeit zu geben, wohl eingerichtete Zucht- und Arbeitshäuſer.

§. 122.

§. 122. Wenn diejenigen Armen, welche ihrer Leibesgebrechlichkeit, und des hinfälligen Alters wegen sich nicht selbst den Unterhalt gewinnen können, verpfleget werden; so ist keine Ursache, warum auch nur ein einziger Bettler im Staate vorhanden sein sollte. Es soll daher das Almosengeben auf der Strasse, in Kirchen, in Häusern, in Klöstern abgestellet; es muß das Betteln verbotten, und zwar unter was immer für einem Vorwande verbotten sein. Es müssen Wachen bestellet werden (es seien nun eigentliche, oder daß der ordentlichen Wache der Auftrag zugleich gemacht werde) welche die diesem Gebote entgegen handelnden einziehen. Dem Verbote ein Gewicht beizulegen müssen gegen die Uebertretter Strafen verhängt sein, die nach den Stufen des Ungehorsams, und der Widerspenstigkeit zu verschärfen sind.

§. 123. Um aber dem Bettelgesinde den Aufenthalt gleichsam unmöglich zu machen, muß nicht nur ihre Aufnahme in Häusern, und Gasthöfen bei schwerer Strafe untersagt, auch dieserwegen öftere Nachsuchungen gehalten, und sonst ihnen jeder Unterschleif benommen werden, sondern es muß den Magistratspersonen selbst nicht ungestraft dahingehen, wenn Sie in einer so wichtigen Sache einer Nachläßigkeit überzeuget werden.

§. 124. Beinahe in allen Staaten sind die angeführten, oder änliche Befehle, und Anstalten gegen die Bettler vorhanden; dennoch aber hat der Erfolg mit der Hoffnung nicht übereingestimmet. Man ist also darauf verfallen, die Bettler ausser Landes zu schieben, frey den den Eintritt über die Gränzen zu versagen, **die Zollbedienten zu Aufsehern zu bestellen, damit keine hereindrängen, den Schiff- und Fuhrleuten zu verbieten,** keine in das Land zu bringen, endlich auch die Freiheit zu heirathen einzuschränken, und dieselbe brodtlosen Leuten ganz zu benehmen. Der Gesetzgeber, der den Werth der Menschen kennet, und Hände zu nützen weis, wird solche Gesetze aufheben; und anstatt iemanden abzuschaffen, iedermann beschäftigen.

§. 125. Wenn ieder Bürger verbunden ist, Rechenschaft zu geben, womit er sich beschäftiget, und seinen Unterhalt gewinne, und wenn die, bei welchen diese Rechtfertigung geschieht, keine andere Beschäftigung gelten lassen, als die der Bestimmung eines rechtschaffenen Bürgers zusaget: so wird die Zahl derienigen, die sich auf eine der gemeinen Wohlfahrt nachtheilige, und den Sitten gefährliche Art zu ernähren pflegen, als Spieler vom Gewerbe, Goldmacher, Schatzgräber u. d. g. gar bald von selbsten abnehmen, durch wohleingerichtete Seelenbeschreibungen kann dem Staate die Beschäftigung der Bürger bekannt werden.

§. 126. Die Neigung sich ohne grosse Mühe, und Anstrengung zu ernähren, war die Erfinderinn von unzähligen Beschäftigungen, und Künsten, durch welche sich der Müssiggang fortgepflanzet, den Manufakturen und Gewerben Hände, und Fähigkeiten dem Staate nützlicher anwendbare Bürger entzogen werden. Welcher Widerspruch: so viele nützliche Beschäftigungen, und Gewerbe sind in Zünfte eingeschränket, und zu einer gewissen Zahl herabgesetzet, indessen den unnützen die Frei-

Freiheit unbenommen ist, sich in das unendliche zu vermehren.

§. 127. Das Uebermaaß der Studirenden fällt am deutlichsten ins Gesicht, wenn man ihre Menge gegen die wenigen Aemter hält, zu welchen Sie einst können angewendet werden. Diese Vergleichung überführet iedermann von der Nothwendigkeit die Zahl derselben in das Enge, und in ein Ebenmaaß zu ihrer künftigen Bestimmung zu bringen. Der Gesetzgeber muß die Talente unter die verschiedenen Stände mit einsichtsvoller Unpartheilichkeit zu vertheilen wissen.

§. 128. Die gute Zucht des Hausgesindes wird durch eine wohl eingerichtete Gesindordnung erhalten. Wenn von dem Gesindherrn, und der Polizeistrenge darüber gehalten wird; so ist Sie eines der kräftigsten Mittel die Zahl der Müssiggänger kleiner zu machen, indem Sie den Müssiggang gleichsam unmöglich macht. Unter dem Worte Gesinde begreift man alle, die sich auf längere Zeit in Privatdienste verdingen. Der Endzweck einer solchen Gesindordnung ist dreifach: dem Muthwillen von Seite des Gesindes, der Härte von Seite der Herrn vorzubeugen, und die Anzahl des herrnlosen Gesindes zu vermindern. Hierauf muß also bei Entwerfung einer Gesindordnung das Augenmerk gerichtet sein.

§. 129. Der Muthwillen des Dienstesgesindes äussert sich in dem unzeitigen Dienstverlassen, in unbilligen unmäßigen Forderungen, in Verweigerung der Arbeit, in Betrügereien, und Untreue, in merklicher Nachlässigkeit, und dem dadurch dem Herrn verursachten Schaden, und in Unehrerbietigkeit gegen die Gesindehalter.

§. 130. Das unzeitige Dienstverlassen einzustellen, müssen zu den Dienstveränderungen einige Termine festgesetzet, ausser dieser Zeit aber, den einzigen Fall einer Heirath oder merklichen Glücksverbesserung ausgenommen, nicht erlaubt sein den Dienst zu verlassen. Wo dergleichen gesetzmässige Dienstbothenmiethzeit nicht eingeführet ist, muß wenigstens eine Aufkündzeit festgesetzet werden, binnen welchen sich die Herrschaft um einen andern tauglichen Dienstbothen umsehen könne. Sowohl in den Terminen zu Dienstveränderungen, als in den Aufkündzeiten ist in Ansehen des flachen Landes, und der Städte nothwendig ein Unterschied zu beobachten. Alles Dienstverlassen ausser diesen gesetzmässigen Wechselzeiten muß der Strafe unterliegen; um desto mehr auf das heimliche Entlaufen, auf Zusammenschwörungen des Gesindes, auf das Abreden eine empfindliche Züchtigung gesetzet, und sowohl heimlich entlaufene Dienstbothen zu beherbergen, als überhaupt Dienstleute ohne Abschied anzunehmen, strenge verboten sein.

§. 131. Den unbilligen, und unmässigen Forderungen des Dienstgesindes Schranken zu setzen, muß für alle, wenigstens die geringeren Gattungen der Dienstleute in Ansehen des Liedlohns, der Aetzung, der Kleidung, der Darangabe, und der üblichen Geschenke, als zum neuen Jahre, Namenstage u. d. g. eine gewisse Taxe gesetzet werden, welche zu überschreiten nicht erlaubt

sein

sein soll. Selbst der Freigebigkeit gegen Dienstleute sollten Gränzen gesetzt werden. Es ist dem Staate nicht daran gelegen, daß dieser, oder jener Herr einen bessern, sondern daß alle Herrn gute Dienstbothen haben.

§. 132. Es ist unmöglich alle die verschiedenen Fälle, worinnen man der Dienstbothen benöthiget sein kann, zu bestimmen; folglich eben so unmöglich die verschiedenen Arbeiten von denselben zu bedingen. Damit also durch unzeitiges Weigern des Gesindes der Dienstherr nicht zu Schaden komme, oder wenigstens in Verlegenheit gesetzet werde; so soll es keinem Dienstbothen erlaubt sein, sich einiger ihm aufgetragenen Arbeiten zu weigern, es wäre denn offenbar eine solche, welche er zu verrichten nicht vermögend, oder auch, welche für den Dienst, zu welchem er sich bedungen, offenbar unschicklich ist. Die Herrn müssen zur Wirksamkeit dieses Verbots mit einer Zwangmacht bewaffnet sein, besonders aufrührisches Gesind, bei welchem die Zwangmacht ohne Wirkung ist, soll nach geschehener Anzeige selbst von dem Gerichte andern zur Warnung scharf, und nach Umständen öffentlich gestraft werden.

§. 133. Die grösseren Untreuen, und solche Betrügereien, wodurch dem Gesindhalter ein merklicher Schaden zugefüget wird, werden rechtmässig dem peinlichen Verfahren unterworfen. Kleineren Entfremdungen aber, oder Veruntreuungen, welche durch höheres Anrechnen, und weniger an Maase und Gewicht bringen, verübet werden, muß wenigstens durch die daraufgesetzte Strafe des Zuchthauses, der Schandbühne,

bühne, oder gerichtlicher Ruthenstreiche Einhalt gethan werden. Es wird auch zur Treue des Gesindes beitragen, wenn es erlaubt ist, den auf einer Untreue betrettenen Dienstbothen, woferne es dem Gesindhalter ansteht, sogleich zu verabschieden, wenn zugleich vorgeschrieben ist, dem ihm ertheilten Abschiede diese Ursache seiner Entlassung einzuverleiben. Damit aber das Gesind auf seines Herrn Namen nichts erborgen, oder sonst unter dem Scheine, als geschähe es für die Herrschaft selbst verpfänden, und heimlich verkaufen könne; so muß Trödlern u. d. g. Krämmern, welche sich mit Kaufe, und Verkaufe alter Sachen nähren, vom Dienstgesinde ohne Vorwissen der Gesindhalter etwas zu kaufen nicht nur bei unentgeltlicher Zurückstellung, sondern auch bei Leibesstrafe verboten sein. Diejenigen, welche ohne sich anzufragen geborgt haben, sollen weder an den Herrn, noch an den Dienstbothen eine giltige Forderung stellen können.

§. 134. Die Nachlässigkeiten des Dienstgesindes, die Unachtsamkeiten, wodurch die Gesindhalter entweder auf einmal, oder weil Sie öfters geschehen, durch verschiedene kleinere Theile einen beträchtlichen Schaden leiden, werden dadurch verhütet, daß der Dienstboth, der durch sein Versehen daran Schuld trägt, denselben von seinem Lohne zu ersetzen habe.

§. 135. Wenn die übrigen Wege des Muthwillens beschränket sind: so wird das Dienstgesind wenigstens noch mehr durch unehrerbietiges Betragen beschwerlich fallen, woferne es hier an gesetzmässiger Vorsichtigkeit mangelt. Alle Gesindordnungen sind in diesem

sem Stücke mangelhaft; und es scheint eine den Hausvätern mit gehöriger Mäßigung in solchen Fällen zugestandene häusliche Züchtigung zur Vollständigkeit einer Gesindordnung unentberlich. Nur kömmt es darauf an, zu bestimmen, worinnen diese häusliche Züchtigung bestehen soll. Die Geldstrafen würden dem Geitze mancher Gesindhalter willkommen sein, um den Dienstbothen seines mühesam verdienten Lohnes zu berauben: die Dienstentlassung ist in Städten keine Strafe, weil hier leicht andere Dienste zu finden sind; auf dem Lande aber, wo die Dienstleute weniger zu entrathen, und nicht so leicht zu ersetzen sind, würde Sie dem Herrn so sehr, als dem weggeschickten empfindlich fallen. Es ist also nur eine körperliche Strafe übrig, worinnen die Strenge der Gesetze dem Gesindhalter Maaß und Ziel auszeichnen müssen.

§. 136. Der zweite Endzweck einer guten Gesindordnung ist, diejenigen, welche das Schicksal zum Dienen verurtheilet, gegen die übermäßige Strenge der Herrn zu vertheidigen. Es muß daher durch die Gesindordnung dem Dienenden von Seite der Herrschaft seine Aetzung, seine Kleidung, sein Lohn nach Verschiedenheit des Dienstes versichert sein.

§. 137. Zu mehrerer Befestigung der wechselseitigen Pflichten, und Rechte hat man in verschiedenen Orten für nothwendig erachtet ein eignes Gesindgericht aufzustellen; wo sowohl die Gesindhalter gegen die Dienstbothen, als auch die Dienstbothen in denen Fällen, worinnen Sie gegen ihre Herrn eines Schutzes bedürftig sind, ihre Beschwerden anzubringen haben. Es fließt

fließt aus der Natur der hier vorkommenden Fälle, daß das Verfahren eines solchen Gerichts ohne alle Förmlichkeit sein, daß seine Gerichtssitzungen nicht nur täglich, sondern zu allen Stunden des Tages gehalten werden, und seine Urtheile ohne weitere Berufung sein müssen.

§. 138. Woran endlich dem Staate eben so viel, als an den zween vorhergehenden Endzwecken einer Gesindordnung liegt, ist die Verminderung des herrnlosen und unbeschäftigten Gesindes. Es ist daher ein Wesentliches der guten Gesindordnung, daß dadurch dem müssig unbedientesten Gesinde aller Orten die Aufnahme erschweret, und solches dadurch eifrig Dienste zu suchen gezwungen sind. Geschworne Gesindzubringer werden hier eine wirksame Anstalt sein.

§. 139. Diese geschwornen Gesindzubringer sollen vom Gesindgerichte bestellet werden, nach der Grösse der Städte müssen derselben mehrere z. B. in iedem Viertheile zween sein. Nur Sie allein sollen berechtiget sein, die ausgetrettenen Dienstbothen in Oertern, welche für beide Geschlechte abgesöndert sind, zu beherbergen, wofür das Herberggeld vom Gerichte bestimmet werden muß. Der austrettende Dienstboth hat sogleich an dem Tage seiner Dienstlosigkeit sich bei ihnen zu melden, und seinen Abschied zu zeigen, welcher dann in ein eignes Gesindprotokoll mit Tauf- Zunamen, dem Namen seiner ehemaligen Herrschaft, wie auch dem Tage seiner Anmeldung einzutragen ist. Sind nun 14 Tage vorüber, ohne daß sich ein Dienst findet; so würde der herrnlose Dienstboth in ein Arbeitshaus ver-

verwiesen, um allda seinen Unterhalt zu gewinnen, bis er wider in neue Dienste zu tretten das Glück hat.

§. 140. Alle diese Vorkehrungen gegen den Müssiggang erwarten ihren Nachdruck von einem wohleingerichteten Zucht- und Arbeitshause, wohin die Bettler, wohin ein ieder, der sich bei gesunden Gliedmassen der Arbeit weigert, wohin dieienigen, welche sich auf eine dem gemeinen Besten nachtheilige Art ernähren, wohin herrnloses Gesind gebracht, und mit Arbeit versehen werden könne. Ein solches Arbeitshaus muß ein Sammelplatz hauptsächlich aller der Beschäftigungen sein, welche ohne vorläufige Erlernung sogleich verrichtet werden können; dergleichen beinahe alle ersten Zubereitungen der Handgewerbe, weiters Steinsägen, Holzraspeln, Farbereiben, verschiedene Materialien klein stossen, u. d. g. sind.

§. 141. Die Arbeitshäuser haben eine zweifache Absicht müssige Leute zu beschäftigen, und den Müssiggänger oder auch andern Bösewichtern zur Züchtigung, und Verbesserung zu dienen. Ihre innere Einrichtung muß diesem Endzweck gemäs sein, die Strafwürdigen müssen mit denen, welche nur um der erstern Ursache wegen zugegen sind, nicht vermenget werden. Um den Unterscheid zwischen dem Arbeitshause, und dem Zuchthause desto in die Augen fallender zu machen, sollten dieienigen, welche zur Strafe in dem Zuchthause verschlossen sind, nach einer sichtbaren Besserung, gleichsam zu einer Belohnung in das Arbeitshaus gebracht werden. Es ist übrigens nothwendig, daß diese Zucht, und Arbeitshäuser ohne allem zweideutigen

Rufe,

Rufe, und Entehrung seien, damit Sie anstatt zur Besserung zu dienen, nicht vielmehr den Weg dazu abschneiden.

§. 142. Eine Menge Menschen würden entweder nie in Laster verfallen, wenn Sie nicht hiezu verführet würden, oder wenigstens mit denselben nicht so vertraut sein, wenn Sie nicht die Gelegenheit, und Leichtigkeit einlüde. Die Polizei muß daher auf die Verführer, dergleichen sind Kuppler, und Kupplerinnen, auf Gelegenheitmacher, als die sogenannten Hurenwirthe, ein wachsames Auge haben, und wenn Sie dieselben entdecket, auf eine in die Augen fallende Weise auf das allerstrengste züchtigen. Man wird hieraus leicht einen Schluß ziehen können, ob öffentliche Schandhäuser geduldet, oder wie einige vorschlagen, sogar vom Staate selbst veranstaltet werden sollen.

§. 142. Die Polizei muß aber auch sonst alle Gelegenheiten abzustellen bedacht sein, welche mittelbar oder unmittelbar die sittlichen Unordnungen zu vermehren fähig sind. Hieher gehört also zur Abstellung der Trunkenheit, und der daraus entstehenden üblen Folgen die Verminderung der Schenkhäuser; die Verordnung nach einer gewissen Zeit niemanden, und zu allen Zeiten denenjenigen, denen bereits eine Trunkenheit angemerket wird, in den öffentlichen Schenkhäusern nichts mehr zu verkaufen; eine zum Beispiele, und Abmahnung anderer gegen eingealtete Trunkenbolde verhängte öffentliche Züchtigung; hieher gehöret das Verbot jedermann ausser in den dazu gewidmeten Herbergen über Nacht aufzuhalten; hieher gehören endlich

lich die von einsichtsvollen Monarchen angesuchte, und von einem der Unsterblichkeit würdigen Oberhaupte der Kirche gerne bewilligte heilsame Verminderung der Feiertäge: denn es ist ausgemacht, daß jede Zeit, die man der Arbeit einräumet, dem Laster, und der Ausschweifung entrissen wird.

§. 144. Es scheint beinahe unmöglich, daß die Laster tiefe Wurzeln schlagen können, wenn die angeführten Anstalten vereinbaret sind. Weil Sie aber entweder sehr selten alle zusammen angetroffen werden, oder bei der grösten Wachsamkeit es manchmal Lasterhaften gelinget, sich geheim zu halten, und in verborgenen Verwüstungen anzustellen; so muß die Polizei die eingerissenen Laster ausspähen, und dann sie aus dem Wege zu schaffen wissen. Zur Entdeckung der Laster scheint das einzige Mittel eine Sittenkommission nach dem Beispiele des römischen Censorats, welche aus mehreren ansehnlichen, und durch eigne untadelhafte Sitten hiezu tüchtigen Gliedern zusammengesetzt, über Personen von schändlicher Aufführung ohne allem Ansehen des Standes, und über öffentliche Aergernisse zu wachen hat: nur daß ihre Untersuchungen behutsam, ihre Erinnerungen bescheiden sein, und daß ihr Betragen, sosehr als immer möglich von häuslicher Durchsuchung entfernet seie.

§. 145. Zur Ausreutung der entdeckten eingerissenen Laster endlich bleibt kein anderes Mittel, als die Bestrafung übrig, welche die gesetzgebende Klugheit nach Verschiedenheit der Laster an die Hand geben wird.

Die

Die Absicht zu bessern muß besonders bei den Strafen, welche man den sittlichen Unordnungen entgegen stellet, nie aus den Augen verloren werden.

III. Von Gesetzen, welche auf die Handhabung der innerlichen Privatsicherheit eine nähere Beziehung haben.

§. 146. Die Aufmerksamkeit auf den sittlichen Zustand allein ist nicht wirksam, wenigstens nicht allgemein wirksam genug, den Willen der Bürger also zu leiten, daß er sich selbst bestimme, iede der Sicherheit seines Bürgers nachtheilige Handlung zu unterlassen. Die Gesetze müssen daher das vollenden, wozu jenes den Grund gelegt hat. Diese Gesetze beziehen sich auf die besonderen Gegenstände, werden die Richtschnur der Handlungen, und um dem Willen das Uebergewicht auf dieienige Seite zu geben, auf welche es der Gesetzgeber verlanget; so verbindet er mit ieder schädlichen Handlung eine solche unausbleibliche Folge, welche stark genug ist, durch die Vorstellung des angedrohten Uebels von der Uebertrettung abzuhalten. Diese Folge hieß die Strafe.

§. 147. Die blosse Uebereinstimmuhg der Handlungen mit den Gesetzen ist bei den wenigsten der Beweggrund der Folgsamkeit: die Betrachtung der Strafe hingegen machet auf alle, auch die grösten Bösewichter einen Eindruck. Dem allgemeinen Besten lieget daran, daß die Gesetze von allen beobachtet werden: es ist also die Strafe zur Wirksamkeit des Gesetzes wesentlich; wie auf der andern Seite alle

Ge-

Gesetze, bei denen die Strafe auf den Fall der Uebertrettung abgängig ist, unwirksam sind.

§. 148. Die Gegenstände der Gesetze, welche auf die innerliche Privatsicherheit eine nähere Beziehung haben, sind die Personen, die Ehre, und die Güter der Bürger; unter welchen letzteren auch ihre Rechte, und Ansprüche gegen ihre Mitbürger zu begreifen sind. Um die Gegenstände nicht zu vermengen, theilen wir diese Abhandlung in eben so viele Theile, als die Gesetze Gegenstände haben.

Sicherheit der Personen.

§. 149. Die persönliche Sicherheit ist der Zustand, worinnen wir für unsere Person nichts zu befürchten haben, man nennet Sie auch die körperliche Sicherheit. Soll dieser Zustand vollkommen sein; so muß nicht nur niemand etwas für das Leben, sondern auch keine körperliche Verletzung, wie Sie immer den Namen führet, oder wo sie immer herkommen mag, zu befürchten haben, in so weit es von der Polizei möglich ist, sie von den Bürgern abzuwenden. Hieraus fließt die erste Abtheilung, nach welcher wir diese Gesetze herumzunehmen haben; Gesetze, welche das Leben der Bürger sicher stellen; und solche, welche von ihnen iede Verletzung abwenden.

§. 150. Das Leben der Bürger läuft Gefahr von gewaltsamen Mordthaten, und Unvorsichtigkeiten, und Wagestücken, von Krankheiten, oder andern Gebrechlichkeiten, vom Abgange der Nahrung, oder anderer Nothwendigkeiten. Es sind

also

also Gesetze erforderlich, welche diesen verschiedenen Gefahren wehren; mithin Gesetze, gegen die gewaltsamen Mordthaten; Gesetze, die Unvorsichtigkeiten, und Wagestücke zu verhindern, Gesetze, welche gegen Krankheiten die möglichen Vorkehrungen machen, worunter die Medicinalanstalten verstanden werden; Gesetze, welche dem Abgange der Nahrung, in Ansehen der Nothwendigkeiten Vorsehung machen, worunter von den Mitteln gegen allgemeine, und besondere Theurungen zu handeln sein wird.

§. 151. Alle Todesarten, welche das Ziel des menschlichen Lebens auf eine gewaltsame Art befördern, werden unter dem Namen gewaltsame Mordthaten begriffen. Sie könnten sämmtlich unter folgende Arten gebracht werden: Todtschläge auf der Strasse, oder in Häusern, Vergiftungen, Zweikämpfe, Selbstmorde, und Kindermorde im weitläuftigsten Begriffe.

§. 152. Die göttlichen, und weltlichen Rechte, die Menschlichkeit, der von dem Urheber der Natur in alle Herzen gelegte Abscheu vereinbaren sich, die Todtschläge zu verbieten. Die Gesetzgebung muß sich hier durch Strafen, welche auf alle Arten von Todtschlägen verhänget werden, wachsam zeigen; besonders muß Sie auf die Stufen der Grausamkeit, und besonders darauf sehn, daß die Strafen auf Schrecken hinauslaufen, weil dem Gesetzgeber daran liegt, dieselben zu hindern, da die Rache unnütze ist. Es ist aus eben der Ursache vorsichtig gehandelt, daß durch Nebengesetze die Ausführung der Mordthaten erschweret werde

werde, z. B. wenn geheime, und meuchelmörderische Waffen zu tragen zu allen Zeiten verboten ist.

§. 153. Die Vergiftungen verdienen eine größere Aufmerksamkeit der Polizei, weil Sie leichter als andere Mordthaten auszuführen sind, und selbst von denenienigen verübet werden können, die zum Blutvergießen nicht Entschlossenheit genug besitzen. Die Strafen müssen desto schärfer sein, je leichter das Laster zu begehen ist. Um den Giftmischereien vorzubeugen, muß auf diejenigen ein scharfes Aug gehalten werden, welche einfaches oder zubereitetes Gift, oder solche Waaren verkaufen, die zwar zur Zubereitung verschiedener Kunsterzeugnisse nothwendig sind, von denen zugleich aber auch ein schädlicher Gebrauch auf das menschliche Leben gemacht werden kann. Es ist daher die erste nothwendige Vorsicht, den Verkauf von dergleichen schädlich anwendbaren Materialien nicht iedermann zu gestatten, besonders auf dem platten Lande; und er ist irrenden Krämmern gänzlich zu untersagen.

§. 154. Die zweite Vorsehung muß auf die Käufer gerichtet sein. Niemanden ist einiges Gift zu verabfolgen, als denjenigen, denen ihre Beschäftigung solches als eine Zugehör unentbehrlich machet. Ein Dienstbothe, der etwas von dergleichen Waaren verlanget, soll seines Herrn Handschrift, und Pettschaft, und Gewerbtreibende vom Lande sollen einen Schein von dem Pfarrer, oder der Obrigkeit des Ortes zur Sicherheit vorzeigen müssen. Verdächtige sollen alsogleich angehalten, und der Obrigkeit angezeiget werden. Uebrigens wird es keine übertriebene Strenge

F sein,

sein, wenn man unbehutsame Apothecker und Krämmer, welche solche schädliche Materialien aus den Händen lassen, als Mitschuldige einer etwa erfolgten Vergiftung ansehe.

§. 155. Damit aber in einer so wichtigen Sache auch dem Irrthume so wenig, als möglich Platz gelassen werde; so ist nothwendig, daß von Kunsterfahrnen ein sorgfältiges Verzeichniß von allem entworfen werde, was auf das menschliche Leben, oder Gesundheit eine schädliche Wirkung machen kann. Die Gewerbtreibenden müssen angehalten werden, solche schädliche Materialien genau zu Hause vor Unvorsichtigkeiten zu bewahren. Die Verkaufenden sollen ihre Materialien in einem besondern hiezu bestimmten Orte aufbehalten, und die Verkaufung derselben nur geschickten bei der medicinischen Fakultät geprüften Specereijungen anvertrauen, die Buden sollen von Zeit zu Zeit von dazu bestellten verständigen Männern untersuchet, und endlich diejenigen, welche einer Nachläßigkeit in den vorgeschriebenen Beobachtungen überführt würden, auf das schärfeste, nicht nur am Gelde, sondern auch am Leibe gestrafet werden.

§. 156. Es ist hundertmal bewiesen worden, daß die Zweikämpfe mit dem Begriffe einer bürgerlichen Gesellschaft unverträglich, daß Sie eine unzuläßige Selbsthilfe, ein Eingriff in die Rechte der obersten Gewalt, eine Verletzung der bürgerlichen Sicherheit sind. Es ist hundertmal wiederholet worden, daß es eine übelverstandene Ehre, daß es sogar eine Feigheit seie, wegen einer Beleidigung, oder Beschimpfung sich

zum

zum Henker seines Mitbürgers zu machen; daß es kein Mittel seie die Beleidigung von sich zu lehnen, oder seine Ehre wieder zu erhalten: daß die Ehre eines Bürgers nicht der Willkühr eines Tollkühnen, eines Trunkenbolden, eines Braven übergeben ist. Es sind beinahe bei allen Völkern strenge Dueledikte gegen die Ausforderer, und Annehmenden, wie auch gegen alle Nebenpersonen, wie Sie Namen haben mögen, ergangen; aber das Vorurtheil, welches in den Zeiten der Barbarei entstanden, und durch gesetzmäßige Mißbräuche ernähret worden, erhält sich noch. Die Todesstrafe, wodurch die Gesetzgeber dem Uebel Einhalt zu thun gesucht, ist aus dem Wesentlichen dieses Verbrechens kein abschreckendes Mittel. Wer das Leben höher, denn seine vermeinte Ehre schätzet, schlägt sich nicht, und wer diese Ehre dem Leben vorzieht, fürchtet den Tod nicht. Eine auf die Zweikämpfe selbst gelegte unvermeidliche Entehrung (Infamie) wird das kräftigste Mittel sein, weil Sie das Uebel bei der Grundlage erschüttert, und den Uebertreter eben dadurch wahrhaft seiner Ehre entsetzt, wodurch er Sie zu vertheidigen glaubte.

§. 157. Jedoch die Gesetze selbst haben einen Unterschied eingeführet, der wenigstens grossen Theil an ihrer Kraftlosigkeit Schuld trägt: den Unterscheid nemlich zwischen Ausforderungen, und Begegnungen, (Rencontres). Unter den erstern versteht man, wenn sich die Kämpfenden Zeit und Ort bestimmen, wo Sie sich zu diesem Endzwecke begegnen wollen; unter den letztern, wenn der Beleidigte, oder Beschimpfte sich auf der Stelle Genugthuung schaffet. Unläugbar zwar ist bei den eigentlichen Zweikämpfen wegen der längeren Vorherüberlegung das Verbrechen grösser. Allein sind Zweikämpfe darum untersagt, weil in einem Staate, wo Richter, und Gesetze für ieden Bürger wachen, keine Selbsthülfe Platz finden soll: so ist eben diese den sogenannten Begegnungen angemessen. Die erze Hitze mag zwar das Verbrechen in etwas mindern; aber sie kann es nicht aufheben. Man hat hier die in allen Fällen erlaubte, in den Gränzen der Mässigung verbleibende Selbstvertheidigung mit der Begegnung vermenget.

§. 158. Die Vorsorge der Gesetze muß sich soweit erstrecken, daß Sie auch dieienigen Gewaltthaten, die iemand an sich selbst begehen könnte, mithin die Selbstmorde zu verhindern suche. Sie sind von zweierlei Art. Es entleibet sich iemand mit Ueberlegung, oder aus Mangel der Vernunft. Man hat den vorsetzlichen Selbstmorden durch die Schmach vorzubeugen gesucht, die man dem Körper des Selbstmörders anzuthun drohet: daß man ihn nemlich durch den Schinder, wie ein Vieh, auf den Karren hinausschleifen, und unter dem Hochgerichte begraben, seine Güter aber zum Theil einziehen läst. Wenn der angebohrne Hang der Selbsterhaltung nicht wirksamer wäre; so würde die Bestrafung des Entleibten niemand zurückhalten. Es giebt Völker, wo der Selbstmord als eine Entschlossenheit angesehen wird, wenn Beweggründe vorhanden sind, nicht mehr zu leben. Die Grundsätze der Religion, die Vorstellung, daß es nicht erlaubt sei, unsern Stand-

ort

Ort ohne Willen dessen, der ihn uns angewiesen, zu verlassen, die Vorstellung einer auf die Vermeidung weniger elenden Augenblicke folgenden unglücklichen Ewigkeit, diese müssen eine solche Nationalmaxime ausrotten.

§. 159. Der Selbstmord ist gewöhnlicher Weise die Folge der äussersten Verzweiflung. Das Auge der Polizei wachet daher sorgfältig über diejenigen, welche von dieser zerfleischet durch einen eigenmächtigen Tod befürchteten grösseren Uebeln zu entfliehen suchen. Dieses ist der Grund der Vorsichtigkeit, mit welcher die Gesetze eingekerkerte Missethäter zu hüten, und ihnen Messer, oder alle andere Werkzeuge, womit Sie sich entleiben könnten, abzunehmen befehlen. Oefters ist es nöthig, Sie mit Fässeln unbeweglich an eine Wand zu schmieden, und ihnen alle Mittel zu benehmen, sich nur zu regen, und Schaden an ihrem Körper, und Leben zuzufügen.

§. 160. Um dem Selbstmorde derjenigen vorzukommen, die aus Mangel der Vernunft, aus Raserei u. d. g. Hand an sich legen könnten, müssen solche Bürger, bei denen ein Verdacht vorhanden ist, daß ihre Vernunft angegriffen seie, gegen sich selbst verwahret, gefässelt, oder gebunden, und in eigne hiezu bestimmte Tollhäuser gebracht werden, wo ihre Herstellung versuchet wird. Woferne aber die hartnäckige Krankheit den Hülfsmitteln trotzet; so bleiben solche unglückliche in ewiger Verwahrung, bis ein natürlicher Tod ihrem Elende das Ende machet.

§. 161.

§. 161. Jedes Mitglied der bürgerlichen Gesellschaft empfängt in dem ersten Augenblicke seines Daseins ein Recht auf den Schutz des Staates. Die Polizei ist daher verpflichtet das Leben der Kinder in Sicherheit zu setzen, mithin den Kindermorden zu wehren. Dieses Laster hat einen gewissen Grad von Unmenschlichkeit, der bei den übrigen nicht vorhanden ist. Da es auch leichter, als andere Arten von Mordthaten begangen werden kann: so müssen die Gesetze denselben durch die in die Augen fallende Strenge der Strafe Einhalt thun. Kindermorde werden unmittelbar durch Ertödtung, oder mittelbar durch Hinweglegung des Kindes verübet. Wenn das letztere auf eine solche Weise geschieht, daß der Tod des Kindes wegen Entfernung des Ortes nothwendig erfolgen muste; so ist darauf eben die Strafe zu verhängen, als auf die unmittelbare Ermordung.

§. 162. Der Wirkung nach ist es einerlei, ob das Kind erst dann, wann es wirklich das Tageslicht erblickt, oder noch im Mutterleibe durch Arzneimittel, oder Gewaltthaten getödtet, oder abgetrieben werde. Wenn die Gesetze zwischen einer belebten, und unbelebten Frucht einen Unterschied festsetzen, und bei der Abtreibung der letztern gelinder sind: so scheint die Gesetzgebung unvollkommen.

§. 163. Um aber dem Abtreiben der Leibesfrüchte soviel, als möglich vorzukommen; so ist erforderlich, daß in Speccreibuden, und Apotheken, oder auch bei Kräuterfrauen ohne Unterschrift des Arztes, der seine Anordnung zu verantworten haben wird,

wird, nichts verabfolget werde, was zu diesem schändlichen Endzwecke dienen kann. Die medicinische Fakultät hat ihnen darüber die Vorschrift zu ertheilen, und die Ingredienzien, woraus solche schädliche Getränke verfertiget werden können, unter den höchsten medicinischen Geheimnissen aufzubewahren. Auch ist den **Wundärzten**, Barbirern u. d. g nicht zuzulassen, daß Sie Weibspersonen auf eignes Begehren, oder nach ihrem Eigendünkel zur Aderlassen, wenn es wahr ist, daß dieses zu gewissen Zeiten der Frucht zum Nachtheile gereichen kann. Die Uebertretter dieser heilsamen Vorsehungen sind auf das strengste zu bestrafen.

§. 164. Wenn man die Quellen untersuchet, aus denen die Kindermorde entspringen; so sind es hauptsächlich die **Schande gefallener Mädchen**, und die **Armuth**. Die Polizei soll diesem unmenschlichen Verbrechen bei den Quellen selbst zuvorkommen. Weit entfernt also, daß geschwächte Mädchen mit Kirchenbussen, oder anderen Sie entehrenden Strafen, und Merkmaalen belegt werden sollen; so ist vielmehr eine der unentbehrlichsten Anstalten, daß Häuser vorhanden seien, worinnen solche unglückliche Personen ohne Furcht verrathen zu werden sich ihrer Bürde entladen, und wieder in den Schooß der Tugend zurückkehren können. Die Schamhaftigkeit, sagt Mirabeau, ist ein Ueberrest der seufzenden Unschuld: der uns zwingt Sie zu verlieren, verurtheilt uns beständig lasterhaft zu bleiben.

§. 165. Ich zweifle daher billig, ob die Gesetze, welche einer geschwächten Person auferlegen, ihre Schande selbst zu entdecken, um dadurch dem Kindermorde

morde zuvorzukommen, ihren Endzweck erreichen werden. Bei Weibern, die alle Schande ausgezogen haben, ist diese Vorsichtigkeit überflüßig; bei einem unglücklichen Schlachtopfer seiner Schwachheit hingegen ohne Folge. Ihr Zustand ist der gewaltsamste, Sie hat zwischen sich, und dem Kinde zu wählen, zwischen der Schande, und dem Laster. Die Eigenliebe wird ihrer Wahl das Uebergewicht geben: Sie wird um den Gesetzen nicht zu gehorchen die Stimme der Natur hören; Sie wird sich verhindern Mutter zu werden, um keine auf ewig entehrte Person zu sein.

§. 166. Oft ist die Armuth die Ursache, daß Eltern, welche unvermögend sind, dem ihnen gebohrnen Kinde den Unterhalt zu geben, dasselbe wegsetzen, und also mittelbar, wenn es lange hülflos bleibet, an seinem Tode schuld sind. Wenn Waisenhäuser, wie wir Sie fordern, worinnen die Aufnahme leicht, und unentgeltlich ist, von welchen die nothdürftigen Kinder selbst aufgesuchet werden, vorhanden sind; so wird das Wegsetzen der Kinder von sich selbst aufhören.

§. 167. Neben dem vorsetzlichen Kindermorde muß die Wachsamkeit der Gesetze auch auf diejenigen Gelegenheiten gerichtet sein, worinnen die Sprößlinge der Bevölkerung durch Nachläßigkeit, oder Unvorsichtigkeit zu Grunde gehen können. Sollten also ungeachtet der durch die angepriesnen Anstalten gehobenen Hindernisse dennoch Kinder ausgesetzet werden; so muß das Gesetz einem jeden, der Sie findet, verbinden, Sie in Sicherheit zu bringen; welches um desto leichter sein kann, da es hier blos um einen Dienst der Liebe

zu

zu thun ist, zu welchem eines jeden eigenes Gefühl einladet, sonst aber das Unterbringen in das Waisenhaus keine Kosten verursachen kann. Damit auch in der Geburt die Kinder weniger Gefahr ausgesetzet seien, sind nicht nur keine andere, als geprüfte Wehemütter zur Geburtshülfe zuzulassen, sondern es muß auch über dieses, besonders auf dem flachen Lande genaue Obsorge getragen, und jede, die einer Nachläßigkeit beschuldiget werden kann, auf das strengste zur Verantwortung gezogen werden. Die Sorglosigkeit der Kinderwärterinnen ist gleichfalls der Aufmerksamkeit der Polizei würdig.

§. 168. Es verdienen auch alle diejenigen Fälle einige Betrachtung, wo die Frucht mittelbar durch die Mutter getödtet, oder beschädiget werden kann. Die peinlichen Gesetze verschieben daher die Tortur der Schwangeren bis nach ihrer Entbindung. Wenn eine Person, die gesegneten Leibes ist, stirbt; so ist zur Rettung der Frucht nothwendig, die gestorbene Mutter mit der gehörigen Behutsamkeit zu eröffnen. Die Weiber, die sich in solchen Umständen befinden, müssen selbst gegen die Mißhandlungen der Männer durch Gesetze, und Straffen geschützet werden. Endlich müssen alle Gegenstände, welche Schrecken, oder Abscheu erwecken, und unzeitige Entbindungen, oder Mißgeburten veranlassen könnten, abgeschaffet werden.

§. 169. Es ist unmöglich, alle Fälle zu bestimmen, wo die Unvorsichtigkeit dem Leben der Bürger nachtheilig werden kann. Aus einigen Beispielen kann man hier die Anwendung auf die übrigen machen. Alle

Brü-

Brücken, Fährten und Wege fordern aus diesem Grunde die Aufmerksamkeit der Polizei, die Aufseher darüber müssen durch strenge Verordnungen, und angedrohte Strafen angehalten sein, Sie im gangrechten Stande zu erhalten, an dem jähen Abstürzen Schranken zu besorgen, in den schiffbaren Wässern alles beiseite zu schaffen, was die Schiffahrt gefährlich machen kann, und um destoweniger zum Privatnutzen etwas in dem Strome gedulden u. d. g. Das Auge der Polizei muß aller Orten gegenwärtig sein, wo die Menge des Volkes, mithin auch die Gefahr niedergefahren, oder niedergeritten zu werden grösser ist. In grossen Städten also, wo die Strassen von beschäftigten Menschen beständig voll sind, sind Verordnungen, welche das schnelle Fahren, oder Reuten ohne Ausnahme untersagen, unumgänglich. Der Kutscher, welcher iemanden aus seiner Schuld niederfährt, muß nach Beschaffenheit des Falles am Leibe mit der grösten Strenge bestrafet werden. Um Unglücksfälle zu verhüten, sollen den Wägen ihre Standplätze angewiesen, und die Strassen für die Fahrenden, und diejenigen, welche zu Fuß gehen, durch Schranken, oder kleine Gräben abgesondert werden.

§. 170. Die Vorsichtigkeit, wenn in zahlreich besuchten Gegenden ein Bau geführet wird, gehöret gleichfalls an diesen Ort. Damit durch das Herabwerfen oder sonst auf eine andere Art niemand beschädiget werde, müssen solche Vorkehrungen gemacht werden, entweder, daß die vorübergehenden durch ausgehangene Zeichen gewarnet, oder welches nutzbarer ist, gar niemand

mand vorüber gelassen werde. Bei Gebäuden, oder Ausbesserungen, wobei Gruben eröffnet sind, in welche die Unwissenden fallen könnten, muß die Bauordnung Vorsehung machen: daß die Oeffnungen des Abends zugedecket, oder gar umschlossen werden.

§. 171. Nicht nur aber, wo ein Bau geführet wird, sondern auch überall, wo solche Oeffnungen sind, worein Unwissende, oder Unbehutsame fallen könnten, ist diese Aufsicht nothwendig. Die Eröffnung der Keller an solchen Plätzen, wo ein Eingang, oder Durchgang ist, müssen bei scharfer Strafe verboten sein, und vielleicht wäre eine solche unschickliche Anlage der Kellereingänge den Baumeistern zu untersagen. Die Tagewachen müssen darauf sehen, daß die auf die Strassen gehenden Zuglöcher oder Senkgruben stets bedeckt seien. Alle Gefahr, welche aus dem Einfalle der Häuser, oder sonst dem Sturze eines Gebäudes bevorsteht, muß zu gehöriger Zeit gemeldet werden, um dagegen Vorkehrungen zu machen.

§. 172. Zu den Maaßregeln gegen Unvorsichtigkeiten gehören auch die Verbote etwas von oben herabzuwerfen, Schißstätte nahe bey bewohnten Gegenden anzulegen, Spiele, wobei geworfen wird, auf Plätzen, welche von Menschen stark besuchet werden, zu halten; kurz, alles dasjenige zu thun, welches, wenn es unter Leuten, oder an solchen Orten geschieht, wo Leute hinzukommen pflegen, durch ein Versehen iemanden beschädigen könnte.

§. 173. Wagestücke heissen alle Handlungen, welche unter einem geringen, nicht von dem Willen des
haus

handelnden abhangenden Umstande gefährlich werden.
Alle solche Handlungen müssen durch Polizeigesetze untersagt sein. z. B. Schwimmen, Baaden in grossen Wässern. Hieher gehören gleichfalls alle die gefährlichen Künste der Seilschwinger, Freifechter, Kirchbaumsteiger, Sonnenwendfeuerspringer, die Flugwerke in den Schauspielen u. d. m. zu rechnen.

§. 174. Eine Handlung ist unter gewissen Umständen ein Wagestück, die unter andern nicht mehr ein solches ist. z. B. das gehen über gefrorne Flüsse; wenn das Eis stark genug ist, die Darübergehenden zu tragen, ist ohne alle Gefahr, bei einfallenden Thauwetter hingegen ist es mit Gefahr verknüpfet; damit also niemand in Gefahr gestürzet werde, liegt der Polizei ob, dergleichen Umstände zu untersuchen, und Verordnungen wegen denselben zu machen.

§. 175. Damit nicht nur den gewaltthätigen Mordthaten Einhalt gethan, sondern das Leben der Bürger auch gegen die von Krankheiten, und Leibesgebrechlichkeiten herrührenden natürlichen Todesarten, in so ferne es das Loos der Sterblichen zuläst, gesichert werde, sind Anstalten erforderlich; dem Bürger in Krankheiten Hilfe zu schaffen, und dadurch ihren Verheerungen ein Ziel zu setzen. Der Zusammenhang aller hieher gehörenden Vorkehrungen wird die Arzneianstalt genennet, welche also alles begreift, was zu der sogenannten medicinischen Fakultät gerechnet wird. Leibärzte, Geburtshelfer und Wehemütter, Apothecker, Spezereikrämmer, Lazarethe oder Siechenhäuser, Tollhäuser. Es sind überdies noch andere Vorsichtigkeiten

ten damit zu vereinbaren, die mit der Gesundheit zwar unmittelbar, aber mit den Arzneianstalten nur mittelbar zusammen hängen, und daher ist es nutzbar, eine eigne Gesundheitskommißion zusammenzusetzen, welche über alles was auf die Gesundheit der Bürger einen Einfluß haben kann, ihre Aufmerksamkeit verbreitet, und aus Arzneigelehrten, und andern Polizeigliedern zusammengesetzet sein muß.

§. 176. Die Grundlage der Gesundheitsanstalten ist die gute Einrichtung des Arzneistudiums in allen seinen Theilen, damit angehende Leibärzte, Wundärzte, Geburtshelfer, Wehemütter, Apothecker, kurz alle, die sich mit der Heilung des menschlichen Körpers abgeben, Gelegenheit haben, nicht nur die theoretischen, sondern auch die praktischen Kenntnisse zu erwerben.

§. 177. Dann ist vorzüglich zu sorgen, damit von diesen Arzneiverständigen aller Gattungen durch das ganze Land eine ebenmäßige Vertheilung geschehe. In jedem Städtchen, wenigstens in einer gewissen Entfernung muß ein sogenannter Phisikus bestellet sein. Jedes Dorf soll wenigstens einen geprüften Wundarzten haben, und besonders soll es auf dem flachen Lande an Wehemüttern nicht gebrechen. Die Schwierigkeit in Ansehen der letztern äussert sich nur wegen ihres Unterhalts, der auf einem Dorfe für eine eigne Wehemutter nicht zureichen würde. Allein Sie kann gar bald gehoben werden, wenn denselben aus der Landeskasse ein Gehalt bestimmet, und solcher wieder durch Untertheilung gehoben, oder auch allenfalls von ihr getragen wird.

§. 178.

§. 178. Auch für die Apothecken muß die Gesundheitskommißion Sorge tragen, damit die Arzneien in gehöriger Menge und Verschiedenheit auch in der nothwendigen Güte vorhanden seien. In dieser Absicht müssen die Laboratorien der Apothecken von Zeit zu Zeit und gleichsam mit Ueberraschung untersuchet werden.

§. 179. Die Vorsorge wegen des Arzneivorraths muß abermal nicht auf die Städte allein eingeschränket sein, die Umstände der Krankheit sind manchmal so bringend, daß die Hilfe gegenwärtig sein muß, und man nicht erst die Herbeiholung der Arzneien von einen oft einige Meilen entlegenen Städtchen abwarten kann. Gleichwol ist die Errichtung einer Apothecke in iedem Dorfe ebenfalls unmöglich. Aber es wäre wenigstens möglich, daß von der medicinischen Fakultät gewiße gemeinnützigere Hilfsmittel gewählet und verzeichnet würden, mit welchen die Dorfbarbierer gleich als mit einer Art von Hausapothecken versehen sein müsten; eben so sollten die Wehemütter diejenigen Arzneien bei Handen haben, deren die nothleidenden Gebährenden am meisten bedürfen; auch diese sollten von Arzneiverständigen verzeichnet werden.

§. 180. Wenn nun weder an geschickten Arzneiverständigen, noch guten Arzneimitteln ein Mangel ist; so soll niemanden erlaubet sein sich mit Vorschriften, Arzneien, oder andern Hilfsmitteln für die Gesundheit, und das Leben der Menschen zu bemengen, als welche sich die gehörigen Kenntniße erworben haben, und der Vorschrift nach geprüfet sind. Das Ausstehen der irrenden Aerzte, und ihr Verschreiben muß also gänzlich aufgehoben, die Bereitung und der Verkauf der Winkelarzneien, und aller fremden Medikamente nicht gestattet, und die Apothecker sollen darauf angewiesen werden.

§. 181. Damit aber die veranstaltete Hilfe für einen großen Theil der Bürger durch die Kostbarkeit nicht unnütze, oder wenigstens sehr erschweret werde, muß in Ansehen der Aerzte sowohl, als Arzneien den willkührlichen Preißsteigerungen vorgebauet werden. Besonders wird es in Ansehen ihrer und auf dem platten Lande zur Erhaltung der arbeitenden Klasse des Volks dienen, wenn für die Aerzte eine Taxe bestimmet ist, die nach dem beiläufigen Vermögen dieser Klasse ausgemessen sein muß. Noch sollen Taxen für Apothecker unüberschreitbar bestimmet werden, welche für Landapothecker geringer eingerichtet werden; für diejenigen, welche auch noch diese Kosten zu tragen zu mittellos sind, werden Armenärzte zu besolden, und Armenapothecken auf öffentliche Unkösten zu unterhalten sein.

§. 182. Gleichwohl wird dann auch noch nicht ein Jeder die Kosten einer langwierigen Krankheit tragen, oder sich die erforderliche Wartung verschaffen können. Es müssen also Krankenhäuser, oder sogenannte Lazarethe nicht abgehen, worinnen sowohl diejenigen, die gerne etwas bezahlen wollen und können, als die ganz mittellosen aufgenommen und auf gleiche Art verpfleget werden müssen.

§. 183. Die Krankenhäuser müssen für alle Krankheiten bestimmet sein. Es gehören also hieher die

Häu-

Häuser worinnen arme Weiber, und unglückliche Mädchen Mütter werden. Es gehören hiehero gleichfalls dienienigen Häuser, worinnen Männer und Weiber, welche die Strafe ihrer Ausschweifung, die Lustseuche an sich tragen, entweder für ein geringes Geld, oder auch umsonst geheilet werden, damit ein so schändliches Uebel durch Sie nicht verbreitet werde. Die Aufnahme muß leicht, die Verschwiegenheit der darüber gesetzten Aerzte eine Pflicht, und die Wartung menschenliebvoll sein. Hiehero gehören endlich die Tollhäuser, worinnen die Heilung der Elenden versuchet wird, die, aus was immer für einer Ursache um ihren Verstand gekommen sind.

§. 184. Die Bäder, und Gesundbrunnen verdienen gleichfalls einen Blick der öffentlichen Vorsorge. Ein Land, welches damit gesegnet ist, muß die Nebenanstalten, welche ihren Genuß erweitern, nicht verabsäumen. Die Vermögenden, welche Gesundbrunnen trinken, oder Bäder gebrauchen, fodern Bequemlichkeit in Wohnungen, Vorrath an Lebensmitteln, nicht blos den nothwendigen, sondern auch denjenigen, welche die Tafel des Reichen unterscheiden; Sie fodern Spaziergänge oder andere Zeitkürzungen, wodurch ihnen der Aufenthalt angenehm gemacht wird. Auch für die Armen sollen Anstalten getroffen werden.

§. 185. Die Krankheiten sind entweder solche, welche sich nicht mittheilen, oder solche, die sich mittheilen, und die ansteckenden, die erblichen genennet werden. Bei den lezten ist nicht nur die Heilung der wirklich Darniederliegenden, sondern auch die Verwahrung der gesunden, und Verhinderung der weiteren Verbreitung der nothwendigen Arzneianstalten beizuzählen. In dieser Absicht muß eine Todtenbeschau vorhanden sein, welche einen jeden Gestorbenen besichtiget, und ihren Bericht der Gesundheitskommission abstattet, die dann nach Umständen die erforderlichen Behutsamkeiten vorschreibt, die angesteckten Kleidungen und Geräthe entweder verbrennen, oder wenn es thunlich ist, reinigen läßt; einen Unterricht ertheilet, wie das Zimmer von den ansteckenden Dünsten zu befreien; was vielleicht von denen, die mit den Kranken beschäftiget waren, für Verwahrungsmittel zu gebrauchen sind, u. d. g.

§. 186. Bei schleichenden Seuchen muß Sie die Mittel das Land zu bewahren und zu reinigen anzeigen. Es ist nützlich, daß zum voraus eine Ordnung entworfen werde, was zu beobachten seie, sowohl, wenn ein Land schon angesteckt ist, als auch, wenn nur erst die Pest in den angränzenden Ländern wüthet. Die Pestanstalten laufen kürzlich dahinaus: Wenn irgendwo ein Land, oder Gegend verdächtig ist; so wird demselben mit dem andern alle Gemeinschaft benommen, und werden daher durch Soldaten Abschnitte, oder Cordone gezogen, worinnen nach einer gewissen Ausmessung Wundärzte untergetheilet sind. Jedermann, der aus solchen verdächtigen Oertern kömmt, muß in einem eignen dazu gebauten Lazarethe die sogenannte Quarantäne halten. Waaren werden durch Räuchern, Schwemmen, Auslüften geläutert. Eben so verfährt man, wenn eine Stadt, oder Gegend schon

G wirk-

wirklich angepestet ist: man umschließt die Gegend mit Soldaten; man sperret die Häuser, verordnet Pestknechte zum Dienste und Begrabung der angesteckten, man macht nicht nur Heilungsmittel, sondern auch Bewahrungsmittel bekannt, und verordnet alles das, was zur Läuterung der Luft beitragen kann. Da sich nicht selten von Viehseuchen Krankheiten unter die Menschen verbreitet haben; so wird es nützlich sein in gehöriger Anwendung derlei Vorsehungen auch bei einem Viehfalle zu gebrauchen.

§. 187. Manche Krankheiten stellen beinahe eben so grosse Verheerungen an, als Seuchen, wie die Kinderpocken. Die Abwendung dieser Verheerung gehöret unter die nothwendige Vorsorge für die Erhaltung der Bürger. Der Uiberschlag von der Wahrscheinlichkeit, daß der gröste Theil der Menschen blattre; daß bei den natürlichen Blattern nach genauer Beobachtung wenigstens 200 gegen 1. nach andern 400 sterben; bei den eingeimpften das Verhältniß umgekehrt ist; dieser oft gemachte Uiberschlag scheint mir entscheidend.

§. 188. Wenn sonst eine Krankheit sich besonders wüthend zeiget, und in kurzer Zeit an einem Orte eine gröffere Anzahl Menschen dahinreißt; so heißt sie eine Epidemie. Die Aerzte sind verbunden, sobald Sie bei einer Krankheit eine grosse Allgemeinheit merken, es der Sanitätskommisson einzuberichten, von welcher dann wegen den heilsamern Mitteln zu Rath gegangen, und der Schluß bekannt gemacht wird. Besonders aber werden genau gehaltene Sterberegister in dieser

Ab-

Absicht nützlich sein, welche überhaupt zur Vollkommenheit der Gesundheitsanstalten unentbehrlich sind. Diese Sterberegister werden, wo sie auf das Beste eingerichtet sind, a) von jedem Pfarrer in jedem Kirchenspiele, und b) von den Todtenbeschauern verfertiget; die Gegeneinanderhaltung von beiden vergrössert ihre Zuverlässigkeit. In den Registern der Pfarrer wird das Alter und Geschlecht der Verstorbenen; in dem Register der Todtenbeschauer aber nebst diesen beiden Rubricken zugleich die Krankheit und Todesart bemerkt werden.

§. 189. Die Arzneianstalt schlüßt die Verbesserung der Arzneikunst nicht blos unter die Mitglieder der medicinischen Fakultät ein; Sie entlehnt auch gerne fremde Einsicht, und machet von der Erfindung nützlicher, und bis hieher unbekannter Heilmittel Gebrauch. Jedoch bevor Sie dieselben sowohl selbst anwendet, als deren Anwendung gestattet, muß Sie dieselben gehörig untersuchen. Es ist hieraus offenbar, daß keine Arzneien ohne Prüfung ausgegeben werden sollen.

§. 190. Durch eine allgemeine Verordnung sind die in den Kalendern von jeher üblichen Aderlaßmännchen abgeschaft worden. Die Absicht dieses heilsamen Gesetzes war ohne Zweifel dem medicinischen Aberglauben Einhalt zu thun. Die sogenannten sympathetischen Heilmittel, die Segenssprechereien, Angehänge, u. s. w. und andere solche Irrthümer sind nicht weniger der gesetzmässigen Afmerksamkeit würdig.

§. 191. Der Endzweck aller dieser erzählten Arzneianstalten ist, das Leben der Bürger gegen Krankheiten zu sichern. Allerdings also würde derjenige einer Art von Mordthat schuldig sein, der die angebotenen Mittel bei einem angehörigen Kranken vernachläßigen würde. Daher würde ein Gesetz, welches die Erben bei dem Erblasser, die Eheleute bei ihren darniederliegenden Gatten nachdrücklich verbände, den Arzt herbeizurufen, und auf den Fall des Versäumnisses die Unfähigkeit der Erbfolge, den Verlust der weiblichen Vorzüge, oder dergleichen ähnliche Strafen festsetzte, nichts unbilliges enthalten.

§. 192. Die Sorgfalt für das Leben der Bürger muß nicht bei den Mitteln gegen schon vorhandene Krankheiten stehen bleiben. Sie muß auch dasienige, was diese Krankheiten vielleicht herbeiziehen, oder sonst der Gesundheit vielleicht nachtheilig werden kann, aus dem Wege räumen: Dieses ist eine der wesentlichsten Verrichtungen, die der Gesundheitskommission obliegen. Es können hundert Umstände sich ereignen, die ihre Aufmerksamkeit fordern; die gemeinen, und worauf immer ein unabgewendetes Aug geheftet sein muß, sind die Schädlichkeit der Nahrung, und die Unreinigkeit der Luft.

§. 193. Damit also niemand durch schädliche Nahrung sich Unheil zuziehe, ist eine Marktordnung unentberlich, die wegen der Lebensmittel gehörige Vorschrift gebe, und deren Handhabung beeidigten, wohl unterrichteten Beschauern, und Marktübergehern aufgetragen seie. Kraft dieser Verordnung muß den

Fleisch-

Fleischſchauern anders, als geſundes Vieh auszuhauen, oder auch anders, als geſundes Vieh ſchon geſchlachtet zu Markte zu bringen, und im ganzen zu verkaufen, bei ſchwerer Strafe nach Beſchaffenheit der Umſtände auch bei ſtrenger körperlichen Züchtigung unterſaget ſein. Bevor alſo ein Fleiſch von einem neugeſchlachteten Stücke Viehs verkaufet wird, muß daſſelbe der Beſchau unterworfen, und wenn der Beſchauer Merkmale der Ungeſundheit findet, das Stuck ganz vertilget werden. Aus dieſem Grunde iſt auf die Fleiſchſchwärzung, bei welchen dieſe Vorſehung nicht ſtatt findet, eine ſonderbare Wachſamkeit nothwendig.

§. 194. Auch Fetten, Käs, Milch und andere vom Viehe kommende Nahrungsmittel ſind dieſer Marktbeſchau zu unterwerfen. Man ſollte durch die ſtrengſten Verordnungen verhindern, daß aus Gegenden, welche der Viehſeuche halber verdächtig ſind, keine derlei Eßwaaren zum Verkaufe gebracht werden. Dieſe nothwendige Vorſicht ſollte allen fremden Käſen billig den Eingang verſchließen.

195. Dieſe Aufſicht muß eben ſowohl auf die übrigen Lebensmittel ausgedehnet werden. Z. B. auf Fiſche, Federviehe, Früchte; und überhaupt muß durch die Marktordnung das Verbot unverletzlich feſtgeſetzet werden, keine Früchte, oder Eßwaaren feil zu bieten, welche von der Geſundheitskommiſſion als ſchädlich, und ungeſund erkläret werden.

§. 196. Es geſchieht nicht ſelten, daß eine Eßwaare, die ſonſt an ſich ſelbſt unſchädlich iſt, wegen eines beſondern Umſtandes, und auf einige Zeit nachtheilige

Wirkung zeiget. Die Aerzte müssen verpflichtet seyn, eine solche Gemeinschädlichkeit, sobald sie dieselben entdecken, anzudeuten, damit dieser Anzeige zufolge von der Marktaufsicht die gehörige Vorsicht gebrauchet, und das Verbot sowohl des Verkaufs, als Genusses gehörig bekannt gemacht werde.

§. 197 Die Schädlichkeit der Nahrung begreift neben den Eßwaaren auch Getränke, Gewürze, alles, was zum menschlichen Genuß bestimmet, und entweder an sich selbst ungesund ist, oder durch Verfälschung dazu gemacht wird. Die Polizei muß daher den Wein, Bier und Brandweinschenken auf den Fall der Getränkverfälschung unnachlässige Strafen drohen, und ihre Behälter besonders aber die im Zapfen laufenden Getränke durch verständige Leute unvermuthet, und öfters untersuchen lassen. Diejenigen, welche ausländische Weine verkaufen, verdienen eine ganz besondere Aufmerksamkeit, weil Sie um des grössern Gewinns halber entweder diese Weine nachkünsteln, oder doch verfälschen. Die Gewürzkrämner, welche mit ausländischen Schaalfischen u. d. g. handeln, verkaufen nicht selten Waare die bereits faul, und den unwissenden Verzehrenden höchst schädlich ist. Auch das Gewürz, die Oele sowohl zum innerlichen, als äusserlichen Gebrauche werden nicht selten mit fremden Theilen vermenget. Jeder derlei Kunstgriff der Gewinnsucht muß durch oft wiederholte Verordnungen, und strenge Strafen untersaget, auch über deren strenge Beobachtung durch eigene Übergeher gewacht werden. Man kann endlich den Toback wegen seines allgemeinen Gebrauchs

brauchs gewissermassen auch hieher zählen, welchen Gewinnsüchtige Handelsleute um ihm eine Stärke zu verschaffen mit ätzenden Salzen fälschen, und dadurch Kopfkrankheiten, wo nicht grössere Uibel verursachen. Es ist als ein beständiger Grundsatz zu betrachten; daß alles genußbare überhaupt der Gesundheitskommission untergeordnet sein soll, welche durch verständige Chemisten die Güte der Waaren zu prüfen, und jede Verfälschungen anzuzeigen hat.

§. 198. Die Unreinigkeit der Luft kömmt entweder von der Landeslage, oder andern zufälligen Ursachen her. Derjenigen, welche von der Landeslage ihren Ursprung hat, ist nicht immer gänzlich abzuhelfen. Wo aber die Lage des Orts es zuläst, liegt der Polizei ob, alle Mittel zu versuchen, wodurch Sie den faulen Gewässern einen Ablauf verschaffen, und dadurch den schädlichen Ausdünstungen, die die Luft vergiften, wähen kann. Hier wird es nutzbar sein, die Erfindsamkeit der Kunstverständigen durch angebotene Belohnungen aufzufordern.

§. 199. Bei der Unreinigkeit der Luft, deren Ursachen zufällig sind, kömmt es darauf an, die Ursachen aufzusuchen, und aus dem Wege zu räumen, welches wegen ihrer Zufälligkeit ganz wohl geschehen kann. Alles, was durch Ausdämpfungen, und Gestank nicht nur ansteckend, sondern auch überlästig sein kann, muß ferne von bewohnten Oertern verleget werden. Es sind also die Begräbnißstätte ausser den Städten anzulegen; jedoch, daß aus eben der Ursache auch die Beisetzung der Todten in den Kirchen nicht gestattet werde.

Die Schindanger, Schlachthäuser, Gärber, Böttcher, Kupferschmiede, Viehhändler, oder andere, welche grosse Heerden Vieh halten, sind nach Erforderniß ihrer Beschäftigung entweder ferne von bewohnten Gegenden, oder doch ausserhalb der Städte, und an offene, dem Zugange der Luft ausgesetzte Plätze zu verweisen. Eben solche Plätze müssen auch dem Gewild- Fisch- Käs- und andern Märkten aller Waaren, die besonders zur Sommerszeit leicht verderben, oder stinken, ausgezeichnet werden. Dem Wasser muß aller Orten durch Räumung, Auspflasterung der kleinen Wasserleitungen, Ausfüllung der Pfützen, worinnen das Wasser steht und fault, freier Abfluß verschaffet; der Abfluß der Unreinigkeiten aber, soviel es thunlich ist, auf Hauptkanäle geleitet, und hauptsächlich auf die Reinlichkeit der Städte gesehen, und zu deren Säuberung gute Anstalten gemacht werden.

§. 200. Die Reinlichkeit der Städte hat in die Gesundheit der Einwohner unstreitig den grösten Einfluß. Wenn daher die Ausführung der hiezu gemachten Anstalten den bestimmten Polizeibeamten aufgetragen ist; so soll der Gesundheitskommission doch die Aufsicht, oder wenigstens die Mitaufsicht darüber eingeräumet werden. Die Vorkehrungen die Reinlichkeit der Städte zu erhalten, bestehen vornemlich in zweien Stücken, in strengen Verordnungen, keinen Unrath auf die Strasse zu werfen, und in guter Einrichtung der Säuberung.

§. 201.

§. 201. Die Gemächlichkeit der Bürger sowohl, als die nothwendige Reinlichkeit machen öffentliche sogenannte Priváte unentbehrlich, deren Anlage am eigentlichsten auf, oder unter der Brücken, oder sonst bei kleinen Wasserleitungen ist. Dann wird ein allgemeines Verbot, etwas, wie es immer Namen haben möge, auf die Straße zu werfen; eine diesem Verbote für die Uibertretter angehängte Strafe, und zwar gegen die Dienstbothen eine Leibesstrafe, gegen die duldenden Herrn aber eine Geldstrafe; ein für den Unrath eigentlich ausgezeichneter Ort, die der Tagwache hierüber empfohlene Aufsicht, und eine auf ihre Nachlässigkeit bestimmte Züchtigung zur Erhaltung des ersten Stückes der Reinlichkeit zureichend sein; nur, das alles dieses auf das Innere der Häuser ausgedehnet werde.

§. 202. Die gute Einrichtung der Säuberung hingegen besteht darinnen, daß gewiß, ordentlich, und geschwind gesäubert werde. Die Polizei besorgt sie entweder selbst, oder man verdingt dieselbe an Unternehmer. Es ist sehr leicht einzusehen, daß nur die erste Art nutzbar ist. Der Unternehmer wird um zu gewinnen, fahrläßig säubern, oder, wenn man nicht gewinnen kann, wird niemand unternehmen. Auch die geschwinde Säuberung kann von einem Privatmanne viel härter erhalten werden, weil sie auf die Menge der Handanlegungen ankömmt, deren er nicht sogleich die erforderliche Anzahl aufbieten kann.

§. 203. Also muß die Säuberung von der Polizei selbst besorget werden, welche die Aufsicht darüber gemeiniglich dem Magistrat zutheilet. Es muß gewiß gesäubert werden; also müssen Verordnungen vorhanden sein, welche die Säuberung unter unvermeidlicher Strafe anbefehlen, und muß diesfalls keine Ausnahme unter keinem Vorwande statt finden. Diese Strafe soll nicht nur auf Privatleute, sondern auch auf diejenigen Vorsteher gerichtet sein, welchen dieser Theil der Aufsicht empfohlen ist.

§. 204. Die Säuberung ordentlich zu bewerkstelligen müssen durch die Verordnungen genaue Vorschriften gegeben werden, wie? und wann? sie vorzunehmen seie. Andere Anstalten sind bei gewöhnlicher Witterung, andere bei Schnee, Regen, und im Winter bei Thauwetter nothwendig. Bei gewöhnlicher Witterung wird Tag und Stunde bestimmet, wo vor den Häusern zu beiden Theilen gekehret, und das Kehricht in die Mitte gehäufet wird. Zu dieser Zeit fahren dann Kahren durch die Strassen, welche diese Kehrichthaufen sogleich abführen. Bei Schnee, oder Regenwetter muß festgesetzet sein, daß drei Stunden z. B. nach dem Gewitter, oder dem Morgen darauf gekehrt, und abgeführet werde. Im Winter beim Froste muß zu Aufhauung des Eises, und dessen Wegschaffung gleichfalls eine Zeit bestimmet sein, welches die Säuberung bei einfallenden Thauwetter ungemein erleichtert. Wenn übrigens irgendwo ein Aas, oder sonst eine Unflätigkeit liegen sollte; so kömmt es den Uibergehern der Säuberung zu, die Anstalten zu deren Hinwegbringung unverweilt zu machen.

§. 205. Die Gewißheit der Säuberung kann nur durch die Zertheilung unter mehrere Hände erhalten

ten werden, deren jede ihren Antheil im Kurzem herzustellen fähig ist. Alle andere Arten der Säuberung also, als diejenige, welche von den Hauseigenthümern, vor ihren Häusern selbst besorget wird, werden wenigstens den Mangel haben, daß Sie nur sehr lange hergehen.

§. 206. Es sind noch einige Nebenumstände, die mit den Säuberungsanstalten zusammenhängen, und deren hier Erwähnung gemacht werden muß. Die gute Unterhaltung des Stadtpflasters, die Ableitung der Dachtropfen und die ordentliche Leitung der Hausrinnen. Je besser das Pflaster in den Städten unterhalten wird, desto weniger kann sich der Koth häufen; und ist diejenige Art der Pflasterung den übrigen vorzuziehen, welche gegen die Mitte etwas erhoben, den Abfluß des Wassers auf beide Seiten in die Rinnsale befördert, wobei das Pflaster durch den Lauf des Wassers gleichsam abgespület, und der Koth mit weggeschweifet wird. Die von Regen, oder schmelzenden Schnee abfallende Tropfen sollen um die Vorsprünge der Dächer in Rinnen gesammelt, und zusammen in eine neben der Mauer abfallende Röhre geleitet werden.

§. 207. Zu den Säuberungsanstalten endlich gehöret gewissermassen auch die Vorsehung wegen Tragsessel und Lehnkutschen. Man sieht leicht, daß diese Vorsehung nur in grössern Städten anwendbar ist. Das einzige, worauf sowohl in Ansehen der Tragsessel, als Lehnkutscher von Seite der Polizei gesehen werden muß, ist: daß von beiden eine zureichende Menge vorhanden, daß sie in allen Theilen der Stadt gehörig eingetheilet, um zu iedem Bedürfnisse an der Hand zu sein, und daß um Unordnung zu vermeiden, und auf was immer für einen Fall die Untersuchung zu erleichtern, ieder Tragsessel mit seiner Numer bezeichnet, und ihre Aufsicht einem gewissen Polizeibeamten zugetheilet werde. Es ist übrigens überflüssig eine Taxe auf die einen, oder andern zu legen.

§. 208. Ausser den gewaltthätigen Mordthaten, und Krankheiten, erfodert die Sicherheit des Lebens Vorsehung gegen den Mangel der Nahrung. Dieser Mangel hat entweder eine Beziehung auf die Personen, die ihn leiden, oder auf die Sache, welche mangelt. Der Mangel in Beziehung auf die Personen ist die Armuth, auf die Sache ist die Theurung. Beide sind wichtige Gegenstände der öffentlichen Aufmerksamkeit.

§. 209. Wir nehmen an, daß durch die geschickte Leitung der Handlung Wege genug vorhanden sind, auf welchen der Arbeitsame seinen Unterhalt erwerben kann, weiters, daß auf muthwillige Bettler mit einer nie schlummernden Wachsamkeit gesehen werde; alsdann bleiben der öffentlichen Vorsorge nur diejenigen übrig, welche das Alter, oder Leibesgebrechlichkeiten ausser Stand setzen sich den Unterhalt zu gewinnen, und die selbst kein Vermögen haben um davon zu leben: ihre Anzahl wird nicht sehr groß sein. Alle des Mitleids würdige Armen gehören unter eine der drei folgenden Klassen: Sie sind entweder unbrauchbare Soldaten, Invaliden genannt, oder Arme in Städten, oder arme

Landleute. Wir wollen ihre Verpflegung nach der Reihe betrachten.

§. 210. Die wahren Invaliden werden in Invalidenhäusern unterzubringen sein, welche daher als eine nothwendige Anstalt im Staate anzusehen, und vorzüglicher Begünstigungen würdig sind. Die innere Einrichtung der Invalidenhäuser ist von andern Versorgungshäusern nicht unterschieden, weil alle Umstände gleich sind.

§. 211. Die Versorgung der Armen in Städten geschiehet auf zweierlei Art: Durch Beihülfe aus Armenkassen, oder in Versorgungshäusern. Armenkassen sind öffentliche meistens unter der Aufsicht eines Oberhauptes stehende Kassen, worinnen der Zufluß sowohl gewisser zugetheilten Einkünfte, als der Mildthätigkeit gesammelt, und an die Dürftigen ausgetheilet wird. Diese Verpflegung der Armen kann nur, wo gar keine, oder nicht zureichende Hospitäler sind, gut geheissen werden. Denn, wie ist es in gröseren Städten möglich, ein zuverlässiges Kenntniß einzuziehen, ob dieser, oder diese des Allmosens würdig sind? wie oft also wird das Erbtheil der Armen eine Beute des Müssiggängers, und selbst eine Ursache des Müssigangs? und wer ist es, dem man aus einer solchen Kasse beistehen soll? ein Vater vieler Kinder, diese sollen im Waisenhause angenommen werden; ein Gebrechlicher, der gehört in den Versorgungsort, wo einer vorhanden ist; ein beschämter Bettler, diese Beschämung ist Vorurtheil, ist Stolz, die nicht gehæget werden sollen: alle Sammlungen also sind nur als

Hülfs-

Hülfstheile zu Waisen- und Versorgungshäusern nutzbar.

§. 212. Die Verpflegung der Armen in Städten wird sowohl für den Staat, als die Armen selbst in Verpflegungshäusern am leichtesten erhalten, weil aller Aufwand bei dieser Gemeinschaft geringer ist. Daher selbst den kleinen Städten und Dörfern, wenn Sie mehrere Arme zu ernähren haben, gemeinschaftliche Hospitäler für mehrere Oerter zusammen anzurathen, und wohl überhaupt die Armenhospitäler auf das flache Land zu verlegen sind. Reinlichkeit, Ordnung, und das gefällige Betragen der Vorsteher sind die wesentlichen Stücke der Versorgungshäuser. Da übrigens diese Häuser der Versorgung wahrer Armen bestimmet sind: so müssen um darein aufgenommen zu werden, Alter, und das Unvermögen zur Arbeit die alleinige Empfehlung sein.

§. 213. Die Einkünfte dieser Verpflegungshäuser müssen gewiß sein. Man ist oft verlegen, woher dieselben wohl zu nehmen sein möchten: und hat daher verschiedene Abgaben * ausgedacht, die man hiezu widmet. Da diese Häuser unter den nothwendigen Aufwand des Staates gehören; so muß er überhaupt vom Staate bestritten, und von allen Bürgern getragen werden, ohne daß es eben erforderlich wäre, einen eigenen Stock aus den öffentlichen Einkünften abzusondern.

* Z. B. Abgaben auf Lehnkutschen, Kugelstätte, Billiarde, auf Bälle, auf Holz, u. d. g.

§. 214.

§. 214. Die Armen, welche noch zu einiger Beschäftigung fähig sind, sollen einen Theil ihres Unterhalts sich zu verdienen angewiesen werden; die armen Landsleute sollen auf die Orthschaften ihrer Geburt geschoben, und hier, wenn Spitäler vorhanden sind, eigenommen, oder von den Grundobrigkeiten, und Grundgenossen unterhalten werden.

§. 215. Der Mangel der Nahrung in Beziehung auf die Sache, das ist, Abgang der Lebensmitteln, wodurch die Theurungen entstehen, hat seinen Grund entweder in dem undankbaren Boden eines Landes; oder in einem Fehler der Landeskultur; oder in einem Miswachse, und andern über eine grössere Strecke sich ausbreitenden Unglücksfällen; oder endlich in einer durch die Verkäufer veranlaßten Seltenheit der genußbaren Waaren, wodurch ihr Preis auf eine gewiße unebenmäßige Höhe steigt. Den Fehler der Landeskultur zu verbessern gehöret der Landwirthschaft zu, und soll nach den Gränzen unserer Betrachtungen davon bei der Handlungswissenschaft gehandelt werden. Wenn der Boden dem Fleiße des Arbeitenden widerspenstig ist; so muß das Nothwendige aus fremden Ländern herübergebracht, und dieses von der Leitung der Handlung besorget werden. Wider den Miswachs wird durch Magazinirung Vorsehung gethan. Bei Zufällen, welche ganze Landesstrecken betreffen, muß die Hülfe der Polizei nach Umständen gegenwärtig sein: den Preiserhöhungen endlich, so durch die Verkaufenden verursachet werden, müssen Marktgesetze entgegen gestellet sein.

§. 216.

§. 216. Der Endzweck der Magazinirung ist zweifach, Vorrath, und ein mittelmäſſiger Preis: die Polizei muß beide Endzwecke vereinbart zu erreichen suchen. Vorrath heist, eine der Stärke der Verzehrung mithin der Stärke der Bevölkerung zusagende Menge der unentberlichsten Lebensmittel, vorzüglich also des Korns von allen Gattungen. Zu dieser nach dem Verhältniſſe der gewöhnlichen Verzehrung berechneten Menge muß ein Theil wegen des anderweitigen, und manigfältigen Gebrauchs des Korns, und dann noch ein anderer auf unvorhergesehene Fälle eines Verderbniſſes, einer Feuersbrunst u. d. g. geschlagen werden. Der Ueberschlag also, wieviel magaziniret werden müſſe? oder, ob der durch die Landeskultur erzielte Fruchtvorrath zureiche? hängt erstlich von dem genauen Kenntniſſe der Bevölkerungsstärke, zweitens von dem eben so genauen Kenntniſſe der Landeskultur ab.

§. 217. Nicht genug, daß dem Staate die Stärke der Bevölkerung und Kultur im allgemeinen bekannt seie; er muß beides nach dem Lokalverhältniſſe kennen, um die Provinzen unter sich zur wechselseitigen Hülfsleistung anzuleiten, und neben dem allgemeinen Vorrathe insbesondere auf die Vertheilung deſſelben, mithin auf die Lokalmagazinirung bedacht zu sein.

§. 218. Auſſer allen Zweifel hängt der mittelmäſſige Preis vorzüglich von dem zureichenden Vorrathe ab; aber nicht von ihm allein: es sind noch andere Vorkehrungen erforderlich, den Preis des Kornwerths mittelmäſſig zu erhalten, und die Theurung zu verhindern. Fehlt es in der That am Vorrathe, so ist
eine

eine wirkliche Theurung vorhanden. Fehlt es zwar an diesem nicht: aber die, welche den Vorrath besitzen, nehmen ihres Vortheils wahr, und halten das Korn zurücke; so entsteht eine erzwungene Theurung. Ist beides nicht, aber gewisse Fälle und Umstände. z. B. der Anschein eines Fehljahrs, oder unbehutsame Vorrathsammlungen geben Anlaß einen Mangel zu besorgen; so entsteht eine Theurung der Einbildung.

§. 219. Um der wirklichen Theurung vorzukommen, muß genugsamer, und nach dem Lokal der Verzehrung vertheilter Vorrath bereitet werden, wozu Vorrathshäuser in allen Gegenden der Provinzen nothwendig sind. Auf die Art diese Vorrathshäuser anzulegen, käm es an, die beiden letzten Theurungen abzuhalten. Der Grund aller Wohlfeilheit liegt im folgenden Grundsatze: Es müssen mehr Verkäufer, als Käufer vorhanden sein.

§. 220. Man hat geglaubt, daß Vorrathshäuser auf Kosten des Staates errichtet am vortheilhaftesten wären: allein dieser Vorschlag ist nicht ganz, und mit allen seinen Folgen überdacht worden. Solche Vorrathhäuser müssen ungemein groß sein: dadurch entsteht die Beschwerlichkeit das Korn vor dem Verderbnisse zu bewahren. Die Erbauung solcher Magazine, die zur Aufsicht bestellten Beamten, die gemeineren Magazinarbeiter, deren Besoldung auf den Kornverkauf geschlagen werden muß, erhöhen wenigstens vergleichungsweise den Preiß. Es entstehen auch noch eine Menge Beschwerlichkeiten in Rücksicht der Frohnfuhren, und des Verkaufes.

H §. 221.

§. 221. Alle diese nachtheiligen Folgen sind aber nicht zu besorgen, wenn Privatleute Vorrath aufschütten; nur muß die Polizei von dem vorhandenen Vorrathe genau unterrichtet sein. Daher kömmt es ihr zu, vorzuschreiben, wie dieser Vorrath auf die vortheilhafteste Weise aufzuschütten seie. Wenn grosse Magazine von Privatleuten angeleget werden, so sind beinahe eben dieselben Folgen zu besorgen. Aber kleine, viele, und öffentlich eingeschriebene Magazine werden allen diesen Gebrechen abhelfen.

§. 222. Wann es nöthig wäre; so könnten zu Aufschüttung eines so kleinen Vorraths Klöster, Hospitäler, Müller, Bäcker, und grosse Gesellschaften u. d. g. angehalten werden. Weil der Vorrath klein ist; so entsteht durch den Ankauf keine plötzliche Steigerung des Preises; so ist er leichter vor dem Verderbnisse zu verwahren. Weil viele Magazine vorhanden sind: so erhält der Zusammenfluß der Verkaufenden durch wechselseitige Erniedrigung den mittelmäßigen Preis, und dennoch wird dem Landmanne eine gewisse Zahl der Käufer versichert, die dem Korne einen Werth geben, der ihn zum Anbau ermuntert. Weil endlich diese Magazine eingeschrieben sind; so erspart sich der Staat den Schritt Magazine mit Gewalt zu eröfnen.

§. 223. Auch der in kleinen Magazinen vorhandene Vorrath muß nach einer gewissen Zeit losgeschlagen; und an dessen statt neuer aufgeschüttet werden. Wenn die Ausfuhr des Getreides nicht erlaubt wäre; so würde niemand gerne einen Vorrath machen,

den

den er absetzen zu können nicht hoffen darf. Also setzt die Magazinirung selbst als eine Polizeianstalt den freien äusseren Kornhandel voraus. Damit jedoch durch übermäßige Ausfuhr des Korns nicht im Lande selbst Mangel, und Theurung verursachet werde; so müssen dieser Freiheit gewisse Gränzen gesetzet, nemlich nach dem Beispiele der Engländer die Ausfuhr nur so lange erlaubet sein, so lange der Marktpreis des Korns sich in einem gewissen für den Handlohn nicht zu hohen, für den Ackerbau nicht zu niedrigen Punkte erhält; daß aber dieselbe untersaget seie, sobald der Marktverkauf diesen mittleren Preis übersteiget.

§. 224. Der Preis der übrigen Speiswaaren überhaupt ordnet sich nach dem Kornpreise: also wird durch die Magazinirung allein schon gewissermassen der allgemeinen Theurung vorgebauet. Aber es giebt ausser des Korns, und der Eßwaaren noch andere Sachen, deren Mangel eben so nachtheilig sein würde. Die Polizei muß für einen zureichenden Vorrath von denselben sorgen, und die Grade ihrer Sorgfalt nach dem Grade der Unentbehrlichkeit abmessen. Das Holz wird in dieser Ordnung den ersten Platz verdienen. Es muß nicht nur für genugsamen Vorrath an Holz, oder andern der Gesundheit unnachtheiligen brennbaren Materien gesorget, sondern auch dahin die Aufmerksamkeit gerichtet sein, daß es nach einem gewissen auf das Maaß bestimmten Preise und zwar ohne Unterscheid der Personen zu haben seie. Die Polizei kann daher nicht zu sehr auf eine gute Waldordnung dringen, nicht zu sehr alles abstellen, welches dem jungen Gehölze schadet, nicht zu begierig alle Erfindungen ergreifen, die der Erziehung des Holzes beförderlich sein, die zur Verminderung des Holzgebrauches beitragen können.

§. 225. Die zweite Stelle wird das Salz einnehmen, dessen Gebrauch durch unsere Lebensart unentbehrlich geworden. Von diesem müssen Vorrathshäuser besorget werden. Es folgen weiter trockene Saamen, Fleisch, Hafer, Heu, Bier, Wein, Brandwein, Oele, Zucker u. d. g. bei denen allen von Seite der Polizei es einzig, und allein darauf ankömmt, die Hindernisse der Zufuhr aus dem Wege zu schaffen, so wird der Vortheil die Verkäufer herbei ziehen, ohne daß andere Anstalten nothwendig sind.

§. 226. Ein Bedürfniß der ersten Gattung, und welches ganz von öffentlichen Anstalten abhängt, ist das Wasser, welches überflüßig, zu iedermanns Gebrauch rein, und in gehöriger Güte zu so mannigfältiger Bestimmung vorhanden sein muß. Ohne Zweifel soll bei der ersten Anlage eines Ortes gleich darauf gesehen werden, daß entweder ein laufendes Wasser in der Nähe seie, oder durch Nachgraben in der Gegend leicht Quellen entdecket werden können. Und dann müssen öffentliche Brunnen zu iedermanns unentgeltlichen Gebrauche gehalten werden. Auch gut eingerichtete Cisternen können gute Dienste leisten.

§. 227. Woferne die Magazinirung in einem Lande überhaupt nach den bessern Grundsätzen gehalten wird; so wird es sehr leicht sein einer Strecke, die durch besondere Zufälle z. B. eine Ueberschwemmung ihrer Felder,

Felder, einen Mißwachs, Heuschrecken, u. d. g. Noth leidet, aus den benachbarten Gegenden zu Hilfe zu kommen. Die Polizei hat darauf zu sehen, daß diese Hülfe entweder durch Privatleute, oder durch den Staat selbst geschehe.

§. 228. Den Preiserhöhungen, die nur durch die Verkaufenden veranlasset werden, aber eben so nachtheilig sind, wird durch Marktgesetze Einhalt gethan. Die Polizei hat bei Marktgesetzen den zweifachen Gegenstand: Lebensmittel in zureichender Menge herbeizuschaffen, und dieselbe in einem mäßigen Preise zu erhalten. Das erste trägt für sich selbst schon etwas bei, auch das zweite zuwegezubringen. Insbesondere aber wird der Ueberfluß der Lebensmittel durch die beförderte Zufuhr erhalten, der mäßige Preis aber dadurch, daß dem Vorkaufen gewehret, und auf die nothwendigen Lebensmittel eine Taxe gesetzet wird.

§. 229. In manchem Lande wird die Zufuhr der Lebensmittel zu befördern ein gewisser Umkreis des platten Landes ausgezeichnet, von welchem die Lebensmittel nur in eine eigentliche dazu bestimmte Stadt, welche aus eben der Ursache Widmungsstadt genennet wird, gebracht werden dürfen. Diese Verfassung kann nachtheilige Folgen nach sich ziehen. Ueberhaupt ist jeder Zwang mehr schädlich, als beförderlich.

§. 230. Die Zufuhr hängt am meisten von wohleingerichteten befreiten Markttägen ab, welche eben sowohl den Vortheil der Verkäufer, als Käufer vor Augen haben. Wo die Polizei nur den einseitigen

Vortheil der Käufer begünstigte, würde der Verkäufer wegbleiben, und der Mangel, oder wenigstens die zur Anfrage verhältnißmäßige Seltenheit der Lebensmittel nothwendig eine Theurung veranlassen. Wenn die Landleute des Verkaufs versichert sind; wird die Zufuhr nicht mangeln: und eben durch die beförderte Zufuhr wird sich der mittlere Preis erhalten. Alle Bedrückungen der zu Markte handelnden müssen abgestellet, und die zugeführten Lebensmittel keiner Taxe unterworfen werden. Eine Taxe der von dem Lande zu Markte gebrachten Lebensmittel ist nicht nur unmöglich; sie ist selbst den Käufern nachtheilig. Die Unmöglichkeit der Taxirung liegt in der Verschiedenheit der Entfernung, woher die Marktbesuchenden ihren Vorrath bringen.

§. 231. Die Märkte werden auf gewisse Tage festgesetzet. Da auch nicht zu vermuthen ist, daß alles, was zu Markte gebracht wird, eben ganz abgesetzet werde; so muß ein öffentlicher Niederlags-Ort für mancherlei Gattungen bestimmet sein, wo die Landleute ihre Waare unentgeltlich bis zu folgendem Markte aufbewahren können.

§. 232. Die Märkte sind nur auf gewisse Tage, und selbst nur auf die Vormittage verleget; eine Menge Lebensmittel aber müssen täglich, ja sogar stündlich zu haben sein, als Fleisch, Brod, u. d. g.; diejenigen Gewerbe also, die mit Lebensmitteln zu thun haben, werden durch unverletzliche Verordnungen anzuhalten sein, den zureichenden Vorrath zu allen Zeiten bereit zu halten. Diese Gewerbe sind öfters in Zünfte einges geschlossen, wie die Fleischhauer, Bäcker u. d. g. Die kleine Anzahl der Zunftgenossen giebt ihnen die Leichtigkeit den Käufer auf mancherlei Art zu schrauben, wider dieses muß die Polizei wirksame Vorkehrungen treffen.

§. 233. Es ist nicht genug, daß eine zureichende Menge von Lebensmitteln vorhanden, und daß Sie zu allen Zeiten bereit seien; Sie müssen auch, insoferne es thunlich ist, in den kleinsten Theilen verkäuflich sein. Diese Vorsehung trift besonders die niedere Klasse des Volkes, welche nur nach ihrem täglichen, und geringen Erwerbe einkäuft; Sie geht also nur auf die Bedürfnisse der ersten, und höchstens der zweiten Gattung. Es muß daher Brodt, und eigentlich schwarzes Brod, Mehl, Salz, u. d. g. in den kleinsten Abtheilungen zu Kauf gehalten werden; und es erhellet hieraus, wie nothwendig die kleinen Höcken sowohl in Städten, als auf dem Lande sind.

§. 234. Der Vorkauf der Lebensmittel vermindert den Zusammenfluß der Lebensmittel auf dem Markte, und eben dadurch erhöhet er ihren Preis. Die Vorkäufler bringen das, was Sie angekauft, wieder zu Markte. Da Sie in der Absicht zu gewinnen, gekauft haben, so ist das, was Sie gewinnen die Vertheurung. Es ist also nothwendig, dem Vorkaufe auf alle Art vorzubeugen. Die Wege des Vorkaufs sind folgende: Die Händler reisen auf das Land, und kaufen den daselbst befindlichen Vorrath an sich; oder Sie lauern den zu Markte gehenden Landleuten unterweges bei den Thören auf, um ihnen ihre Waare abzunehmen,

oder

oder Sie kaufen selbst auf den Marktplätzen ein, nicht alle drei Wege des Vorkaufs sind gleich schädlich.

§. 235. Bei Gewerben, die zu einem gewissen Verlage der Lebensmittel verbunden, und sonsten der Taxe unterworfen sind, muß der Einkauf auf dem Lande nothwendig zugelassen werden; und dieser wird auch sonst, da der Preis ihrer Feilschaften bestimmet ist, ohne Folge sein. Die einzige Vorsicht, die dabei gebraucht werden muß, besteht darinnen, daß man Sie anhält, ihren Vorrath in entfernteren Kreisen anzuschaffen.

§. 236. Die Vorkäufe der beiden letztern Arten aber erfordern besondere Aufsicht, und strenge Verbote. Der Vorkauf unterweges wird bei Hinwegnehmung des Angekauften untersaget, und noch dazu auf die Uebertretung des Verbotes eine Geldstrafe gesetzet. Wenn die Hälfte des Strafgeldes dem Verkaufenden, der den Vorkäufler anzeiget, zugeeignet wird, so erweckt das Gesetz zwischen beiden ein Mißtrauen, welches zur Festhaltung desto mehr beitragen wird. Dem Vorkaufe auf dem Marktplatze Einhalt zu thun, dürfen die Händler bis zu einer bestimmten Stunde nicht nur nichts auf dem Markte einkaufen, sondern nicht einmal darauf erscheinen. Zu eben diesem Endzwecke muß niemanden erlaubt sein, den andern während des Kaufes selbst zu überbieten, und endlich wird es nützlich sein, auf den bestimmten Marktplätzen von den Stadtinnwohnern niemanden den Verkauf zu gestatten.

§. 237.

§. 237. Man sieht leicht, daß das Recht ausschliessender Lieferungen, oder gar gesetzlicher Vorkäufe, die auf Lebensmittel abzielen, nicht zu ertheilen ist; zugleich aber kann man abnehmen, daß diejenigen, welche die Ueberreste der Märkte an sich kaufen, insoferne es ohne Abkartung zwischen Käufer und Verkäufer geschieht, nicht als Vorkäufler anzusehen sind, vielmehr wird durch Sie die Zufuhr nützlich befördert.

§. 238. Wenn man die Taxen, als ein Mittel einen mäßigen Preis der Speiswaaren zu erhalten, empfiehlt, so versteht man, daß denselben nur die Kleinverkäufler, nicht die Groshändler unterworfen sein können. Es sind einige der Meinung, daß es ganz überflüßig seie, sich auf einzelne Taxirungen einzulassen, indem sich alles von selbst ordnen würde, wenn nur das Getreid mit einer Taxe belegt ist, alles übrige richte sich nach dem Getreide. Allein der Getreidhändler ist an sich gewissermassen, als ein Großhändler anzusehen, und zudem würde die Taxirung des Getreidverkaufs ganz leicht eine Theurung herbeibringen.

§. 239. Unter den Lebensmitteln sind verschiedene Stuffen. Einige deren sind dem menschlichen Leben für sich selbst unentbehrlich, als Brodt, Salz u. d. g. Einige sind es durch die eingeführte Lebensart, wie Fleisch; wieder einige sind neben der gemeinen Lebensart auch zu mancherlei andern Gebrauche nothwendig, wie Oele, Zucker, u. d. g.; und endlich einige sind blos zur Begnügung der Lüsternheit, wie alle

ausländische Fische, Weine, Caffee, u. d. g. Die beiden erstern begreift man unter der Benennung:
Bedürfnisse der ersten Gattung.

§. 240. Ungeachtet bei Polizeitaxen hauptsächlich nicht der Vortheil der Verkäufer, sondern der Käufer in Erwägung kömmt, so müssen dieselben dennoch für die erstere nicht zu druckend sein, eines Theils, weil sie Bürger sind, andern Theils, weil sonst niemand sich des Handels mit Eßwaaren unterziehen, mithin eben dadurch Mangel würde verursachet werden. Die Taxirung muß in dieser Absicht von Leuten unternommen werden, welche alles dahin einschlagende, ieden Vortheil, ieden Schaden, iede Uebervortheilung kennen, und denselben auszubeugen wissen. Die hauptsächlichsten Gegenstände der Polizeitaxen sind Brodt, Fleisch, Mehl, dürre Zukost, Salz und Holz. Weil die eingeführte Lebensart das Bier beinahe zu einer Nothwendigkeit gemacht hat, so ist dasselbe gleichfalls mit darunter zu ziehen. Und weil in katholischen Ländern wegen den Fasttägen die Fische zu einer Art von Nothdurft geworden, so pflegt man auch dieselben zu taxiren.

§. 241. Es gehört nicht zu den allgemeinen Sätzen, sich in die einzelnen Taxirungen einzulassen. Die Polizei muß darinnen Werkverständige, auf die Sie zuversichtlich sein kann, zu Hülfe nehmen; und der von ihnen vorgeschlagenen Taxe durch die gehörige Bekanntmachung die Kraft des Gesetzes ertheilen. Die Marktbeschauer werden über die Festhaltung derselben wachen, und die Uebertretter müssen mit solchen Stra-

Strafen beleget werden, welche von einem grossen Eindrucke sind. Daher den Geldstrafen, welche nur eine Art von Wiedererstattung sind, auch noch körperliche Züchtigungen beigesellet werden sollen.

§. 242. Marktbeschauere, welche gleichsam zu Hütern der Satzungen verordnet sind, muß die Gewalt eingeräumet werden, ihre Nachforschung wie, und unter was Umständen Sie es am besten erachten, zu halten, und werden die unvermutetesten die nützlichsten sein. Alle Uebervortheilungen, welche den Buchstaben des Gesetzes bewahren, ohne den Sinn desselben zu befolgen, * müssen mit eben der Strenge bestraft werden, als die geraden Uebertrettungen. Und damit der Vorwand, als wäre schon alles verkauft, nicht dazu diene die Satzungen kraftlos zu machen, so müssen diejenigen Gewerbe, welche der Polizeitaxe unterworfen sind, öffentliche Kramen zu halten verpflichtet sein.

> * Wenn z. B. das Brod zwar das gesetzte Gewicht hat, aber sehr feucht ist, oder wenn die Fleischhauer Landvieh für ausländisches, Hammelfleisch für Lammfleisch verkaufen, wenn die Bierschenker das Bier taufen, u. d. gl.

§. 243. Alle bis hieher vorgeschlagenen Marktsgesetze müssen stäts, und überall beobachtet werden, ungewöhnliche Fälle aber erfordern besondere Anstalten. Wenn der Preis der Lebensmittel aus was immer für Ursachen ungewönlich erhöht ist, wird die Zufuhr durch Aufhebung der Mäuthe erleichtert, die sonst nur auf

ge=

gewisse Tage verlegten Wochenmärkte auf alle Tage der Woche eröffnet u. d. g. andere Anstalten mehr. In Ueberschwemmungen also, in Erdbeben, oder sonst in gemeinen Nöthen muß die Polizei nicht auf den Preis der Nahrungsmittel Bedacht nehmen, Sie muß sie dem Bedürftigen umsonst abreichen, und zu dem Ende immer gegenwärtige Kommissäre bestimmen. Sie hält die Gewerbe, die damit beschäftiget sind, andern eine genugsame Menge herbeizuschaffen, Sie nimmt sie auch sonst, wo Sie dieselben findet, ohne Betrachtung des Privat-Eigenthums, vertheilt sie unter die Nothleidenden Bürger Verhältnißmäßig, so wie Sie nach gehobener Noth, denen deren Eigenthum gelitten, einen antheilmäßigen Ersatz machen soll.

§. 244. Unter dem Worte Nothwendigkeiten begreift man vorzüglich alle Handwerke, deren Unentbehrlichkeit sich bis zur gemeinsten Klasse der Bürger erstrecket, und welche hauptsächlich auf Geding arbeiten, und daher den sogenannten Commercialhandwerkern entgegen gesetzet werden. z. B. Müller, Maurer, Schlosser, Schuster, Schneider, u. d. g.

§. 245. Die Mühlen sind zur Erhaltung der Wohlfeilheit von der grösten Wichtigkeit. Der Staat muß vorsorgen, daß, unter was immer für Umständen von daher keine Theurung veranlasset werde. Eigentlich sollen also in einem ieden Lande viererley Gattungen von Mühlen vorbereitet sein. Z. B. Landmühlen, Schiffmühlen, Windmühlen, und endlich Vieh- oder Handmühlen, weil mit Veränderung oder Erhöhung der Wöhrbäume und Wassergebäude viele Unrdnungen vorgehen, auch die Mühler die Mahlenden im Gelde, oder andern Rechten zu hoch anlegen könnten, müssen Mühlordnungen entworfen sein, welche diesen Unanständigkeiten vorbauen, und besonders die sogenannten Zwangmühlen auf keine Art begünstigen.

§. 246. Die übrigen Handwerke müssen nach dem Maase des Bedürfnisses der Bürger vorhanden, und ihnen die Leichtigkeit, ihren Arbeiten einen übermäßigen Preis zu setzen, benommen sein. Einige unter denselben lassen eine Taxe zu, wie bei Maurern, Zimmermännern, und andern nach dem Tagwerke zu dingen üblichen Handwerken, wobei aber nothwendig die Taxe auf dem Lande, und in Städten verschieden, und nach dem Maase der Steigerungen der Lebensmittel verändert werden muß. Die Taxirungen der übrigen Handwerker sind schwer auszuführen, und auch unnothwendig.

§. 247. Die Vollkommenheit der körperlichen Sicherheit muß neben den Anstalten für das Leben der Bürger auch solche begreifen, wodurch sie von demselben jede körperliche Verletzung abwendet. Diese Verletzungen hangen von so vielen und verschiedenen Fällen ab, daß es weder in der Gewalt der Polizei stehet, sie alle vorherzusehen, noch in der unsrigen sie herzuzählen. Ihre Ursache liegt entweder im Versehen, oder Muthwillen, und die Vorsicht der Polizei besteht vorzüglich darinnen, daß Sie, so sehr es möglich ist, die Gelegenheiten dazu vermindere.

§. 249. Wo immer ein grosses Gedränge des Volkes ist, da werden die Unordnungen nicht vermieden

den werden können, da muß das Auge der Polizei stets gegenwärtig sein. Alle öffentlichen Lustbarkeiten verlangen daher die Anwesenheit des Polizeibeamten, welcher der Unordnung mit Hülfe der ihm zugegebenen Wache zu wehren bedacht seyn muß. Bei feierlichen Einzügen also, bei öffentlichen Auswerfen, Freikomödien, oder wo sonst immer etwas zu sehen, und die Andrengung des Volkes zu vermuthen ist, muß die Wache ausgesetzet, ein oder mehrere Kommissäre angestellet, und Leib- und Wundärzte an der Hand sein.

§. 249. Unter die Verletzungen, die aus Versehen geschehen, sind zu zählen, alle Unglücksfälle, welche durch Thiere geschehen. Thiere, die ihrer Natur nach reissend sind, müssen ganz ausgerottet werden. Diejenigen unnützen Leute, welche Bären, Löwen, oder dergleichen gezähmte Thiere öffentlich zur Schau führen, sind nicht zu gebulden. Zu dieser Vorsehung gehört die Verordnung, keine bösartigen Hunde zu halten, oder wenigstens sie immer an Ketten zu legen, die Herrnlosen Hunde zu tödten.

§. 250. Unter die Verletzung, deren Ursache der Muthwillen ist, sind hauptsächlich die Schlägereien bei dem Trunke anzumerken. Es trägt zu deren Verminderung vieles bei, wenn dasjenige beobachtet wird, was bereits anderswo wegen der Trunkenheit gesaget worden. Eben diese Schlägereien zu verhüten ist es nützlich. Das Degentragen bis auf eine gewisse Klasse zu untersagen, und endlich jede muthwillige und der Sicherheit nachtheilige Handlung, mit wirklicher

Ver-

Verletzung oder ohne Folge, ohne Ausnahme von wem, oder gegen wen Sie ausgeübet werden, durch Strenge und zur Abmahnung anderer in die Augen fallende Leibesstrafe zu züchtigen.

§. 251. Bei Strafen erlaubt sich auch der Pöbel gegen den zu bestrafenden allen Muthwillen gleichsam unter dem Schutze der Gerechtigkeit: als bei Ausstellung auf den sogenannten Pranger u. d. g. Die Mißhandlungen dazu bleiben nicht immer bei dem Schuldigen stehen, sie erstrecken sich auf die Gerichtsdiener, auf die Umstehenden, auf alle; dieses sollte nicht geduldet werden.

Sicherheit der Ehre.

§. 252. Die Sicherheit der Ehre ist der Zustand, worinnen wir für unsere Ehre nichts zu befürchten haben. Die Ehre, wie sie hier genommen wird, ist die Achtung von der Rechtschaffenheit eines Bürgers. Diese Achtung ist mit bürgerlichen Folgen verknüpfet. Was einen Bürger derselben entsetzet, raubt ihm wirkliche Vortheile, und beschädiget denselben wahrhaft. Im gemeinen Verstande wird eine thätige, oder wörtliche Schmähung ebenfalls als ein Angriff unserer Ehre, mithin als eine Beleidigung angesehen. Die Polizei muß sowohl die mit bürgerlichen Folgen verknüpfte Achtung des Bürgers in Sicherheit setzen, als auch ihn gegen jede thätige oder wörtliche Schmähung vertheidigen.

§. 253. Nach den Begriffen, die gegenwärtig herrschen, wird ein Bürger der Ehre mit bürgerlichen Folgen

gen verknüpfet gleich durch die Geburt entsetzet, oder durch die Lebensart, und Beschäftigung, die er wählet, oder durch eine Handlung, die er mit oder ohne Willen ausübet, oder endlich durch die Gesetze zur Strafe. Alle diese Arten von Entehrungen sind entweder durch die Gesetze eingeführet, oder bestättiget, oder wenigstens geduldet worden; also kann man sie überhaupt gesetzmäßige Entehrungen nennen.

§. 254. Diejenigen, welchen die Geburt die Ehre raubet, sind meistens Kinder der Abdecker, Scharfrichter, Schergen, in manchen Ländern der Zigeuner u. d. g. Dann Kinder, welche aus unehelichen Beischlaffe gebohren werden. Die Geburt macht Sie zu ieder sogenannten Beschäftigung unfähig, wenn nicht durch eine andere gesetzmäßige Förmlichkeit, durch die Legitimation diese ursprüngliche Makel ausgetilget wird. Da die Ehre die Achtung von der Rechtschaffenheit ist, die Rechtschaffenheit aber in der Uebereinstimmung der Handlungen mit den Gesetzen der Gesellschaft bestehet; so ist es in der That höchst widersinnig, Sie iemanden vorhinein zu rauben, ehe er noch eine Handlung auszuüben fähig ist.

§. 255. Die Entehrung durch die Geburt ist also mit bessern Grundsätzen der Polizei unverträglich. Ihre Folge aber ist ohne Zweifel das lasterhafte Leben solcher Menschen, die von ieder ehrbaren Art sich zu nähren ausgeschlossen sind. Man glaubt, wenn diese Entehrung aufgehoben würde, dürften die Ausschweifungen allgemeiner werden. Allein wer Kinder zeugen will, heirathet; wer ausschweift, will keine Kinder zeugen;

und

und ist um desto weniger um ihr künftiges Schicksal besorget.

§. 256. Die Entehrungen von einer gewählten Lebensart fallen auf die Gerichtsdiener, Abdecker, Scharfrichter. Sind diese Beschäftigungen dem Staate, und den bürgerlichen Gesellschaften nützlich, ja sogar unentbehrlich, warum sollen Sie unehrbar sein?

§. 257. Die Handlungen, welche entehren, sind vorsetzliche: wie, wenn jemand einen Hund erschlägt, um sich zu entehren, sich in dieser Absicht auf einen Schinderkarren setzet. u. d. g. oder unvorsetzliche, wenn so etwas von ungefehr geschieht, wenn jemand zur Vertheidigung z. B. einen wüthenden Hund erschlägt. Die, welche sich vorsetzlich entehren, verdienen zwar gar keine Betrachtung, Sie sind strafwürdig: aber wir wollen in der Folge sehen, ob die Entehrung eine angemessene Strafe seie. Bei Handlungen aber, die unvorsetzlich geschehen, fällt die Unbilligkeit zu sehr in die Augen, als daß man dabei verweilen dürfte. Nur das Laster entehret; denn nur dieses raubt uns die Rechtschaffenheit.

§. 258. Die Ehrlosigkeit als eine Strafe folgt entweder von selbst auf eine Handlung, oder wird erst von dem Gerichte durch einen Spruch zuerkennet. Die Ehrlosigkeit der ersten Art war nach dem römischen Rechte gemeiner, und durch die heutigen Polizeigesetze seltner. Die Ehrlosigkeit der letztern Art ist, wenn entweder die Strafe allein in der Beraubung der Ehre bestehet; und dieses ist nicht leicht anderswo, als in

Kriegsdiensten üblich: oder wenn Sie die Strafe mitbegleitet, wie bei Staubpesen, allen gerichtlichen Verstümmelungen, Brandmarken u. d. g. Es ist zwar gar nicht zu läugnen, daß die Verbrechen, worauf derlei Strafen verhänget sind, billig die Achtung von der Rechtschaffenheit eines schuldigen auslöschen. Da iedoch eine solche gesetzmäßige Ehrlosigkeit dem Endzwecke der Strafe gerade zuwider ist; da sie anstatt den Missethäter zu bessern, ihm alle Wege, iemals wider ein nützlicher Bürger zu werden, und sich auf eine ehrbare Art zu ernähren abschneidet, ihn von dem Umgange gesitteter Menschen verbannet, ihn zur Gesellschaft der Räuber verstöst, ihn durch nothwendig gemachte Laster den Tod zu suchen zwingt; so kann sie mit gesunden Grundsätzen einer Staatsverfassung nicht bestehen.

§. 259. Wäre iedoch ein Gesetzgeber so glücklich, bei seinen Bürgern die Ehre zum Triebwerke der Folgsamkeit zu machen, daß die Furcht dieser Ehre verlurstig zu werden, ein zureichender abhaltender Beweggrund sein könnte; so müste wenigstens die Ehrlosigkeit nebst andern Vorsichtigkeitsregeln nicht auf Lebenslang verhänget werden.

§. 260. Die Beschimpfungen, welche durch Worte, oder Thaten die Ehre der Bürger antasten, ob sie gleich keine bürgerlichen Folgen nach sich ziehen, sind dennoch wenigstens von Seite des Beschimpfenden wahre Beleidigungen, gegen welche die Polizeigesetze Sicherheit verschaffen müssen. Die wörtlichen Beschimpfungen sind entweder mündliche, oder schriftliche.

liche. Thätige Beschimpfungen sind alle Handlungen, welche zur Schmach eines andern geschehen, es seie nun in eigner Person oder in seinen Angehörigen.

§. 261. Die mündlichen Beschimpfungen sind durch Polizeiordnungen darum schärfer zu verbieten, weil sie zu grössern Unordnungen gleichsam eine Einleitung sind. Wenn solche Angriffe des guten Rufs auf die Nahrung eines Bürgers einen Einfluß haben, so ist es nicht genug, daß der Schimpfende gerichtlich widerrufe, sondern diese Widerrufung muß auch so geschehen, daß der Beleidigte öffentlich gerechtfertiget werde; und, insoferne er den ihr zugefügten Schaden darthun kann, ist es der Billigkeit gemäs, den Beleidiger zur Vergütung anzuhalten, und zu strafen.

§. 262. Die Beschimpfungen, welche schriftlich geschehen, werden mit einem allgemeineren Namen Schmähschriften, Pasquille genennet; Sie mögen in ausdrücklich dazu verfaßten Schmähschriften bestehen, oder die nachtheilige Schilderung mag sonst einer andern Schrift eingeschaltet, auf der Schaubühne vorgebracht, oder in ein Bild verwandelt werden. In allen diesen Fällen haben die Verböte Platz, wie bei mündlichen Beschimpfungen. Da in polizirten Städten Censuren vorhanden sind, welcher alle gedruckten Sachen, die Komödien, selbst die sogenannten extemporisirten Komödien unterworfen sind: so ist es leicht diese Art von Schmach von den Bürgern abzuwenden.

§. 263. Die thätigen Beschimpfungen in eigner Person, als wenn iemand mit Schlägen angegriffen, oder sonst gemißhandelt wird, sind unter die Verletzungen zu rechnen, von denen bereits gehandelt worden. Wenn Kinder, Dienstbothen zu Beschimpfung ihrer Eltern, und Herrn geschlagen, oder gemißhandelt werden: so ist ausser der Mißhandlung selbst auch die Schmach derienigen zu ahnden, welche in ihren Angehörigen beleidiget sind. Alle Staaten haben darinnen ihre Gesetze, Verbote, und besondere Strafen, überhaupt kömmt es zur Verhinderung dieser Beleidigung auf eine Strenge ohne Ausnahme, ohne Ansehen der Person, und Würde an.

§. 264. Das Gesetz rechnet auch noch billig zur thätigen Beschimpfung, wenn iemand einer ehrlichen Weibsperson mit ungebührlichen Worten, und Gebärden zusetzet, um Sie dadurch in Verdacht, oder böses Geschrei zu bringen.

Sicherheit der Güter.

§. 265. Die Sicherheit der Güter besteht in einem furchtfreien Zustande wegen unseren Gütern. Alles, was unser Eigenthum werden kann, liegend, fahrend, Rechte, Ansprüche, wird unter dem Worte Güter begriffen. Die Sicherheit der sogenannten liegenden, oder unbeweglichen Güter wird verletzt durch eigenmächtige Besitznehmung, oder Besitzstöhrung, heimliche Gränzenverrückung u. d. g. Die Sicherheit der Fahrnisse, oder beweglichen Güter: durch gewaltthätige Raube, Diebstähle; die gemeinschaftliche Sicherheit endlich alles dessen, was zum Vergnügen gerechnet werden kann, wird gestöhrt durch Betrügereien, und List; unter dem Scheine des

Rechts,

Rechts, und Verweigerung desselben; durch Versehen, und Zufälle.

§. 266. Die römischen Rechte haben sehr umständlich von den verschiedenen Gattungen der Gewaltthaten, wodurch das Eigenthum der unbeweglichen Güter gestöhret wird, gehandelt: auch die Provinzialgesetze sind entweder ganz, oder zum Theil nach diesen eingerichtet worden, auf welche man sich hier nur berufen darf.

§. 267. Die Polizei kann gewaltthätigen Räubereien, und Diebstählen nur strenge Halsgesetze entgegen stellen, welche um desto mehr die Strafe schärfen müssen, ie weniger Gelegenheit vorhanden ist, das Seinige zu verwahren, und sicher zu stellen; oder ie grösser das Vertrauen ist, welches der uns beraubende verletzet. Daher der Strassenraub, das Abtreiben des Viehes von der Weide, die Abmähung der Feldfrüchte, die Entwendung der Ackerbaugeräthschaften, wo Sie der Landmann wegen Entlegenheit des Ortes auf dem Felde läst, das Erbrechen der Scheunen, das Stehlen bei einer Feuersbrunst, oder sonst öffentlicher Noth die strengsten Strafen fordern: daher gegen Vormünder, die ihre Mündel bestehlen, oder gegen Vorenthalter eines in Verwahrung gegebenen Guts, gegen Hausdiebe, gegen solche Diebe, denen ihre Handthierung es erleichtert z. B. Schloß-Wächter, u. d. g. die äusserste Schärfe nothwendig ist.

§. 268. Nicht nur aber, daß die Räuber, und Diebe selbst zur Strafe gezogen werden, sondern auch derselben Höhler, und Beherberger, welche als ihre Mithelfer, und Beförderer angesehen, mithin als Mitschuldige gestraft werden können. Dieser Antheil der Aufsicht wird sehr erleichtert, woferne über die Verordnungen, daß ieder Bürger von seinem Nahrungswege Rechenschaft gebe, daß niemand Bettler, oder sonst unnützes, unbekanntes Gesinde beherberge, sorgfältig, und mit Strenge, auch sonst die Hausnachsuchungen richtig gehalten werden.

§. 269. Da Geldbegierde, und Gewinnsucht der Bewegsgrund aller Raube, und Diebereien ist; so wird es zur Einschränkung derselben, und überhaupt zur Beschränkung aller Entwendung nützlich sein, Verbote zu erlassen, von verdächtigen Leuten, von Kindern, von Dienstbothen etwas zu kaufen, besonders gewisse Waaren, die den Verdacht so leicht bei sich führen, als Iubelen, oder goldenes Geschmeide in den Händen eines gemeinen Menschen. Auch durch das Verbot, Gold und Silber einzuschmelzen, oder Gold, und Silber schon geschmelzter zu kaufen, werden die Diebstähle guten Theils vermindert.

§. 270. Was vom Ankaufe verdächtiger Sachen gesagt worden, muß gleichfalls auf das Verpfänden ausgedehnet werden; und in Ansehen der Privatleiher wird es leicht in die Ausübung gebracht; bei Pfandämtern aber ist es Beschwernissen unterworfen.

§. 271. Die Diebstähle, welche mit Erbrechungen von Schreinen, Eröfnungen von Schlössern u. d. g. geschehen, fordern Werkzeuge: die Polizei muß darauf sehen, diese Art der Diebstähle dadurch gleichsam unmöglich zu machen, daß Sie den Schlossern, fern, und andern derlei Handwerkern auf das schärfeste verbietet, Brecheisen, Dietriche, Hauptschlüssel auszuhändigen, alte Schlüssel zu verkaufen, oder gar Schlüssel nach verdächtigen Formen z. B. Kliebwachse nachzumachen, welches auch in allen Ländern durch die besondern Handwerksordnungen untersaget ist.

§. 272. Die Polizei muß vorsorgen, damit das Entwendete, wo es möglich zurückbekommen werde. Wenn also ein Diebstahl, oder Raub begangen worden; so sollen die Bestohlenen es anzeigen, die Gestalt, und genauen äusserlichen Merkmaale, und Kennzeichen des Verlornen beschreiben, die Polizei aber zu jedermann, welcher mit derlei Waaren Handel treibet, Abdrücke von diesen Beschreibungen einsenden, und ihn verbinden, denienigen, der etwas von dem beschriebenen Gut zu Kauf bringet, anzuhalten. Das Zurückerhaltene soll dann sogleich dem Eigenthümer behändiget werden.

§. 273. Die Zurückhaltung eines gefundenen Gutes ist nicht weniger eine Gattung von Entfremdung. Die Ueberzeugung von diesem Satze hängt von dem Unterrichte ab, welcher dem Volke darüber ertheilet wird. Die Leichtigkeit das gefundene zurückzuhalten vermehret von dieser Seite die Unsicherheit des Eigenthums, die Höhler einer verlornen Sache sollten also mit angedrohten Strafen zur Zurückstellung angehalten werden.

§. 274. Wenn wir fordern, daß die Polizei den Gütern der Bürger gegen Betrügereien, und List Sicherheit schaffe; so verstehen wir darunter nicht, daß

J 4 Sie

Sie iedem Bürger in seinen Privathandlungen die Hand führe: ihre Wachsamkeit wird hauptsächlich in denienigen Gelegenheiten erfordert, welche einen Schein der Oeffentlichkeit an sich haben: als Lotterien, öffentlichen Spielen, u. d. g. wo eine Handlung eine rechtliche Gestalt fordert, als Kontrakten: u. d. g. und daß Sie in Ansehen derienigen, welche selbst aus Mangel genugsamer Einsicht, und Kenntnisse, ihren Geschäften vorzustehen unfähig sind, Vorsehung mache. Weil auch gewisse Geschäfte auf Maaß und Gewicht, oder auf innern Gehalt ankommen, der sich nicht so leicht entdecken läst; so wird Sie die Mittlerinn, und gleichsam die Gewährleisterinn der Bürger, ordnet Maaß, und Gewicht, und setzet durch aufgedrückte Zeichen den innern Gehalt ausser Zweifel. Letzlich untersaget Sie noch alle Handlungen, bei denen die Uibervortheilungen leicht sind, und den Gütern der Bürger sehr gefährlich werden können.

§. 275. Unter den öffentlichen Spielen fordern die Aufmerksamkeit der Polizei Lotterien, und die sogenannten Glückshafen. Sie sind ohne vorher erhaltene Einwilligung der Polizei nicht zu gestatten. Bevor aber diese Bewilligung ertheilet wird, muß die wahre Beschaffenheit des Spieles, der wechselseitige Vortheil des Gewinnstes, und Verlurstes untersuchet, und kein unbilliges Unebenmaaß geduldet werden. Findet sich aber das billige Ebenmaaß; so sind dennoch Polizeikommissäre zuzuordnen, die auf alle Umstände Obacht geben, damit sowohl hier, als bei den Lotterien alles ohne Bevortheilung geschehe; ausländische Glücksspiele sollen ganz untersaget werden.

§. 276.

§. 276. Die Privatspiele, wenn Sie um hohes Geld gespielet werden, sind dem Vermögen der Bürger weit nachtheiliger; Sie geben zu Betrügereien, und andern Uibeln Anlaß, und nähren den Müßiggang. Es ist daher eine väterliche Vorsorge der Polizei, daß das hohe Spiel, besonders die sogenannten Hazardspiele untersaget werden. Damit aber dieses Verbot desto genauer befolget werde; so sind auf dessen Uibertrettung grosse Geldstrafen gesetzet. Wenn das hohe Spiel durch die Gesetze untersaget ist; so ist es billig, daß die Rechte demienigen, welcher an einem andern eine Forderung stellet, die vom Spiele herrühret, den Beistand versagen. Auch Betrügereien im Spiele sollten scharf bestrafet werden.

§. 277. In den Verträgen, welche eine rechtliche Gestalt erfordern, hält die Polizei darauf, diesen die wahre rechtliche Gestalt vorzuschreiben: daher die Förmlichkeit der Testamente, Kaufkontracte u. d. g. daher gleichfalls die Bestimmung der Verjährungszeit, wo die Gesetze an die Stelle des Eigenthümers tretten, und erklären, daß er eine Sache an den Besitzenden überlassen habe, die er in solcher, und solcher Zeit ohne Gegenerklärung in seinen Händen ließ. Bei diesen Förmlichkeiten der Verträge aber soll niemand durch die Verfänglichkeit der Wörter von Betrügern hinterführet werden. Die rechtliche Förmlichkeit muß ein Hinderniß der Betrügereien, nicht eine Beförderung derselben sein. Die Gerichte müssen daher immer mehr auf den Grund der Sache, als auf den Buchstaben sehen; wenigstens bei Personen, bei denen die Beschäftigung, und das Gewerbe eine Unwissenheit solcher rechtlichen Pünktlichkeiten billig entschuldigen.

§. 278. Unter diesem Gesichtspunkte gehören ebenfalls die wucherlichen Kontrakte, die vorsetzlichen Schuldmachereien, die muthwilligen Bancerutte, welche der Gesetzgebung vielen Stoff reichen. Die Gerichte müssen allen wucherlichen Kontrakten, unter was immer für Namen, und Deckmantel Sie erscheinen, nicht nur ihren Beistand versagen, sondern auch die entdeckten Wucherer strafen. Die Grundlage des Wuchers ist Geiz. Es wird demselben wirksam Einhalt thun, wenn man ihn vor dem Verluste zittern macht, dadurch, daß man in öffentlichen Patenten jedem, der mit wucherlichen Zinsen, Zuschlägen, Uebersetzungen u. d. g. beschweret ist, von der Bezahlung frei spricht. Vorsetzliche Schuldner sind diejenigen, welche Geld, oder Waaren ausnehmen, ohne daß ihre Umstände ihnen Mittel darbieten, zu bezahlen. Diese Schuldenmacherei ist ein förmlicher Betrug; und da der Schuldner in dem Augenblicke, da er die Waare, oder das Geld ausnimmt, den Willen der Widerbezahlung nicht haben kann; so ist es, alles genau betrachtet, eine Art von Diebstahl, welche das peinliche Verfahren, und eine Halsstrafe verdienet. Eben dieses ist von den muthwilligen Bankerutten von Güterüberlassungen, von Armeneiden zu sagen. Je strengere Strafen die Polizei gegen die schändliche Betrügereien verhänget, desto besser erfüllet Sie ihre Bestimmung die Güter der Bürger in Sicherheit zu setzen.

§. 279.

§. 279. Diejenigen, welche aus Mangel der Einsicht Betrügereien, und Uibervortheilungen mehr ausgesetzet sind, wie die Minderjährigen, das weibliche Geschlecht, die Blödsinnigen, und, welche von dem Gesetze diesen gleich gehalten werden, die Verschwender müssen von der öffentlichen Vorsorge auf zweifache Art geschützet werden. Wenn Sie Verträge errichten, müssen dieselbe ohne Giltigkeit sein, oder diese Giltigkeit erst von der Bestättigung der Gerichte erwarten. Es müssen denselben Vormünder, und Sachführer zugegeben werden, welche die Geschäfte an ihrer Stelle verwalten, doch müssen auch die Gerichte immer ein wachsames Aug auf diese haben.

§. 280. Die Gesetze müssen die Kinder selbst gegen das Unrecht der Aeltern, und nächsten Anverwandten vertheidigen, und ihnen diejenigen Güter, auf deren Besitz Sie nach dem Tode ihrer Angehörigen die gegründeteste Hoffnung hatten, versichern. Es ist daher eine gesetzmäßige Erbfolgordnung nothwendig, welche alle Grade der Verwandtschaft in der Erbfolge, ihren Rang, sowohl allein, als im Zusammenfluß mit andern anweist: es ist nöthig einen Pflichttheil zu bestimmen: ja es wären auch Vorsehungen wegen verweigerter Mitgabe nutzbar, woferne anders eine Tochter den Pflichten der Ehrbarkeit Genüge geleistet, und nicht etwa eine Mißheurath getroffen hätte.

§. 281. Bei Maase, und Gewichte wehret die Polizei den Betrügereien, und Uibervortheilungen durch öffentliche Berichtigung des Maases, und Gewichtes; und das durch Strafen wirksamer gemachte

machte Verbot im Kaufe, und Verkaufe sich keines andern, als berichtigten Maases, und Gewichtes zu bedienen. Die öffentliche Berichtigung aller Arten von Maasen des nassen, des trocknen, und des Gewichtes geschieht in eignen dazu errichteten Aemtern, wo iedes derselben mit einem Stempel bezeichnet, und dadurch gleichsam das Gewähr der Richtigkeit geleistet wird. Die Strafen gegen die Maaß, und Gewichtfälscher müssen nicht nur Geldstrafen, sondern körperliche Züchtigungen sein: und woferne einer derselben öfters über diesen Betrügereien betretten wird, muß gegen denselben mit aller Schärfe des Halsrechtes verfahren werden.

§. 282. Bei Waaren, welche einen innern Gehalt (Korn) haben sollen, wird der Betrug durch die Schwierigkeit ihn zu entdecken, begünstiget: dergleichen sind alle Gold- und Silberwaaren, die Münzen selbst mit darunter begriffen. Da der Käufer hier unmöglich eine Probe anstellen, mithin auch nie seines Werths versichert sein kann; so muß die Polizei ihn durch eigne Zeichen von dem innern Gehalte sicher stellen. Dieses Zeichen oder sogenannte Probe wird darauf neben dem Zeichen des Arbeiters geschlagen, welcher für den innern Werth, zu stehen hat. Und was Gold- und Silbergeschirre betrifft, sind die Proben, oder sogenannten Punzen nach dem landüblichen Preise von den Münzämtern berechnet. Aber bei Galonen, dem Näh- und Stickgolde, und überhaupt bei solchen Gold- und Silberwaaren, denen der Stoff den hauptsächlichsten Werth ertheilet, müssen die Manufakturbeschau-

an-

anstalten durch ihre Plombirungen den Betrug hindern.

§. 283. Die Münzen welche im Lande gang und gäbe (current) sind, sind entweder Landesgepräge, oder fremde. Der Werth des Landesgepräges wird durch Münzpatente öffentlich bekannt gemacht. Der Betrug äussert sich durch Nachprägen und Münzbeschneiden. Diejenigen, welche Münze nachprägen, werden der peinlichen Gerichtsbarkeit übergeben. Eben dieses widerfährt auch den Münzbeschneidern, gegen die aber noch über dieses eine zweifache Vorsicht getroffen wird: denn bei Goldmünzen werden eigene Gewichte vom Münzamte zimentiret, und nach diesen der Abgang (Calo) berechnet. Das Beschneiden bei Gold- sowohl als Silbersorten wird durch die Münzränder erschweret, welche entweder eingekerbt oder mit Buchstaben versehen sind, an denen ieder Abgang sichtbar ist. Münzen von fremden Gepräge werden sowohl anfänglich, als nachher von Zeit zu Zeit probiret, und ihr Werth nach dem Landesmünzfusse reduciret; oder Sie werden gar verruffen, wenn sie zusehr ringhaltig sind.

§. 284. Ungeachtet der Schaden eben nicht so beträchtlich ist, welcher dem Burger durch Verfälschung anderer Metallwaaren geschieht, die eines Zusatzes fähig sind; so wird eine aufmerksame Polizei dennoch auch hier dem Betruge nicht freie Hand lassen, sondern ihn durch strenge Handwerksordnungen, und auf die Verfälschung verhängte Strafen zu beschränken suchen.

§. 285.

§. 285. Es ist nun zwar nicht möglich, daß die Polizei iedem Bürger bei seinem Geschäfte die Hand führe, und ihn solchergestalt vor allen Uibervortheilungen bewahre. Sie leistet ihre Pflicht, wenn Sie den öffentlichen Vergattungen eine solche Form vorschreibt, daß niemand hinterführet werde: wenn Sie die Privatkaufverträge ordnet, den Käufer in Fällen, und bei Verbrechen, welche er nicht vorsehen noch wahrnehmen könnte, gegen die Verkäufer schützet: Käufe, die mit beträchtlichen Uibersatze eingegangen worden, zernichtet, und überhaupt alle Betrügereien, wenn auch der wörtliche Innhalt des Gesetzes nicht verletzet ist, strafet.

§. 286. Damit die Güter der Bürger gegen diejenigen in Sicherheit gesetzet werden, welche demselben unter dem Scheine des Rechts nachstellen, und Sie ihnen entweder zu entreissen, oder doch vorzuenthalten Willens sind; so müssen Gerichtsstellen verordnet sein. Die Gesetze müssen deutlich bestimmt, und keinen Verdrehungen unterworfen sein, noch dabei die sogenannten Sententiae controversae statt finden. Das Rechtsverfahren muß so kurz, als möglich, besonders in offenbaren Fällen, oder Kleinigkeiten, und für die Landleute sein. Der muthwilligen Prozeßsucht müssen die Poenae temere litigantium Schränken setzen: und es würde vielleicht zur Verkürzung der Rechtsstreite dienen, nicht sowohl, wenn die Prozesse unentgeltlich, als die Rechtsfreunde vom Staate aus besoldet würden. Das Recht soll unpartheiisch verwaltet werden. Zu diesem Ende sind die Gerichtsbeamten gut zu wählen,

gut

gut zu besolden, damit Sie über die Versuchungen des Eigennutzes hinweg sind. Dann aber, woferne sie einer Ungerechtigkeit überführet sind, müssen sie ohne alle Nachsicht auf das strengste bestrafet werden.

§. 287. Der Schaden, welcher jemanden durch Versehen an seinen Gütern zugefüget wird, ist sonderbar bei Handwerkern, und Künstlern beträchtlich, welche einen ihnen gegebenen Stoff zu bearbeiten haben. Es ist billig, daß Verordnungen gemachet werden, kraft deren diese Arbeiter zum Ersatze dessen, was Sie durch ihr Versehen und Unschicklichkeit verderben, angehalten werden können.

§. 288. Die vorzüglichsten Zufälle, gegen welche die Polizei die Güter der Bürger in Sicherheit setzen muß, sind Feuer und Uiberschwemmungen. Wenn ausser diesen sich noch andere unvorhergesehene Fälle ereignen, z. B. Erdbeben u. d. g. so wird die Klugheit der Polizeivorsteher nach Beschaffenheit der Umstände die Mittel und Anstalten zu entdecken wissen. Was nicht vorgesehen werden kann, leidet keine vorhergehenden Vorschriften zu Gegenanstalten. Alle Vorsichtigkeit gegen Feuer und Uiberschwemmungen bestehen in der Klugheit ihnen vorzubeugen; und wenn Sie sich ereignen, ihre Folgen zu vetringern, und zu vernichten.

§. 289. Zur Verhinderung der Feuersbrünste sind Feuerordnungen nothwendig, bei deren Entwerfung zum Augenmerke genommen werden muß: wodurch die Entstehung der Feuer verhindert werden kön-

könne: wie dieselben, wann Sie entstanden sind, sogleich entdeckt, und bekannt gemacht; und wie sie am schleunigsten gelöschet werden mögen.

§. 290. Zu verhindern, daß nicht so leicht ein Feuer entstehe, muß auf die Bauart der Häuser, und ihrer einzelnen Theile gesehen; alles Brennbare, und Feuerfangende, in so weit es die Beschäftigung dem Bürger möglich macht, entfernet; den Nachläßigkeiten, und Unvorsichtigkeiten, wodurch eine Brunst entstehen kann, nachdrücklich vorgebauet; und gegen verdächtiges Gesind sorgfältig gewachet werden.

§. 291. Die Feuerordnung muß den Bauwerkmeistern genaue unter schwerer Strafe unüberschreitbare Vorschriften geben: daß wenigstens in den Städten alles von Feuerfesten Mauern gebauet; keine Schindel, Stroh, oder Binsendächer, keine hölzernen Gänge, besonders, wo diese Gänge die einzigen sind, worüber die Miethleute ihren Eingang haben, keine hölzerne Treppen, keine Dachzimmer, die nicht ganz gemauert sind, keine Schornsteine, die zu enge sind, und nicht geschlossen werden können, keine solchen, in welche hölzerne Schlüssen, oder Doppelbäume gehen, noch weniger einige von Holz; keine gemauerten, und keine eisernen längeren Röhren, keine gefährlichen Laboriröfen, keine gefährlichen Backöfen, Brachdarren, und endlich nicht zu viele Feuer unter einem einzigen sogenannten Rauchmantel geduldet werden. Auch bei Anlegung ganzer Strassen soll in Rücksicht auf das Feuer darauf gesehen werden, damit die Zugänge nicht zu sehr verbauet, und so sehr es thunlich

lich ist, zur Hülfe fahrbare Wege gelassen werden. Auf dem Lande wird wenigstens ein Theil der angemerkten Vorsehungen anwendbar, und noch dazu sehr nützlich sein, wenn alle Häuser Inseln wären.

§. 292. Alles brennbare, alle feuerfangende Materialien, wodurch entweder das Feuer leicht entstehen, oder weiter um sich greifen kann, muß aus den Städten, Häusern, von den Dachböden, und besonders ferne von den Feuerstätten entfernet werden. In diesem Stücke ist vorzüglich auf diejenigen Gewerbe zu sehen, die sich mit dergleichen Materialien beschäftigen, die welche mit Pulver handeln, müssen ausser einem kleinen Vorrathe zum täglichen Handkaufe alles ferne von der Stadt in einem ihnen eigentlich dazu ausgezeichneten ordentlichen Pulverhause, oder Thurme aufzubewahren angewiesen werden. Gleichfalls sollen grosse Heu- Stroh- Hanf- Wachs- Pech- Unschlitt- Oel- Kohlen- und sowohl Brenn- als Nutzholz-Vorräthe, nicht in der Stadt, weit weniger aber auf den Böden gelitten, auch das Holzdörren in den Kamminen und Ofenhöhlen gemessenst untersaget werden.

§. 293. Um Unvorsichtigkeiten zu wehren, durch welche Feuersbrünste entstehen könnten, muß der Feuerordnung ein strenges Verbot einverleibt sein: sich einem gefährlichen Orte, als Stallungen, Holzgewölben, Scheunen, oder sonst Oertern, wo brennbare Materialien aufbehalten werden, mit Licht, Kohlen, oder sonst einem Feuer einer Schmauchpfeife u. d. g. zu nähern. Desgleichen in denen Gegenden, wo hölzerne Buden sind, brennende Fackeln, oder sonst freies Licht

Licht zu tragen. Die, welche an derlei Oertern nothwendig beschäftiget sind, müssen verbunden werden, sich der Laternen zu bedienen. Da das Schleſſen, Schwärmer- Raketen- Granatenwerfen und andere Luſt- und Springfeuer ganz leicht Feuersgefahr erregen; so muß alles dieses untersaget, und Schießstätten, Feuerwerken ein eigner von bewohnten Gegenden entfernter Platz ausgezeichnet werden. Die Uibertretter dieser Verbote verdienen eine unnachsehliche strenge Züchtigung.

§. 294. Die gröſte Feuersgefahr kömmt von Vernachläſſigung der Schornſteine her, an welcher eines Theils die Hauseigenthümer, anderntheils die Schornſteinfeger Schuld tragen können. Die Feuerordnung muß Sie einander selbſt zu Hütern setzen, und verpflichten, ihre gegenseitige Saumseligkeit gehörigen Ortes anzuzeigen. Sie muß gleichfalls die Zeit beſtimmen, in welcher die Schornſteine gefeget werden sollen : und iſt darinnen auf die mittleren, gröſſeren und groſſen beständigen Feuer dergestalt Bedacht zu nehmen, daß die erſten z. B. immer in 4 Wochen, die zweiten in 2, die dritten in 8. Tagen gereiniget werden. Da es aber sonſt unmöglich iſt die mannigfältigen Fälle zu beſtimmen, wodurch Feuersbrünste entstehen können, so muß die Feuerordnung die Hausväter, oder Vorſteher zu einer sonderbaren Aufsicht über Feuer und Licht, ihre Dienſtbothen, und ihre Hausgenoſſene sowohl ordentliche als fremde anhalten, und ihrer Sorgfalt durch die über Sie verhängten Strafen den Nachdruck geben.

§. 295.

§. 295. Wenn die Verordnungen wegen der Bettler, und das Verbot dienstloses unbekanntes Gesind zu beherbergen genau beobachtet werden, auch sonst die häuslichen Nachsuchungen mit Strenge geschehen; so werden verdächtige Leute, welche vielleicht Feuer legen durften, ganz leicht hindangehalten Indessen muß in Kriegszeiten die Sorgfalt verdoppelt, und wer sich nicht auf iemanden zu beziehen hat, in Verhaft genommen werden.

§. 296. Zur Beobachtung und richtiger Befolgung alles dessen muß öfters die Feuerbeschau geführet werden, von welcher niemanden eine Ausnahme zu gestatten ist. Entstehen aber aller dieser Vorsichtigkeiten ungeachtet dennoch Feuersbrünste; so muß die Polizei besorget sein, wie sie dieselben sogleich entdecken, und die Bürger zur Rettung herbeiziehen möge. Zu diesem Ende muß den gewöhnlichen Tag- und Nachtwächtern anbefohlen sein, auf dergleichen Fälle zugleich ein beobachtendes Aug zu haben. Es müssen aber zur Beobachtung des Feuers insbesondere auf den erhabensten Oertern der Thürme, o. d. g. eigentliche Feuerwachen bestellet sein, denen vorgeschrieben ist, wie Sie ihre Munterkeit anzeigen, und auf welche Weise Sie die Gefahr verkündigen sollen. Am ersten sind davon zu benachrichtigen die Polizei-Feuerkommissäre, und die, welche von Seite der Polizei zu Hülfe zu kommen bestellet sind. Dieses geschieht durch einen mündlichen Bericht eines Feuerwächters. Dann wird bei Tage nach Unterschied der Wache, und des Gebrauches mit einem Feuerschuß, Stürmung der Feuerglocke,

glocke, Trommelrühren, das bekannte Feuerzeichen ge=
geben; zugleich auch zur Richtschnur der Bürger ein
sichtbares Zeichen, z. B. bei Tag eine Fahne, bei Nacht
eine Laterne nach der Gegend hin, wo die Brunst ist,
ausgestecket. Diejenigen, welche ein Feuer zum ersten
anzeigen, sollen eine Belohnung erhalten; iedoch
bis sich die Nachricht bestättiget, angehalten werden,
damit nicht durch Muthwillen die Bürger in Unruhe
gesetzet werden. Damit auch niemand, aus was im=
mer für einer Ursache ein Feuer geheim halten, und
dadurch den Schaden vergrössern möge, soll nur auf
diese Geheimhaltung eine empfindliche Leibesstrafe
gesetzet werden.

§. 297. Die schleunige Löschung des Feuers
erfordert Löschgeräthe, Arbeiter, und, ohne welches
alles übrige unnütze wird, eine genaue Ordnung.
Jeder Hauseigenthümer muß nach der Größe seines
Hauses verpflichtet sein, sich mit kleineren Löschge=
räthen, nemlich Wassereimern, Feuerhaken, Dach=
leitern, Wassertonnen, welche im Sommer gefüllet
sind, Laternen, Krampen, Schaufeln in einer ge=
wissen Anzahl zu versehen. Die grösseren Löschgeräthe,
als fahrbare Tonnen, Wasserwägen mit aller Zuge=
hör, hohe Leitern mit mit Spritzstangen, grosse Feuer=
haken, grosse Feuerspritzen auf Rädern, kleinere Feu=
erspritzen auf Tragstangen u. d. g. müssen in gewissen
Bezircken der Stadt, dann von Gemeinschaften, und
grösseren Häusern, als Zünften, Geistlichen, Spitälern
in Bereitschaft gehalten werden. Bei dem ersten Feu=
erzeichen müssen die Geräthschaften, ie nachdem Sie

näher

näher sind, von den Pferdehaltenden herbeigefahren, und von dem Hauseigenthümer herbeigeschaffet werden. Es ist daher nützlich, daß in dieser Absicht in iedem Quartiere der Stadt immer angeschirrte Pferde von eigentlichen Feuerknechten bereit gehalten, und nicht nur diejenigen, welche am ersten ihre Wassertonnen und Spritzen herbeibringen, belohnet, sondern auch die, welche nach der nähern Lage nach einer gewissen Zeit nicht zugegen sind, bestraft werden.

§. 298. Damit es in Feuersgefahr nicht an den nothwendigen Arbeitern mangle, müssen von Seite der Polizei in iedem Quartier der Stadt eine gewisse Anzahl Feuerknechte, Schornsteinfeger, Maurer, und Zimmergesellen, Brunnknechte, und Taglöhner zu Hand gehalten werden, welche bey geschehener Anzeige sogleich in das nothleidende Quartier abgesendet werden. Die Feuerkommissäre müssen mit ihren Untergeordneten Feuerübergehern unter den ersten dem Feuer zueilen; alsdann soll nach Beschaffenheit des Feuers und der Grösse der Gefahr iede Zunft, besonders von den Bauhandwerken eine gewisse Zahl, auch allenfalls jedes Haus einen Hausknecht zur Hülfe absenden. Damit aber die Furcht die freywillig zu Hülfe kommenden, nicht entferne, muß alle Gewalt und Mißhandlung auf das strengste untersaget, auch von den Umstehenden niemand zur Handanlegung gezwungen werden.

§. 299. Die Wirksamkeit aller dieser Anstalten kömmt insbesondere auf eine gute Ordnung, und diese auf die genaue Vorschrift an, wo sich ein ieder der

Arbeiter einzufinden, was derselbe zu verrichten habe. Es müssen also in der Feuerordnung ieder Zunft ihr Standort, und eigentliche Beschäftigungen angewiesen, andere zu den Spritzen, andere zu den Fahrtonnen, wieder andere zu den Handgeschirren, Brunnen, Leitern, und dergleichen verordnet werden, wodurch am leichtesten der Verwirrung, die sich selbst im Wege steht, dem Geschrei, welches niemand höret, dem niemand gehorchet, vorgebeuget wird. Wenn diese Vorschrift vorhin vorhanden, und genug bekannt ist; so geht ieder zu seiner Beschäftigung, und die anwesenden Kommissäre haben nur auf die neuen Zufälle zu sehen. Zur Handhabung der Ordnung, Hindanhaltung stöhrender Zuscher, und Verhinderung der Diebstähle ist nothwendig, daß bei einem Feuer sowohl Bürger als Soldatenwachen an ihren angewiesenen Posten erscheinen. Ein Theil davon besetzet die Zugänge zu dem Feuer, damit die ab- und zufahrenden Löschgeräthe sich nicht verwirren, ein anderer Theil besetzt das nothleidende Quartier, um den Kommissären auf jeden Fall zur Hand zu sein, ein Theil dienet in einer Gefahrfreien Gegend den dahin geretteten Gütern zur Sicherheit. Es gehöret auch noch zur guten Ordnung der Feueranstalten: daß Barbirer mit ihren Gehülfen, und dem nothwendigen Geräthe zur Hülfe der etwa verletzten zur Hand gehalten werden.

§. 300. Damit die Ungewißheit der Bezahlung die Hülfe nicht verzögere, muß der Hausinnhaber nach einer gesetzten Taxe für alle Unkosten haften, und sich dann an den Schuldtragenden erholen. Endlich

lich müssen die Feuerordnungen nicht weniger auf die sogenannten Flugfeuer bedacht sein, damit, wenn bei einem Winde an mehrern Orten zugleich Feuer entsteht, nicht einer oder der andere vom Löschgeräthe, und Arbeitern entblösset, oder vieleicht beide durch unvorsichtige Theilung der Hülfe der Noth überlassen werden.

§. 301. Der Grund der öffentlichen Vorsehungen gegen die Feuersbrünste ist die Sicherheit der Güter. Wo also diese Sicherheit nicht ganz erhalten werden kann, da räth die Klugheit den Schaden wenigstens so sehr, als es immer geschehen mag, zu vermindern. Wird der Feuerschaden unter mehrere getheilet, so wird der Antheil eines ieden insbesondere kleiner. Diese Aussicht ist die kräftigste Empfehlung der Feuerversicherungskassen. Sie können auf dreierlei Weise errichtet werden. Die Bürger leisten einander für ihre Häuser Gewähr. In diesem Falle bringen Sie anfangs einen kleinen Fond zusammen, um die kleinern Unkösten zu tragen. Dann wird iedes Haus geschätzet, und das Schätzquantum protokolliret. Nach einem Brande wird der Schaden geschätzet, und ieder Gewährleistende trägt nach dem Antheile seiner Schätzung zur Vergütung desselben bei, oder ieder Bürger giebt jährlich ein gewisses, und der Feuerschaden wird von diesen Einkünften ersetzet; oder eine Gesellschaft, eine Bank übernimmt die Assecuranz der Häuser gegen eine jährliche Prime. Die erste Art ist die vorzüglichste, weil bei beiden letztern die Ausgabe gewiß, und kein Verlurst zu besorgen ist,

ist, wodurch die Hausinnhaber fahrläßig gemacht, und die Feuersbrünste vervielfältiget werden können. Wenn diese Feuerversicherungskassen auf dem platten Lande eingeführet wären, würde es zur Aufrechthaltung der Landwirthschaft ein grosses beitragen.

§. 302. Die Uiberschwemmungen hängen von der Lage des Landes, dem Gebürge, den Flüssen, und andern derlei Umständen ab, wo wider die Erweiterung der Flußbeete, Kanäle, Schleussen, Dämme, und was sonst zur Verhinderung des Wassersturzes, und Beförderung des unschädlichen Abflusses dienet: bei wirklichen Uiberschwemmungen aber muß die Polizei mit Schiffen und andern Fahrzeugen, wie auch Schiffleuten Vorsehungen machen, damit sowohl die Bürger als ihre Güter gerettet werden können. Man hat gegen die ländlichen Ueberschwemmungen gleichfalls Assekuranzen vorgeschlagen, wo die Assekuranten gegen eine gewisse Prime, über Schleussen, Dämme, und Wasserleitungen die Aufsicht führen sollten, allein dieses ist aus verschiedenen Gründen nicht anzurathen.

§. 303. Die Arten der Bekanntmachung der Polizeigesetze sind folgende: Die Anschlagung an die Thöre der Städte, der Kirchen, der Rath-Gerichts- und Schenkhäuser, oder auch sonst an öffentliche dazu bestimmte Oerter, die Einrückung in öffentliche Zeitungs- und Intelligenzblätter, die Ablesung von der Kanzel, unter öffentlichem Ausrufe, oder Trommelschlage, und welches insbesondere für die Landleute nothwendig ist, durch Vorladung, und Zusammenrufung der Gemeinden, Zunftsgenossen u. d. g. Die

Pu-

Publikation von wichtigeren Polizeigesetzen soll öfters, z. B. Vierteljährig wiederholet werden.

§. 304. Die ganze innerliche Sicherheit beruhet auf der Beobachtung der Polizeigesetze. Da nun diese Sicherheit von niemanden verletzet werden darf, so kann auch niemanden eine Ausnahme von den Gesetzen, oder Strafen, die Sie verhängen, zugestanden werden. Der Gesetzgeber soll nicht zugeben, daß in den Gesetzen etwas durch den Eigenwillen der Bürger geändert, oder dieselben durch den Nichtgebrauch, und eigentlicher die Nichtbeobachtung aufgehoben werden.

§. 305. Wenn also ein Gesetz den Umständen nicht mehr angemessen ist, so erfordert es die Klugheit des Gesetzgebers dasselbe nicht abkommen zu lassen, sondern aufzuheben. Dadurch wird das schädliche Vorurtheil ausgerottet werden, als hätte er stillschweigend in die Aufhebung eines Gesetzes gewilliget, dessen Nichtbeobachtung er ungeahndet läßt.

§. 306. Ohne Zweifel sollen die einem Gesetze beygesetzten Strafen nach der Meinung des Gesetzgebers und nach dem Urtheile der Vernunft ihre Verbindlichkeit verstärken, welche Verdrehung ist so widersinnig, die nicht geschützt werden könnte, wenn es erlaubt ist, die Meinung anzunehmen, daß die Strafgesetze weniger, als andere, daß Sie ganz nicht im Gewissen verbinden.

IV. **Von Anſtalten zur Handhabung der innerlichen Privatſicherheit.**

§. 307. Man begreift unter den Polizeianſtalten alle diejenigen Perſonen, und thätigen Vorkehrungen, die zur Verhinderung, Entdeckung, und Beſtrafung jeder der bürgerlichen Sicherheit nachtheiligen Handlung abzielen, mithin die höhern ſowohl als niedern Polizeibeamten, die verſchiedenen Beſchauen, die ſogenannten Aemter, Wachen, weiters die allgemeinen ſowohl als beſondern Viſitationen, endlich alles, was zur Beſtrafung der Laſter gehöret.

§. 308. So wie hier die Gegenſtände der Polizei vorgetragen worden, ſieht man, daß die geſetzgebende ſowohl, als die vollſtreckende Macht in den Umfang ihrer Verrichtungen gehöret, und daher ihre oberſte Verwaltung nur den höchſten Stellen im Lande z. B. einem allgemeinen Landesdirektorium übergeben werden kann. Von dieſem werden hauptſächlich die Geſetze und Verordnungen erlaſſen; die Vollſtreckung aber untergeordneten Stellen nach der Verſchiedenheit der Gegenſtände aufgetragen. Indeſſen theilen die Regierungen die Geſchäfte gleichſam ab, und behalten ſich die Geſetzgebung wenigſtens in allgemeinen Landesangelegenheiten, oder ſonſt wichtigeren Dingen vor, übergeben die bürgerliche, und peinliche Gerichtsbarkeit beſondern Verſammlungen, oder ſogenannten Stellen, und ſchränken die Verrichtungen der ſogenannten Polizei insbeſondere auf die Erhaltung der öffentlichen Ruhe, guter Ordnung, und Zucht, Aufſicht über Maaß, Gewichte, Märkte,

Märkte, Reinlichkeit der Städte, Anstalten, wider die verschiedenen Gattungen der Gefahren, und Unglücksfälle, und hauptsächlich auf dasienige ein, was augenblickliche Vorkehrungen erfordert.

§. 309. Die Benennungen der Polizeibeamten sowohl, als die Eintheilung der Verrichtungen unter ihnen ist zwar willkührlich, iedoch ist erforderlich, daß iede Provinz, iede große, und kleine Stadt, wie auch das offene Land Polizeivorsteher habe. Die Oberaufsicht über die Polizei einer ieden Provinz wird am füglichsten mit der Oberaufsicht über die Hauptstadt dieser Provinz vereinbaret. Jede große Stadt muß einen eigentlichen Polizeiobervorsteher haben, der wegen der Wichtigkeit seines Amtes durch eine unterscheidende Würde ansehnlich gemacht werden soll. In kleinen Städten werden die Polizeigeschäfte gemeiniglich dem Magistrat mit aufgetragen. Die Provinzen werden wieder in kleine Bezirke, sogenannte Kreise, oder Viertel eingetheilet, worüber Kreishauptleute verordnet sind, welche neben ihren andern Verrichtungen die Aufsicht über das offene Land führen, worinnen ihnen die besondern Wirthschaftsbeamten der Privatgüter zur Hand sein können. Dem Polizeiobervorsteher wird gemeiniglich ein Polizeiaufseher zugegeben, der auf die kleinern Vorfälle sehen, und sonst dem Obervorsteher zur Seite sein muß. Der Obervorsteher mit seinen Gehülfen, und den Bezirkskommissären zusammen machen das Polizeikollegium aus, welches seine ordentlichen Sitzungen hält, wobei nicht nur von dem ordentlichen Laufe Bericht erstattet, sondern auch über

neuere

neuere wichtigere Gegenstände berathschlaget, und beschlossen wird.

§. 310. Um so verschiedene Gegenstände desto leichter zu übersehen, und ohne Verwirrung zu verwalten ist es rathsam jedem Mitgliede des Polizeikollegiums seine eigne Sache aufzutragen, bei welcher es beständig bleiben soll. Die Polizeigeschäfte sind mit einer Menge kleiner Umstände verknüpfet, deren Kenntniß nicht anders, als durch eine lange Beobachtung, und vieljährige Erfahrung erlangt werden mag, und ohne die Sie nicht wohl, so wie es sich geziemet, verwaltet werden können. Erfordert es der Umfang eines Geschäftes, so werden mehrere Mitglieder zugleich dazu beschieden, und dann werden es Kommißionen genennet; wie die Sittenkomißion, Armenkomißion, Gesundheitskommißion, Säuberungskommißion, Wohlfeilheitskommission, Handwerkskomißion, Feuerkommißion.

§. 311. Unter den Obern Polizeibeamten stehen die niedern Polizeibedienten, die Todtenbeschauer, Viehbeschauer, Getränkübergeher und Marktrichter, oder Uibergeher, deren mehrere sein müssen, die Vorsteher der Polizeiämter mit ihren Untergebenen, wie auch die Thorsteher, welche die bei den Stadtthoren aus- und eingehenden Fremden um ihre Namen, Stand und Wohnungen befragen.

§. 312. Ausser der angezeigten Verrichtnng der Todtenbeschau kömmt ihr noch zu, darauf zu sehen, ob der Todte nicht etwa durch Gift, oder sonst auf eine

ge-

gewaltsame Art hingerichtet worden. Bei einem Verdachte hat Sie darüber der Kriminalgerichtsbarkeit die Anzeige zu machen.

§. 313. Die Verrichtungen der Viehbeschauer bestehen in der Aufsicht über die Gesundheit sowohl des grossen, als kleinen Schlachtviehs; der Getränkübergeher über alle Getränke; der Marktrichter über die Gesundheit der Nahrungsmittel, Beobachtung der Marktgesetze, den Vorkauf, und die Polizeitaxen. Diese Marktrichter und Uibergeher müssen die Freiheit haben nicht nur an dem Verkaufsorte die Waaren zu untersuchen, sondern auch dann, wenn Sie schon in des Käufers Händen ist; diese letzte Art ist den Uibervortheilungen der Verkaufenden weniger günstig.

§. 314. Die Polizeiämter, die eine besondere Erwähnung verdienen, sind das Amt zur Berichtigung des Maases, und Gewichtes, und das Frag= oder sogenannte Kundschaftamt. Die Aufsicht des ersten erstrecket sich auf alle Arten von Maase, der Schwere, des Raums, und der Länge. Dieses Amt hat nicht nur dieselben zu berichtigen, sondern es müssen die von diesem Amte abhangende Uibergeher auch Sorge tragen, daß dem Verbote im Kaufe, und Verkaufe sich keines unberichtigten Maases, und Gewichtes zu bedienen, Folge geleistet werde. Sie müssen daher mit der Gewalt dieserwegen Nachsuchungen zu thun, versehen sein. Diese Berichtigungen sollen nach einer gewissen Zeit, z. B. alle drei Jahr erneuert werden.

§. 315.

§. 315. Unter die Aufsicht dieses Amtes, gehöret gleichfalls das Maaß in Flüßigen und Nassen, als Metzen, Eimer, und alle derselben Untertheilungen. Es muß daher ein Maaß zur Richtschnur der übrigen festgesetzet, und von dem Amte hier, und da ausgetheilet, auch eben die Vorsicht, wie bei dem Gewichte und der Elle gebraucht werden. Weil aber die Handwerker, welche Metzenmaaße, und Fässer verfertigen, dieselben ohne Schwierigkeit mit dem vorgegebenen Maaße ungleich machen können, so müssen Sie hierzu durch Befehle, und Strafen angehalten werden.

§. 316. Diesen Aemtern sind noch weiters anhängig die Waaghäuser, und Metzenlethämter mit ihren beeidigten Knechten, Korn- und Mehlmessern u. d. g. untern Bedienten, welche dazu dienen, damit in grösserem Kaufe und Verkaufe den Uibervortheilungen vorgebauet werde. Eben so gehören hiezu gewisse öffentliche Ellen, und andere Maase, Waagen, auf welchen es jedermann frei stehet, dasjenige, was er nach einem Privatgewichte eingekauft, zur Sicherheit nachwägen, oder nachmessen zu lassen. Die Furcht dieser Nachwägung oder Nachmessung wird der schlechten Auswaage und Ausmessung sowohl, als den unmerkbaren Verkleinerungen des Maases, und Gewichtes wirksam entgegenstehen.

§. 317. Die Frag- Kundschafts- Intelligenzämter gehören mehr zur Erleichterung des Nahrungsstandes, und Bequemlichkeit der Burger, als die Sicherheit. Indessen dienen Sie gleichwohl auch zu diesem Endzwecke, besonders um den gestohlenen, den

ver-

verlornen Gütern nachzuspühren, und Sie wieder zu erhalten. Ein solches Amt kann aus einem Protokollisten und einem Boten bestehen. Und von diesem Gesichtspunkte betrachtet ist immer nothwendig, daß es der Polizeiaufsicht untergeordnet seie.

§. 318. Auf die Polizeibeamten folgen die von der Polizei abhangenden Wachen, deren nothwendigste Gattungen sind: Die Tagwache, Nachtwache, Thurn- oder Feuerwache, in grössern, und besonders Handelsstädten, die Gewölbwache zu Meß- oder Marktzeiten die Marktwache, denen an manchen Oertern noch die Uferwache u. d. g. beigesellet werden. Alle diese Wachen sind in gewisse Rotten, oder sonst eine willkührliche Ordnung eingetheilet, denen ein Rottmeister, oder wie er sonst genennet werden mag, vorgesetzet wird. Jede Wache steht dann unter einem Hauptmanne. Sie sind nach ihrer Eintheilung kenntlich gekleidet, und müssen nach ihrer Bestimmung gut wehrhaft gemachet sein. Ausser ihren Waffen muß Sie ein strenges Gebot des Regenten gegen ieden Angriff sicher und unverletzlich machen.

§. 319. Die Tagwache soll über die allgemeine Ruhe, die Bettler, und ander unnützes Gesind, die Reinlichkeit der Strasse u. d. g. ein wachsames Aug haben. Ihre Pflicht ist bei iedem Zusammenlaufe gegenwärtig, iedem zur Hülfe ruffenden Burger zur Hand zu sein. Sie müssen daher täglich in den verschiedenen Bezirken der Stadt in den Strassen mehr, oder weniger, nach der Grösse derselben eingetheilet werden, und beständig gegeneinander patroulliren. Bei

Feuern

Feuern sind sie zugegen die Unordnung zu wehren. Sie dienen zur Aufsuchung, und Einziehung der Schuldigen, zur Bewachung der Arrestanten, zur Begleitung der Uibelthäter an den Strassen. In manchen Ländern hat man zu diesen letztern Verrichtungen auch besondere Wachen.

§. 320. Gegen die Dämmerung werden die Tagwachen von der Nachtwache abgelöst. Ihre Verrichtung ist zu Nacht dieselbe, welche die erstern bei Tage haben; nebst welchen Sie auch die Stunden auszuruffen pflegen. Die Thurm= oder Feuerwachen sehen von ihrer Höhe auf Feuersbrünste, und geben zum Beweise ihrer Munterkeit alle Viertelstunde mit einem Horne, einer Knarre, oder auch durch einen kenntbaren Ruff ein Zeichen, welche von diesen Wachen schläft, oder sonst von ihrem Standorte weicht, wird auf das schärfste zu bestrafen sein. Daher die Rottmeister zu ungewissen Zeiten die Runde zu machen, und deswegen nachzusehen haben.

§. 321. Wo Gewölbwachen gehalten werden, müssen Sie zur Nachtzeit die Strassen abgehen, ob die Gewölber wohl verschlossen sind. Die Marktwachen sind zu Marktzeiten in den verschiedenen Gängen, und Gassen des Marktplatzes eingetheilet.

§. 322. Die Sicherheit auf den offenen Landstrassen zu erhalten, werden Strassenwachen ausgestellet, oder auch einige Landbereuter besoldet, wozu gemeiniglich Soldaten gebrauchet werden. Diese senden wohin es nothwendig ist, ihre Patrouillen aus, und halten

ten dadurch die Strassen rein. Wo die Strasse zunächst an Wäldern hinläuft, oder Höhlungen sind, welche den Strassenräubern zum verborgenen Aufenthalte dienen, woraus Sie auf die vorübergehenden Anfälle machen können, da ist es eine nützliche Vorsehung, daß das Gehölz und Strauchwerk auf eine gute Strecke weggeräumet, und iede Höhle ausgefüllet wird.

§. 323. Die Sicherheit in den Städten zur Nachtzeit desto besser handzuhaben, auch den Nachtwachen die Aufsicht zu erleichtern, sind die Beleuchtungen der Städte von einem ausserordentlichen Nutzen. Es werden nemlich an den Häusern in einer solchen Höhe, daß die Wägen darunter wegfahren können, gläserne Laternen von einer ebenmässigen vorgeschriebenen Grösse, und Gestalt ausgesteckt, welche von der Polizei ordentlich eingetheilet werden. Die Beleuchtung dieser Laternen wird besser gegen eine jährliche Entrichtung von der Polizei selbst besorget, als von den Privateigenthümern. Es wird ein gewisses Zeichen z. B. mit einer Glocke gegeben, nach welchem Sie alle angezündet werden müssen. Die Nachtwache hat darauf zu sehen, damit sie nicht erlöschen: und sind diejenigen, welche eine solche Laterne muthwillig einschlagen, auf das strengste zu bestrafen.

§. 324. Soll die Polizei ihren Verrichtungen gehörig vorstehen, und auf die Handlungen aller Bürger aufmerksam sein; so muß sie auch von der Verrichtung aller in ihrem Bezirke wohnenden genau unterrichtet werden. Jedermann soll Rechenschaft ablegen, wovon er sich ernähre, dadurch wird die Polizei alle Einwohner

wohner gar bald kennen lernen. Aber um auch von den Fremden unterrichtet zu sein, sind die Thor- und Wirthszettel eine nothwendige Polizeianstalt. Sie dienen das böse Gesinde hindanzuhalten, und verdächtige Leute zu entdecken. Es sind also in allen Städten Leute an den Thören, oder bei den äussersten Linien zu bestellen, welche die ankommenden Fremden anhalten, ihren Namen, Stand, Bedienung, woher sie kommen? was ungefehr ihre Verrichtung sein mag? wo sie wohnen, und wie lange sie sich hier aufzuhalten Willens sind? aufzeichnen, und darüber dem Polizeivorsteher einen Bericht- und Tagzettel behändigen. Die Gastwirthe und Hauseigenthümer, wenn ein Fremder bei ihnen ankömmt, sollen einen ähnlichen Zettel von ihren Gästen verfertigen.

§. 325. Weil aber dieser Behutsamkeit ungeachtet sich oft gefährliche Leute über die Gränzen stehlen, und sowohl in die Städte zu schleichen wissen, als besonders auf dem offenen Lande abseitige Wirthshäuser, oder wohl gar die Wälder zu ihren Schlupfwinkeln ausersehen; so sind zur Aufspührung und Entdeckung derselben Nachsuchungen zu halten, welche entweder allgemeine sind oder besondere; die allgemeinen Untersuchungen werden in ganzen Ländern zugleich angestellet, alle Gasthöfe, Wirthshäuser, und andere verdächtige Oerter mit Zuziehung der Soldaten und Aufbringung genugsamer Leute durchgesuchet, und alle Personen, die sich in dem ordentlichen Verzeichnisse der Einwohner, oder in den Thor- und Wirthszetteln nicht finden, aufgehoben. Soll der Endzweck dieser Untersuchung vollkommen erreicht reichet werden; so sollen Sie unvermuthet, nicht zur gesetzten Zeit, mit der grösten Verschwiegenheit, und mit Einverständniß der Nachbarn unternommen werden.

§. 326. Die besondern Untersuchungen werden durch besondere gräulichere Vorfälle, als eines Mordes, gewaltsamen Einbruchs, oder sonst durch erhaltene Spur eines besondern grössern Missethäters veranlasset. Wenn sich ein solcher Fall ereignet, so wird in vielen Oertern die Sturmglocke geläutet, oder ein Losungsschuß gegeben, auf welche Zeichen die wehrhaften Unterthanen von der Ortsobrigkeit aufgeboten werden.

§. 327. Diese gerichtliche Nachsuchungen aber werden gröstentheils fruchtlos, wenn in dem Staate befreite Oerter den verfolgten Missethäter eine Zufluchtstätte anbieten, welche Sie vor der Entdeckung schützet, und dadurch der Bestrafung entziehet. Jedermann ist von der Richtigkeit des Satzes überzeugt, daß Gesetze ohne Strafen eine sehr geringe Würksamkeit haben würden.

§. 328. Freiörter sind Oerter, wohin Schuldige gegen die Verfolgung der Gerechtigkeit flüchten, und daraus von keinem Gerichte gezogen werden können. Sie sind von zweierlei Gattungen: weltliche, der Pallast des Regenten, die Gesandtenhäuser, Freihäuser, worunter nach Verschiedenheit der Staaten auch die Zeughäuser, in Oesterreich das Landhaus, das Haus des Landmarschalls, das Schiffamt. Im Lager die Feldartillerie u. d. g. gerechnet werden. Geistliche: Kirchen und Klöster mit ihren Bezirken, die bischöflichen Wohnplätze u. a. m. Die erstern sind unwidersprechlich aus der Verleihung des Regenten, welche bei Ertheilung einer solchen Befreiung ganz gewiß nicht die Absicht hatten, die öffentliche Ruhe dadurch zu kränken.

§. 329. Die **Kirchen,** und **Klöster** leiten ihre Befreiungen höher ab, und gründen dieselbe 1.) auf die **Heiligkeit des Ortes,** der an sich selbst unverletzlich sein muß. 2.) auf die **Reinigkeit priesterlicher Hände,** welche von allen **Blutvergiessen** unbefleckt müsten erhalten werden. 3.) auf das **Beispiel der Freistädte des alten Bundes;** allein alle diese Behauptungen sind grundlos.

§. 330. Es bleibt also nur die **Verleihung des Regenten** übrig, von welcher die Befreiung abgeleitet werden können. Die Rechtsgelehrten haben auch längst dargethan, daß die Befreiungen eine Art von Begnadigung sind, welche also nur dem Landesfürsten zustehen könnte. Es ist also auch kein Zweifel, daß er dieselbe, wenn es die Umstände erfördern, widerrufen möge.

§. 331. Bei dem unumstößlichen **Rechte des Regenten die Freistädte aufzuheben,** sind nun auch so viele wichtige Gründe, welche Sie bestimmen, dieses Recht in Ausübung zu bringen, denn nur schon der Namen der Freistädte bringet der öffentlichen Sicherheit Gefahr.

§. 332. Wenigstens aber könnten die Befreiungen dem Unschuldigen eine Zuflucht anbieten, um ihn von den Drangsalen der Untersuchung, und des Kerkers zu befreien? dieser Einwurf gründet sich auf Fehler, welche für sich behoben, und deren der Staat zwar erinnert, aber wider die von keiner Privatmacht eigenmächtige Vorkehrungen gemacht werden dürfen.

§. 333. Die Polizei hat neben den angezeigten allgemeinen und besondern Nachsuchungen annoch verschiedene Mittel, theils die Entweichungen verdächtiger Personen zu erschweren, theils die entwichenen Missethäter zu entdecken, und einzubringen. Die Postämter dürfen niemanden ohne vorhergehende Erlaubniß der Polizei, von welcher ein Schein gelöset wird, Pferde verabfolgen lassen; an eigenen Stationen werden den Reisenden besonders von einer gewissen Gattung Pässe abgefordert. In besondern Umständen wird diese Vorsicht auf alle Gasthöfe erweitert. Einen entwichenen Missethäter zu Stande zu bringen, werden Steckbriefe ausgesendet, worinnen die Person, welche man einzubringen trachtet, genau beschrieben, und diese Beschreibung allen Thorwachen, Wirthen, und besonders Orts Obrigkeiten behändiget, auch denselben anbefohlen wird, ihn, wo man ihn antreffen würde, anzuhalten, und einzuliefern.

§. 334. Die durch die vorhergehenden Anstalten eingebrachten Missethäter werden der peinlichen Gerichtsbarkeit zur Bestrafung überliefert; eigentlich also gehört diese zu der Polizei, aber Sie wird, als ein besonderer Theil derselben von eigenen Beamten verwaltet, welchen die Gerichtsbediente untergeordnet sind, so die ergangenen Urtheile vollstrecken, die Scharfrich-

ter

ter, Büttel, Kerkerknechte u. d. g. zur Bestrafung kleinerer Verbrechen sind Gefängnisse, Halseisen, Schandbühne, zur Bestrafung der grössern Uibelthaten diejenigen Strafen, welche unter dem allgemeinen Worte Halsstrafen begriffen werden. Die verhältnißmäßige Bestimmung der Strafen, auf welche die Beobachtung der Gesetze gröstentheils ankömmt, ist beinahe der schwereste Theil der gesetzgebenden Klugheit.

§. 335. In der Rechtsgelehrsamkeit hat sich durch eine Art von Uiberlieferung eine **Erklärung der Strafe** eingedrungen, die mehr witzig, als richtig ist: ein Uibel der Empfindung wegen der Bosheit der Handlung, man sollte vielmehr sagen, ein Uibel der Empfindung, durch dessen Vorstellung von einer Uibertrettung abzuhalten.

§. 336. Aus diesem Begriffe läst sich das **Ebenmaaß der Strafe** vieleicht mit weniger Ungewißheit angeben, als bis ietzt noch immer geschehen. Das Ebenmaaß setzet eine Vergleichung mit einer andern Grösse voraus; irrt man sich in der Wahl dieser Grösse, so muß ein irriges Ebenmaaß die Folge sein. Allgemein ward die Strafe als eine Genugthuung betrachtet, welche dem beleidigten **Privatburger**, und dann dem Staate geleistet werden muste, daher das Recht der Wiedervergeltung, Blut für Blut, Glied für Glied, Geld für Geld. Aber in den meisten Fällen ist diese Genugthuung unmöglich.

§. 337. Die übrigen Maaßstäbe der Strafen sind nicht besonders zu erwähnen; sie laufen entweder

der mit der Genugthuung auf eines hinaus, oder werden sich an den vorzuschlagenden anschmiegen. Man sah bisher immer nur das verübte Verbrechen vor sich, man hatte das zu verübende im Gesichte zu behalten. Zu diesem laden Vortheile ein, welche der Handelnde durch seine gegen die Gesetze laufende That sich zu versichern hofft. Diese Vortheile muß ein angedrohtes Uibel, welches die Strafe ist, überwiegen.

§. 338. Aber die Hofnung diesem Uibel vielleicht auszubeugen würde seinen Eindruck mindern. Die Entfernungen verjüngen die Gegenstände im sittlichen, wie im physikalischen; das Uibel muß also in der Nähe gezeiget, und die Hoffnung der Straflosigkeit benommen sein.

§. 339. Mithin wird 1.) der wirksamste abhaltende Beweggrund derjenige sein, welcher ein Uibel drohet, so dem zur Uibertrettung einladenden Vortheile gerade entgegen steht. 2.) soviel als nothwendig ist, die abgezielte gesetzmäßige Handlung zu bewirken, und soviel, als zureicht. 3.) Wo die Leichtigkeit, und Hoffnung der Straflosigkeit die Beweggründe zur Uibertrettung vermehren, da muß die Strafe desto strenger sein, um die Uibertrettung zu erschweren. 4.) Zur Abhaltung von ausserordentlichen Verbrechen müssen auch Strafen von ausserordentlicher Strenge verhänget werden.

§. 340. Der Endzweck also jeder dem Gesetze beigesetzten Strafe ist: durch Vorstellung des Uibels der Empfindung von der Bosheit einer Handlung abzuhalten. Abhalten begreift zugleich Besserung, und Beispiel in sich. Von einer einmal begangenen Uibertrettung in Zukunft abhalten, heist bessern; durch das

L 4 Uibel

Uibel welches einem Missethäter im Angesichte des Volkes zugefüget wird, abhalten, damit man sich durch änliche Handlung nicht ein gleiches zuziehe, heißt Beispiel, welches zugleich die Gewißheit der Strafe vermehret.

§. 341. Der Gesetzgeber bedrohet auf den Fall der Uibertrettung mit einem Uibel an Ehre, Rechten, Gütern, oder dem Körper. Die Strafen sind also Verlurst der Ehre, Standesentsetzung, Landesverweisung, Gütereinziehung, Geldstrafen, körperliche Züchtigungen, und Todesstrafen.

§. 342. Unter den Verlurst der Ehre, welcher die Folge der Strafe, der Verstümmlung, Brandmarkung, Aussetzung auf die Schaubühne, oder selbst eine Strafe sein kann, ist, nachdem, was bereits gesagt worden, wenig hinzuzusetzen. Der Verlurst der Ehre kann an sich ein sehr wirksamer abhaltender Beweggrund sein; aber, wenn iemals die Strafe an iemanden vollzogen werden muß, so steht sie dem Endzwecke in der künftigen Besserung des Bestraften entgegen. Der Gesetzgeber, welcher den Bürger an seiner Ehre straft, vermindert sogar bei ihm die Beweggründe rechtschaffen zu handeln, unter denen die Achtung seiner Mitbürger zu erhalten einer der mächtigsten ist. Die zween einzigen Fälle der unnützen Beschäftigungen, und des Zweikampfs schienen der Gesetzgebung diese Art von Strafe zu erlauben.

§. 343. Die Standesentsetzung, Degradirung, die gleichsam eine Art von Entehrung ist, kann nur gegen Standesspersonen, oder Bürger, die höhere Bedienungen, oder solche, deren vorzüglicher Lohn

die

die Ehre ist, bekleiden, statt haben. Sie wird also gegen Verbrechen, die aus einem unumschränkten Ehrgeitz entspringen, und gegen Menschen, welche diese Standesverminderung, als ein empfindliches Uibel betrachten, nützlich sein.

§. 344. Die Landesverweisungen sind nur da anwendbar, wo der Verlurst des Vaterlandes, als ein Uibel angesehen werden kann, weil er mit dem Verlurste besonderer Vortheile verknüpfet ist, die man sonst nicht irgendwo findet. Kaum wird von diesem Gesichtspunkte die Landesverweisung selbst als eine Strafe angesehen werden können.

§. 345. Wo immer die Habsucht der Trieb des Verbrechens wird, da hauptsächlich werden die Gütereinziehungen demselben entgegenzusetzen sein, nur müssen Sie nicht den Fiskus zu bereichern, sondern den beleidigten Bürger zur Vergütung verhängt zu sein das Ansehn haben. Eben dieser Grundsatz muß auf den antheilmäßigen Güterverlust angewendet werden. Geldstrafen sind der übertriebenen Begierde zu gewinnen entgegen zu setzen.

§. 346. Sollten daher die Geldstrafen genugsam abhaltend sein, so müsten Sie sehr erhöhet werden. Aber dann ist es eine Strafe, die auf den Armen nicht würkt, weil sein Unvermögen ihn davor sicher stellet: dem Reichen aber ist Sie weniger empfindlich, und die Klasse, welche mittelmäßig begütert ist, wird wider die Absicht der Gesetzgebung zu Grunde gerichtet. An die Stelle der Geldstrafen, oder an die Seite geringerer Geldstrafen werden die kleinen körperlichen

Züchtigungen mit Nutzen gesetzet werden. Die grösseren Leibesstrafen aber, welche einer anhaltenden in die Augen fallenden nach Beschaffenheit des Verbrechens schmerzhaftern Empfindung unterwerfen, würden den eigentlichen Halsverbrechen vorbehalten sein.

§. 347. Diesen Halsverbrechen hat die Gerechtigkeit bis jetzt gröstentheils Todesstrafen entgegen gesetzet: weil man 1.) die Furcht des Todes als das gröste ansah, so den menschlichen Bosheiten könnte entgegen gesetzet werden; weil 2.) die Stufe der Verhärtung bei manchen Uibelthätern also angenommen ward, daß der Gesetzgeber an seiner Verbesserung verzweifelte, und sich verpflichtet hielt, die öffentliche Ruhe gegen ihn mit seiner Vernichtung zu vertheidigen; weil endlich 3.) der weiseste Gesetzgeber Gott selbst auf gewisse Verbrechen die Todesstrafen verhänget hat.

§. 348. Beccaria zieht einigermaffen das Recht der Regenten iemanden das Leben zu nehmen in Zweifel; Wer hat einem andern das Recht über sein Leben eingeräumt, fragt er: man kann ihm antworten: Die Natur, welche uns die Pflicht der Selbsterhaltung auferleget, und zur Ausübung dieser Pflicht mit dem Rechte der Selbstvertheidigung bewaffnet hat. Dieses Recht ist so unbegränzt, als der Angriff, den man dadurch abwenden soll. In dem Stande der Natur selbst ist mir das Recht vorbehalten, wenn es die Noth gebietet, meine Vertheidigung bis auf den Tod des Angreifers auszudehnen. Dieses Vertheidigungsrecht hat ieder in der bürgerlichen Gesellschaft in die Hände der obersten Gewalt geleget, und ihr also die Macht nicht über

sein

sein eigenes, sondern wo es die Noth erfordert, über
das Leben des Angreifers übertragen. Nunmehro
heist das, was bei einzelnen Menschen Selbstvertheidigung hieß, in der Hand des Regenten Strafe,
und ihre Gränzen sind dieselben. Wo immer die Vertheidigung der öffentlichen Sicherheit den Tod
des Missethäters unumgänglich macht, da kann die
Gerechtigkeit gegen ihn das Schwerd zucken; aber auch
nur in diesem Falle, welcher in einem Staate, wenigstens bei einem ordentlichen Halsgerichte nie vorhanden ist.

§. 349. Sobald der Verbrecher in den Händen
der Gerechtigkeit ist, verschwindet alle Furcht seines
fernern Angriffs: die gegenwärtige Vertheidigung der
öffentlichen Sicherheit macht also seine Hinrichtung nicht
mehr nothwendig, die künftige Vertheidigung eben so
wenig, denn dieser an seine Arbeit zur Strafe gefesselte
Verbrecher ist physikalisch wenigst gebessert, da ihm das
Vermögen, eine nachtheilige Handlung zu vollbringen,
benommen ist. Wer aber hätte das Recht, selbst an
seiner sittlichen Verbesserung zu zweifeln? man kann auch
zur Bestättigung dieser Gründe eine Frage an die Rechtsgelehrten setzen, wie nemlich mit der Meinung von der
Unverbesserlichkeit des Verbrechers das Begnadi-
gungsrecht bestehen könne?

§. 350. Sehr oft setzen wir uns an die Stelle
der Verbrecher, und beurtheilen Sie aus dem Eindrucke, den etwas auf unser Gemüth macht. Dieses
widerfährt uns, wenn wir die Furcht des Todes als
den wirksamsten abhaltenden Beweggrund ansehen. Der
Bösewicht, auf welchen er einen Eindruck machen soll,

urtheilt

urtheilt nicht, wie wir. Der Todt überhaupt ist nicht das gröste Uibel, er ist das letzte derselben, welches gegen alle übrige in Sicherheit bringt, so denkt auch der Bösewicht aus einem weniger philosophischen Grunde.

§. 351. Die Arbeit ist daher in den Augen des **Verbrechers** ein **grösseres Uibel, als der Tod selbst**. Sie wird also als ein vorhergehender Beweggrund zur Unterlassung einer gegen die Gesetze laufenden Handlung auch von grösserer Würkung sein. Das Beispiel einer lebenslangen schweren Arbeit, die Verlängerung eines mühsamen quaalvollen Lebens wird mächtiger, und die Art der Strafe für das gesammte Wohl der Gesellschaft nützlicher sein; iedoch nur in den Fällen des ordentlichen peinlichen Prozesses, und wo ieder **Augenblick der Verlängerung des Lebens den Staat nicht augenblicklichen neuen Angriffen aussetzen kann**: denn bei einem Umstande solcher Art, wenn z. B. in Empörungen der Rädelsführer aus dem Wege zu räumen ist, wo man nicht die Hoffnung der herzustellenden Ruhe aufgeben wollte, ist der Fall vorhanden, da die **augenblickliche Vertheidigung des Staates das Mittel der Hinrichtung nothwendig machet**.

§. 352. Diese **Abänderung der Todesstrafe in nutzbare Arbeiten**, welche eine rußische Monarchin durch 20 Jahre wirklich ausgeübet, beleidiget die **Weisheit des höchsten Gesetzgebers** gänzlich nicht, der seine Gesetze der Lage der Umstände, wo, und der Denkungsart des Volkes, welches er dadurch verbinden wollte, immer auf das vortreflichste anzupassen wuste.

Handlungswissenschaft.

Zweiter Theil.

Es ist nicht genug, Bürger zu haben, und Sie zu beschützen, man muß auch auf ihren Unterhalt denken. Vorsehung wegen der allgemeinen Bedürfnisse machen, ist eine offenbare Folge des gemeinschaftlichen Willens, und die dritte wesentliche Pflicht der Regierung. Diese Pflicht ist nicht, die Speicher der Privatleute zu füllen, und Sie der Arbeit zu entledigen, sondern beständig den Uiberfluß also in ihrem Umfange zu erhalten, daß, um zu erwerben, die Arbeit stets nothwendig, und nie unnütze ist.

J. J. Rousseau.

Handlungswissenschaft.

Litteratur.

1 Money, and Trade confidered by John *Law* Edinburgh. 1705. 12. französisch à la Haye 1720.

2 Reflexions politiques sur les finances, et le commerce (par Mr. du *Tot.*) à Paris. 1740. 2 Tomes.

3 Essai politique sur le Commerce (par Mr. *Melon.*) à Paris 1742. 8.

4 Dictionnaire universel de Commerce. par Mr. Louis *Savary.* Nouv. Edit. à Geneve 1761. 4 Tomes, fol. teutsch unter dem Titel: die allgemeine Schatzkammer der Kaufmannschaft Leipz. 1741. fol. 4. Theile.

5 Elemens du Commerce (par. Mr. de *Fortbonnais.*) Nouvelle Edition. à Amsterdam 1755. 2 Parties. teutsch (von *Kästner.*) Leipz. 1755.

6 The universal Merchand (by N. *Magens.*) London 1753. 4.

7 A' new, and complet dictionnary of Trade, and Commerce. by M. *Mortimer.* London 1766. 2 Vol. fol.

8 Les Interets des Nations de l'Europe, developés relativement au Commerce Leipzic 1766. 5 Tomes. 12.

9 Handlungsgrundsätze zur wahren Aufnahme der Länder und zur Beförderung der Glückseligkeit ihrer Einwohner aus der Natur, und Geschichte untersuchet von J. A. H. Reimarus. zweite Auflage, Hamburg 1775.

10 Einleitung zur gründlichen Kenntniß der Kaufmannschaft, und dahin einschlagende Geschäfte, von J. C. F. Springer, Frankf. 1771. 8.

11 Allgemeine, und besondere Anmerkungen vom einheimischen und fremden Handel, 2te Auflage, Dresden, 1777. 4.

12 Einleitung zu einer allgemeinen Erkenntniß aller Handlungswissenschaften von Samuel Jakob Schröckh. Frankf. am Mayn 8v. 1769. 2te Verb. Aufl. 1780. 3 Theile.

13 Theorie, und Praxis der Handlungswissenschaft, Breßl. 1777 — 78. 2 Theile.

14 Versuch einer allgemeinen Einleitung in die Handlungswissenschaft. Theoretisch und praktisch. Altona 1779. 2 Theile, neue Aufl.

15 Jungs, gemeinnütziges Lehrbuch der Handlungswissenschaft, Leipzig, 1785. 8.

Einleitung

Die einfachsten Begriffe der Handlung, und ihre Zweige.

§.1. Der wohlthätige Einfluß der Handlung in die allgemeine Glückseligkeit des Staats, war lange von der Staatsklugheit verkennet, als aber der Grundsatz die Oberhand gewann, daß die Glückseligkeit des Staates in der Menge seiner Bürger bestehe, fieng man an den Werth eines Geschäftes zu erkennen, welches durch Vervielfältigung der Nahrungswege einen so grossen Theil zu dieser Glückseligkeit beiträgt. Die Handlung ward nunmehr auch ein Gegenstand der Kabinete, man ward auf die Grundsätze aufmerksam, nach deren Anleitung die möglichst gröste Menge von Menschen beschäftiget werden kann: ihre Sammlung macht die politische Handlungswissenschaft aus. Die Kaufmännische ist davon unterschieden.

§. 2. Die Beschäftigung der Menschen hat zu ihrem Endzwecke ihnen die Mittel an die Hand zu geben, wodurch Sie sich ihren Unterhalt verschaffen mögen. Sie erhalten diesen Unterhalt, wenn Sie für das, was Sie durch ihre Beschäftigung hervorbringen, etwas entgegen zur Vergeltung empfangen. Hieraus also entsteht der Tausch, welcher das Geschäft der Handlung im eigentlichsten Verstande ist.

§. 3. Die Bedürfnisse können wahre Bedürfnisse sein, ohne welche der Mensch nicht bestehen könnte, oder eingebildete, welche der Anstand, die übliche Lebensart, die Lüsternheit, der Stolz der Menschen zu Bedürfnissen gemacht hat; sie sind gleich ein Gegenstand des Tausches, durch welchen Bedürfnisse gegen Bedürfnisse umgesetzet werden.

§. 4. Es ist nothwendig, daß das Gegenangebotene etwas solches seie, was der andere bedarf, und nicht besitzt. Die Handlung also ist ein Geschäft, das seinem Ursprung einem wechselseitigen Bedürfnisse schuldig ist. Was man immer den andern zur Befriedigung seines Bedürfnisses anbieten kann, heißt **Waare**.

5. Die vorkommenden Beschwerlichkeiten veranlaßten, daß man sich nach einem Mittel umsah, wodurch sie vermieden, und der Tausch erleichtert wurde. Man suchte also etwas auf, welches gleichsam die Stelle aller Waaren vertreten, und für einen allgemeinen Entgeld derselben angesehen werden sollte. Es war wegen den nothwendigen Eigenschaften, die man bei demselben suchte nicht willkührlich zu diesem Entgelte, was immer für einen Stoff anzunehmen.

§. 6. Um seinem Bedürfnisse in so kleinen Theilen als es mit Umständen nothwendig war, abzuhelfen, muste dasjenige, so man zum allgemeinen Entgelte annehmen wollte, einer sehr grossen Theilbarkeit ohne Verminderung des Werths fähig sein, so wie auch die Dauer, Unveränderlichkeit und Seltenheit nothwendige Eigenschaften sein müssen. Es ist zu vermuthen, daß die Völker erst nach manchem mislungenen

Versuche die Vereinbarung dieser Eigenschaften in den edleren Metallen entdecket haben, die man bei iedem andern Dinge vergebens gesuchet hatte, und darinnen liegt die Ursache der allgemeinen Uebereinstimmung der Nationen über Gold = und Silber, welche nunmehro als die Vorstellung der Waaren angesehen, und Geld genennet wurden.

§. 7. Zwar wird nach der Einführung des Geldes der Umsatz nicht mehr Tausch, sondern Kauf genennet. Allein diese wörtliche Abänderung veränderte nichts in dem wesentlichen der Handlung, das Geld kam dabei nicht anders in Betrachtung, als in soferne es diejenigen Bedürfnisse, oder Waaren vorstellte, die man zu einer andern Zeit dafür wieder an sich bringen konnte. Die Verrichtung der Handlung ist noch beständig der Tausch einer Waare gegen Waare, oder die Vorstellung einer Waare.

§. 8. Die Bedürfnisse, womit der Tausch getroffen wird, sind entweder unmittelbar in ihrer ursprünglichen Beschaffenheit brauchbar, oder Sie müssen durch Kunstarbeit zum Gebrauche umgestaltet werden. Die Beschäftigung die sich mit Erzielung der ersteren abgiebt, ist die Landwirthschaft: Sie begreift unter sich die natürlichen Erzeugniße des Erdreichs, der Viehzucht, des Gewässers. Die Beschäftigung welche die natürlichen Erzeugnisse durch Mittheilung einer künstlichen Gestalt genußbar machet, oder ihren Gebrauch vervielfältiget, heist Manufaktur*. Die Manufakturen sind von der Landwirthschaft abhängig; die erste Aufmerksamkeit des Staates muß also dieser zugewendet werden.

werden. Was die Landwirthschaft den Manufakturen liefert, wird rohes Materiale, Stoff genennet.

> * Puritaner in den Handlungswörtern sprechen Manufaktur, wo Hammer und Feuer entbehret wird: als Tuchmanufaktur, Cottonmanufaktur. Hingegen, wo diese beide erfordert werden, das nennen Sie Fabricken, als Stahlfabricken, Meßingfabricken.

§. 9. Die ganze Handlung besteht also in den Erzeugnissen der Erde, und der Kunstarbeit, soweit nemlich beide den Bedürfnissen zu Hülfe kommen, und denienigen, die sich mit ihrer Erzeugung abgeben, das Mittel anbieten, sich wechselsweise die ihrigen zu verschaffen. Hieraus läst sich die Grösse der allgemeinen Handlung bestimmen; sie ist gleich der Summe der Bedürfnisse aller Verzehrenden*. Um sie zu erweitern, müssen entweder die Bedürfnisse, oder die Verzehrenden vermehret werden.

> * Die Summe der Handlung ist also aus zween Grössern zusammengesetzet, aus den Bedürfnissen, und der Zahl der Verzehrenden, deren eine mit der andern vermehret wird.

§. 10. Die Bedürfnisse der Menschen sind sehr begränzet, wenn man mit diesem Worte den strengsten Begriff der wahren Bedürfnisse verbindet. Aber dann werden auch die Beschäftigungen der Bürger in eben so enge Gränzen eingeschlossen sein. Die Vermehrung der Bedürfnisse geschieht durch Einführung der Ge-
mäch-

mächlichkeiten, und des Uiberflusses, welche beide den Pracht ausmachen. Alle Deklamationen gegen den Pracht sind also entweder unüberdacht, oder was dawider angeführet wird, ist nicht sowohl gegen den Pracht, als gegen die Verschwendung gerichtet.

§. 11. Zugleich aber werden auch die Gränzen, zwischen den nützlichen, und schädlichen Pracht bestimmet werden können; denn ohne Zweifel giebt es auch eine Art von schädlichem Pracht. Aller Pracht nemlich ist schädlich, der dem Endzwecke, um des Willen ihn der Staat begünstigen soll, widerspricht, der die Summe der Nationalbeschäftigungen nicht vermehret, sondern vermindert. Dieses geschieht bey allen fremden Prachtwaaren, auch denienigen, welche man im Lande selbst nicht verfertiget, weil diese fremden Waaren an die Stelle einer Nationalwaare tretten, und Sie aus der Summe der Nationalbeschäftigung verdrängen.

§. 12. Auch der auf die innländischen Erzeugnisse herabgesetzte Pracht kann nicht in das Unendliche erweitert werden. Das Vermögen derienigen, die Pracht treiben, und ihre Zahl werden seine nothwendigen Schranken: er wird nicht grösser, als die Nationalconsumtion sein können. Es bleibt aber noch die Erweiterung der Handlung durch Vermehrung der Verzehrenden übrig. Dazu werden Abnehmer der Waare ausserhalb des Landes aufgesuchet, um andern Nationen, was Sie bedürfen, mitzutheilen, und durch ihre Verzehrung die Summe der Nationalbeschäftigung zu vermehren. Hier theilet sich die Handlung in die innere, und äussere ein. Die innere ist diejenige, welche zwischen den Gliedern eines Staats geschieht.

§. 13. Die äussere Handlung wird an Fremde getrieben. Nothwendig muß Sie sich auf die erste gründen, und nur dann erst etwas an auswärtige abgeben, wenn Sie zuvor ihren eigenen Bedürfnissen zureichet. Also wird die äussere Handlung nur mit dem Uiberflusse geführet, das ist, mit demjenigen, was die Nationalverzehrung selbst entbehren kann.

§. 14. Die ersten Grundsätze, nach welchen die äussere Handlung geleitet werden muß, sind folgende: 1.) Sie ist am dauerhaftesten, wenn sie auf wahre Bedürfnisse der Nation gegründet ist, zu welcher sie geführet wird. 2.) Entweder sie bequemet sich nach dem Geschmacke der Nation, oder sie weis ihren Geschmack durch den Vorzug der angebotenen Waare, und durch unterscheidende Eigenschaften umzubilden. 3.) Bei gleichen Eigenschaften muß man wohlfeiler, zum mindesten in eben so niedrigen Preise, als seine Mitwerber abzusetzen fähig sein. Der erste Grundsatz ist der äussern Handlung allein eigen; die beiden letztern sind ihr mit der innern gemein, und eine natürliche Folge, wenn die letztere vortheilhaft gegründet ist.

§. 15. Kaum wird irgend ein Staat, eine Nation wenigstens in gegenwärtiger Lage der Umstände, und bei der einmal eingeführten Art zu leben, sich selbst zureichen. Was Sie selbst nicht besitzt, muß Sie von auswärts unter den am wenigsten beschwerlichen Bedingnissen zu erhalten suchen. Hierzu bietet die

äussere

äussere Handlung die Hand an, welche daher nach der Theilung ihrer Beschäftigungen in zween Zweige abgesondert wird, in die Ausfuhr, und in die Einfuhr. Sie führet aus von ihrem Uiberfluß; sie führet ein zu einem zweifachen Endzwecke, entweder das eingeführte selbst zu verbrauchen, oder es mit Vortheile wieder an andere Nationen auszuführen.

§. 16. Dieses letzte macht einen dritten Zweig der Handlung, die Wiederausfuhr, die ökonomische Handlung genannt. Der Vortheil besteht in der Beschäftigung der Handelsleute, Vergrösserung der Schiffahrt, oder des Fuhrwesens, und dann hauptsächlich in dem Uiberschuß des Verkaufpreises gegen den Preis des Einkaufes.

§. 17. Die handelnden Staaten, besonders aber die Seeprovinzen wandten ihren Blick nach den Elländern, suchten sich dieselben zu unterwerfen, und den Besitz durch dahin versetzte Pflanzvölker zu versichern, wovon Sie auch den Namen Kolonien (Pflanzörter) erhalten haben. Von daher können Sie nun einen Theil ihrer Bedürfnisse unabhängig von andern Staaten, und unter selbst vorgeschriebenen Bedingnissen empfangen, und den Stoff zur Ausführung unendlich vermehren.

§. 18. Die Bedürfnisse, welche von andern Staaten erhalten werden, und dasjenige, so Fremden abgegeben wird, muß an den Ort des Absatzes überbracht werden. Diese Uiberbringung, welche unter dem Worte Fracht begriffen wird, kann auf verschiedene Art geschehen.

ſchehen. Die Nation empfängt ihre eigenen Bedürfniſſe durch fremde Fracht, und die Fremden holen das, was Sie zu empfangen haben, auf ihrer eignen, oder die Nation führt, was Sie von andern empfängt, mit eigner Fracht ein, und frachtet auch ſelbſt andern Nationen diejenigen Waaren zu, welche Sie auswärts abgiebt. Im erſten Falle verliert die Nation den ganzen Vortheil der Beſchäftigung, welchen die wechſelſeitige Frachtung zu verſchaffen fähig war, und ihre Handlung wird in einem gewiſſen Verſtande eine Paſſivhandlung; im zweiten Falle eignet Sie ſich dieſen Vortheil zu, und ihre Handlung iſt eine Activhandlung. Jede Nation muß alſo ihre Bedürfniſſe durch eigne Fracht zu empfangen, und an andere Nationen die Ausfuhrwaaren gleichfalls mit eignen Schiffen zu überbringen ſuchen.

§. 19. Man frachtet zu Lande auf der Axt, oder zu Schiffe, die Landfracht hängt von guten Handlungsſtraſſen, und einem gutgeleiteten Fuhrweſen ab. Die Waſſerfracht iſt auf Flüſſen, oder zur See. Die Flußſchiffahrt wird durch Schiffbarmachung, Schiffbarerhaltung, und durch Vereinigung der Flüſſe, mittels der Kanäle, und Schleuſſen befördert. Dieſe Anſtalten können über die Gränzen eines Staates nicht erweitert werden. Die Seefahrt hingegen iſt von unendlich gröſſerem Umfange; ſie beruhet auf der wohleingerichteten, und unterſtützten Marine.

§. 20. Die Gefahr der Frachtung vorzüglich aber der Schiffahrt würde für ſich ſelbſt von Unternehmungen abſchrecken; man hat Sie daher einer Art

von

von Schätzung unterworfen, und die Sicherstellung der Güter, und Schiffe gegen eine verhältnißmäßige Vergütung über sich genommen. Von dieser Sicherstellung hat das Geschäft den Namen Versicherung, Assekuranz, wodurch der Muth zu Handlungsunternehmungen hergestellet und vergrössert wird.

§. 21. Bei der glücklichsten Stellung eines Staates ist es nicht möglich die Handlung ohne eine zusagende Summe Geldes weit zu verbreiten, oder eine schon verbreitete Handlung zu unterstützen. Die Anwesenheit des Geldes ist von zwoen Seiten erforderlich; es muß dem Staate überhaupt zu Triebwerke der Nationalämsigkeit nicht am Gelde mangeln, es muß auch der Handlung insbesondere nicht an zureichenden Fonden zu ihren Unternehmungen mangeln.

§. 22. Die physische Anwesenheit des Geldes im Staate allein giebt der Aemsigkeit noch nicht denjenigen Schwung, welcher der Absicht der Handlung gemäß ist. Es ist nothwendig, daß dasselbe seine Verrichtung mache, und unter den Gliedern der Gesellschaft umlaufe. Dem Staate liegt also vorzüglich ob, den Umlauf des Geldes zu befördern, und alle Hindernisse bei Seite zu schaffen, welche denselben zurückhalten könnten.

§. 23. Kann ein Staat dazu gelangen, der wörtlichen Zusage, oder gewissen andern Zeichen ebendasselbe Zutrauen zu verschaffen, daß, wie das Geld die Waaren vorstelle, sie wieder das Geld selbst vorstellen, so werden diese willkührlichen Zeichen die Verrichtung

tung des Geldes machen, und seinen Mangel auf eine Zeit vollkommen ersetzen können. Keine Sorgfalt wird also zu groß sein, welche der Regent der Aufrechthaltung des gemeinschaftlichen Zutrauens zuwendet.

§. 24. Die Handlungsunternehmungen fordern grosse Summen, wenn Sie mit Nachdruck geführet werden sollen. Wenn das Vermögen der einzelnen nicht hinreicht, das kann durch eine Gesellschaft erhalten werden, deren iedes Glied nur eine kleine Summe um desto entschlossener waget, weil auf allen Fall der Verlurst sein Glück nicht stürzet, und dennoch wird die Summe dieser einzelnen Beiträge der Handlung den zureichenden Fond verschaffen. Die Handlungsgesellschaften tragen also zur Erweiterung der Handlung ihren grossen Theil bei.

§. 25. Durch die Ausfuhr an Fremde, und die Einfuhr von Fremden werden die unter sich handelnden Nationen zu wechselweisen Schuldnern gemacht. Die Tilgung dieser Schulden mit baarem Gelde würde wegen der Frachtung des Geldes an den Ort der Bezahlung kostbar, und gefährlich sein, auch das Geschäfte der Handlung in langweilige Weitschweifigkeit stürzen. Es ist möglich, diesen Beschwerlichkeiten entweder ganz, oder doch zum Theile auszubeugen, wenn ein Staat gegen den andern seine Forderungen vertauschet, wodurch er seine Schulden in soweit wenigstens aufhebt, als es die Stellung der Handlung gegeneinander zuläst. Diese Vertauschung der wechselweisen Forderungen gab dem Wechselgeschäfte den Ursprung, welches zwar nur eine Privatverrichtung, aber immer der öffentlichen Sorgfalt würdig ist.

§. 26.

§. 26. Bei der gegenwärtigen Stellung der Wissenschaften und Kenntniße sind alle Kabinete über den grossen Einfluß der Handlung dergestalt aufgeklärt, daß iede Nation erwarten muß, von Staaten, zu denen gehandelt, oder durch deren Gebiet die Handlung ihren Zug nehmen wird, in ihren Unternehmungen durchkreuzet zu werden. Es ist also nothwendig sich gegen diese Hinderniße vorzusehen, und bei zusagender Gelegenheit durch den Weg der Negoziation sich vortheilhafte Bedingniße sowohl für sich selbst als gegen andere Mitwerber zu versichern. Die Handlungstraktaten machen also einen wichtigen Theil der Handlungspolitik aus.

§. 27. Um die Beschaffenheit der Handlung an sich selbst, und Verhältnißweise zu kennen, und das daraus abzunehmen, ob die Wege der Beschäftigung der möglichen Grösse der Bevölkerung zusagen, vergleichen die Staaten, was Sie an andere abgegeben, mit dem, so Sie von andern empfangen haben. Diese Vergleichung der Einfuhr, und Ausfuhr wird Bilanz genennet; die Richtschnur in den Händen des Staates wo, und in welchen Theilen die Handlung vorzügliche Hülfe erwarte.

§. 28. Man sieht aus diesen vorausgesendeten blos allgemeinern Begriffen, wie mancherlei und weitläuftige Kenntniße, kreuzende Absichten, Verbindungen und Entwürfe bei einer vortheilhaften Handlung zum Grunde geleget werden müssen, und fällt daher die Nothwendigkeit sehr deutlich in die Augen dieses wicht● Geschäft durch die vereinbarte Einsicht fähiger Männer zu verwalten, mithin zu der Leitung der Handlung ein

eigentliches Kollegium, oder Stelle zu bestimmen, dessen Namen an sich gleichgiltig ist, dessen Thätigkeit aber in seinem Umkreise alles begreifen muß, was den Vortheil der Handlung befördern kann.

§. 29. Der Faden der Abtheilungen also, nach welchem wir die Handlungswissenschaft behandeln werden) ist folgender:

1.) Von der **Landwirthschaft**, die den Stoff liefert, welcher

2.) von **Manufakturen** umgestaltet, und entweder im Staate selbst verzehret, oder auswärts verführet wird; woraus die

3.) **äussere Handlung** entsteht, welche durch die

4.) **Pflanzörter** vergrössert wird, und zu deren Beförderung

5.) Die **Fracht** zu

6.) **Lande**, und die

7.) **Wasserfracht** gehören, deren Gefahr die

8.) **Assekuranzen** vermindern, wodurch die Unternehmungen vervielfältiget werden. Zu den Handlungs-Unternehmungen ist eine zusagende Summe

9.) **Geldes** erforderlich, dessen

10.) **Umlauf** befördert, und sein Abgang überhaupt durch den

11.) **Kredit** ersetzet, die in der Handlung nöthigen Summen aber durch

12.) **Handlungsgesellschaften** zusammengebracht werden. Die Tilgung der aus der Ausfuhr und Einfuhr entspringenden wechselweisen Schulden wird durch

13.) Wech=

13.) Wechsel erleichtert; die Hindernisse aber, welche der Handlung in fremden Staaten geleget werden könnten, sind durch

14.) Handlungstraktate zu heben; endlich zieht der Staat die

15.) Bilanz zur Berechnung seiner Handlungsvortheile, deren Leitung an ein eignes

16.) Handlungskollegium übertragen werden muß.

I. Von der Landwirthschaft.

§. 30. Das Wort Landwirthschaft ist von einem weitern Umfange, als der Ackerbau, der nur die Bearbeitung der Felder begreift, da jenes sich auf alle wirthschaftlichen Verrichtungen verbreitet, durch welche Lebensmittel, und rohe Materialien, es sei unmittelbar aus der Erde, gesammelt, oder auf jede andere Art gewonnen werden. Hieher gehören also die Erzeugnisse aller drei Reiche der Natur, sowohl des Pflanzenreichs, als des Thierreichs, und des Steinreichs. Jedoch ist der nähere Gegenstand gegenwärtiger Abhandlung nur der Ackerbau und die Viehzucht, insoferne Sie mit demselben vereinbaret ist. Fischerei, und Bergbau werden anderswo ihre eignen Plätze finden.

§. 31. Die Vollkommenheit der Landwirthschaft hat ihre Beziehung auf die Beschaffenheit des Bodens, und anderer Lokalumstände, die der Bearbeitung des Landmannes mehr, oder weniger Hindernisse legen, oder seinen Fleiß unterstützen. Insoferne nun unübersteigliche Schwierigkeiten nicht im Wege stehen,

kömmt

kömmt es auf die Benutzung des Erdreichs an, welche darinnen bestehet: daß 1. alles Erdreich genützet, daß es 2. auf die beste Art in Beziehung auf den Anbau genützet, und 3. also genützet werde, wie es das Verhältniß der übrigen damit verbundenen, oder davon abhangenden Beschäftigungen erfordert.

§. 32. Das Erdreich ist entweder **Privateigenthum**, oder gehöret annoch zu dem **Vermögen des Staates**. Folgende Ursachen stehen der Kultur des Privat-Eigenthums entgegen. 1. Mangel der Landleute. 2. ihre Nachläßigkeit. 3. ihr Unvermögen. 4. Verzweiflung. 5. und endlich Mangel des Anwerths, entweder überhaupt, oder um einen Preis, der für den Fleiß des Landmannes nicht ermunternd und belohnend ist.

§. 33. Das **Verhältniß des Landvolkes** zu den übrigen Klassen der Bürger läst sich numerisch kaum bestimmen. Aber solange in irgend einem Lande entweder Erdreich ungebaut liegt, oder wenigstens der Boden nicht die beste Kultur empfängt, solange läst sich zuverläßig schliessen, daß es dem Feldbaue an Arbeitern mangle. Es ist daher eine allgemein erkannte Wahrheit, daß diese nützliche Klasse der Bürger in einem Staate nicht zu zahlreich seyn könne. Die Klassen die sich auf Kosten des Landvolkes vermehren, sind hauptsächlich Prachtkünste, und andere weniger zuträgliche Beschäftgungen, die Wissenschaften, das Dienstgesind, und die Armeen.

§. 34. Hauptsächlich hängt es von den **Polizeianstalten** ab, daß die weniger nützlichen Klassen

den

den nutzbaren nicht die nothwendigen Hände entziehen, übrigens wird es dem Gesetzgeber leicht, die Prachtkünste durch Erhöhung der Abgaben in ihren ordentlichen Schranken zu erhalten, oder sie dahin zurückzuweisen. Der Uiberfluß des Dienstgesindes entvölkert das platte Land sichtbar, so wie ebenfalls die Klasse der Handwerker, und Manufakturanten hauptsächlich aus dem jungen Landvolke ihren Zuwachs erhält.

§. 35. Man hat vorgeschlagen auf die Köpfe des Gesindes eine Abgabe zu legen, und diese Abgabe nach der Zahl und Klasse der Dienstleute, sogar nach ihrer Grösse zu erhöhen; was auf einer Seite durch dieses Mittel verbessert würde, dürfte vielleicht auf der andern verschlimmert werden. Ein Gesetz, welches die Zahl, und das Geschlecht des Dienstgesindes nach Verschiedenheit der obern Klassen festsetzte, und nur dem arbeitenden Theile der Bürger die Freiheit unbeschränkt liesse, sein Gesind nach Willkühr zu vermehren, würde die erwünschte Folge mit mehrerer Zuversicht hoffen lassen.

§. 36. Die Rekrutirung der Truppen geschieht aller Orten hauptsächlich durch das junge Landvolk mit Looszichung, Stellung, oder Werbungen, wodurch eine so grosse Anzahl gerade der gesundesten, und arbeitfähigsten Menschen dem Feldbau entzogen wird. Fabrikanten geniessen in verschiedenen Staaten eine Befreiung von Werbungen, um dadurch die Fabrikation zu begünstigen; wäre nach einem solchen Beispiele nicht anzurathen, dem Landvolke eine änliche

Aus-

Ausnahme zu gestatten, und wenigstens dem Landwirthe seinen einzigen Sohn, der den Grund baubar erhält, weder in einer gewaltsamen Werbung wegzunehmen, noch sogar, wenn er sich freiwillig, wie es genennet wird, unterhalten läst, anzunehmen.

§. 37. Es leuchtet zu gleicher Zeit deutlich ein, daß die Kapitulirung der Truppen dem Feldbau weniger schädlich seie, als wo der Soldat auf Lebenslang angeworben wird. Wenigstens ist nach Vollendung der Kapitulationsjahre zu hoffen, daß ihm ein Theil seiner Arbeiter wieder zurückgesendet werde. Viele Gründe vereinigen sich von allen Seiten den Soldaten zu Friedenszeiten zu beschäftigen, und ihn bei dem Bau der Strassen, der Festungen, bei Grabung der Kanäle, Schiffbarmachung der Flüsse o. d. g. Arbeiten zu verwenden. Wo sich zu diesen Beschäftigungen die Gelegenheit nicht anbietet, ist es wenigstens wohl gethan, die Soldaten auf einige Zeit zu beurlauben.

§. 38. Der Nachläßigkeit der Eigenthümer wird durch die Einführung einer Landwirthschaftsaufsicht auf das wirksamste Einhalt gethan, die sich ohne sonderbare Kosten des Staates würde zu Stande bringen lassen. Sie könnte aus den Kreisbeamten bestehen, denen in ihren Kreisen ein Unterbeamter zugegeben, und diesen die Privatwirthschaftsbeamten untergeordnet würden, um in den verschiedenen Zeiten der Feldarbeit, der Aerndte u. s. w. dem in ihren ausgezeichneten Aufsichtkreisen enthaltenen Feldbau, und andern landwirthschaftlichen Verrichtungen nachzusehen.

Die

Die Oekonomieaufseher sollen auch eine ordentliche Instruktion, und Gewalt erhalten.

§. 39. Das zweite Mittel geben die Abgaben an die Hand, wodurch nicht nur der ganzen Oede: lassung der Gründe entgegen gearbeitet, sondern auch die bessere Bearbeitung der Felder befördert werden kann. Auf jedes kulturfähige, oder sogenannte be: urbare Feldstück müssen die Entrichtungen unnachläßig, und zwar nach dem möglichen mittleren Ertrag in Be: ziehung auf die Scholle geleget sein.

§. 40. Wo bei einem Landwirthe die beiden ange: priesenen Mittel nicht zureichen, da bleibt dem Regen: ten noch ein drittes übrig, das an sich selbst vielleicht zu gewaltsam scheinen dürfte, aber an sich selbsten nicht mehr ist, sobald die gelindern ohne Frucht sind versu: chet worden. Jedes Grundstück also, welches durch zwei oder drei Jahre ungebaut geblieben wäre, ohne daß der Eigenthümer der Landwirthschaftsaufsicht eine geltende Ursache anzuführen fähig wäre, könnte von dem Staate als verlassen erkläret, und demjenigen zum Ei: genthume überlassen werden, der sich anbietet, dasselbe zu bezahlen.

§. 41. Das Unvermögen der Landwirthe kann von zwoen Seiten betrachtet werden: das Unvermögen der Klasse des Landvolks überhaupt, oder Beziehungs: weise auf den Grund-Antheil den der Landmann besitzet. Das Unvermögen des Landvolks überhaupt entspringt von Unglücksfällen, die es veranlassen, Feuersbrünsten, Kriegen, Umfalle des Viehs, Miswachse, oder von der Armuth des gegenwärtigen Besitzers.

§. 42.

§. 42. Gegen die ländlichen Feuersbrünste finden zwar gröstentheils eben die Feueranstalten Platz, welche von der allgemeinen Polizei vorgekehret werden müssen. Insbesondere aber wird es nützlich seyn, wo einmal die Gewonheit die Oberhand gewonnen, Dorfweise zusammenzubauen, die Häuser auf eine ansehnliche Weite abzusondern, und die Hausgärten, oder sonst die leeren Plätze, welche gewönlich hinter den Wohngebäuden angelegt, und gelassen sind, zwischen dieselben anzubringen, dann auch die Scheunen, oder Fruchtschöber, die Getreidböden von den Wohnungen zu entfernen, damit bei einem entstehenden Feuer diese Behältnisse des ländlichen Vermögens nicht sogleich der Gefahr ausgesetzet sind. Vorzüglich würden Assekurationskreise unter den in einem gewissen Bezirke nahe liegenden Ortschaften wichtige Dienste leisten können.

§. 43. Wo diese Assekurationskreise nicht eingeführet sind, muß dem beschädigten Landmanne von dem Grundherrn, oder wohl auch vom Staate Hülfe geleistet werden. Die gewönliche Hülfleistung, da man dem Verunglückten die Abgaben erlasset, ist blos verneinend, und daher ohne alle Folge; dem Landmanne muß die Hülfe thätig geleistet, das Holz, die Baumaterialien, die Feldbaugeräthe, die Aussaat unentgeltlich gegeben, oder wenigstens unter den allerleichtesten Bedingnißen vorgestrecket werden. Da die Privatgrundsobrigkeiten zu solchen Vorschusse nicht immer vermögend genug sind, so muß der Staat selbst seinem Landvolke diese Hülfe zufliessen lassen.

§. 44.

§. 44. Unter den Uibeln, die dem Landmanne insbesondere, und der allgemeinen Landwirthschaft widerfahren können, ist der Viehumfall eines der empfindlichsten, die Felder werden ihrer Arbeiter, und Nahrung beraubet, ohne noch den übrigen Schaden zu berechnen, den die verunglückte Viehzucht in alle Theile der Privathaushaltung, und des sämmtlichen Nahrungsstandes verbreitet. Die Gesundheit des Viehes ist also einer von den grossen Gegenständen der öffentlichen Aufmerksamkeit. Die Einführung der Vieharzneischulen wird hier der Landwirthschaft die wichtigsten Dienste leisten.

§. 45. Wenn der Mißwachs den Landmann ausser Stand setzt, sein Feld für künftiges Jahr zu bestellen, so lauft die Unterstützung auf dasselbe hinaus. Die Privateigenthümer leisten zwar diesen Beistand, aber unter so beschwerlichen Bedingnissen, daß der Untergang des Landmannes dadurch eher befördert, als abgewendet wird. Entweder Sie bedingen sich die Freiheit der Wahl, das Vorgestreckte im Korne, oder Geld abtragen zu lassen: steht dann das Korn im hohen Werthe, so muß der Schuldner Korn abführen, ist der Kornpreis gering, so fordern Sie Geld nach demjenigen hohen Preise, der zur Zeit des Mißwachses ist festgesetzet worden; oder Sie geben es auf die Halbscheid des Baues, wobei die Anlagen auf den Schuldner alleln fallen; oder Sie fordern grosse Aufgabe, und dringen wohl auch auf die Verpfändung des Grundstückes, und was dergleichen verderbliche Bedingnisse mehr sind, denen sich der bedrängte Landmann nothwenwendig unterwerfen muß, wenn die Wachsamkeit des Regenten ihn nicht dafür bewahret.

§. 46. Liegt es an der Armuth des gegenwärtigen Besitzers, der durch was immer für Ursachen in solche Umstände versetzet ist, daß er seinen Feldbau nicht bestellen kann; so kann der Staat ihn zwingen, daß er dasjenige, so er selbst nicht besorgen kann, entweder Pachtweise, oder wohl gar verkäuflich an jemanden hindangebe, der es bearbeiten wird. Nur wird die hauptsächlichste Schwürigkeit diese sein, Pächter oder Käufer der feilgeschlagenen Feldstücke aufzufinden.

§. 47. Nicht nur an der stäten Armuth des Besitzers, sondern auch sehr oft an der augenblicklichen liegt es, daß ein Feldstück ungepflegt bleibet. Die strengen Eintreibungen der Anlagen, die man vorher unüberdacht bis zu einer Grösse hat anwachsen lassen, wo der Landmann sie zu entrichten unfähig ist; in diesen Umständen wird der Ausständner gezwungen, Vieh, Feldbaugeräthschaft, die zur Aussaat, oder auch seinem Unterhalte nöthige Frucht zu veräussern; dadurch opfert der Staat, oder auch der Privatgrundherr dem gegenwärtigen kleinen Vortheile die ganze Zukunft auf.

§. 48. Das zweite, daß nemlich dem Landmanne die Mittel beschränket werden, der gegenwärtigen Noth abzuhelfen, geschieht durch Gesetze, welche verbieten, dem Landmanne über eine gewisse, und meistens sehr kleine Summe zu leihen. Die Absicht dieser Verbote ist heilsam, nur sollte nicht nur der Fall ausgenommen werden, wo die Schuld zur Bestellung „ des

des Feldbaues gemacht wird; sondern selbst die zur Bestellung, und Verbesserung gemachte Schuld mit einem Vorzuge vor andern Forderungen begünstiget werden.

§. 49. Die Verzweiflung des Landmannes hat ihren Grund in der Meinung, daß seine Mühe verloren seie, und er die Früchte derselben nicht für sich ärndten werde. Es ist leicht einzusehen, daß ein solcher Gedanke einen Muth niederschlagen, und ihn zu aller Arbeit verdrossen machen werde. Was also diese Meinung herbeiführen, vergrössern, oder bestättigen kann, muß aus dem Wege geschaffet werden. Die Unsicherheit des Eigenthums, die Grösse der Abgaben, und die zu sehr begünstigte Jagdlust sowohl der Landesfürsten als der Privatbesitzer können als die ersten und hauptsächlichsten Quellen angesehen werden, denen noch die Menge der werklosen Tage zugezählet werden mag.

§. 50. Wo die Unsicherheit des Eigenthums ihren Ursprung in der fehlerhaften Grundverfassung eines Landes hat, da wird es der Gesetzgebung immer schwer, dem Uibel zu steuern. Erwögen aber die Privatgrundherrn genau, daß eine solche Verfassung gegen ihren eigenen Vortheil streitet, so würden Sie der Aufhebung derselben sich ganz nicht widersetzen. Das Recht, welches sich auf einen alten Besitz gründet, ist ohnehin durch die ältern und unverjährbaren Rechte der Menschheit sehr zweifelhaft gemacht. Da also dieses Recht auf den Zustand der allgemeinen Landwirthschaft

schaft einen so grossen Einfluß hat; so ist die Vorsehung nicht zu mißbilligen, wenn den Bauern wenigstens der lebenslängliche Besitz des Grundes versichert, und diese Freiheit der Versetzung aufgehoben wird.

§. 51. Auch die Abstiftungen, welche den Grundobrigkeiten wegen nicht wohl bestellter Wirthschaft eingeräumet sind, können als eine Verfassung angesehen werden, wodurch die Unsicherheit des Eigenthums vergrössert wird. Auch Abstiftungen zur Strafe der Nachläßigkeit des Privateigenthumes müssen nie von iemanden einseitig unternommen werden können.

§. 52. Sind die Gelder, oder Naturalentrichtungen so groß, daß der Landmann von seinem Schweise mehr nicht, als seine kaum zureichende Nothwendigkeit übrig zu behalten hoffen darf; so ist es ungezweifelt, er werde seinen Fleiß nicht stärker verwenden, als nur um sich durchzubringen. Die Erfahrung bestättiget es nur zu sehr, wie wenig staatsklug der Grundsatz seie, daß der Bauer dann am ämsigsten seie, wenn er elend ist.

§. 53. In einem gewissen Verstande wird es immer unwidersprechlich bleiben, daß die Jagd mit dem blühenden Feldbau sehr schwer zu vereinbaren seie. Unberechnet die beständigen Druckereien der Jägerei, und die daraus entstehenden so vielfältigen üblen Folgen, so ist gewis, daß ein Theil der Felderzeugnisse dem Wilde Preis gegeben wird, welcher der nützlichen Viehzucht entzogen ist; daß die Feldfrüchte einer stäten Gefahr ausgesetzet sind, von dem Gewilde, und oft mehr

von

von den Jagenden in der Hitze der Verfolgung zertretten, und verwüstet zu werden; daß der Landmann dadurch sehr gedrückt wird. Um den übermäßigen Anwachs des Gewildes zu verhindern, hat man die allzugroße Hegung des Gewildes bei Ersetzung des Schadens, so durch dasselbe dem Landmann zugefüget werden sollte, untersagt, auch dem Landmanne die Erlaubniß ertheilt das Gewild abzutreiben, und hierzu sogar Hunde zu halten, allein die Erfahrung kann zum Zeugen aufgerufen werden, daß alle diese Beschränkungen theils unwirksam waren, theils gar nicht befolgt wurden. Diese vereinten Gründe sollten lange schon die thätige Beschränkung der Jagdbarkeit veranlasset haben, besonders da ein blosses sehr zweideutiges Vergnügen einiger Wenigen gegen das wahre Wohl so vieler Bürger in Vergleichung gesetzt zu werden nicht verdienet.

§. 54. Die Menge der arbeitlosen Tage haben in allen Theilen der Beschäftigungen einen schädlichen Einfluß; oft müssen die nothwendigsten Wirthschaftsverrichtungen, welche keinen Verschub leiden, und von denen manchmal das Glück der Aerndte abhängt, unterbleiben.

§. 55. Je mehrere Beweggründe der Aemsigkeit des Landmannes zur Bebauung seines Feldes angebotten werden, desto eifriger wird auch sein Fleiß sein. Der erste Beweggrund für ihn ist sein, und der seinigen Unterhalt; der zweite die Entrichtungen, zu welchen er verpflichtet ist; der dritte endlich etwas auf den Nothfall zu Verbesserung seiner Umstände, oder für seine

seine Familie bei Seite zu legen. Also muß es den ländlichen Erzeugnissen nicht an einem Anwerthe fehlen, der den Landmann einen Preis hoffen läst, worinnen er alle drei Beweggründe vereinbart sieht. Bei Bestimmung dieses Preises scheint der Vortheil der Landwirthschaft mit dem Vortheile der übrigen Handlungsgeschäfte einigermassen im Widerspruche zu stehen. Ist der Preis der landwirthschaftlichen Erzeugnisse, es seie der Lebensmittel, oder des Stoffes hoh; so muß wegen des nothwendigen Zusammenhanges iedes Manufakturerzeugniß im Preise steigen, wodurch eine der vorzüglichsten Eigenschaften einer Waare, nemlich die Wohlfeilheit verloren geht. Ist der Preis der Feldprodukten niedrig, so ist er für den Landmann nicht ermunternd genug, und dieser findet seine Rechnung besser dabei, weniger zu erzielen, weil er dann z. B. aus der Halbscheid der Aerndte eine gleiche Summe erhalten, und sich Mühe, Zeit, Aussaat u. m. a. ersparen kann; es bleibet also nur der mittlere Preis übrig, wo die Vortheile beider Zweige vereinbart werden können. Dieser mittlere Preis kann seinem Wesen nach betrachtet werden, oder blos numerisch.

§. 56. Dem wesentlichen nach ist der mittlere Preis stäts, und aller Orten derselbe; derienige nemlich, welcher mit dem Zustande der Handlung dergestalt im Verhältnisse steht, daß dadurch der Landwirthschaft von dem Gewinnste, so durch die Handlung kömmt, ihr ebenmäßiger Antheil zugesendet wird. Diese Antheilnehmung an dem allgemeinen Vortheile ist nicht nur billig, sondern auch nothwendig.

§. 57.

§. 57. Es ist daher aus so vielen Gründen nothwendig, der Landwirthschaft durch den mittlern Preis
ihren Antheil von dem Handlungsgewinnste zuström-
men zu lassen; jedoch wird die Regulirung des
mittleren Preises nicht durch Taxen, sondern durch
die wechselweisen Verabredungen der Käufer, und Ver-
kaufer auf dem Marktplatze geschehen, wenn anders der
Freiheit dieser Kaufverträge keine Hindernisse gestellet
sind. Werden nun die wechselnden Marktpreise verschiedener gemeiner Jahre miteinander verglichen, und
durch die Rechnung die Mittelzahl gezogen, so wird
dieses Produkt für das numerische des mittlern Preises
angenommen, welcher nach Verschiedenheit der Umstände
veränderlich ist.

§. 58. Da die Regulirung des Preises von den
Verabredungen der Käufer und Verkäufer abhängt; so
wird sich der Marktpreis immer nach dem Maase der
Anfrage, und diese nach der Zahl oder dem Zusammenflusse der Käufer verhalten. Ist die Zahl der Käufer
zu groß, so folgt Vertheurung, ist es die Zahl der
Verkäufer; so folgt eine Art von Unwerth. Die Vorsorge des Staates muß daher auf beides gerichtet sein,
daß nicht ein zu starker Zusammenfluß der Verkaufenden geschehe, und dann den landwirthschaftlichen Erzeugnissen eine verhältnißmäßige Menge von Abneh-
mern versichert werde.

§. 59. Woferne der Zusammenfluß der Verkaufenden freiwillig geschieht, und einzig durch den Uberfluß
der Erzeugnisse veranlasset wird, so wird sich alles sehr
bald von selbst in das Gleichgewicht setzen. Die Ver-

käufer, welche ihre Rechnung an dem Marktpreise nicht finden, ziehen sich zurücke, und der mittlere Preis wird hergestellet. Sehr oft aber ist dieser Zusammenfluß erzwungen, wenn nemlich das Landvolk um seine Abgaben zu einer gewissen Zeit zu entrichten, auf einmal sämmtlich seine Früchte feilzuschlagen genöthiget ist. Also hat der Staat nicht allein die Abgaben des Feldbaues zu mäßigen, sondern auch durch eine Vertheilung auf verschiedene Zeiten dem Unwerthe seiner Erzeugnisse vorzubauen.

§. 60. Die Abnehmer sind erstens Nationalconsummenten, dann die Fremden. Nicht genug, daß die Nationalkonsummenten überhaupt mit den Landwirthschaftsprodukten in einem vortheilhaften Verhältnisse stehen, das ist: daß eine starke Bevölkerung im Lande seie; es ist zugleich nothwendig, daß diese Bevölkerung Verhältnißmäßig zum Feldbau vertheilet, und die Lokalabnahme der Lokalerzeugung gleich seie. Die ungleiche Vertheilung der Bevölkerung in einem Staate wird zweierlei nachtheilige Folgen nach sich ziehen; Unwerth auf der einen, und übermäßigen Preis auf der andern Seite.

§. 61. Was daher immer diese ungleiche Vertheilung der Verzehrenden in einem Staate befördert, richtet den Feldbau zu Grund. Es liegt nun deutlich vor Augen, daß den übermäßigen Zufluß der Menschen in den Hauptstädten, als die vorzüglichste Ursache derselben, verhindern, die Landwirthschaft begünstigen heiße, und daß diejenigen Staaten von dieser Seite die glücklichsten sind, welche mehrere Mittelstädte haben; wo dergleichen Mittelstädte in einem Staate nicht sind, da könnte durch Verlegung der Manufakturen, Armenhäuser, Universitäten, einer grossen Anzahl von Klöstern, u. m. d. auf das Land geholfen werden.

§. 62. Ist ein Staat in verschiedene Provinzen getheilet, so können die Nationalabnehmer entweder aus derselben, oder aus verschiedenen Provinzen sein. Wird der Absatz der Landwirthschaft sogar bis auf die Provinzialverzehrer herabgesetzt, oder doch durch Zwischenmäuthe die wechselweise Mittheilung unter den Provinzen gehindert; so wird die Anfrage sehr vermindert werden, und dadurch der Preis der Feilschaften immer sehr niedrig bleiben. Die Zwischenmäuthe als eine Abhaltung betrachtet scheinen unnütze zu sein, wenn eine Provinz der andern nicht bedarf, oder grausam, wenn dadurch dem einen Theil der Bürger ihr nothwendiger Unterhalt entweder geraubet, oder wenigstens erschweret, und der Nationalkonsummet wohl gar veranlasset wird, seiner Noth durch Ankauf bei Fremden abzuhelfen.

§. 63. Die Anfrage der Nationalkonsummenten würde der Landwirthschaft immer noch nicht denienigen Preis versichern, der zur Ermunterung ihres Fleisses erfordert wird. Es ist gewiß, daß die Nationalverzehrung allein nicht so leicht den Anbau aller Gründe, oder doch nicht den besten Anbau nothwendig machet. Der ganze Uiberschuß der Felderzeugnisse würde also ohne Abnehmer bleiben, wenn der Staat nach dem befriedigten Bedürfnisse der Nationalverzehrer nicht den Absatz an auswärtige beförderte, und mit den zur Ver-
hin-

hinderung des Nationalmangels beobachteten Vorsehungen, die Freiheit der Kornausfuhr unterstützte.

§. 64. Es ist nicht möglich einen auswärtigen Kornhandel ohne Aufschüttung des Vorraths zu begreifen. Die Freiheit Korn aufzuschütten muß also nicht beschränket, und der Stand der Kornhändler nicht mit den verhaßten Namen belegt werden, die sehr oft den rechtschaffenen Mann zurückhalten, denselben zu ergreiffen. Die Ursache dieses Hasses fällt ohnehin bei einer wachen Polizei hinweg. Da die Ausfuhr des Getreides an den Gränzprovinzen geschieht; so ist hier ein neuer Grund, die Verführung des Korns aus einer Provinz in die andere nicht durch Zwischenmäuthe zu hemmen, damit durch diesen Schub die Ueberbringung erleichtert werde. Zur Wohlfeilheit der Zwischentransporte leisten die Kanäle, wodurch die Landflüsse vereiniget sind, grossen Vorschub. Endlich sollen die Nationalhandelsleute, damit Sie mit ihren fremden Mitwerbern im gleichen Preise zu verkaufen im Stand gesetzt werden, sogar durch Prämien für eine gewisse Menge ausgeführten Kornes aufgemuntert werden.

§. 65. Das Erdreich ist nicht sämmtlich unter Privatbesitzer vertheilet worden. Einiges davon ist um verschiedener Ursachen in dem Besitze des Staates geblieben. Diese dem Staat angehörigen Gründe sind entweder gebaut, oder ungebaut; die letztern entweder sogleich der Kultur fähig, oder sie erwarten eine vorhergehende Anstalt, durch welche sie zur Kultur geschickt gemacht werden; oder endlich sie sind zur Bearbeitung ganz untauglich. Nach diesem Unterschiede werden auch die Vorkehrungen unterschieden seyn müssen.

§. 66.

§. 66. Unter den bereits gebauten Gründen sind Landgüter, Mayrhöfe, und solche landwirthschaftlichen Stücke zu verstehen, welche Domanialgründe genennet werden. Der Regent kann zur Zerstückung seiner Gründe, und der Eintheilung unter Bauern vor allen andern schreiten, weil der Vortheil der vergrösserten Bevölkerung vorzüglich für ihn ist.

§. 67. Des Anbaues fähige Gründe bleiben oft nur aus Mangel der Bewohner, und der Kultur öde. Kleine Stücke können leicht Bearbeiter finden. Sind es aber große Strecken, so wird zu ihrem Bau unmittelbar eine Verpflanzung von Menschen, und die Anlegung neuer Ortschaften erfodert, wobei man auf zweierlei Art zu Werke gehen kan: entweder daß sogleich eine beträchtliche Menge Menschen auf eine solche Heide versendet, oder daß damit nur Stückweise verfahren wird. Die letztere Art verdienet hier aus verschiedenen Gründen einen Vorzug.

§. 68. Die stückweise Verpflanzung und Anbauung zeigt dem Staate eine vortheilhaftere Aussicht. Es würde eine Gegend gewählet, welche der neuen Kolonie die hauptsächlichsten Nothwendigkeiten anzubieten scheint. In eine solche Gegend nun sendete der Staat zwar arme, aber ihm wohl bekannte, arbeitsame, und des Anbaues kundige Landleute an der Zahl vieleicht nicht über zehn. Er lies ihnen an dem Orte ihrer Bestimmung vorher ihre Wohnplätze zu Stande richten. Nachdem die Gegend es gestattete, würden Sie Horn = oder Wollvieh in ihre Höfe empfangen, sowohl ihren Grund zu bestellen, als auch eine Viehzucht

zucht anzulegen. Zur Aufsicht würde ein Mann mitgesendet, von dessen Einsicht und Treue der Staat versichert wäre. Es ist ganz kein Zweifel, daß eine solche Kolonie ihren guten Fortgang haben würde.

§. 69. Nach dieser Vorbereitung würde mit Versendung einer beträchtlichen, und grösseren Menge Menschen fortgefahren. Es ist wohl zu erwägen, daß zu dem Gedeien solcher Pflanzörter Fleiß, und eine Art von Rechtschaffenheit an den Kolonen nothwendige Eigenschaften sind. Die Unterstützung im Gelde wird nicht viel nützen, wohl aber soll die Unterstützung in Naturalien, in Vieh, Getreid zum Bau sowohl als zur Nahrung, beides auch auf den Fall eines nicht sogleich glückenden Feldbaues, und den Ackerbaugeräthschaften bestehen, und auf eine gewisse Zeit über die eingemessenen Gründe, eine Befreiung von allen Abgaben ertheilet werden.

§. 70. Des Anbaues noch nicht fähige Strecken, die aber durch vorhergehende Zubereitung baurecht werden können, und die grossen Waldungen, Moräste, Flußbrüche, Felsengebürg, Sand und Steingründe sind der Kultur unfähig, und kömmt es hier auf den Zusammenhang der übrigen Umstände, und die eigentliche Beschaffenheit eines Landes an, daß das Gebirg auf den Bergbau benützt, oder auf solches widerspänstige Erdreich die Gebäude, und Ortschaften geleget werden, damit die fruchtbare Oberfläche dem Feldbau bleibe. Der Staat soll auch durch Belohnungen geschickte Männer auffodern, Versuche an solchen Strecken vorzunehmen.

§. 71.

§. 71. Man kann nicht zur Ausrottung der grossen Wälder schreiten, ohne vorher zu untersuchen, ob die übrig bleibenden annoch zureichen werden, dem Lande den nothwendigen Holzvorrath nach dem Erfordernisse seiner Bedürfnisse abzugeben. Hundert Umstände im Zusammenhange der allgemeinen Beschäftigungen sind zu erwägen, ehe zur Ausrottung der Wälder geschritten wird. Die allgemeine Oekonomieaufsicht soll natürlich das Bedürfniß des Holzverbrauchs gegen die Wälder abmessen, deren Grösse, und Beschaffenheit ihr aus zuverläßigen Waldmappen bekannt sein muß.

§. 72. Auch kömmt es einen grossen Theil auf die Sorgfalt an, mit welcher auf die Erhaltung der Wälder durch gute Waldordnungen, auf die Erzielung des Holzes an den Landstrassen, Ufern der Flüsse, Kanälen u. s. w. gesehen, und dadurch ein grosser Theil der Waldungen entbehrlich gemacht wird.

§. 73. Die Ausrottung der Seen, oder anderer des stehenden Wassers wegen ungenützten Grunde wird zuweilen an einzelne Privatleute überlassen. Allein bei der Weitläufigkeit des Werkes, und welches einen Zusammenhang der Arbeiten fordert, kann man sich nicht leicht einen vortheilhaften Fortgang verheissen. Die Austrocknung der Seen ist gleichfalls nur ein Unternehmen für den Staat, dazu der Aufwand durch die Versteigerung des trocken gewonnenen Grundes, und die Anzielung neuer Familien wieder hereingebracht werden kann. Die Seen, Sümpfe, und faulen Gewässer werden durch Gräben abgeführet, welche auf einen Hauptkanal leiten, durch welchen das Wasser in

einen

einen Fluß, Strom, oder das Meer den Ausgang gewinnet.

§. 74. Es sind noch andere Wege sumpfichte Gegenden trocken zu gewinnen, zu welchen die natürliche Beschaffenheit des Erdreichs anleiten muß. Zuweilen reicht die Durchstechung des Thongrundes zu; das stehende Wasser versitzt durch diese ihm gemachte Oefnungen. Die Moosfelder werden nach eben dieser Art durch kleine Gräben gereiniget, welche den kleinen Sümpfen einen Abfluß verschaffen. Diese kleinen Gräben werden mit Pfählen, oder wohl nutzbarer mit jungen Weiden befestiget, wodurch nebst dem gewonnenen Grunde auch der Holzwachs einigermassen vergrössert wird. Vorzüglich aber muß die öffentliche Sorgfalt darauf gerichtet sein, nicht sowohl die Flußbrüche abzuführen, als durch wohlangelegte Dämme der Austrettung der Flüsse, und der Uiberschwemmung der Felder zu wehren. Man hat die Anlegung und Bewahrung der Dämme zu einem Gegenstand der Unternehmung gemacht, oder wohl stückweise den Dorfschaften aufzutragen, und Assekuranzgesellschaften darüber zu errichten für zuträglich gehalten. Es kann überhaupt für einen allgemeinen Satz angenommen werden: was immer im Falle der Vernachläßigung einen so grossen Einfluß in das allgemeine hat, scheint kein schicklicher Gegenstand der Verpachtung.

§. 75. Die Anlegung, und Bewahrung der Dämme an Dorfschaften zu übertragen würde eben so wenig schicklich sein. Kein Werk fordert einen so genauen Zusammenhang, und eine solche Einheit der
Ar-

Arbeit, als die Dämme; die kleinste Nachläßigkeit an einem Orte macht die Arbeit aller übrigen unnütze. Wer aber darf sich von einem Stückwerke verschiedener Ortschaften diese Einheit verheissen? noch werden andere Bedrückungen diesen Dorfschaften sehr beschwerlich fallen.

§. 76. Die Anlegung, und Bewahrung der Dämme wird also wohl am schicklichsten vom Staate besorget, und die Kosten dazu durch eine allgemeine Untertheilung auf alle Bürger behoben werden. Denn, obgleich der unmittelbare Vortheil für die nächsten Felder ist, welche gegen die Uiberschwemmung geschützet werden, so fällt dennoch wegen des Zusammenhanges aller Theile der Landwirthschaft, und der Beschäftigung mittelbar ein grosser Theil auch auf die übrigen Bürger zurück.

§. 77. Damit das Erdreich auf die beste Art in Beziehung des Anbaues genützet werde, muß 1.) der Landmann das nothwendige Kenntniß des Feldbaues, und der landwirthschaftlichen Verbesserungen besitzen. 2.) muß ihm weiters nichts im Wege stehen, seine Kenntniße anzuwenden. 3.) endlich ist auf die Haushaltung mit dem Erdreiche zu sehen, welches zu einem andern Gebrauche, als der Kultur bestimmet ist.

§. 78. Zur allgemeinen Verbreitung der landwirthschaftlichen Kenntniße wird es nützlich sein, sogleich bei der Jugend mit dem Unterrichte den Grund zu legen. Hierzu würden Ackerbauschulen auf dem Lande, und in offenen Städtchen zu errichten sein. In in diesen Schulen würden der Jugend die allgemeinen Grundsätze des Wachsthums mit einigem Kenntnisse der Feldbaugeräthe, und ihrer Anwendung, dann das Kenntniß der bessern dahin einschlagenden Schriftsteller auf eine faßliche Lehrart von geschickten Lehrern beizubringen sein.

§. 79. Wo diese Schulen nicht eingeführet sind, oder bis es mit ihrer Einführung zu Stande kömmt, sollte man der Jugend auf dem Lande mit den ersten Grundsätzen des Lesens, und der Sprache wenigstens die ersten, und nothwendigsten Begriffe des Feldbaues, und der Landwirthschaft beizubringen suchen.

§. 80. Zur Leitung der erwachsenen, und überhaupt des gemeinen Landmannes, der nicht leicht sich entschließt, irgend ein großes Buch zu lesen, würden sich wahrscheinlicherweise die Wirthschaftskalender mit guten Erfolge einführen lassen. Wirthschaftskalender können diejenigen genennet werden, wenn die Zwischenräume der Kalender, die sonst gröstentheils mit sehr unnützen den Verstand des Volkes irre führenden Wahrsagungen angefüllet sind, statt dessen bei jedem Monate die Verrichtung des Feldbaues, und der Landwirthschaft enthielten; wenn zugleich die beste Art dieser Arbeiten in einem verständlichen, leichten Vortrage angezeigt, auch etwa diejenigen Verbesserungen, so der Staat bei dem Feldbau eingeführet wünschet, erzählungsweise mit unter angemerket würden.

§. 81. Aber eine allgemeine Verbesserung der Landwirthschaft läßt sich nur von der Vereinbarung derienigen

nigen Menschen erwarten, welche ihre Versuche durch die theoretischen Kenntniße geleitet, und ihre Theorie durch die Erfahrung bestättiget haben. Diese Vereinbarung geschieht in den Agrikultursgesellschaften, die in verschiedenen Ländern errichtet sind.

§. 82. Die Glieder einer solchen Gesellschaft müssen nach dem Endzwecke derselben verschieden sein: bemittelte Besitzer von Grundstücken; wirkliche Landwirthe aus verschiedenen Gegenden einer Provinz; Männer, welche in den zur Verbesserung des Feldbaues beitragenden Hilfswissenschaften, in der Botanik, Chemie, Mechanik, gründliche Kenntniße besitzen, endlich auch solche, welche den politischen Theil der Landwirthschaft innen haben. Zu den schriftlichen Ausarbeitungen, Briefwechsel u. s. w. wird ein, oder bei gehäuften Geschäften werden mehrere geschickte Männer erfordert; die Häupter der ganzen Gesellschaft werden ein leitender und ein Ehrenvorsitzer sein.

§. 83. Die Erfahrung zeigt indessen, daß diese Anstalten zwar nicht ohne Nutzen sind, gleichwol aber selten diejenige Absicht ganz erfüllten, welche der grosse Endzweck solcher Versammlungen ist. Die Ursache scheint vielleicht darinnen zu liegen, daß die Landwirthe gegen die Beispiele vermöglicher Grundeigenthümer ein Mißtrauen haben. Die Lektür auf der andern Seite ist weder allgemein genug, und nicht immer überzeugend. Die Befehle endlich Verbesserungen zu unternehmen, haben nirgend Vortheil geschaft. Der einzige Weg also, die entdeckten Verbesserungen einzuführen, würden unverdächtige Beispiele sein, welche aber

nicht

nicht von Pfarrern, sondern von gemeinen Landwirthen, die zu Gliedern der Agrikulturgesellschaften gewählet werden köynten, unternommen werden müsten; diese Männer aus ihrem Mittel, deren Vermögen dem ihrigen gleich wäre, würde ihr Zutrauen erwecken.

§. 84. Jedoch werden auch die richtigsten, und ausgebreitetesten Kenntniße unnüze sein, wenn entweder in der Grösse, oder im Zusammenhange der Grundstücke, oder in den unveränderlichen Naturalentrichtungen, allenfalls wohl auch in der Steuerverfassung selbst Hinderniße liegen, die den ämsigen Landmann abhalten, davon Gebrauch zu machen. Man kann den Zusammenhang der Grundstücke von zweierlei Seite ansehen, wie die Grundstücke eines ieden einzelnen Besizers unter sich zusammenhängen, und wie eben diese Grundstücke mit andern, oder mit den Grundstücken einer ganzen Gemeinde in Zusammenhang stehen.

§. 85. Die Anbauung grösserer allzuweitraumigter Felder fordert eine viel zu grosse Menge Zugviehs, Gesindes, und Dunges, als daß das Vermögen der Landleute, wie es allgemein angenommen werden kann, zureichte. Es ist nicht möglich so vielen Grund mit demienigen Fleiße zu bestellen, welcher erfordert wird, um eine ergiebige Aerndte zu erwarten. Auch ist die zur Bestellung der Felder, nnd Vollendung verschiedener Feldarbeiten günstige Zeit nicht von solcher Dauer, daß die Besizer der ungeheuern Hufenstücke hoffen könnten, auf allen Theilen ihres Grundes herum zu kommen.

§. 86.

§. 86. Wir werden dadurch auf zwo sehr wichtige Betrachtungen geleitet: daß es nemlich zur Beförderung der Landwirthschaft unendlichen Vortheil bringe die Bauerngüter nach kleinen Antheilen auszumessen; daß die unbegränzten Ländereien der Landwirthschaft im Zusammenhange immer schädlich werden müssen. Der Vortheil des Landmannes bei kleinern Strecken von Gründen ist offenbar, und eine Menge Beweggründe sowohl für den Staat, als auch für die Landwirthe vereinigen sich, die Bauerngüter nach kleinen Antheilen auszumessen.

§. 87. Die zweite Betrachtung fällt auf die Besitzer der Güter, wie sie genennet werden, das ist, die grösseren Grundeigenthümer, deren immer anwachsenden Ländereien Gränzen gesetzet werden müssen. Daher es ihnen nicht erlaubt sein sollte, Unterthanen Gründe, es seie durch den Rückfall, oder andere Art an sich zu bringen, oder Fremde zu dem schon Besessenen anzukaufen u. s. w. Zwar haben sie dem Uibel so daraus entstehen könnte, nach Verschiedenheit der Länder und ihrer Verfassung auf zweierlei Wegen zu entkommen gesucht, entweder, daß sie die Felder an Pächter überliessen, oder daß sie ihre Felder durch Frohnen zu bestellen suchten.

§. 88. Wo ein ganzes Landgut zusammen in Pacht gegeben ist, da wird es nicht erst nöthig sein zu erweisen, daß das verpachtete Gut von dem Pachter ganz keine bessere Kultur zu erwarten habe, als von dem Eigenthümer selbst. Die nemlichen Schwierigkeiten, die dem letzten entgegen standen, stossen auch dem ersteren auf; wenn aber ein grosses Landgut in kleinere Pachtstücke zerstücket wird, so kann man sich ohne Zweifel die Verbesserung des Feldbaues verheissen. Hier müssen entweder die zerstückten Gründe in Erbpächte verwandelt, oder wenigstens die Pachtverträge auf längere, etwa auf fünf und zwanzig oder dreyßig Jahre errichtet werden.

§. 89. Frohndienste, Robothen sind gewisse dem Grundherrn von seinen Grundsassen in Ansehen des Grundbesitzes unentgeltlich zu leistende Dienste, die in Hand = oder Vieharbeit bestehen können, und daher Hand = oder Zugfrohnen genennet werden. Sie sind entweder unbestimmt (ungemessen) d. i. der Grundherr hat freie Hand ihrer soviel zu fordern, als er bedarf, und es ihm beliebt: oder bestimmt, ausgemessen, d. i. ihre Zahl ist festgesetzet, zweimal die Woche, dreimal u. d. g. Es bedarf nicht erst eines besondern Beweises, daß die unbestimmten Frohnen den Muth des Landmannes gänzlich darniederschlagen, der dazu verbunden ist. Zu diesen schweren Entrichtungen gesellen sich noch ferner Provinzialfrohnen, und setzen ihn vollkommen ausser Stand sein Feld zu bearbeiten.

§. 90. Aber auch, wo die Frohnen ausgemessen sind, bleiben immer folgende nachtheilige Folgen, daß die Felder, welche durch Frohndienste bearbeitet werden, schlecht bestellet sind, und der Feldbau auf beiden Seiten leide, so zwar, daß weder die Gründe der Obrigkeiten, noch der Unterthanen gut gebauet werden.

§. 91.

§. 91. Ist es für die Ländereien keine zu drückende Anlage, welches hauptsächlich auf die Verfassung des übrigen Kontributionsstandes ankömmt, so würde es nützlicher sein die Frohndienste in Frohngelder umzuändern. Jedoch müste genau darauf gesehen werden, daß nicht vieleicht eine solche Abänderung nur in Ansehen eines Theils der Unterthanen vorgienge, und dann deren Arbeit gleichwol den andern Fröhnenden zugeschlagen würde.

§. 92. Am zuträglichsten aber einerseits für den Zusammenhang der gesammten Landwirthschaft, andererseits die Aufhebung der Frohnen zu erleichtern, würde die Umänderung der großen Herrngüter in kleine Bauerngüter sein, wo der Grund an neue Kolonen vermessen, und den Besitzern entweder Kaufweise, oder, weil es schwer sein würde, Käufer zu finden, die im Stande wären den ganzen Kaufschilling zu erlegen, mit hebungenen kleinen Theilbezahlungen, allenfalls auch, umsonst überlassen würden.

§. 93. Wenn es um die erste Eintheilung eines Grundes zu thun ist, so wird es immer für das landwirthschaftliche Geschäft vortheilhafter sein, einzelne Bauernhöfe, als zusammenhangende Dörfer zu errichten. Wenigstens wird die Beobachtung nicht gering zu schätzen sein, daß große zusammengebaute Dörfer, da sie ihre Grundstücke, und Angehör nicht anders, als in einer gewissen Entlegenheit haben können, nicht so nützlich, als kleine sind; und daß bei der Anlage eines Dorfes wohl immer darauf möchte gesehen werden, demselben mehr nicht, als eine Gasse der Länge nach

nach zu geben, wo iedem Hauſe ſoviel als möglich, rückwärts ſeine Feldſtücke angehänget ſind.

§. 94. Der Zuſammenhang der Grundſtücke mit den Grundſtücken der Gemeinde verbindet die Beſitzer ihre Felder zugleich mit den übrigen zur beſtimmten Zeit brach liegen zu laſſen, damit das Vieh auf die Halme zur Weide möchte getrieben werden. Dieſes Hinderniß iſt eine Folge der gemeinſchaftlichen Weiden, und wird kaum anders, als mit ihrer Aufhebung bei Seite zu ſchaffen ſein. Der Nachteil davon iſt indeſſen ſehr deutlich.

§. 95. Wenn irgend in einem Lande der Landesverfaſſung nach, Wein, Korn, Flachszehnte, oder dergleichen Naturalentrichtungen unveränderlich auf den Grundſtücken haften, ſo iſt dem Landmanne die Freiheit geraubt, ſein Eigenthum nach ſeiner beſten Einſicht zu nutzen; unveränderliche Naturalienentrichtungen machen die Veränderung des Feldſtückes auch nach eingeholter Einwilligung der Oekonomieaufſicht unmöglich. Das Privatrecht der Zehntner ſollte ſich mit dem Vortheile des Feldbaues durch folgende Einrichtung vieleicht vereinbaren laſſen, daß nemlich eine billige, und nach der Steigerung der Preiſe von Zeit zu Zeit erneuerte Schätzung gemacht würde, nach welcher dieſe Zehnten von dem Beſitzer des Grundſtückes abgelöſet, und in Geldentrichtungen nach gewiſſen Terminen verändert werden könnten. Dem Zehentbeſitzer würde iedoch die Freiheit vorbehalten ſein, ob er das Geld oder allenfalls den neuen Zehent wählen wolle. Aber die getroffene Wahl müſte bis zur Veränderung

des

Feldſtückes beſtändig beibehalten werden, damit der Zehentherr nicht aus der ihm beigelaſſenen Freiheit Anlaß nehme, den Entrichter des Zehends zu drücken, und Geld zu fordern, wenn das Erzeugniß unter den Schätzungspreis fällt, oder Naturalabgabe, wenn das Erzeugniß im hohen Werthe ſteht.

§. 96. Auch durch die Steuerverfaſſung ſoll dem ämſigen Landmanne der Muth nicht geraubet werden Verbeſſerungen vorzunehmen; die Entrichtungen alſo, welche, wie bereits angemerket worden, nach dem mittleren möglichen Ertrag ausgemeſſen ſein müſſen, ſollen bei vorgenommenen Verbeſſerungen des Feldbaues nicht erhöhet werden, damit dieſe Erhöhung nicht etwa einer Straffe, oder wenigſtens einer eigennützigen Schätzung des Fleiſſes änlich ſehe.

§. 97. Die Haushaltung mit dem Erdreiche ſcheint insbeſondere ſich auf drei Gegenſtände zu beziehen, bei welchen der Landwirthſchaft ſehr viel nutzbaren Bodens zu Grunde geht: auf den Wieswachs, die Gemeindeweiden, und die blos zum Vergnügen, oder zur Verſchönerung gewidmeten Oerter, dergleichen ſind Gärten, Alleen u. d. g. Die Verbeſſerung der Wieſen erwartet der Staat von der allgemeinen Verbeſſerung der Kultur.

§. 98. Die Gemeinweiden hingegen ſind in der That verlornes Erdreich. Das Vieh, für welches ſie beſtimmet ſind, findet darauf keine Nahrung. Man kennet auch die übrigen Nachtheile, die eine Folge der Gemeinweiden ſind, der Verlurſt des koſtbaren Dunges, die von dem bestäubten wenigen Grase entstehenden Krankheiten, welche sich unter dem gemeinschäftlich weidenden Viehe sobald verbreiten, und allgemeinen Viehfall veranlassen u. a. m. Es ist also zuträglicher die Gemeinweiden nach und nach aufzuheben, und sie entweder den Bauerngütern zuzutheilen, wo diese nicht zureichenden Grund besitzen, oder wohl auch neue Ansäßigkeiten zu machen. Auch die Vortheile der künstlichen Wiesen sind heute nirgend mehr unbekannt.

§. 99. Von iedem Lustgarten von einer gewissen Strecke kann gesagt werden, daß er dem Staate gewissermassen eine Familie raubet, die darauf ihren Unterhalt finden konnte. Wenn dieses auf alle Lastgänge, Teiche, Thiergärten, Lustwälder, Fasanereien, Terrassen, Baumreihen vor den Gebäuden, und alle andere Arten von verlornem Erdreiche angewendet, und die Summe des Verlurstes gezogen wird; so ist daraus zu schliessen, daß es dem Staate wenigstens nicht gleichgiltig sein möge, den Bürgern die Umänderung ihrer Grundstücke in solche Ergötzungsörter frei zu stellen, wenigstens sollte es nie ohne vorher eingeholter ausdrücklichen Erlaubnis geschehen.

§. 100. Noch ist übrig, daß alles Erdreich, welches auf die beste Art in Beziehung des Anbaues genützet wird, auch nach dem Verhältnisse der übrigen Beschäftigungen verwendet werde. Da die Manufakturen den Stoff zur Umgestaltung von der Landwirthschaft erwarten, so ist in der allgemeinen Oekonomieleitung darauf zu sehen, damit nach dem Erfordernisse der gegründeten, oder zu gründenden Gewerbe der gehörige

hörige Theil zur Viehzucht wegen Wolle, und Leder, zum Hanfe, Leinbaue, Seidenbaue u. d. g. bestimmet werde. Es ist hier vorzüglich darauf zu sehen, daß nicht alle Theile zugleich ergriffen werden: das nöthigere, dasjenige, so einer grössern Menge Menschen Beschäftigung giebt, muß dem minder nöthigen, oder dem vorgezogen werden, welches nur wenige Hände fordert. Jede Gegend eines Landes, oder jede Provinz eines Staates wird zu einer oder andern Erzeugung entweder von der natürlichen, oder politischen Lage gleichsam vorherbestimmet sein. Die Oekonomieleitung muß diesem Fingerzeige folgen, und die Erzielung des Stoffes darnach in die verschiedenen darzu schicklichen Gegenden vertheilen. Aus den Manufaktur= und Kommerzialtabellen läst es sich eigentlich erkennen, welcher Stoff zureichend, welcher überflüßig, an welchem Abgang seie. Nach diesen Kenntnißen wird es leicht sein, nicht durch Verordnungen die Erzielung des einen, oder andern zu erzwingen, sondern durch angebotene Vortheile, Belohnungen, Befreiungen dazu aufzumuntern.

§. 101. Es muß dem Staate nicht an einem Mittel fehlen, den Zustand seiner Landwirthschaft umständlich zu übersehen, und daraus nicht nur im grossen, und überhaupt, sondern auch von jedem einzelnen Theile, und nach dem Lokale zu urtheilen, um zu erkennen, welcher Theil seines Beistandes vorzüglich nöthig haben dürfte. Dieses Mittel ist eine sorgfältige Oekonomietabelle, die nicht weniger in das Polizeigeschäft, als in die besondere Leitung der Landwirthschaft ihren Einfluß

fluß hat. Die Rubriken dieser Tabelle würden folgende sein: der genaue Innhalt der Oberfläche einer Provinz; die Eintheilung dieser Oberfläche in ungebautes, und gebautes Erdreich; die Eintheilung des ungebauten Erdreichs in Gebäude, Landstrassen, Weier, Flüsse, Moráste, Gärten, Lustwälder, Alleen, Wälder, Gemeinweiden, und in ganz ungenützten Boden; und von dem letztern eine Untertheilung, in wie ferne er genutzt werden könnte, oder nicht. Die Eintheilung des gebauten Erdreichs, nach der ersten Ausmessung, wie viel zu iedem Stádchen, Flecken, Dorfe, Mairhofe gehöret; die Untertheilung in herrschaftliche Gründe nach dem Unterscheide, ob es weltliche oder geistliche Besitzer sind, und die Gründe der Unterthanen; das Verhältniß der Unterthanen-Antheile, die Eintheilung aller dieser Gründe nach der Güte ihrer Scholle, gute, mittlere, schlechte, trockne, sandigte u. s. w. Die Verwendung dieser Gründe zu Obstgärten, Holz, Graslande, Kornlande, Flachsbau, Seidenbau, Schafweiden u. s. w. wozu es immer insbesondere genützet, und wieviel von iedem darauf erzeugt wird, zu allen diesen eine genaue Beschreibung der Viehzucht nach allen verschiedenen Gattungen. Der Nutzen, welcher aus einer solchen Tabelle, oder Beschreibung durch die Zusammenhaltung mit dem Populationsstande, und dem Kommerzienstande gezogen werden kann, ist ohne alle Auseinandersetzung in die Augen fallend. Zur Zustandebringung derselben ist nothwendig, daß der Anfang damit von Dorfe zu Dorfe geschehe, wo sie dem Pfarrer, oder auch dem Militár in seinen Standquartieren aufgetragen werden kann; von einzelnen kleinen Theilen wird immer höher,

nach

nach den willkührlichen Eintheilungen der Länder zu Aemtern, Kreisen und Provinzen auf eben die Art, wie mit den Seelenbeschreibungen aufgestiegen, bis zuletzt aus den Tabellen aller Provinzen die Hauptlandestabelle zusammen getragen wird.

§. 102. Man weiß die Beispiele von den Römern und Chinesern, welche so viele Schriftsteller, die von dem Feldbau handeln, von der Würde, und der Hochachtung, womit vor Zeiten die nützlichste Klasse der Bürger unterschieden ward, gesammlet haben; aber darf man hoffen, daß sie nachgeahmet werden? Man fordere nicht die unfruchtbare Ehre einer Medaille für den verdienten Landmann, man fordere nicht, daß die Klasse des Landmannes über andere Klassen erhoben werde; man begnüge sich, wenn die schützende Hand des Regenten nicht zugibt, daß sie von andern Klassen untergetretten werden, wenn wenigstens ein kleiner Theil von derienigen öffentlichen Wohlfahrt auf sie zurück fallen möchte, zu welcher sie so vieles beiträgt.

II. Von Manufakturen.

§. 103. Manufakturen im ausgedehntesten Verstande sind alle Beschäftigungen, welche, was immer für einem Stoffe, eine neue Gestalt ertheilen. Unter diesem Begriffe gehören selbst Müllner, Bäcker und alle dergleichen, obgleich einfachen Arbeiten zu dem Manufakturwesen. Wegen des Zusammenhangs der Geschäfte aber ist zwischen Handwerkern, und Manufakturen einiger Unterschied festgesetzet worden. Als Manufakturen werden dieienigen Gattungen von Arbeibeiten betrachtet, welche Verlag, oder sogenanntes Kaufmannsgut machen, und werden zu denselben auch ein guter Theil der sonst zu den Handwerken gezählten Beschäftigungen unter der Benennung der Kommercialhandwerke geschlagen. Im eigentlichsten Verstande aber heißt Manufaktur ein Zusammenhang aller Arbeiten, welche erfordert werden, um eine Waare vollkommen, d. i. zum Kaufgut zu machen; Manufakturant ist dann der Bürger, der diesen Zusammenhang leitet. Es ist bereits angemerket worden, daß man die Wörter Manufaktur und Fabrik als gleichbedeutend annimmt.

§. 104. Der Endzweck der Manufakturen betrachtet in Beziehung auf den einzelnen Manufakturanten ist, durch die Kunstarbeit sich Unterhalt, und Gewinst zu verschaffen; in Beziehung auf den ganzen Staat aber, die Beschäftigungen zu vermehren, da die Manufakturen einen Theil des Volkes beschäftigen, welcher die Landwirthschaft nicht mehr beschäftigen konnte. Der erste Endzweck ist zwar dem zweiten untergeordnet, aber dieser wird ohne jenen nie erreichet werden. Bei der Anordnung der Manufakturen sind also die Stuffen der Beförderung nach dem Grade abzumessen, als dadurch der Endzweck des Staates mehr erreichet, d. i. als die allgemeine Masse der Beschäftigung vergrössert, und dauerhafter gemacht wird. Die allgemeine Masse der Beschäftigung gewinnet aber nur dadurch, wenn die Kunstarbeit ein Mittel ist, die Erzeugnisse der Landwirthschaft zu vervielfältigen; also verdienen diejenige Manufakturen die erste Aufmerksamsamkeit, wozu der Nationalstoff entweder würklich vorhanden ist, oder doch mit leichter Mühe erzielet werden kann.

§. 105. Es ist weniger schädlich, die Beschäftigungen nie über eine mittelmäßige Größe erweitert zu haben, als von einer weit grössern Anzahl derselben in der Folge etwas zu verlieren. Im dem ersten Falle wird der Staat zwar einer auch nur mittelmäßigen Wohlfahrt theilhaft werden, aber er wird sich bei dieser erhalten; im andern wird der Rückgang seiner Glückseligkeit beinahe ohne Gränzen sein.

§. 106. Eine Manufaktur beschäftiget desto mehrere Menschen, ie mehrere Zubereitung ihr Stoff nöthig hat, bevor die Waare vollkommen ist, und ie gemeiner ihr Gebrauch ist. Diese Betrachtung weiset die Handlungsleitung auf diejenigen Manufakturen, welchen sie nach den vorher erwähnten die nächste Sorgfalt und Beförderung zuzuwenden hat. Vorzüglich kommen diejenigen hier in Betrachtung, welche Gespinnst verarbeiten.

§. 107. Der gemeine Gebrauch einer Waare hängt davon ab, daß man sie dem grösseren Theile des Volkes verkaufe: gemeinere Tuchfabriken, Leinwandfabriken, und solche Gattungen verdienen folglich in der Reihe der Manufakturen den ersten Rang. Um den Gebrauch eines Manufakturerzeugnisses über das nothwendige zu erweitern, ist es nöthig, ihm diejenigen Eigenschaften zu verschaffen, welche die Käufer zu Wiederholung des Kaufes anlocken. Diese Eigenschaften
sind

sind der wohlfeile Preis bei gleicher inneren Güte, äusseren Schönheit, und der Mannigfaltigkeit einer Waare. Diese vier Eigenschaften erweitern nicht nur den Gebrauch einer Waare überhaupt, sondern auch nach dem Maase, als man sie einer Waare verschaft, versichern sie den Vorzug auf den innländischen, und auswärtigen Handelsplätzen vor allen Mitwerbern, deren Manufakturen es an diesen Reizungen mangelt.

§. 108. Es ist nothwendig, der ungemäßigten Gewinnsucht einiger Fabrikanten Einhalt zu thun, und den einzelnen Fabrikanten in die Nothwendigkeit zu versetzen, daß er seinem Erzeugnisse die erforderliche Eigenschaften ertheile, ohne welche die Erweiterung eines Zweiges der Beschäftigung vergebens erwartet wird.

§. 109. Um eine unächte Waare dennoch in einem hohen Preise anzubringen, muß die Stellung des Fabrikanten gegen die Käufer folgende sein: der letztere muß das Manufaktur-Erzeugniß bedürfen, und es nur von dem erstern allein erhalten können. Es kömmt aber nur darauf an, dem Fabrikanten Mitwerber zu geben, an die sich der Käufer wenden kann, wenn ihm die Waare entweder der Gattung nach mißfällt, oder der Preiß zu groß ist, so verhält sich alles gerade umgekehrt. Also enthält der beförderte Zusammenfluß allein das Mittel die Manufakturerzeugnisse zu derjenigen Vollkommenheit zu erheben, welche ihren Absatz vervielfältigen.

§. 110. Die Hindernisse, welche der Aemsigkeit im Wege stehen, und ihren Wetteifer hemmen könnten,

sind

sind folgende: Monopolien, ausschlissende Gesellschaften, gewisse mit Vorzuge eingeräumte Befreiungen, Manufakturen auf Rechnung des Landesfürsten, ausschliessende Zünfte, und zu grosse auf eine Fabrikation gelegte Abgaben. Jede dieser Beschränkungen des Fleisses nach der Reihe betrachtet wird uns auf Grundsätze führen, welche bei Leitung des Manufakturwesens nicht aus den Augen gesetzet werden müssen.

§. 111. Das Monopolium, der Alleinhandel ist entweder in den Händen des Fabrikanten, oder eines Handelsmannes. Bei dem ersten ist es ein von dem Regenten ertheiltes Recht eine Waare allein zu verfertigen, bei dem andern ist es gegen den Fabrikanten das Propolium, oder Vorkaufsrecht, welches den Arbeiter zwingt, sein Erzeugniß nur dem begünstigten Handelsmanne zu verkaufen; gegen den Verzehrenden aber ist es Alleinverkauf, das Recht ihm eine Waare mit Ausschlüssung aller übrigen zu liefern. Dieses Propolium kann sich auf den ganzen Staat, auf eine Provinz, einen Bezirk, oder auch nur auf einen Stand erstrecken. Das letztere heist insbesondere eine ausschlüssende Lieferung.

§. 112. Der Alleinverkäufer hat gegen den Abnehmer der Waare einen Zwangabsatz, grösser, oder kleiner nach dem Maase, als seine Waare sich der Nothwendigkeit nähert. Da die Nothwendigkeit alles für ihn thut, erhält er seine Waare unvollkommen, und setzet sie nicht anders, als theuer ab. Eine unvollkommene Waare findet im inneren Absatze nicht mehr Käu-

Käufer, als welche ihrer unmöglich müßig gehen, im äusseren Absatze findet sie gar keine. Also bereichert sich zwar der eine, aber die Masse der allgemeinen Beschäftigung wächst nicht, und die Kunstarbeit bleibt immer in der Kindheit.

§. 113. Vielleicht, daß der Staat den Vortheil der Beschäftigung ganz verliert, wenigstens setzet er sich durch Ertheilung solcher Ausschlüssungen der Gefahr aus. Der Monopolistfabrikant reichet ohne Zweifel nicht zu, eine ganze Provinz, einen ganzen Staat zu versehen; er kann also leicht aus einem Fabrikanten, den der Staat an ihm zu haben glaubet, in den gefährlichsten Schleichhändler ausarten. Weniger, oder mehr wird diese Anmerkung auf alle Monopolisten anzuwenden sein.

§. 114. Der Propolist hat das Mittel in Händen, beide den Verzehrenden, und den Fabrikanten zu drucken; jenen durch eine übermäßige Steigerung des Waarenpreises, diesen durch einen auf das kleinste herabgesetzten Vortheil seiner Arbeit. Wenn daher der fabricirende Monopolist nur die Ausbreitung einer Beschäftigung hindert; so entkräftet das Propolium sogar eine schon gegründete, und ausgebreitete.

§. 115. Bei der offenbaren Schädlichkeit des Alleinverkaufs werden dennoch nicht selten Befreiungen dieser Art ertheilet, dazu der Beweggrund nicht immer Unwissenheit, oder unzeitige Gewinnsucht ist. Wenn man schon darüber einig ist, daß Monopolien in der Folge den Fortgang der Manufakturen hemmen,

so

so glaubt man dennoch, sie könnten bei Errichtung einer neuen ertheilet werden, um zu solchen Unternehmungen aufzumuntern, um den anfangenden Fabrikanten Kräfte sammeln zu lassen, dadurch er seinem Werke eine grössere Ausarbeitung zu geben im Stand gesetzet wird.

§. 116. Die beiden ersten Gründe würden allerdings eine Aufmerksamkeit verdienen, wenn es sonst kein Mittel gäbe, angehende Manufakturen zu unterstützen. Aber diese Mittel sind vorhanden, und werden an seinem eigenen Orte vorkommen. In der Wahl der Unterstützungsmittel aber kömmt ohne Zweifel der Vorzug demienigen zu, von welchem sich dieselbe Wirkung am zuverläßigsten erwarten läst, ohne sich auf der einen Seite der Gefahr auszusetzen, durch das ergriffene Mittel dem Endzwecke gewissermassen selbst entgegen zu arbeiten.

§. 117. Ausschlüssende Gesellschaften entweder zur Erzeugung einer Waare, oder zu ihrem Verkaufe, sind an sich selbst anders nichts, als ein Alleinhandel, an welchem mehrere Antheil nehmen. Gegen den Käufer ist es eine Person, deren Absicht mit iedem einzelnen Monopolisten dieselbe ist, nur darinnen mag vielleicht einiger Unterschied wahrgenommen werden, daß eine ausschlüssende Gesellschaft ihre Bedrückungen gegen die Käufer desto heftiger ausüben muß, weil der Gewinnst in mehrere Theile zerstücket wird.

§. 118. Uiberhaupt ist gar keine Ursache vorhanden, warum der Regent, der allen Bürgern zu gleichem Schutze verpflichtet ist, dem einen vor dem andern einen Vorzug einräumen sollte. Jede Befreiung ist ein solcher Vorzug, der, worinnen er auch immer bestehen möge, sich in Geld ausschlagen läst, und unter den Wetteifernden eine Ungleichheit veranlasset; es giebt zwar Vorzüge, die als Mittel einen erst erwachsenden Zweig der Beschäftigung befördern können, z. B. daß einem Tuchfabrikanten der Vorkauf der Wolle eingeräumet werde, aber ein solcher Vorkauf muß nicht einem Tuchfabrikanten gegen die übrigen Tuchfabrikanten, sondern allen Tuchfabrikanten gegen die, so es nicht sind, und besonders gegen Fremde ertheilet werden.

§. 119. Sehr scheinbare Ursachen haben Landesfürsten verleitet, Manufakturen auf eigene Rechnung zu errichten. Man hielt dafür, sie könnten am ersten den grossen Aufwand machen, welcher bei neuen Unternehmungen erfordert wird; Sie würden den Verlurst, der anfänglich immer zu befürchten ist, am leichtesten tragen, oder auch sich genügen lassen um den Fortgang einer Fabrikation zu befördern, an dem Erzeugnisse nichts zu gewinnen; die Hindernisse endlich, welche solchen Errichtungen von verschiedenen Seiten geleget würden, fielen gleichsam von selbst hinweg: eine Manufaktur werde also unter diesem Schutze eher, als auf jede andere Art die Vollkommenheit erreichen. Aber alle diese Gründe sind leicht zu entkräften.

§. 120. Die Gründe gegen die landesfürstlichen Manufakturen sind häufiger, und scheinen überwiegender. Wahrscheinlicher Weise ist weder der grosse Fleiß, noch die genaue Sparsamkeit zu erwarten, womit

mit der Privateigenthümer für sich selbst zu Werke gehen würde; immer werden die Gebäude grösser, und alle Werke weitläuftiger angeleget, daß also der Fond der Unternehmung stärker, mithin auch zum Ersatze der Zinnsen mehr auf die Waare zu schlagen ist. Die Offizianten, wie sie immer Namen haben mögen, werden gleichfalls als eine nothwendige Auslage der Waarenpreise zugeschlagen, da bei einem Privatmanufakturanten sein Unterhalt schon dem Gewinnste zugerechnet wird. Hieraus entstehen zween Nachtheile: eine solche Manufaktur wird in Vergleich mit einer Privatmanufaktur nicht so geschwind vollkommen, und dann nie in einem so niedrigen Preise stehen; also wird sie auch nie diejenige Ausbreitung erhalten, welche die Frucht der Güte, und Wohlfeilheit einer Waare, und die Absicht der Manufaktur ist.

§. 121. Selbst die Meinung derjenigen verdienet nicht befolgt zu werden, welche die Manufaktur nur anfänglich auf Rechnung des Landesfürsten errichten, bei ihrem Fortgange aber an Privatleute abtretten wollen. Bei einem glücklichen Fortgange einer Manufaktur ist die Versuchung groß, diese einträgliche Manufaktur als eine Quelle der landesfürstlichen Einkünfte anzugeben.

§. 122. Zünfte, welche auch den Namen Innungen, Zechen, Gülden haben, werden die Körper von Arbeitern genennet, deren Mitglieder einerlei Beschäftigung treiben. Sie haben ihre eigenen Vorsteher, ihre Satzungen oder sogenannten Handlungsstatute, ihre Gebräuche. Diese Zünfte sind entweder ungeschlossen,

d. i. ihre Zahl ist nicht beschränkt, oder geschlossen, wo bei ihrer beschränkten Zahl, ieder, der nicht aus dieser Zahl ist, ein Stöhrer, Pfuscher, genennet wird, gegen welchen die sogenannten Befügten den Zunftzwang ausüben. Die Beschränkung der Zünfte geschieht auf eine zweifache Art, die Zahl der Meister ist bestimmet, oder den Meistern ist nicht erlaubt über eine festgesetzte Zahl von Jungen in die Lehre zu nehmen. In gegenwärtigem Zusammenhange werden die Zünfte weder als eine Polizeianstalt betrachtet, noch, in wie ferne sie ihren Nutzen unmittelbar zur Vollkommenheit einer Waare haben, sondern nur, in wieferne sie ohne eine gewisse Aufsicht dem Zusammenflusse schädlich werden.

§. 123. Sind die Zünfte wahrhaft ungeschlossen, d. i. wird iedermann der von seiner Fähigkeit in einer gewissen Arbeit zureichende Beweise gegeben hat, in dieselbe aufgenommen, so haben sie nichts, was gegen sie eingewendet werden könnte, aber beinahe darf man sagen: Zünfte, welche auf diese Weise unbeschlossen sind, wären nirgend vorhanden; die Aufdinggelder, die Taxen des Freisprechens, die Kösten das Meisterrecht zu erlangen, die kostbaren, und unbrauchbaren Meisterstücke, die bei solchen Gelegenheiten unnachläßigen Gastgebothe, versperren auch bei offenen Zünften fähigen aber unvermögenden Menschen den Weg, entweder zu einem Handwerke zu gelangen, oder dasselbe nach einer erworbenen zureichenden Geschicklichkeit zu treiben. Diese verderblichen Geldsplitterungen abschaffen, heist die Fähigkeit der Bürger in ihr Recht einsetzen.

§. 124.

§. 124. Um viel offenbarer ist der Nachtheil der wirklich geschlossenen Zünfte, wo die Zahl der Meister bestimmet ist, wo die Meisterplätze erblich sind, und niemand dazu gelangen kann, er seie denn ein Meistersohn, oder er habe eine Meisterstochter, oder die abgelebte Witwe eines Meisters zum Weibe genommen, wo dann unter solchen Bedingnissen nach der Geschicklichkeit wenig gesehen wird.

§. 125. Die insbesondere also genannten **Polizeihandwerke**, welche auf tägliches Geding arbeiten, sind um desto weniger durch ausschliessende Zünfte auf eine kleine Anzahl herabzusetzen, da diejenigen Arbeiten, womit sie sich abgeben, nicht nur Bedürfnisse, sondern fast immer dringende Bedürfnisse sind, bei denen es um so viel leichter fällt, die Mitbürger zu schrauben. Wenn also Zünfte als eine nützliche Polizeiverfassung anzusehen sind; so hat man aus eben denselben Gründen, aus welchen die Handlungsleitung die Zahl der Arbeiter einer ieden Klasse vermehret, alle einseitigen Vortheile der Zunftgenossen bei den Polizeihandwerkern zu verhindern.

§. 126. Der Beweggrund, welcher mehr zu dieser, als einer andern Beschäftigung bestimmet, ist hauptsächlich der von selber zum Unterhalte des Arbeiters abfallende Nutzen. Nur erst dann aber kann Nutzen gerechnet werden, wenn alle in Ansehen der Beschäftigung gemachten Auslagen abgezogen sind. Die Abgaben machen einen Theil dieser Auslagen, und vermindern, ie nachdem sie auf eine Klasse von Beschäftigung stärker fallen, die Beweggründe zu dieser Klasse zu treten, oder dabei zu bleiben.

§. 127. Sind diese Hindernisse des Zusammenflusses bei Seite geschaft, so wird der Wetteifer der Arbeitsamkeit ungehemmt, und seine glückliche Folge die Vollkommenheit der Manufakturen sein, welche in der Wohlfeilheit, der Güte, Schönheit, und Mannigfaltigkeit des Erzeugnisses bestehet.

§. 128. Wohlfeil nach dem Verstande dieses Wortes, in gegenwärtiger Lage hat einen Begriff, dessen Bedeutung doppelt beziehend ist, auf die Eigenschaft der Waare, gegen eine änliche Waare, und auf die Mitwerber. Eigentlich also ist der Verstand dieses Satzes: eine Manufaktur liefert wohlfeile Waare, folgender: Sie liefert Waare von gleicher Gattung um einen kleinern Preis, als ihre Mitwerber.

§. 129. Der Preis der Waare ist die Summe aller einzelnen Auslagen, welche bis zu ihrem Verkaufe gemacht werden mit Zuschlagung des Gewinnstes. Was also die einzelnen Auslagen vergrössert, vergrössert den Waarenpreis, und im Gegentheil, die Wohlfeilheit wird durch die Verminderung der einzelnen Bestandtheile des Preises erhalten. Die Theile des Preises sind folgende: Das Gebäude, das Holz, und andere gemeinschaftlichen Nothwendigkeiten, der Preis des Stoffes, der Handlohn, die Fracht, die Assekuranzpreise, die Ein- und Ausgangsrechte, und die Interessen des zu einer Fabrikation gewidmeten Hauptstamms der Wechselpreis, und endlich der Gewinn.

§. 130. Der gröste Theil der Fabriken zwingt die Unternehmer zu weiträumigten, und meistens kostbaren

Ge-

Gebäuden. Die Fabrikengebäude sollen zwar fest, aber nicht prächtig gebauet werden: ihre Bestimmung ist nicht, für den Fabrikanten ein Pallast, oder Lustschloß zu werden.

§. 131. Die gemeinschaftlichen Nothwendigkeiten einer Fabrikation, die Wohnung, das Holz u. d. g. werden wohlfeiler, oder theurer überhaupt, je nachdem die Fabriken ein Lokal gewählet haben. Die Lokalstellung der Fabriken in grossen, besonders aber in Hauptstädten ist offenbar unschicklich. Eben diese Betrachtung muß in Ansehung des Holzes, und anderer Zugehöre gemachet werden.

§. 132. Gleichwohl kann es nicht für eine Regel angenommen werden: die Fabriken müssen auf dem Lande, oder wenigstens in Provinzen angeleget werden. Hätte man also am Holze und Gebäude am Lande einigen Vortheil, aber die Fabrikation müste mit grossen Frachtkösten nach einer Stadt gebracht werden, entweder, weil daselbst der eigentliche Ort des Absatzes, oder ein Hafen wäre, wo die Waare ihren Abzug nach fremden Ländern nimmt; oder die Arbeiter könnten nicht anders als mit sehr hohem angebothenen Handlohne dahin gezogen werden, so würde natürlich die Stadt mit Vorzuge zu wählen sein. Und insoferne kann die gewönliche Meinung für richtig angenommen werden, daß die Prachtfabriken in die grossen Städte gehören, weil nemlich daselbst ihr ordentlicher Absatz ist.

§. 133.

§. 133. Der Preis des Stoffes, wie überhaupt jeder Feilschaft hängt von dem Uiberflusse, oder ihrer Seltenheit ab. Der Stoff ist entweder Nationaler‑ zielung, oder fremdes Erzeugniß. Der Uiberfluß des Nationalstoffes ist eine Folge der verbesserten Land‑ wirthschaft. Es ist bereits gesagt worden: wenn der Staat die Erzielung eines Stoffs vergrössern will, so hat er an den Belohnungen, und Befreiungen das er‑ giebigste Mittel in Händen, und überhaupt wird die Hoffnung eines vortheilhaften Absatzes die Erzielung für sich selbst ermuntern. Allein andere Ursachen ent‑ ziehen dem Manufakturanten den Vortheil der Wohl‑ feilheit: Diese sind hauptsächlich Zwischenmäuthe, und der Zusammenfluß fremder Käufer.

§. 134. Wenn die Verführung des Stoffes aus einer Provinz in die andere Zwangmitteln, oder grossen Abgaben unterliegt, so wird der belegte Stoff weniger verführt, mithin in folgenden Jahren auch nicht mehr in solcher Menge erzielt, weil die Er‑ zielung immer nur der Hoffnung des Absatzes gleich ist. Dadurch kömmt die Landwirthschaft, und die Aemsigkeit nothwendig zu Schaden; man soll sich also in Acht nehmen, den Vortheil der Lokalstellung eines vorsich‑ tigen Fabrikanten nicht wieder durch Mäuthe zu ver‑ nichten. Nicht einmal zum Vortheile einer in der Pro‑ vinz errichteten Manufaktur ist es nützlich, die Verfüh‑ rung des Stoffes in eine andere zu beschränken.

§. 135. Der Ankauf eines Stoffes, so von Fremden geschieht, erhöhet den Preis nothwendig nach dem Verhältnisse, als dadurch die Anfrage darnach

grösser

grösser wird. Dieser Fall kann sich auf zweierlei Art ereignen, entweder wir führen Stoff Fremden zu, oder sie holen ihn bei uns ab; im erstern Falle gewinnen wir den Vortheil der Fracht, der uns im zweiten Falle entrissen wird. Die Vertheurung des Stoffs durch den Ankauf der Fremden zu hindern, ist man darauf verfallen, alle Ausfuhr desselben zu untersagen. Zur Beurtheilung, ob dieses Mittel die erwartete Wirkung haben werde, kann die Betrachtung des vorhergehenden Satzes hier anwendbar sein.

§. 136. Zu dem Verbote der Materialausfuhr ward man nicht aus der Ursache allein bestimmet, um dem Nationalfabrikanten seinen Stoff wohlfeil zu erhalten; man folgerte weiter, und verhieß sich dadurch die fremde Fabrikation zu stören, und nach Umständen auch fremde Fabrikanten, denen es aus Mangel des Stoffs an Beschäftigung fehlen würde, in das Land zu ziehen. Diese Wirkung läst sich nur in demjenigen Falle erwarten, wenn die fremde Fabrikation ganz von der andern Nation abhängt. Es ist nothwendig, die Bedeutung des Wortes auseinander zu setzen, um sich über die Abhängigkeit nicht zu blenden. Man kann einen Stoff ausschlüssend besitzen, ohne das darum andere Nationen von uns abhängen, welches man nur dann erst wahrhaft sagen darf, wenn eine Nation einen Stoff selbst nicht besitzet, ihn nicht erzielen, nirgend her erhalten, nicht durch einen änlichen ersetzen, und auf allen Fall die daraus fabricirte Waare nicht entbehren kann. Man überzeugt sich leicht, daß alle diese Umstände zusammen, nur selten eintreffen werden.

§. 137.

§. 137. Das wirksamste Mittel die Ausfuhr eines Stoffs zu hindern, ist, daß man die Nationalfabrikation zu vermehren suche. Allenfalls könnte es auch zuträglich sein, den Nationalfabrikanten vor den Fremden ein Vorkaufsrecht zu gestatten, wobei jedoch sorgfältig darauf gesehen werden muß, damit dieser Vorkauf nicht in eine Abdrückung ausarte.

§. 138. Bei der erlaubten Stoffausfuhr dürfen gleichwohl die Nationalfabriken nicht ganz aus dem Gesichte gelassen werden. Es ist möglich, daß man davon soviel ausführe, daß dadurch der Nationalfabrikant im Preise zu sehr erhöhet wird, oder wohl gar Mangel leidet. Die auswärtigen Mitwerber können, um diesen Umstand herbeizuführen, und der Nationalfabrikation zu schaden, ganz leicht über ihre Nothdurft einkaufen. Auch sonst würde es unvorsichtig gehandelt sein, auswärtigen Fabrikanten, die mit der Nationalwaare wetteifern, den Preis des Stoffes nicht einigermassen zu erhöhen. Die Gegenmittel sind nach Verschiedenheit dieser Umstände verschieden. Der Nationalfabrikation stäts einen anständigen Preis des Stoffs zu versichern, sind dieselben Vorkehrungen anwendbar, welche bei der Ausfuhr des Korns erwähnt worden, nemlich die Ausfuhr nur so lange zu gestatten, als das Materiale auf den innländischen Marktplätzen den mittleren Preis nicht übersteigt.

§. 139. Verarbeiten die Nationalfabriken fremden Stoff, so kann derselbe entweder im Lande erzielt werden, oder nicht. Sagt die phisikalische Beschaffenheit des Erdreichs der Erzielung zu, und es sind sonst

keine

keine Theile des Feldbaues vortheilhafter, die dadurch geschwächet worden, so soll ein solcher Stoff erzielet werden. Man hat dafür gehalten, wenn man die Einfuhr des fremden Stoffs verböte, so würde man der Nationalkultur die Erzielung desselben nothwendig machen. Ein solches Verbot kann unmittelbar auf den Zustand der Landwirthschaft ganz keinen Einfluß haben, weil der verbotene Stoff ihr nichts raubt, da sie ihn nicht erzielt hatte; das Uibel trift nur den Fabrikanten, der aber ihm abzuhelfen, nicht im Stande ist, weil die landwirthschaftliche Erziehung sein Geschäft nicht war.

§. 140. Sind Hindernisse vorhanden, welche sich der Nationalerzielung widersetzen; so würde es eben noch nicht vorsichtig gehandelt sein, einer Fabrikation zu entsagen, weil durch den Stoffankauf Geld ausfließt. Das hieß, wenn man hundert nicht gewinnen kann, auch fünfzig nicht gewinnen wollen. Nur muß darauf gesehen werden, daß man die Abhängigkeit von einer Nation auf das möglichste vermeidet. Noch muß man auch auf andere Vortheile, und Bequemlichkeiten bei dem Stoffankauf Rücksicht nehmen.

§. 141. Der Handlohn ist das Unterhaltungsmittel des Arbeiters; er muß also zureichen, alle Auslagen zu bestreiten, welche der Arbeiter zu seinem Unterhalte bedarf. Zu diesem Bedürfnisse muß immer ein kleiner Uiberschuß geschlagen werden, weil eine Beschäftigung, die nur kümmerlich den Nothwendigkeiten zureicht, nicht sehr anlockend ist. Der Handlohn wird also niedrig sein, wenn die einzelnen Theile, deren

Preise

Preise er in sich enthalten muß, niedrig sind. Jedoch dieser Vortheil kann durch die vielen arbeitlosen Tage, und den Mangel der Arbeiter verloren werden; die Verminderung der Feiertäge, und der beförderte Zusammenfluß der Arbeiter sind also zur Herabsetzung des Handlohns unumgänglich; endlich können auch Maschinen bei einer Fabrikation in Ansehn des Handlohns Vortheil verschaffen.

§. 142. Die Bedürfnisse, so der Arbeiter von seinem Handlohn zu bestreiten hat, sind die Miethe der Häuser, die Lebensmittel im ausgedehntesten Verstande, und abermal die Abgaben. Die nämlichen Betrachtungen, welche bei dem 131. Satze gemacht worden, kommen hier wieder vor. Die Wohlfeilheit der Miethe, und der Lebensmittel hängt von der Lokalstellung der Fabriken ab.

§. 143. Auch in Ansehen der Landesabgaben hat man auf dasjenige zurückzusehen, was bei dem 126. Satze bereits gesagt worden. Neben diesen öffentlichen Abgaben aber sind die Arbeiter meistens mit Zunftabgaben belegt, welche nicht weniger, als jene zur Erhöhung des Handlohns beitragen. Die Zunftauslagen sollen nicht unnütze vervielfältiget, und auf das sparsamste bestritten werden. Der Wetteifer der Zünfte sich bei verschiedenen Gelegenheiten an Pracht zu übertreffen, die bei Versammlungen üblichen Schmause, Geschenke an Kommissäre unter verschiedenen Titeln, und andere solche Verwendungen der Ladgelder sind durch Gesetze abzustellen.

§. 144.

§. 144. Der Verdienſt des Arbeiters durch das ganze Jahr zuſammen genommen, muß ſoviel betragen, daß er ſich das ganze Jahr davon ernähren könne. Die Feiertage müſſen alſo durch die Arbeittäge übertragen werden, folglich ie mehr der erſten ſind, deſto höher ſteigt verhältnißweiſe der Arbeitlohn.

§. 145. Dieſes iſt nun nicht der einzige Nachteil, den der Staat von den ſo ſehr vermehrten Feiertagen empfindet, der anderweitige Verluſt, den er dadurch leidet, läſt ſich berechnen. Man kann annehmen, ein Landmann oder Handwerker arbeite täglich nur um den Werth von zween Groſchen, ſo iſt ſein jährliches Verdienſt durch 30 Feiertäge um 3 Gulden vermindert, unberechnet, daß an dieſem Tage geſchwelgt, dasienige, was zur Fortſetzung ſeines Gewerbes, und den Unterhalt einer Familie verwendet werden könnte, durchgebracht, und der Körper auch meiſtens für den folgenden Tag unbrauchbar gemacht wird. Durch Befehle iſt in Sachen, die mit der Religion im Zuſammenhange zu ſein ſcheinen, nichts zu machen. Der Anfang muß immer mit dem Unterrichte der Geiſtlichkeit, und ihr eignes Beiſpiel gemacht, und dem Volk vorläufig die Meinung von der Unveränderlichkeit der Feiertage benommen werden. Alſo wird ein zuſagender Erfolg nur erſt dann zu erwarten ſein, wenn die Verbindlichkeit des Gottesdienſtes durch Uibertragung der Feiertäge auf die Sonntäge aufgehoben wird.

§. 146. Alle Vortheile, welche ſonſt den Handlohn klein erhalten können, werden durch den Mangel der Arbeiter vernichtet. Alſo wird der Zuſammenfluß

der

der Arbeiter nothwendig sein, damit stets die zureichende Menge von ihnen vorhanden seie. Diesem Zusammenflusse setzen sich vorzüglich solche Zunftsatzungen entgegen, welche die Zahl der Lehrjungen beschränken, welche Findlinge, uneheliche Kinder, Kinder der Scharfrichter, Abdecker, Schergen eines Handwerks unfähig erklären, welche durch grosse Aufding-und Lehrgelder den Zutritt zu einem Handwerke erschweren, welche den Meistern die Aufnahme fremder Gesellen verbieten, und noch andere hundert Misbräuche mehr durch deren Aufhebung allen Klassen der Beschäftigung die nothwendigen Hände werden versichert werden. Um die Klasse der Fabrikenarbeiter zu begünstigen, hat man denselben in manchen Staaten eine Befreiung vom Soldatenstande eingeräumet.

§. 147. Ausser den Veränderungen des Handlohns in seinen einzelnen Theilen findet die Aemsigkeit ein Mittel den Preis der Handarbeit dadurch zu vermindern, daß sie durch den Gebrauch der Maschinen etwas an Arbeitern ersparet. Eine Maschine ist jedes Kunstwerk, wodurch die Arbeit erleichtert, oder verkürzet wird. Der Vortheil ist entweder an der Zahl der Arbeiter, oder an der Zeit, welches immer in Ansehen des Ersparnisses auf dasselbe hinaus läuft; jedoch wird die Einführung der Maschinen nicht ohne alle Beschränkung, und unter allen Umständen anzurathen sein; die Wohlfeilheit ist bei den Manufakturen ein blos untergeordneter Endzweck, der dem Hauptendzwecke die Beschäftigungen zu vervielfältigen nicht entgegen streiten darf.

§. 148.

§. 148. In Beziehung auf die Manufakturen ist von der Fracht insbesondere anzumerken, daß abermal die Lokalstellung der Manufakturen auch zur Erleichterung der Fracht beitragen kann, wofern auf folgende Umstände zurückgesehen wird, damit der Stoff, besonders derjenige, welcher von grossem Umfange, und Schwere ist, in der Nähe seie; damit die Maschinen, und Kunstwerke nicht entfernet sind; endlich ist auf den vorzüglichsten Ort des Absatzes Bedacht zu nehmen, und sich demselben, in soweit es mit dem vorhergehenden Vortheilen nicht streitet, so sehr als möglich zu nähern. Diese Betrachtung wird den Fabriken, welche Ausfuhrgut erzeugen, ihren Platz immer in den Gränz-Provinzen, und denjenigen, die zur See ausführen, unferne der Seehaven anweisen.

§. 149. Der Preis der Assekuranzen, und die Zinnse, die sich in jedem Theile des Preises wiederholen, hängen mit den Manufakturwesen auf keine andere Art zusammen, als mit der sämmtlichen Handlung; daher es überflüßig sein würde, von beiden etwas aus den folgenden Abtheilungen herauszunehmen. Die Ein- und Ausgangsrechte aber wirken hauptsächlich auf dieselben, und machen bei dem fast aller Orten angenommenen Finanzgrundsatze: Die Mauthe als einen einträglichen Zweck der Einkünfte zu betrachten, einen beträchtlichen Theil des Preises aus. Da die Vergrösserung des Preises unmittelbar der Hauptabsicht der Handlung widerspricht; so ist es nothwendig vorher diesen Grundsatz zu prüfen. So gewiß es ist, daß die Staatseinkünfte den Staatsausgaben zusagen müssen, so gewiß ist es auch, daß zu Behebung dieser Einkünfte unschickliche Gegenstände in mancher Rücksicht gewählet werden können.

§. 150. Die Mäuthe, welche alles übrige gleich gehalten, bei dem Zusammenflusse der Mitwerber auf fremden Handelsplätzen den Fabrikanten zwingen, sein Erzeugniß um so viel höher zu halten, als die davon abgenommenen Mäuthe betragen, vermindern den Absatz der Waare, mithin auch ihre Erzielung; dadurch wird der Landwirthschaft sowohl, als der Klasse der Fabrikarbeiter Beschäftigung entzogen, und eben dadurch die Bevölkerung des Staates vermindert. Selbst die Voraussetzung, daß die Einkünfte durch die Mauthrubrike gewinnen werden, ist ungegründet. Wenn die Theurung der Waare dem Fabrikanten den Vorzug gegen Fremde, oder wenigstens die Gleichheit im Preise raubt, so wird die Ausfuhr vermindert, und es kommt dann ganz keine Mauth ein: man hat also auf einer Seite die Beschäftigungen vermindert, selbst ohne dem Finanzstande genützt zu haben.

§. 151. Eine etwas umständlichere Betrachtung der Gegenstände, welche den Mäuthen unterliegen, wird endlich auch den Beweis an die Hand geben, daß die Geldbehebung und die eigentlichen Mauthabsichten sich wechselweise zerstören würden. Alle Waaren in Beziehung auf die Mäuthe betrachtet sind entweder eingehend, ausgehend, oder durchgehend.

§. 152. Die eingehenden Waaren sind entweder **unentbehrlich**, oder entbehrlich: unentbehrlich nen-
ne

ne ich diejenigen, deren man benöthiget ist, es seie nun, um sie selbst zu verbrauchen, da man sie nicht hat, noch ihrer entbehren kann; oder um den Beschäftigungen zum Grunde zu dienen, wie aller ausländische Stoff zu Manufakturen; oder endlich um sie wieder auszuführen, und dadurch den auswärtigen Handel zu vergrössern: entbehrlich, weil man entweder selbst vergleichen, oder änliche besitzt, die sie vertretten können, oder weil man ihrer gar entrathen kann. Sind die eingehenden Waaren von einer solchen Unentbehrlichkeit, daß man sie durchaus haben muß, z. B. grobes Tuch für die gemeine Klasse, so erschwert das daraufgelegte Eingangsrecht der arbeitenden Klasse ihren Unterhalt, welches auf die Erzeugnisse ihres Fleisses, und dann auf ihren Absatz eine eben so nachteilige Wirkung haben muß, als die Vertheurung der Lebensmittel.

§. 153. Entbehrliche Waaren von allen Gattungen sind nach den Graden ihrer Entbehrlichkeit, und dem Zusammenflusse der Umstände bald grösseren, bald kleineren Eingangsrechten unterworfen, aber es wird nie jemand einfallen zu behaupten, daß die Absicht dieser Eingangsrechte die Vergrösserung der Einnahme seie. Man will dadurch die Einfuhr dieser entbehrlichen Waare entweder erschweren, vermindern, oder ganz aufheben, je nachdem man dem Nationalfabrikanten von dem verderbenden Wetteifer fremder Fabrikanten befreien, die Nationalämsigkeit ermuntern, oder wenigstens dem schädlichen Geldausflusse vorbeugen will.

§. 154. Von den ausgehenden Waaren sind abermal solche, die dem Lande selbst nothwendig sind: z. B.

z. B. der Stoff von Manufakturen, wenn er der Nationalfabrikation nicht zureichte, oder es ist ausgehende Nationalfabrikation. Die auf die Waaren der ersten Gattung gelegten Ausgangsrechte sind an sich selbst nichts, als verkleidete Verbote, durch welche man den Ausgang verhindern will, mithin natürlich nur dann seine Absicht erreichet, wenn nichts einläuft. Ob die Nationalfabrikation bei ihrem Ausgange zu beschweren seie? wird in einem eignen Absatze untersuchet werden.

§. 155. Auch die blos durchgehenden Waaren können von einer zweifachen Seite angesehen werden, entweder ist ihre Bestimmung auf Handelsplätze, wo sie mit Nationalwaaren wetteifern, oder es sind Waaren, die auf den Handel der Nation, bei welcher sie durchziehen, keinen Einfluß haben. Bei den ersten ist noch zu betrachten, ob sie das Land ganz nicht umfahren, oder wenigstens nicht anders, als mit merklich erhöhten Unkösten umfahren können. Wo dieser günstige Umstand vorhanden ist, werden auf den Durchzug der Waaren starke Durchzugrechte geschlagen. Wenn die durchgehende Waaren weder mittelbar, noch unmittelbar die Beschränkung des Nationalabsatzes wirken, so sind die Durchzugsgelder ein wahres Strassengefäll.

§. 156. Unter allen Umständen also sind die abfallenden Mautheinkünfte höchstens als zufällige Theile anzusehen, wo der auch sonst ganz unächte Grundsatz der Finanzverständigen, die Fürstlichen Einkünfte müssen beständig vergrössert werden, keine Anwendung leidet. Die Behebung der Einkünfte ist in der Reihe der

der Anstalten zur allgemeinen Wohlfahrt untergeordnet, weil sie blos ein Mittel ist: alle Finanzoperationen, welche diese Ordnung umstossen, und die Einnahme zum Endzwecke machen, sind schädlich. Nach dieser vorausgesendeten Untersuchung sind also die **Ein= und Ausgangsrechte nur nach Handlungsgrundsätzen zu bestimmen.**

§. 157. Die **Ausgangsrechte** sind ganz in der Gewalt des Gesetzgebers, und man sieht ohne langen Beweis ein, daß ihre gänzliche Aufhebung dem Waarenpreise nicht anders als günstig sein kann. Es ist so oft nothwendig, den Nationalfabrikanten gegen fremde Mitwerber durch Ausfuhrprämien zu unterstützen, um wie viel mehr ist es erforderlich, den auswärtigen Absatz nicht eines kleinen Gewinnstes wegen zu beschränken, ein leichter Ueberschlag kann uns überführen, daß, wenn auf einer Seite die Finanzen etwas gewinnen, wenigstens auf der andern der Nationalhandel keine grösseren Summen einbringt, weil die Waare zwar höher, aber auch in geringerer Menge abgesetzet wird.

§. 158. Der **Wechselpreis** ist ein Bestandtheil des Preises bei denienigen Waaren, wozu entweder der Stoff, oder wenigstens andere Zugehör einer Waare von auswärts hereingebracht werden muß. Den Gewinn des Manufakturanten, und Handelsmanns hat man bei den Preisüberschlägen vielleicht als den unwichtigsten Theil betrachtet, der doch eigentlich die Triebfeder der Aemsigkeit ist. Unter zwoen wetteifernden Nationen wird also immer diejenige den Vorzug haben, deren Manufakturanten, und Handelsleute sich an dem kleinsten Gewinn genügen lassen. Dahin also muß die ganze Sorgfalt der Handlungsleitung gerichtet werden.

§. 159. Die allgemeine Frugalität einer Nation hat hie einen mächtigen Einfluß, wenn sie nicht in eine Filzigkeit ausartet, die den Nationalabsatz mehr verringern würde, als die auswärtige Handlung ihn erweitern könnte. Ein Staat, der im Grunde nur einen ökonomischen Handel hat, kann die Häuslichkeit seiner Lebensart nicht zu hoch treiben, ohne daß ihn andere Staaten, deren Handlung auf eigne Erzielung gegründet ist, eben so strenge nachzuahmen hätten.

§. 260. Wenn es grösseren Nutzen bringt, das Geld auf gewisse Zinnsen anzulegen, wer wird sich entschliessen, seine Sorgfalt einem gefahrvollen Geschäfte zuzuwenden? Der Handelsmann muß daher aus seiner Handlung zum mindesten zweifache Zinnsen ziehen, deren eine die Renten seines Handlungskapitals, die andere die Renten seines Fleisses sind. Die Berechnung ist nun für sich selbst gemacht, daß diejenigen Handelsleute am wohlfeilsten handeln werden, bei denen alles übrige gleich angenommen, das Geld am wohlfeilsten ist, und jedes Prozent, um welches die Zinnsen in einem Lande niedriger sind, setzt den Ulberschlag bei einer Waare, die ganz Nationalerzielung ist, um zwei; bei einer Waare, wozu fremde Zugehör gefordert wird, nach dem Werthe dieser Zugehör wegen des Wechselpreises abermal um zwei, und bei einer auswärts geschickten Waare wegen der Assekuranzen noch einmal um zwei Prozente herab.

§. 161.

§. 161. Die **Güte** einer Waare ist ihre innere Vollkommenheit: sie hängt von der Eigenschaft des Stoffes, und anderer Zugehör, von der Geschicklichkeit der Arbeiter, von ihrer Leitung, und von Kunstwerken ab, welche der Geschicklichkeit des Arbeiters zu Hülfe kommen.

§. 162. Die **Kosten**, die der Staat verwendet, den Stoff zu ieder Art der Fabrikation zu vervollkommenen, werden durch die Vortheile der Handlung reichlich belohnt. Die Vervollkommnung der Erzeugnisse aller drei Reiche, die der Kunstarbeit den Stoff liefern, ist die Folge der Ermunterungen, welche der Geschicklichkeit gegeben, der Belohnungen, welche die Erfindungen zu erwarten haben werden. Wo der Stoff nicht Landeserzeugniß ist, kömmt seine Güte auf den Ort des Einkaufs, und das Kenntniß der Einkaufenden an, welchen beiden durch gute Reglements gewissermaßen eine Richtung gegeben werden mag.

§. 163. Weder der Zusammenfluß der Arbeiter, noch die ungeschlossenen Zünfte sind zureichende Mittel den Arbeitern die nothwendige Geschicklichkeit zu verschaffen, woferne die Arbeiter nach dem Unterschiede ihrer Bestimmung nicht auf Wege gewiesen werden, worauf sie diese Geschicklichkeit erwerben mögen. Man unterscheidet die arbeitende **Klasse** in **Gesellen**, und **Meister**. Die ersten sind nicht ohne Vollstreckung gewisser Lehrjahre, und eine vorhergehende Prüfung freizusprechen, die letztern sind angewiesen durch **Meisterstücke** Beweise ihrer Fähigkeit zu geben.

§. 164. Alle Einwendungen der Schriftsteller wider die Lehrjahre treffen nicht die Lehrjahre, sondern ihren Misbrauch. Die Fesseln, wie sie genennet werden, sind eine nothwendige Vorsehung um das Gleichgewicht zwischen der Landwirthschaft und der Kunstarbeit herzustellen. Aber, wenn man Lehrjahre für nothwendig hält: so soll nicht eine allzulange, sondern eine zureichende Zeit festgesetzet werden, welche nach Verschiedenheit der Beschäftigung, ie länger, oder kürzer sein kann, aber immer solange, damit der Junge sich gewisse Kenntniße erwerben, gewisse mechanische Kunstgriffe eigenmachen möge, bei denen alle vorzügliche Fähigkeit, aller theoretische Unterricht unnüz ist, die einzig durch die anhaltende Wiederholung können erworben werden. Noch aber kann es fähigern Jungen freigelassen werden, sich an die Vorsteher zu wenden, und ihre Freisprechung früher gegen einen zu bestimmenden Ersatz für die abgekürzten Lehrjahre anzusuchen.

§. 165. Es liegt auch sonst nicht nur der Vollkommenheit der Waare, d. i der Verbreitung der Handlung, sondern auch der Sicherheit der Manufakturanten zu sehr daran, bei einem eintrettenden Arbeiter, dem sie den Stoff anvertrauen müssen, und dessen Ungeschicklichkeit sie sehr zu Schaden bringen würde, ein Pfand der Fähigkeit zu fordern, und dieses sind die **Lehrbriefe**, welche nicht anders, als nach einer vorausgesendeten Prüfung sollen gegeben werden. Diese Prüfung, mithin auch die Ertheilung des Lehrbriefes soll nicht den einzelnen Meistern, sondern der ganzen Zunft, und nach Umständen der Waarenbeschau übertragen

tragen sein, wo der freizusprechende Junge, ohne Unterscheid, ob er eines Meisters Sohn sey, oder nicht, über alle nothwendigen Theile seines Gewerbes befragt, und ein Gesellenstück zum Beweise seiner Handgeschicklichkeit liefern soll. Die Zünfte haben sonst ein Herkommen, daß die freigesprochenen erst einige Jahre wandern müssen, bevor sie an dem Orte ihrer Lehre arbeiten dürfen: allein nur die bessern Talente sollten mit Vorwissen des Staats, und nach gegebener Bürgschaft ihrer Widerkunft mit einiger Hülfe ausser Landes geschicket, ihnen nach dem Unterscheide ihrer Beschäftigung der Ort, wohin, bestimmet, und sie da an die Gesandschaften zur Unterstützung angewiesen werden, z. B. die Stahlschmiede, nach England, die Seidenzeugarbeiter nach Frankreich u. s. w. Auf diese Art würden die Wanderungen dazu nutzen, den Nationalwaaren die beneidete Vollkommenheit der ausländischen zu verschaffen.

§. 166. Die Geschicklichkeit der Meister setzet mehrere Kenntniße voraus, da sie die Gesellen in ihrer Arbeit zu leiten, ihre Fehler auszusetzen, und zu verbessern wissen müssen. Es sind auch grössere Beweise derselben abzufordern, die, um derselben zuzusagen, nicht in veralteten, und unnützen Stücken, sondern in Waaren bestehen müssen, welche gange sind. Ihre Untersuchung muß von unparteiischen Männern, und wo es möglich ist, der Handlungsbeschau geschehen. Niemanden aber soll über die Verfertigung des Meisterstücks eine Ausnahme bewilliget werden.

§. 167.

§. 167. Sowohl der Meister, als ihre Untergeordneten müssen die erworbene Geschicklichkeit anzuwenden angeleitet, und gewissermassen in die Nothwendigkeit versetzet werden. Das ist der Endzweck der Reglements, oder wie sie sie hierorts genannt werden, der Qualitäten-Ordnungen, zu deren genauer Befolgung eine Aufsicht bestellet wird. Die Reglements geben Vorschriften über die Beschaffenheit einer Waare, nach ihrer Abmessung, und andern Eigenschaften, welche sie haben soll, um als gangbares Kaufgut zu gelten; z. B. über die Breite, über die Länge eines Stückes Tuch, selbst über die Zahl der Aufzugfäden, und die Gattung der hiezu anwendbaren Wolle, über den Eintrag u. s. w. Je umständlicher solche Reglements in die Verfertigung einer Waare eingehen, desto mehr erschweren sie es den Fabrikanten eine unächte Waare zu Kauf zu geben.

§. 168. Die Aufsicht, welche über die Befolgung der Reglements zu wachen hat, kann aus Manufakturaufsehern, und der Beschauanstalt bestehen. Die Manufakturaufseher müssen selbst das nothwendige Kenntniß in Ansehen der Fabrikation besitzen, deren Aufsicht ihnen übertragen ist. Also wird ein Mensch kaum bei mehreren Fabrikationsgattungen zugleich die Aufsicht zu führen fähig sein. Die Beschau untersucht die schon vollkommene Waare, nach der Vorschrift des Reglements; diejenige, welche die darinnen geforderten Eigenschaften besitzt, erhält ein Beschauzeichen oder Plombirung, wodurch eine Waare gleichsam zu kauf rechtem Gute erkläret wird.

§. 169.

§. 169. Die nützlichen Folgen der Reglements, und strengen Beschauanstalten sind die Erleichterung des Großhandels durch die Sicherheit von der Eigenschaft der Waare, und der gute Ruf, den sich eine Nation in Ansehen der Waare erwirbt, wodurch der Käufer angelockt, und beständig gemacht wird. Der Großhandel wird ohne solche Beschauzeichen beinahe unmöglich gemacht, welcher Handelsmann könnte z. B. iedes Stück Waare aufreissen, um über die Länge und Breite seine Gewißheit zu haben? und wie sehr würde nicht der Speditionshandel dadurch erschweret? wenn hingegen die Plombe eingeführt sind, so wird nur nach selben gesehen, und in einem Augenblicke kann der größte Waarenpost übernommen sein.

§. 170. Der Verfasser des Versuchs über die Meisterschaft scheint der Meinung, wo nicht von der Schädlichkeit, wenigstens von dem wenigen Nutzen derselben hauptsächlich den Schwung gegeben zu haben, und die Bedrückungen der französischen Manufakturaufseher machten, daß der Vorschlag von ihrer Abschaffung sehr willkommen war. In einem Auszuge sind seine Gründe folgende: Es komme in dem innern Handel auf diese Anstalten überhaupt sehr wenig an, weil man hier des Absatzes immer versichert wäre, sobald fremde Mitwerber durch Mäuthe ausgeschlossen würden: in Ansehen des äussern Handels wäre es desto vortheilhafter, wenn man eine unvollkommene Waare höher anwürde; denn der Gewinn dabei seie desto stärker, und würde der ausländische Käufer von einem hinterführet, so würde er sich das zweitemal an einen andern wenden; aber
eben

eben diese Furcht seine Kunden zu verlieren, würde ohne Reglements die Vollkommenheit der Waare zu wege bringen, und die Plagereien der Inspektoren wären auf einmal vermieden: endlich wäre auch diese unüberschreitbare Ordnung eine Hinderniß in der Mannigfaltigkeit der Waare, weil ein Fabrikant, bei dem eine Waare von einem Fremden bestellet würde, die von der Reglementsmäßigen Gattung abweicht, diese Waare nicht verfertigen durfte, mithin einen sichern Nutzen fahren zu lassen genöthiget seie.

§. 171. Aber auf diese Einwendungen ist die Antwort nicht schwer zu finden, selbst der innländische Absatz wird durch die **Vollkommenheit einer Waare** erweitert; also auch durch die **Unvollkommenheit** beschränkt, und wenigstens bis auf das nothwendige herabgesetzt. Wenn Verbote, oder Mautherhöhungen die ausländische Waare abhalten, so kömmt desto mehr durch den Schleichhandel herein, dem immer noch vergebens auch die größte Strenge entgegen gesetzet wurde. Dann aber ist zu untersuchen, ob bei solchen Aussichten man sich iemals auf ausländischen Absatz einige Rechnung werde zu machen haben; wenn der Nationalkonsumment nur durch Verbote der fremden Waare zum Gebrauch des Nationalerzeugnisses kann gezwungen werden, um wieviel weniger wird man den Fremden darnach lüstern machen? es ist schon ehe bemerkt worden, daß der Großhandel ohne die Beschayszeichen unendlich erschweret, und der Speditionshandel unmöglich gemacht wird.

§. 172.

§. 172. Kunstwerke, und Maschinen tragen zur Güte, und selbst zur Schönheit einer Manufaktur bei, weil sie dem Arbeiter seine Handgriffe erleichtern, und überhaupt denselben eine Genauheit, und Gleichheit geben, die ihnen durch die freie Hand allein nicht ertheilet werden kann. Die Erfindung, und Anwendung der Kunstwerke muß der Künstler von der Mechanik lernen.

§. 173. Bei denienigen Waaren, welche in Ansehen der äusseren Gestalt keines unterscheidenden Geschmacks, und hauptsächlich keine Zeichnung bedürfen, ist die Güte auch schon die Schönheit. Aber diese leztere Eigenschaft unterscheidet sich da, wo der Vorzug der Waare auf den Geschmack, und eine gewisse Nettigkeit der lezten Hand ankommt. Zwar hängt die Schönheit der Waare nicht weniger von der Wahl der Materie und Zugehörde, und dem Vorzuge der Arbeiter ab; der Geschmack ist nicht der Antheil der untergeordneten Arbeiter, sondern derienigen, welche dieselbe leiten. Sie erwerben ihn durch Vorbereitung, und bilden ihn durch mitgetheiltes Urtheil aus. Es sind Zeichenschulen anzulegen, wo man unentgeltlichen Unterricht empfängt, und der gemeinste Handwerker eine Zeichnung seiner Arbeit zu machen angeleitet wird.

§. 174. Die Güte sowohl, als die Schönheit der Waare wird wenigstens um so viel eher erreicht, wenn der Wetteifer der Fabrikanten, besonders bei angehenden Manufakturen durch Prämien auf das erste, auf das schönste und beste Stück in seiner Gattung erreget wird; und wenn sonst der Erfinder einer Verbesserung

besserung seiner Belohnung versichert sein kann. Man soll sich keine Verheissungen, und Kosten gereuen lassen, die fremden Künstler, und besonders die sogenannten Sekretisten fremder Nationen an sich zu locken, und alle gegen die Fremden hergebrachten verhasten Rechte, wie das Jus Albinagii u. d. g. sollen aufgehoben werden.

§. 175. Die Mannigfaltigkeit der Manufakturerzeugnisse muß zween Gesichtspunkten angesehen werden: mannigfaltig in Absicht auf den Geschmack der Käufer, und mannigfaltig in Absicht auf ihr Vermögen. Dadurch unterscheidet sich die Vollkommenheit der Waare von der Vollkommenheit der Manufaktur: zu der ersten wird nur die Schönheit und Güte gefördert; zu der letzten gehört noch, daß man bei einem anständigen Preise Käufer von verschiedenen Vermögen sowohl, als von verschiedenen Geschmacke befriedigen könne.

§. 176. Die Forderungen des Käufers sind von den äusserlichen Umständen z. B. der phisikalischen Lage, von der Gewohnheit und dem herrschenden Gebrauche, endlich auch von den Mitteln Aufwand zu machen abhängig. Bei dem äusseren Absatz besonders muß man die äusserlichen Umstände einer Nation, mit der man handelt, zu Rath ziehen, und ihren Vorschriften alle übrigen Betrachtungen aufopfern. Schön und gut ist hier ein beziehender Begriff auf den Geschmack der Käufer, gesetzt auch, daß dieser noch so ungeläutert wäre.

§. 177. Die Mittel Aufwand zu machen sind eine nothwendige Beschränkung der Käufer. Hier gilt

die

die Vorstellung nicht, daß eine gute Waare, so hoch auch ihr Preis seie, nie zu theuer ist. Die geringeren Waaren sind also einer unterscheidenden Aufmerksamkeit würdig.

§. 178. Manufakturen in einem weiten Umfange, besonders bei einer grossen Mannigfaltigkeit ihrer Waarengattungen zu errichten, hiezu werden grosse Unternehmungsfonds gefordert. Es ist also nothwendig der unternehmenden Aemsigkeit Hülfsmittel zuzubereiten, welche entweder im Vorschuß ain baaren Gelde, in Materialverlag, oder in der versicherten Abnahme der Waare bestehen.

§. 179. Mit baarem Gelde kann die Unterstützung entweder durch angelegte Leihebänke, oder durch einen Vorschuß des Staats geschehen. Die Leihebänke sind wegen der Sicherheit, die sie fordern müssen, nicht sonderbar bequem. Der Vorschuß des Staates unterstützet natürlich die Aemsigkeit nachdrücklicher, besonders wenn man den kleinen Vortheil von Interessen dem Zuwachse der Beschäftigung aufopfert, und bei Ertheilung des Vorschusses wider unverschämte Landläufer die gehörige Behutsamkeit gebrauchet.

§. 180. Der Materialienverlag läuft auf eben dasselbe mit dem Geldvorschusse hinaus, nur daß man dabei sicherer fährt, wenn man den dürftigen Fabrikanten anstatt baares Geld in die Hand zu geben, mit angekauften Materialien verlegt. Wenn der Staat den Fabrikanten mit Stoffe verlegen will, so hat er nicht

nicht eben nothwendig, kostbare Stoffniederlagen, oder auch wohl gar Manufakturhäuser zu errichten.

§. 181. Die Abnahme der Waare ist besonders kleinern Arbeitern nöthig, denen, wenn sie die verfertigte Waare nicht absetzen, es an Kräften fehlet, eine neue zu unternehmen. Der Mittel, wodurch man den Fabrikanten diese Abnahme zu versichern gedacht, sind mehrere; die Ausschlüssung fremder Waare, entweder durch das Verbot der änlichen ausländischen, oder hohe auf eine änliche fremde Waare gelegte Eingangsrechte, die den Kaufleuten anbefohlene Abnahme, oder Nebenwege, wodurch sie zu einer solchen Abnahme eingeleitet werden, daß dem Fabrikanten selbst eingeräumte Kleinverkaufsrecht, oder endlich die Abnahme welche der Staat selbst verheist. Der Erfolg ist bei diesen Mitteln ungleich.

§. 182. Das Verbot der änlichen ausländischen Waare betrifr entweder bloß die Einfuhr derselben, oder ihr Gebrauch ist in dem innern des Staats gänzlich untersagt. Im ersten Falle bleiben noch immer die Nebenwege des Schleichhandels, welche das Verbot der Einfuhr unnütze machen. Das Verbot des Gebrauchs scheint daher die Absicht, fremder Waaren hindanzuhalten sicherer zu erreichen. Indessen sind andere Bedenklichkeiten, die bei dem Verbote einer Waare im Wege stehen. Die Waare nemlich, deren änliche einzuführen verboten ist, kömmt entweder der verbotenen fremden in den Eigenschaften gleich, oder sie ist in der Gattung unter derselben. Ist die Nationalwaare fähig, der fremden an die Seite ge-

gesetzt zu werden; so scheint das Verbot überflüßig, weil sie durch die Wohlfeilheit die fremde Waare von selbst ausschlüssen würde. Der Ausländer hat Fracht, Kommißionskosten, Eingangsrechte, und andere Ausgaben zu bestreiten. Ist hingegen die Nationalwaare in ihrer Gattung unter der fremden; so versichert die Ausschlüssung der letzteren ihr zwar den Absatz nach dem Verhältniße, als die Waare unentberlich ist: allein, da durch die Ausschlüssung der fremden Waare der Sporn der Nacheiferung hinweggenommen ist, so bleibt die Waare immer unvollkommen; ihr innerer Absatz bleibt auf das blos unentberliche herabgesetzt; die Hofnung eines ausländischen aber ist auf immer verloren.

§. 183. Diesem Grunde ist noch die Betrachtung beizusetzen, daß die Verbote zur Nationalrache reitzen; daß also unsere Waare, von was immer für einer Gattung, dagegen auch aus denen Ländern ausgeschlossen wird, deren Manufakturen bei uns untersagt sind, oder daß sie sich, wenn es die Handlungsstellung möglich machet, bei andern Waaren, die man von ihnen vorzüglich erhält, und worinnen man sie so leicht nicht umgehen kann, durch Preißsteigerungen erholen.

§. 184. Vergebens sucht man die Ausschlüssung fremder Waare statt des Verbotes in hohe Eingangsrechte einzukleiden: in Ansehen der Fremden ist die Wirkung einerlei, sie ziehen dieselben Gegenbeschränkungen und Neckereien nach sich; in Ansehen des innern Absatzes sind sie schädlicher, als die Verbote selbst. Da der Gebrauch der fremden Waare nicht untersagt, sondern nur erschwert ist, so wird es zu einer desto grössern Unterscheidung dergleichen zu besitzen.

§. 185. Die Nationalhandelsleute, und die Kleinverkäufer hauptsächlich werden sich immer sträuben, die innländische Fabrikation aus verschiedenen Ursachen abzunehmen, man kann sie also gewissermassen als das gröste Hinderniß der Nationalfabrikation ansehen. Das Mittel sie unmittelbar zur Abnahme zu zwingen ist einer Seits zu gewaltsam, und erwecket einen Verdacht von der Unvollkommenheit der Waare.

§. 186. Also hat man sie durch verschiedene mittelbare Wege dahin einzuleiten gesucht. Man hat ihnen auf eben so viele Stücke ausländische Waare die Einfuhr verheissen, als sie von innländischer Waare Bestellungen gemacht zu haben beweisen würden: allein weder dieses Mittel noch die Plombirung der auf Pässe eingeführten Waaren verschaften die erwünschte Wirkung. Man hat ferner beobachtet, daß die Bestellungen an die innländischen Fabriken ausserordentlich stark gemacht wurden, um sie in die Unmöglichkeit zu setzen, diese Bestellungen zu bestreiten, dadurch erhielten sie einen Vorwand über die Hemmung der Handlung zu klagen, und auf die Abstellung dieses Zwangmittels zu bringen.

§. 187. Noch ein anders Mittel die Kleinkäufer zur Abnahme zu vermögen ist die dem Fabrikanten selbst ertheilte Erlaubniß ihre Erzeugnisse auszuschneiden, oder im kleinen zu verkaufen. Ordentlicher Weise wird zwar den Fabrikanten sich mit dem einzelnen Verkauf zu bemengen nicht gestattet.

§. 188.

§. 188. Der sicherste Weg den Fabrikanten die Abnahme seiner Waare zu versichern, dünkt mich, der den Fabrikanten überhaupt eingeräumte Kleinverkauf. Man wendet zwar ein, die grossen Kaufleute werden dem Fabrikanten keine Waare abnehmen, wenn dieser selbst im Kleinen verkauft, der Fabrikant würde aufhören zu fabriciren, sobald man ihm die Erlaubniß zu handeln ertheilte. Zuletzt liege den Kunden selbst daran, ein sogenanntes Assortiment von Waaren zu finden, welches sie nur bei eignen, besonders Handelsleuten hoffen können, da dem Fabrikanten hiezu die Kräfte größtentheils fehlen. Allein was die Grossirer, Händler en Gros betrifft, was sollte diese hindern, dem Fabrikanten, der selbst ausschneidet, seine Waare abzunehmen, da sie selbst nichts im Kleinen verkaufen, folglich er ihrem Vortheile nirgend einen Eintrag thut? Versteht man aber diejenigen darunter, die, was sie dem Fabrikanten abnehmen, wieder an den Kleinverkäufer gegen Vortheil überlassen; so muß man gestehen, daß es vortheilhafter seie in einer solchen Lage gar keine Kleinverkäufer zu haben. Ist dem Fabrikanten nur seine eigene Fabrikatur im Kleinen zu verkaufen erlaubt, so muß er nothwendig seine Arbeit fortsetzen, um etwas zu verkaufen, mithin fällt die Furcht gänzlich hinweg, daß die Fabrikation dadurch leiden werde; und wenn der Käufer bei dem Kleinhändler das Assortiment findet, so muß er diese Gemächlichkeit durch den so sehr gesteigerten Waarenpreis sehr theuer einlösen.

§. 189. Der Consument nun zahlet die Waare theuer, ohne daß dem Fabrikanten dadurch ein Vortheil zuſtleſt: vielmehr iſt es unmöglich den Schaden nicht einzuſehen, wenn dem Handelsmann gegen den Fabrikanten ein Propolium eingeräumet wird, das er nicht anders, als um dieſen zu drücken, anwenden wird.

§. 190. Von dem zur Unterſtützung der Handlung gewidmeten Fond kann der Staat keinen nützlicheren Gebrauch machen, als wenn er einen Theil zur Abnahme der vorräthigen Fabrikaturen verwendet. Dieſe Unterſtützung iſt angehenden Manufakturen insbeſondere höchſt nothwendig, und vereiniget viele Vortheile für die Erweiterung der Aemſigkeit. Wo aber dieſe Wege nicht ſind, da errichte der Staat eine Art von Zwiſchenniederlagen, aus welchen er es den Handelsleuten, ohne etwas daran zu gewinnen, abgiebt.

§. 191. Wenn endlich die Waare einmal eine gewiſſe Stufe der Vollkommenheit erreicht hat; dann unterſtütze der Staat den Nationalfabrikanten gegen den Fremden durch verhältnißmäßige auf das fremde Fabrikatum gelegte Eingangsrechte: dann lege der Regent die letzte Hand an, ſeinen Manufakturen vor den ausländiſchen den Vorzug zu verſchaffen; er ſcheine einer angehenden Manufaktur zugethan zu ſein, und ſie iſt ihres Abſatzes, ihres Fortganges verſichert; will er einen fremden Stoff verbieten, er verbanne ihn aus ſeinem Pallaſte; dieſes Mittel iſt wirkſamer, als das geſchärfteſte Verbot. Aber, ſolange er den Gebrauch deſſelben beibehält, oder ihn wenigſtens bei Hofe duldet, wird ſein Verbot unwirkſam ſein: man wird ſeinem Beiſpiele mehr, als ſeinem Befehle gehorchen.

III. Von

III. Von der äusseren Handlung.

§. 192. Die äussere Handlung theilet sich in zween Zweige, in die Einfuhr desjenigen, was einem Lande abgängig, und zu seinen Bedürfnissen zu rechnen ist, und in die Ausfuhr entweder der Nationalerzeugnisse, oder desjenigen, so man von andern Ländern empfängt, und als Mittelsmann Fremden mit Vortheile zuzuführen hoffet. Diese letztere Abtheilung wird die **Wiederausfuhr**, oder die **ökonomische Handlung** genennet. Jeder Kaufkontrakt geht unter zwo Personen vor; doch es ist zwischen einem in dem Staate, und einem mit Fremden geschlossenen Kaufe dieser Unterschied, daß bei dem ersten sowohl Käufer, als Verkäufer eines Regenten Gesetzen gehorchen müssen; aber bei dem äusseren Handel ist der eine Theil der Kaufverträger, und hauptsächlich der Käufer ausser den Gränzen seiner Gesetzgebung. Aus dieser Anmerkung wird der Unterschied in der Leitung der innern, und äussern Handlung gefolgert. Bei dem erstern ist es in der Gewalt des Regenten Verordnungen zu geben, und als Gesetzgeber vorzuschreiben, bei dem letztern hingegen schreibt der Käufer vor, und dem Regenten ist nur das Machtwort in **negativischen Gesetzen**, das ist, in **Verboten** vorbehalten, welche zwar eigentlich nur für den einen Theil Verbindlichkeit haben, dem andern aber dennoch ein mittelbares Hinderniß sind. Daher sind die Grundsätze des äussern **Nationalhandels** dieselben mit den Grundsätzen eines Handelsmannes gegen den andern, angewendet von einer Nation gegen die andere. Der Fortgang der äussern Handlung beruhet

ruhet auf der Geschicklichkeit der sogenannten Spekulationen.

§. 193. Spekuliren heißt nachsinnen, mit welcher Gattung Waare, und nach welchen Oertern die vortheilhafteste Ausfuhr; mit welchen Waaren die vortheilhafteste Einfuhr geschehen könne. Der Privathandelsmann spekulirt, und es spekulirt der Staat. Obgleich die Privatspekulation der Spekulation des Staates gleichsam die Richtung giebt; so sind die Fälle dennoch nicht selten, wo die Spekulation des Privatmannes dem Vortheile des Staates wirklich entgegensteht. Hier muß der Regent von der Macht seiner negativischen Gesetze Gebrauch machen, und die Spekulation des Privatmannes beschränken.

§. 194. Das Kenntniß der Länder ist der Grund der Spekulation. Dieses Kenntniß ist sehr zusammengesetzt, und fordert erstlich das Kenntniß seiner eignen Produkte, wie sie gegenwärtig sind, und wie weit sie durch die Nationalämsigkeit gebracht werden können; das allgemeine Verhältniß sowohl, als das besondere einer ieden Gattung der Produkte zu der Nothwendigkeit der Nationalverzehrung; welche Verhältnisse aus der Vergleichung der Summe der Erzeugnisse mit der Grösse der Bevölkerung erhalten werden. Diese Verhältnisse zeigen den Uiberfluß, als die Materie der Ausfuhr, und den Abgang, als den Gegenstand des Einfuhrhandels. Es fordert zweitens das Kenntniß der Produkte anderer Staaten, unter eben diesen Umständen verglichen mit den Produkten und der Lage anderer Staaten, und seiner eignen

nen. Diese Vergleichung zeigt das Lokal, wohin, und mit welchen Waaren hauptsächlich die Ausfuhr geschehen; woher man seine Bedürfnisse unter den leichtesten Bedingnissen empfangen könne. Hierzu kömmt drittens die Berechnung der Vortheile anderer Nationen, welche verglichen mit der Nationalhandlung auf die nothwendigen Unterstützungen weisen, welche die auswärtige Handlung von dem Regenten zu erwarten hat.

§. 195. Die mannigfaltigen Umstände hängen theils von der phisikalischen Beschaffenheit der Länder ab, und sind daher beständig dieselben, oder von der politischen, die daher nach den wechselnden politischen Umständen wandelbar sind, und oft augenblicklich wechseln. Das phisikalische Kenntniß der Staaten kann man theils aus allgemeinen Beschreibungen einholen, theils aus besondern, welche den allgemeinen, die sehr selten zuverläßig sind, vorgezogen zu werden verdienen. Diese besondern Beschreibungen der Länder werden von Reisenden gesammelt. Uiberhaupt auch sollte dieß ein beständiger Auftrag der Gesandschaften, und insbesondere der Gesandschaftsräthe, und Sekretäre sein, ihren Höfen Beschreibungen der Länder einzusenden, die sie wegen ihres längern Aufenthalts umständlich und mit aller Zuverläßigkeit verfassen können.

§. 196. Die Veränderung der politischen, und augenblicklichen Umstände zu beobachten kann zwar im Grossen gleichfalls den Gesandschaften aufgetragen werden, aber die kleinen Handlungsvortheile wahrzunehmen werden in grossen Meerhäven, und Handelsdelsplätzen Consulate, und Faktoreien errichtet.

§. 197. Das Consulat wird durch eine beglaubte Person versehen, die von dem Regenten durch eine Kommißion den Auftrag erhält, die Rechte der Nation an dem Orte, wo sie angestellet ist, zu unterstützen, und wo sich der Fall ereignet, für den Vortheil der Handlung zu sprechen. Ihre Kommißion erstreckt sich auf die Abthuung der mit den Nationalhandelsleuten, oder zwischen ihnen ereignenden Rechtsstreitigkeiten, und manchmal auch mit gewissen Einschränkungen auf die Kriminalgerichtsbarkeit.

§. 198. Weil nicht aller Orten Consule angenommen werden, noch sie überall anzustellen üblich ist; so errichtet man Faktoreien, welche in einem gewissen Verstande nicht anders zu betrachten sind, als Handlungskommißionäre. Es ist ohne Zweifel sehr vortheilhaft, aller Orten, wohin man immer eine Handlung zu veranlassen hofft, Faktoreien zu gründen. Weil die Faktore bei ihrem Geschäfte eignen Vortheil finden, so sind sie auf alles, was die Handlung betrifft, aufmerksam.

§. 199. Alle Einfuhr fremder Waare ist Verlurst, aber es kann dieser Verlurst grösser, oder kleiner sein; alle Ausfuhr ist Gewinn, aber dabei ist ein Mehr, oder Weniger des Gewinnstes möglich. Die eigentliche Absicht der politischen Handlung, die Absicht, die möglich gröste Menge von Menschen zu beschäftigen, führet auf die Grundsätze, nach welchen bei der Einfuhr der grössere Verlurst ersparet, bei der Ausfuhr der grössere Gewinnst erhalten wird.

§. 200.

§. 200. Die Einfuhr kann so geschehen, daß die Waare in ihrer Vollkommenheit eingeführet wird, oder mit einiger Zubereitung; oder der ganz unzubereitete Stoff; iedermann entscheidet leicht, welche Art von Einfuhr die zuträglichste seie. Bei der vollkommenen Waare ist der Verlurst gleich der Summe der Beschäftigung, welche die Verfertigung der Waare den Arbeitern gab, zu Geld gerechnet; gleich dem ganzen Preise der Waare, und so, wie der Waare immer noch eine Zubereitung fehlet, wird dieser Verlurst immer nach dem Verhältnisse vermindert, als die Nationalarbeiter dabei mehr Beschäftigung finden. Dergestalt ist die vortheilhafteste Art der Einfuhr der Stoff ohne alle Zubereitung. Um die Einfuhr auf diesen Weg einzuleiten, kann man die Eingangsrechte der fremden Waare also ordnen, daß immer die Waare weniger zu entrichten habe, ie in einer einfachern Gestalt die Einfuhr geschieht: vorausgesetzt, daß keine Hindernisse, und Unbequemlichkeiten eintretten.

§. 201. Ist es möglich die Einfuhr mit der Ausfuhr zu balanziren; so muß man sich diesen Vortheil nicht entgehen lassen. Die eingeführte wird entweder für baares Geld gekauft, oder es wird ein Tauschhandel gemacht; rohes Materiale wird gegen Fabrikation, oder rohes Materiale wird gegen rohes Materiale, Manufakturwaare gegen Manufakturwaare eingeführt. Der nützlichste Baratt für den Staat ist rohes Materiale gegen vollkommne Waare einführen: und noch Manufakturwaare gegen rohes Materiale einführen, ist vortheilhafter, als gegen baares Geld, weil man wenigstens einen

Theil der landwirthschaftlichen Beschäftigungen erhält; auch hier kann die Regulirung der Mäuthe die Einfuhr zum grösseren Vortheil des Staats einleiten, woferne denienigen, welche gegen rohes eingeführtes Materiale ein Nationalfabrikatum ausführen, bei dem Ausgange ein verhältnißmäßiger Rückzoll gegeben wird.

§. 202. Bei der Ausfuhr verhält sich alles umgekehrt, sowohl in Ansehen des unmittelbaren Ausgangs der Waare, als des Baratthandels. Die Stufen des Vortheils sind folgende: vollkommene Waare gegen baares Geld; dann vollkommne Waare gegen rohes Materiale; dann vollkommne Waare gegen vollkommne Waare; dann rohes Materiale gegen rohes Materiale; dann rohes Materiale gegen vollkommne Waare. Nach diesen Stufen sind daher die Ausgangsrecht ein verkehrter Ordnung zu der Einfuhr zu ordnen, insoferne man nur den Ausgang der vollkommnen Waare vor dem Ausgange der unzubereiteten befördern will. Noch soll auch der Nationalhandelsmann gegen fremde Mitwerber durch besondere Vortheile unterstützet werden.

§. 203. Diese Unterstützung bestehet in Ausfuhrprämien, welche auf den Ausgang derienigen Waaren gesetzet sind, bei denen die Nationalfabrikanten es den fremden Mitwerbern in dem niedern Preise nicht gleich thun können. Hauptsächlich also sind diese angehenden Fabriken solange nothwendig, bis sie einen festen Stand gewonnen haben, und sich gegen Fremde selbst zu behaupten fähig sind. Eigentlich ist die Ausfuhrprämie eine Rechnungssache: der Preis, um welchen die Mitwerber absetzen, oder absetzen können, wird

mit

mit demjenigen zusammengehalten, um welchen der Nationalhandelsmann verkaufen kann: die Grösse der Prämie ist dann dasjenige, was zur Ausgleichung beider Preise abgängig ist.

§. 204. Der Wiederausfuhrhandel trägt zwar nicht unmittelbar von Seite der Fabrikation zur Vergrösserung der Nationalbeschäftigung bei: aber, wenn er mit eigner Fracht getrieben wird, so vermehrt er sie mittelbar, da er die Schiffahrt, und das Fuhrwesen in allen ihren Zweigen vergrössert. Schon dieses allein macht den Wiederausfuhrhandel wichtig; zu dem gewinnet die Nation den Uiberschuß des Verkaufpreises über den Preis des Einkaufs. Der Wiederausfuhrhandel kann mit Waaren geführet werden, deren ánliche die Nation entweder selbst erzeugt, oder doch erzeugen könnte; oder mit Waaren, die man selbst nicht erzeugen kann; er kann endlich mit Waaren geführt werden, deren Gebrauch im Staate selbst gänzlich untersagt ist.

§. 205. Der Wiederausfuhrhandel mit Waaren, dergleichen man selbst erzeugt, kann dem Privathandelsmanne nützlich sein; aber er ist Verlurst für den Staat, der mit diesen Waaren einen eignen Ausfuhrhandel führen könnte. Diesen Handel daher zu hindern, und in einen Ausfuhrhandel zu verwandeln, schlägt der Gesetzgeber auf den Eingang, und die Ausfuhr der fremden Waare starke Ausgangsgebühren, die ánliche Nationalwaare hingegen läßt er ganz unbelegt.

§. 206. Um sich den Vortheil der Wiederausfuhr bei Waaren nicht entgehen zu lassen, deren Gebrauch

brauch man zu untersagen für nöthig hält, sucht man den Durchzug dieser Waaren also zu leiten, daß sie nicht in das Land verschlichen werden. Dieß geschieht entweder durch Bestimmung der **Rückzölle**, oder **Auszeichnung der Stappelstädte**. Der Rückzoll ist ein Eingangsrecht, welches an den Gränzen entrichtet, und darüber ein Mauthschein empfangen, oft die Kiste, oder der Waarenpack versiegelt wird, um bei dem Ausgange dieselbe Summe wieder zurück zu empfangen, wenn die Waare nach Innhalt des Mauthscheins unangegriffen ist. Eigentlich ist eine solche Entrichtung, als eine Bürgschaft des Nichtverkaufs anzusehen, und kaum, daß man erwarten darf, dadurch den Endzweck zu erreichen.

§. 207. Stappel ist ein Wort, dessen Bedeutung mannigfaltig ist: es bedeutet eine grosse **Niederlagsstadt** (Emporium) wo die Waaren wegen ihrer Menge stufenweis, oder staffelweise auf einander gehäuft sind; dieses scheint die ursprüngliche und eigentliche Bedeutung. Ferner heist es eine Stadt, wo die durchgehenden Waaren auf eine Zeit den Landeseinwohnern feilgeboten werden müssen. Die Staaten sind berechtiget den Durchzug fremder Waaren zu verweigern, oder unter gewissen Bedingnissen zu gestatten: daher, oder aus den Verträgen ist das Stappelrecht abzuleiten. Endlich heist es Zwischenniederlagsstädte (Villes d'Entrepot) wo die Waaren, deren Abzug im Lande untersagt ist, inzwischen abgelegt, und von dannen weiters ausser Landes geführet werden. Die freien Haven kann man einigermassen gleichfalls als Zwischenniederrderlagsstädte ansehen. In diesen Städten sind eigne Magazine, wo die Waare bis zu ihrer weitern Versführung aufbewahret wird.

§. 208. Man hat zur Erleichterung der äusseren Handlung wechselseitig sowohl der Einfuhr, als Ausfuhr freie Messen, und Märkte, wie die Leipziger, Frankfurter Messen, die Bozner Märkte u. a. m. angelegt. Dergleichen Messen sind entweder auf alle Waaren, oder auf besondere Gattungen von Waaren, dann empfangen sie den Namen von der Waare Viehmärkte, Roßmärkte u. d. g. Gemeiniglich sind diese Messen mit besondern Freiheiten, besonders mit der Mauthbefreiung begabt, und veranlassen dadurch einen starken Zusammenfluß der Handelsleute, und Waaren. Die Vortheile der Messen, spricht man, wären folgende: daß dadurch ein grösser Barathandel veranlasset werde; daß auch diejenigen Fremden, deren Forderungen man durch die Nationalfabriken nicht ganz befriedigen konnte, dennoch sich nicht anderwärts hinwendeten, weil sie das übrige, so von andern dahin gebracht würde, daselbst fänden; daß die Fremden im Lande verzehrten; daß der Wechsel für den Meßort vortheilhaft sein müsse, weil die Briefe dahin gesucht würden. Diese Vortheile werden von grossen Nachtheilen überwogen: daß nemlich eine Messe den Nationalhandel ganz zu einen Passivhandel, ganz von der Spekulation der Ausländer abhängig machet; und daß man sowohl bei der Einfuhr, als Ausfuhr gewönlich den Vortheil der Fracht verlieret.

§. 209. Die angeführten Vortheile der Messe selbst sind nur scheinbar. Daß nur die fremden Handelsdelsleute, so die Messe besuchen, die Nationalprodukte kennen lernen, wird es nützlicher sein, durch ein woleingerichtetes Intelligenzwesen seine Waare allgemein bekannt zu machen. Die Waarenabnahme muß natürlich weit mehr gewinnen, wenn beständig die Gattungen, die Preise der Waaren, ia selbst iedes einzelne Stück eines Künstlers, iede neue Erfindung, und der Ort wo solche zu finden sind, durch öffentliche Blätter angekündiget werden. Der Vortheil der Verzehrung bei dem Waarendurchzuge wird immer geschehen, wenn die Waaren ein- und ausgeführet werden. Diese Verzehrung geschähe zwar von Nationalwaaren: aber bei den Ausfuhrwaaren zahlt der fremde Käufer die Spedirungskosten; bei der Einfuhr, welche von Fremden geschah, hat sie ohnehin der Nationalkonsument getragen. Selbst der Vortheil des Wechsels kann nur dann einer Aufmerksamkeit werth sein, wenn die Zahlungen an die Nationalfabriken stärker, als die von der Nation an Fremde sind; und in einem solchen Falle würde der Wechsel auch ohne Messe vortheilhaft sein.

§. 210. Nur da, wo die geographische Lage irgend einer Stadt, oder eines Havens die Bequemlichkeit anbietet, der wechselseitigen Handlung mehrerer Völker gleichsam zum Mittelpunkte zu dienen, wird die Anlage einer Messe Vortheil zeigen. Aber dann ist es nicht der Vortheil der Nationalhandlung, sondern man zieht durch seine Stellung von dem Durchzuge der fremden Handlung Nutzen.

§. 211. Bei allem Vorschub, den der Staat der auswärtigen Handlung immer geben kann, darf man sich

sich ohne Zuthun der Privathandelsleute keinen
grossen Erfolg verheissen. Es liegt also dem Staate
daran, daß keine Vorurtheile das Geschäft der Handlung herabsetzen, oder den Stand des Handelsmannes
verächtlich machen.

§. 212. Um daher die nützliche Klasse der Handelsleute nicht zu vermindern, soll der Staat mit diesem
Stande selbst Vorzüge verknüpfen. Der Staat soll
bei Gelegenheiten, wo die Klassen des Volkes unterschieden werden, als bei Hoffeierlichkeiten, den Han-
delsstand zu denienigen Klassen ziehen, die er unterscheidet; dem Handelsmann nur unter dem Bedingnisse
ädeln, wenn er die Handlung zu führen fortfährt,
und seine Kinder darinnen erziehet: überhaupt soll es
dem Handelsmanne nicht frei stehen, aus der Handlung nach Willkühr auszutretten. Der Schutz des
Staates muß über den grossen Handelsmann, wie über
den kleinen verbreitet sein.

IV. Von Pflanzörtern.

§. 213. Pflanzörter, Kolonien haben eine drey-
fache Bedeutung, eben, wie sie einen dreifachen Endzweck haben. Solche Pflanzörter können erstens errichtet
werden zur Handhabung der äussern Sicherheit, wie
bei den Römern, oder 2. zur Erleichterung der Handlung und Schiffahrt, wie bei den Phöniciern, oder
drittens zur Gründung der Gewalt, und Vergrösserung
des Handels in beiden Zweigen der Ausfuhr sowohl,
als der Einfuhr, wie bei den europäischen Seemächten.
Der Staat, von welchem die Kolonie abhängt, heißt

Metropol. Der Metropolstaat steht mit den Kolonien in einem doppelten Verhältnisse; als erobernder Staat kann er denselben Geseze vorschreiben, und sie machen in Ansehen der Fremden einen Theil des Staates aus, der Staat sieht sie aber gegen sich selbst, als Fremde an.

§. 214. Der Metropolstaat wird aus den Kolonien vorzüglich vor iedem andern Lande dieienigen Bedürfnisse ziehen, die er entweder selbst verbrauchen, oder wieder ausführen will. Und überhaupt, so oft es zwischen Auswärtigen, und den Kolonisten zu thun ist, wird er den Vortheil den letztern zuzueignen suchen; sobald aber zwischen ihm selbst und den Kolonien die Frage ist, so eignet er sich den Vortheil einseitig zu, und verfährt mit ihnen vollkommen nach den Grundsäzen der auswärtigen Handlung.

§. 215. Um diese Abhängigkeit desto dauerhafter zu machen, ist es ein angenommener Grundsaz der Metropolen, den Kolonien alles zu untersagen, was sie auf irgend eine Art davon befreien könnte. Also wird ihnen aller Anbau derienigen Materialien verboten, an denen die Metropolen selbst einen Uiberfluß haben. Keine auch die einfachste Art von Manufakturen wird den Kolonien zugelassen; es wird den Kolonien nicht vergönnt, eine eigne Schiffahrt zu haben, nicht, etwas auszuführen, oder einzuführen; mit einem Worte, mit niemanden als den Bürgern der Metropol einigen Umsaz zu haben.

§. 216. Eben so scharf sind iedem fremden Schiffe die Häven der Kolonie verschlossen, weil die dazwischen zwischenkunft fremder Handelsleute eine Art von Zusammenfluß zum Vortheile der Kolonisten im Kaufe, und Verkaufe veranlassen würde. Um dieses Verbot geltend zu machen werden die Häven in Stand gesetzt, den fremden Schiffen das Einlaufen, wo es nöthig ist, mit Gewalt zu wehren; es kreuzen auch gewönlich ein, oder mehrere Schiffe des Metropolstaates in den Gewässern. Überhaupt ist der Grundsatz bei den Kolonien, der Grundsatz der bewaffneten Macht gegen die wehrlose Schwachheit.

V. Von der Fracht.

§. 217. Die Fracht ist in der Handlung eines Staates von zwoen Seiten wichtig; beide sowohl die Wasserfracht, als die Landfracht vermehren erstens die Summe der allgemeinen Beschäftigung. Die Wasserfracht beschäftiget durch den Schiffbau Zimmerleute, Schmiede, Sailer, Segelweber u. a. m., deren Verzehrung der Landwirthschaft, und dem Manufakturwesen abermal vortheilhaft ist: auch der Dienst des Schiffvolkes vermehret die Mittel seinen Unterhalt zu gewinnen, und seine Verzehrung ist ein neuer, und fruchtbarer Zweig des Anwerths für die übrigen arbeitenden Klassen. Bei den Seemächten ist die Handlungsschiffahrt, und Fischerei die Schule der Marine. Die Landfracht hat einen nicht weniger verbreiteten Nutzen: die Vermehrung der Viehzucht, die Beschäftigung der Wagner, Riemer, Schmiede u. d. g. Den Absatz der Landwirthschaft an Haber, Heu, den Umlauf der verdienten Summen, wozu noch die Strassengelder, und Verzehrung des Fußvolkes zu rechnen sind. Die Fracht macht zweitens einen Theil des Waarenpreises aus, welcher am sichersten, auch bei einer unüberdachten, selbst bei einer schädlichen Handlungsunternehmung bezahlt wird, der also ein zuverläßiger Theil der Nationalbeschäftigung ist; in Ansehen des Staates, bei einer vortheilhaften Handlung eine Vergrösserung des Gewinnstes, bei einer nachtheiligen wenigstens eine Verminderung des Verlurstes.

§. 218. Die Aufmerksamkeit der Handlungsleitung muß also dahin gerichtet sein, sich dieses zweifachen Vortheils zu versichern, und wenn es die Umstände erlauben, sich bei seinem Einfuhr- und Ausfuhrhandel, ja, woferne es anders thunlich ist, bei dem Durchzuge fremder Waare die Fracht zuzueignen; zugleich aber, da jede eizelne Verminderung der Bestandtheile des Preises den ganzen Waarenpreis mindert, diese Verminderung aber in dem Wetteifer der Handlung den Vorzug giebt, so wohlfeil als möglich zu frachten.

§. 219. Die Staaten könnten bei dem Eingange der Fremden, und dem Ausgange der eignen Erzeugnisse dasjenige mit höhern Ein- und Ausgangsrechten belegen, was mit fremder Fracht gebracht wird; so wird es der Handelsleute eigner Vortheil sein, sich der Nationalfracht zu bedienen. Auf dieselbe Art könnten die durchziehenden Waaren nicht sowohl, wenn sie mit fremder Fracht kämen, höher belegt werden, weil eine solche Erhöhung den Weg der durchgehenden Waaren verändern dürfte; als denselben auf den Nationalfrachtwägen eine Verminderung gegeben werden.

§. 220.

§. 220. Die Wohlfeilheit der Fracht versichert nicht nur dem Nationalhandel überhaupt auf fremden Handelsplätzen vor seinen Mitwerbern unstreitig den Vorzug; sondern veranlasset sogar, daß man, indem fremde Handelsleute sich der Nationalfracht bedienen, an den fremden Handelsvortheilen Antheil nimmt. Die Frachtung der Waare geschieht zu Lande, oder zur See. Die letztere ist der Handlung ohne Zweifel vortheilhafter; aber die erstere ist darum nicht zu vernachläßigen.

VI. Von der Fracht zu Lande.

§. 221. Die Wohlfeilheit der Landfracht wird durch gute Strassen, und ein wohl eingerichtetes Fuhrwesen erreicht. Die Strassen müssen gut angelegt und unterhalten werden. Das wohleingerichtete Fuhrwesen kömmt auf den Zusammenfluß der Fuhrleute, und ein gutes Intelligenzwesen an. Es muß weiter für Wirthshäuser gesorgt werden, die für Menschen das Zugvieh, und zur Unterbringung der Waaren die nothwendige Gemächlichkeit anbieten.

§. 222. Die Anlegung der Strassen muß hauptsächlich nach denen Oertern geschehen, wohin, oder über welche ein beträchtliches Komerz getrieben wird, also nach den Häven, Hauptstädten, Handelsstädten, nach den Flüssen, welche zur fernern Frachtung dienen; vorzüglich müssen diese Strassen von denienigen Ländern ausgehn, wo ein Uiberfluß der Waaren gewonnen wird, und immer müssen sie durch die kürzeste Linie geleitet werden. Die Auszeichnung der Kammerzialstrasse setzt ein richtiges niß von dem Gange der Handlung voraus. Wo die Straßen durch Bäche oder Flüsse unterbrochen werden, müssen sie mit Brücken, oder wenigstens durch Fähren, wo die zur Uibersetzung dienenden Fahrzeuge immer bereit gehalten werden, und das Fährgeld festgesetzet ist, vereiniget sein. Wo der Straßenlinie Berge begegnen, müssen die jähen Erhöhungen, die augenblicklichen Krümmungen durch kleine Abweichungen von der geraden Linie oft selbst mit Aufopferung des Privatgrundes vermieden werden. Die Besetzung der Straßen mit Bäumen macht neben dem Vortheile des Holzbaues die Straßen angenehm, und der Schatten der Bäume mindert die Hitze: die Meilensäulen, und Zeiger, besonders auf den Scheidewegen sind für Reisende eine grosse Bequemlichkeit.

§. 223. Die beste Art des Straßenbaues zu untersuchen gehört nicht hieher, man weis es, wie die sogenannten Chauseen anzulegen sind. Die einmal wohl angelegte Straße muß dann beständig in gutem fahrrechtem Stande erhalten werden; auch alle Nebenwege sollen verboten werden. Alles was sonsten die Straße verderben könnte, die Einstürzung der Seitengräben, die Ausreissung der Bäume, der Wegpfäle, Meilenzeiger u. s. w. muß durch strenge Verbote untersagt werden.

§. 224. Sowohl die Anlegung, als die Unterhaltung der Strassen kann entweder an Unternehmer überlassen, oder Stückweise den Ortschaften aufgetragen, oder vom Staate selbst entweder durch Frohnen, oder gegen Bezahlung der Arbeiter besorget werden.

Die

Die Uiberlassung an Unternehmer kann von Seite des Staates keinen andern Grund haben, als die grössere Wohlfeilheit des Strassenbaues: da ieder Unternehmer gewinnen will; so kann, und wird er den Gewinnst nur in der schlechtern Anlegung, und Unterhaltung der Strasse suchen. Der nothwendige Zusammenhang eines solchen Werkes macht auch die Uibertragung an Ortschaften verwerflich, besonders wegen den grossen Nachtheilen die dadurch der Landwirthschaft zufliessen. Billig also zieht man die Bezahlung vor; und ieder Staat, der den Verlurst der Arbeit gehörig in die Schätzung zu bringen weis, wird sich zum Strassenbau der Truppen bedienen.

§. 225. Die Kosten des Strassenbaues werden entweder von den Fuhren durch abgeforderte Strassengelder eingehoben, oder auf die Unterthanen durch eine Anlage eingetheilt, ohne daß den Fuhren etwas abfordert wird. Die Abforderung der Strassengelder ist nützlicher, weil auch die Fremden bei dem Durchzuge mit zur Anlage gezogen werden. Auch die Kosten der Einhebung, wenn sie durch die ordentlichen Mauthner geschieht, werden durch den Beitrag der Fremden überwogen. Die Grösse der Strassengelder muß zwar den Kosten des Strassenbaues zusagend; aber nicht so groß sein, daß dadurch der Vortheil, den die erleichterte Uiberbringung der Waaren auf die Handlung verbreitet, zu nichts gemacht werde.

§. 226. Der Zusammenfluß der Fuhrleute als die Grundlage des gut bestellten Fuhrwesens ist die

Folge eines starken Waarenzugs, mithin einer grossen Handlung: die Güte der Viehzucht, mithin die gute Bestellung der Landwirthschaft müssen ihn unterstützen. Es ist gar nicht zu zweifeln, daß besondere Begünstigungen der Handlungsfuhren diesen Zusammenfluß noch mehr vergrössern, und den Preis der Frachtung herabsetzen werden.

§. 227. Das Intelligenzwesen kann die Versendung der Waaren auf folgende Art erleichtern, und wohlfeiler machen: es muß bei dem Intelligenzamte beständig ein genaues Verzeichniß von allen eingetroffenen Fuhren, wohin, und wann sie abgehen, wieviel sie etwa frachten können; zugleich auch ein Verzeichniß von allen Gütern, die man binnen einer gewissen Zeit zu versenden hat, wohin sie gehen, und von welcher Gattung sie sind, gehalten werden. Hierdurch wird ein grosser Theil von Waaren durch Rückfracht, und folglich um vieles wohlfeiler versendet.

§. 228. Die Wirthshäuser an den Strassen müssen für Menschen, Vieh, und die Waaren die erforderliche Bequemlichkeit haben; trockne, und reingehaltene Ställe, wo kein ungesundes Vieh eingenommen wird; geräume Scheunen, wo die Güter gegen Witterung und Regen sicher sind; einen Uiberfluß an Lebensmittel, und Futter, und in Ansehen beider einen anständigen Preis. In einem Orte, der von andern Oertern ein ansehnlich Stück entfernet ist, müssen mehrere Wirthshäuser angeleget sein, damit die Wirthe durch die Wohlfeilheit, und gute Aufnahme sich Gäste zuzuziehen bemühet sind.

§. 229.

§. 229. Endlich muß darauf gedacht werden, daß in den an der Strasse hinliegenden Ortschaften sich hauptsächlich auch soche Handwerker seßhaft machen, welche für das Fuhrwesen arbeiten: als Wagner, Schmiede, Sattler, Riemer, Seiler u. d. g.

VII. Von der Wasserfracht.

§. 230. Der Vortheil der Wasserfracht ist nicht nur unmittelbar in Ansehen des Waarenpreises ansehnlicher, weil die Fracht zu Schiffe leichter, geschwinder, und mit geringern Kösten geschieht; sie ist auch von Seite der Beschäftigung, welche der Schiffbau, die Bemannung der Schiffe, und die damit verknüpfte Fischerei anbieten, dem Staate um desto kostbarer. Die Wasserfracht geschieht zur See oder auf Flüssen. Es kömmt auf die Lage der Länder, auf die Menge ihrer Häven, auf den Lauf, und die Beschaffenheit der Flüsse an, ob eine Nation zu Wasser eine beträchtliche Frachtung machen könne.

§. 231. Eine grosse Seeschiffahrt kann nur der Antheil derjenigen Nationen sein, die bequemere Häven haben, und unter dem Titel Seeprovinzen verstanden werden. Der niedere Preis der Seefracht hängt, wie bereits gedacht worden, von einer wohl eingerichteten, und wohl unterstützten Schiffahrt ab.

§. 232. Die Gründung einer Marine fordert folgende Stücke: einen Uiberfluß der Schiffbau-Materialien, taugliche Schiffzimmerpläze, und Schiffzimmerleute, geschickte Seeleute, und deren eine zurechende

Zahl, wohl eingerichtete Häven. Die Schiffbaumaterialien sind Erzeugnisse der Landwirthschaft, und des Manufakturwesens: ihr Uiberfluß, mithin auch der gute Preis des Schiffbaues muß durch die gute Leitung dieser beiden Theile erhalten werden. Schiffswerften können einem Lande, das sonst Gelegenheit zum Schiffbau, und der Schiffahrt hat, nicht fehlen.

§. 233. Das Wort Seeleute begreift sowohl die Seeofficiere als das gemeine Schiffsvolk. Die Bildung der Seeofficiere geschieht in guten Seeschulen, worinnen alle zum Seewesen gehörigen Wissenschaften von eignen Lehrern vorgetragen werden. Die Schule des gemeinen Schiffvolks ist die Fischerei, und die kleine Schiffahrt, welche die Anwohner der Seeküsten gemeiniglich unternehmen, wo sie von Haven zu Haven immer längst an der Küste mit Fahrzeugen hinfahren, um nach und nach die nothwendige Kühnheit zu erhalten. Die Menge der gemeinern Seeleute zu vergrössern muß man diese Beschäftigung für das gemeine Volk durch eingeräumte Vortheile anlockend machen, auch alles dasjenige entfernen, was vielleicht von diesem gefahrvollen Stande abhalten dürfte.

§. 234. Diejenigen Häven werden vorzüglich stark besucht werden, wo die einlaufenden Schiffe den Absatz ihrer Waaren, und eine Rückladung zu erwarten haben. Ausser diesen Handlungsvortheilen aber wird erfordert, daß das Einlaufen der Schiffe nicht durch Strömme, Klippen, oder Untiefen gefährlich gemacht werde; daß die eingelaufenen Schiffe im Haven gegen die Anfälle der Stürme und der Raubschiffe gesichert

ſichert ſeien; daher man die Häven meiſtens mit Molen und Citadellen, oder auch Kriegsſchiffen verwahret; daß die Handlung daſelbſt unterſcheidender Befreiungen genieße; daß die Handelsleute für ihre Waare bequeme Magazine, und Niederlagen finden; daß endlich gegen die anſteckenden Krankheiten gute Anſtalten getroffen werden.

§. 235. Die wohl gegründete Marine muß unterſtützet, und den Handlungsſchiffen gegen die Seeräuber, Armateurs, oder andere Anfälle Sicherheit geſchafft werden. Ohne dieſe Unterſtützung werden wetteifernde Mächte den Nationalhandel von allen Seiten einſchränken, die Aſſekuranzen werden ſehr hoch zu ſtehen kommen, und der Konkurrenz auf fremden Handlungsplätzen nachtheilig ſein. Die Sicherheit der Schiffart kann auf verſchiedenen Wegen erhalten werden: daß man ſeine Handlungsſchiffe durch Kriegsſchiffe oder andere Begleitungsſchiffe gegen Anfälle vertheidiget, durch Traktaten, entweder, da man von einer angeſehenen Seemacht ſich die Erlaubniß bedingt, ſich ihrer Flaggen zu bedienen, oder ſich von einem ſolchen Convoyſchiffe erhandelt, oder mit den Seeräubern ſelbſt Traktaten errichtet, daß man endlich ſich dieſe Sicherheit von den Seeräubern erkauft.

§. 236. Bei dem Seeweſen iſt es nicht wohlmöglich, daß nicht verſchiedene Irrungen, und Streitigkeiten ſich ereignen ſollten, welche wegen des Unterſcheids der Gegenſtände nach den gemeinen Landrechten nicht wohl zu entſcheiden ſind. Alſo hat man eigne Seerechte nöthig, und werden in anſehnlichen Seeprovinzen ſolche Streitigkeiten meiſtens vor eignen Admiralitätsgerichten entſchieden.

§. 237.

§. 237. Die Schiffarth auf den Flüssen trägt nicht nur zur Erleichterung der Frachtung an Fremde, sondern auch sehr vieles zum innern Umlaufe der Waaren bei. Da die Anstalten die Flußschiffahrt zu erheben, leichter, und mehr in der Gewalt eines ieden Staats sind: so hat man darauf seine Aufmerksamkeit mit Vorzug zu wenden. Die Flüsse sind entweder bereits schiffbar, oder sie können schiffbar gemacht werden; sie haben unter sich eine Gemeinschaft, oder können durch Hülf der Kunst unter sich vereiniget werden.

§. 238. Bereits schiffbare Flüsse müssen in schiffbarem Stande erhalten, daher über ihre Ufer, Dämme, das Beet, die Inseln, über alles, was dem Wasser seine Tiefe benehmen könnte, sorgfältige Aufsicht geführet werden. Nicht selten erschweret auch der unschickliche Brückenbau die Schiffart, da er den Durchzug gefährlich machet; auch die Ableitung des Wassers zum Privatgebrauch auf Mühlen, Gartenkanäle u. d. g. schwächet den Hauptstrom: es seie daher nicht erlaubt Wasserleitungen zu machen.

§. 239. Die Menge der Felsen, die Wehren, die jähen Fälle, oder die Untiefen verhindern die Schiffbarkeit eines Flusses. Wo die Felsen dem Gange der Schiffe im Wege stehen, da muß das Beet, insoferne es thunlich ist, gereiniget werden. Manchmal läst auch der Bau der Schiffe eine Verbesserung zu, welche die Fracht auf solchen Schiffen erleichtert. Die Wehren, können ausgerissen, und dadurch dem Strom sein ungehinderter Lauf wieder gegeben werden. Die jähen Wasserfälle, oder auch sonst gefährlichen Oerter

ter des Flusses, wenn sie nicht umschifft, noch gereiniget werden können, lassen keine andere Hülfe zu, als daß unter diesen gefährlichen Oertern eine zureichende Menge Schiffe bereit gehalten werde, da die Waaren dann ober dem Falle ausgeladen, und unter dem Falle wieder zu Schiffe gebracht werden. Die sanftere Fälle werden durch Schleussen gehemmet. Den Untiefen der Flüsse wird durch Sammlung kleinerer, sonst verlorner Wasserfäden abgeholfen, oder, wo sich Wasserbehälter anlegen lassen, das Wild- und Sturzwasser von den Bergströmmen gesammelt.

§. 240. Die Vereinigung der Flüsse geschieht durch Kanäle, wozu die kleineren nicht weit entfernten Flüsse, die sonst an sich unschiffbar sind, und sich in die zu vereinigende Flüsse ergiessen, dienen müssen. Die Ausführung solcher Kanäle fordert eine sehr genaue Hydrographie (Wasserkarte) des Landes, und die genaueste Nivelle der Flüsse, und des Erdreichs. Der Staat muß durch Belohnungen und Würden die Geschicklichkeit der fähigsten Leute aufbieten, um von ihnen Entwürfe über die Anlegung der Kanäle, und Vereinigung der Flüsse zu erhalten.

§. 241. Die Schiffahrt auf den Flüssen hat iedoch nur ihren halben Nutzen, wenn man darauf nicht eben sowohl gegen den Strom, als nach demselben fahren kann. Die Fracht gegen den Strom wird durch die vielen Pferde, welche dazu erfordert werden, und die Länge der Zeit, welche darüber hingeht, sehr kostbar gemacht. Wenn man zur Flußfahrt sich der Segel bedienen kann; so wird man an Pferden, und der Zeit gewinnen können.

§. 242.

§. 242. Wenn alle diese Anstalten zur Erleichterung und Erweiterung der Flußfahrt getroffen sind, so hat man nur die Freiheiten der Schiffahrt auf den Flüssen zu begünstigen, damit der Zusammenfluß der Schiffe den Preis derselben herabsetze. Die Rolli, oder Einschreibungen, welche hie, und da bei dem Fuhrwesen, wie bei den Schiffen üblich sind, müssen nur die Ordnung, nicht die Ausschlüssung der nicht auf Rollo stehenden Schiffleute zum Endzwecke haben. Der Bau der Schiffe ist noch ein wichtiger Gegenstand der öffentlichen Aufmerksamkeit: ohne Zweifel läst derselbe noch viele vortheilhafte Verbesserungen zu, welche die Beweglichkeit der Schiffe, ihre Stärke und Sicherheit vergrössern, und sie fähig machen, eine grössere Menge von Waaren zu laden. In Ansehen der Flußzölle auf Kanälen, oder Schleussen, und andern Durchzügen, deren Unterhaltung dem Staate hoch zu stehen kömmt, ist demienigen, was von den Strassengeldern gesagt worden, nichts zuzusetzen.

VIII. Von Assekuranzen.

§. 243. Die Gefahr, welcher die Handlung besonders zur See ausgesetzet ist, würde die Zahl der Handelsleute sehr vermindern. Jedes Unternehmen der Handlung setzt den Unternehmenden einiger Gefahr aus: also ist es nicht sowohl die Gefahr überhaupt, als die Grösse derselben, welche man gescheuet hat. Das einfachste Mittel, so sich anbietet, diese Gefahr zu mindern, ist, daß sie getheilt werde. Würden nun alle Handelsleute eines gewissen Platzes, welche in einer gewissen Zeitfrist Waaren zu versenden haben, sich

ver-

vereinigen, das Ungewisse der Gefahr dergestalt wechselseitig auf sich zu nehmen, daß sie demienigen unter sich, der verunglücken würde, durch einen antheilmäßigen Zuschuß seinen Schaden ersetzen wollten; so würde diese Vereinigung eine Art von Versicherung ausmachen.

§. 244. Vielleicht, weil die Zahl der Schiffe, die in einer gewissen Zeit abgesendet würden, ungewiß war, kam keine solche Art von Versicherung zu Stande. Aber statt derselben fanden sich Spekulirer, welche die Gefahr gegen einen gewissen Preis übernahmen. Sie berechneten nemlich die Gefahr, die gewönlichen Zinnsen, und überdies schlagen sie noch einen Gewinnst hinzu, welcher zur Uibernehmung der Versicherung bewegen kann.

§. 245. Hierzu läst sich von dem Versicherungsgeschäfte die richtige Erklärung geben: nemlich ein Vertrag, durch welchen die Gefahr einer Handlung gegen einen gewissen Preis übernommen wird. Dieser Versicherungs-Vertrag wird die Assekuranzpolizei, der gegebene Preis die Assekuranzprämie (Prime) genennet. Das Assekuranzgeschäft läst sich unter einem zweifachen Gesichtspunkte betrachten, als ein Hülfsmittel der Handlung, und dann als ein Handlungsgeschäft. Als ein Hülfsmittel der Handlung macht es einen Theil des Waarenpreises aus, welcher nach dem Verhältnisse größer oder kleiner sein wird, als die Assekuranzprimen größer oder kleiner sind. Im auswärtigen Handel also wird alles übrige gleich genommen dieienige Nation den Vorzug behaupten, welche am niedrigsten versichert. Als ein Handlungsgeschäft erhält es den relativen Reichthum des Staates, weil die Primen der Nationalhandlung im Lande gezahlet werden, und vermehret ihn, weil die fremde Handlung sie dem Staate entrichtet. Die Grösse der Assekuranzprime hängt von der Gefahr der Frachtung, und den hohen oder niedern Interessen, und von dem Gewinn ab, den die Assekuranten dabei machen können.

§. 246. Was immer die Gefahr der Frachtung vermindert, gereicht der Assekuranz zum Vortheile. Hieraus wird deutlich, daß die Länge einer Reise, die Beschaffenheit der Seen, die Beschaffenheit der Häven, die Jahrszeit, die Sicherheit der Flaggen, der Friede zur See, die Bauart der Schiffe, die Geschicklichkeit der Schiffer, und ihre Redlichkeit bei den Assekuranzverträgen sehr in Betrachtung kommen, und daß die grösseren Seemächte gegen die kleinern in Ansehung der Assekuranzen viel voraus haben.

§. 247. Weil die Gefahr der Frachtung der eigentliche Gegenstand der Assekuranzen ist; so haben verschiedene Schriftsteller behauptet: nur der wirkliche Werth der Waaren, nicht aber der Gewinn könne versichert werden. Auch das Leben der Menschen hat man in Frankreich für keinen Gegenstand der Assekuranz gehalten.

§. 248. Wenn es um Worte zu thun wäre, so würde sich der Gewinn nicht versichern lassen, weil im eigentlichsten Verstande dabei keine Gefahr ist. Indessen ist es in Engelland gleichwohl erlaubt, auch den Gewinn versichern zu lassen, wenn man es nur erklärt,

und

und ihn benennet. Sobald sich der Assekurant erkläret hat; so wird der Assekurant ohne Zweifel seinen Vertrag darnach eingerichtet haben: Also ist von keiner Seite eine Verletzung, oder Uibervortheilung vorhanden: und eigentlich wird die Gewinnversicherung als eine Art von Gesellschaft auf den Antheil des Gewinnstes zu betrachten sein. Der Assekurant begnüget sich mit einem kleinen Gewinne, und überläßt dem Assekuranten den ungewissen grössern, wenn er ihm diesen kleinern gewiß machet.

§. 249. In der Assekuranzpolizei muß der Werth der Waare ausgedrucket werden, und nach dem Verhältniße des Werthes wird auch die Prämie erhöhet. Es geht also von Seite des Assekuranten kein Betrug vor, der wirklich mehr giebt, als er sonst zu geben hätte. Sollte er um die grössere Vergütung zu erhalten, seine Ladung vorsetzlich verunglücken lassen: so ist in diesem Falle der Assekurant zum Ersatze nicht verbunden. Auch darinnen scheint kein Betrug zu liegen, dasselbe Schiff von mehrern Assekuriren zu lassen, weil eine Sache nur einen Werth hat.

§. 250. Die **Lebensassekuranzen** sollten sogar vom Staate geleistet werden, wenn sich die Privatassekuranten nicht dazu verstehen sollten: Sie vermehren die Entschlossenheit zum Seedienste, und die Ehen der Seeleute. Die Lebensassekuranzen geben der zurückbleibenden Familie einen Ersatz, und das Bedenken ist gehoben; Sie vertretten gewissermassen die Stelle einer Wittwen oder Waisenkasse für das Schiffvolk.

§. 251.

§. 251. Die Gefahr der Schiffahrt ist zweifach: der gänzliche Verlurst des Schiffes, oder die Haverei. Unter dieser letztern versteht man den Schaden, den ein Schiff durch ausserordentliche Zufälle an einem Theile, entweder der Schiffzugehör, oder der Ladung leidet: z. B. den Verlurst der Anker, und Tauen, des Masts, den der Schiffer abzukappen, oder den Verlurst einiger Güter, welche er zur Rettung des Ganzen über Bord zu werfen gezwungen war, oder wenn das Schiff auf seinem Laufe Leck geworden u. d. g. Diese Havareien werden, wenn ein Schiff nicht versichert ist, durch eine Untertheilung von allen Befrachtern getragen: den Assekuranten aber sind sie beschwerlicher, als die Versicherung des Ganzen selbst. Da nun dadurch die Assekuranzprimen sehr erhöhet werden; so muß der Staat sowohl in der Assekuranzordnung, als auch die Assekuranten in ihren Verträgen alles, so sehr als möglich ins deutliche bringen, und die Art, wie die Erklärung, und der Beweis des Havareiverlurstes geschehen soll, festsetzen.

§. 252. Auch die Flußschiffahrt, und selbst die Landfracht kann gewissen Gefahren ausgesetzet, mithin beide ein Gegenstand der Assekuranzverträge sein. Das Maaß der Gefahr wird bei beiden ungefähr nach obigem Verhältnisse zu bestimmen sein: auf der Flußfahrt nach der Beschaffenheit des Flusses, der Länge, der Fahrt, der Witterung, der Beschaffenheit der Fahrzeuge, der Geschicklichkeit der Schiffleute, und den öfentlichen Anstalten, die Ufer, und den Fluß selbst von Raubgesinde zu reinigen: bei der Landfracht nach der

Länge

Länge der Reise, der Beschaffenheit der Wege und ihrer Sicherheit.

§. 253. Der zweite Theil der Assekuranzprime sind die Zinsen desienigen Fonds, welcher zu der Versicherungskasse bestimmt ist. Die Versicherung geschieht durch einen eignen Fond, welches man Assekuranz en Commendité nennet: oder eine Gesellschaft übernimmt die Versicherung ohne ein eignes Geld dazu niederzulegen, gegen Verpflichtung ihres ganzen wechselseitigen Vermögens. Durch eine dritte Art von Assekuranzvereinigung läst sich sowohl der ganze Theil von Zinsen in der Prime aufheben, als die Sicherheit der Assekuranztheilnehmer erhalten: wenn nemlich nicht Geld, sondern eine sichere Hypotheck nach der Summe der Theilnehmung angezeigt wird.

§. 254. Wenn man sonst alles bei zwoen Nationen gleich annimmt; so wird dieienige wohlfeiler assekuriren können, wo die Interessen niedriger sind. Nach diesen mißt sich auch der Gewinn ab, welchen die Assekuranten bei ihrem Geschäfte zu machen verlangen, welches der dritte Theil der Prime ist. Gewönlich sucht der Handelsmann von seinem Gelde die Zinsen zweifach zu ziehen: einmal arbeitet nemlich das Geld für sich; d. i. ohne seine Mühe würde es sicher angelegt die gewönlichen Zinsen abgeworfen haben: das zweite ist der Lohn seiner Anwendung und Aemsigkeit.

§. 255. Da die Assekuranzprime einen Theil des Waarenpreises ausmachet: so ist der Vortheil der Assekuranzen, daß man in demienigen, was man von andern

dern empfängt, weniger an sie zahlt, und in dem, was man an Fremde abgiebt, mehr von ihnen bezahlt bekömmt, wenn man seine Frachtung selbst versichert: und kann man es dahin bringen, auch fremde Schiffe zu versichern: so eignet man sich einen Theil ihres Gewinnstes zu, und vermehrt den relativen Reichthum des Staates durch die Assekurationspreise, so man empfängt.

§. 256. Wie überhaupt der Zusammenfluß bei allen Handlungsgeschäften die Preise herabsetzt; so wird seine Wirkung sich auch bei Assekuranzen zeigen. Es wäre also nachtheilig irgend einer Gesellschaft ein ausschliessendes Recht der Assekuration zu ertheilen. Die Menge Streitigkeiten, die bei dem Assekurationsgeschäfte vorfallen, machen Assekuranzordnungen, und Assekuranzgerichte nothwendig. Das gute Zutrauen ist die Seele dieses Geschäftes: diese Gerichte müssen darüber auf das strengste halten, und die Assekuranzordnungen auf jeden Betrug den Verlurst der Prime festsetzen.

IX. Vom Gelde.

§. 257. Um das empfangene, und gegebene zwischen zween einzelnen handelnden auszugleichen, wurden die Metalle gewählet, die nun als der allgemeine Entgelt in dem Tausche betrachtet werden. Diese Metalle sind eigentlich aber nur der Stoff des Geldes. Um wirklich Geld zu werden, musten die Zweifel behoben sein, welche bei dem Empfange eines Stücks Metall aufsteigen konnten. Die Zweifel rühren von zween

Urſachen her: die Metalle ſind einer Vermiſchung fähig, und das Gewicht des Stuͤckes iſt nicht beſtimmt.

§. 258. Die Metalle ſind Koͤrper, welche mit fremden Zuſaͤtzen von mehr, oder weniger edleren Metallen verſetzet werden koͤnnen. Dieſe Zuſaͤtze vermindern ihre Feine, welches man ihr Korn zu nennen pflegt, und der Empfaͤnger iſt beſtaͤndig der Gefahr unterworfen, unter einem gewiſſen Umfange von Gold, und Silber um ſo viel weniger zu empfangen, als der Zuſatz des fremden Metalls betraͤgt. Um die Vermiſchung nach ihren Graden auszudruͤcken muſte man erſt einige Zahlbenennungen feſtſetzen, welche die hoͤchſte Feine anzeigen, von welcher dann die Abweichungen durch Zahlenſtufen bezeichnet werden. Das Gewicht, welches Schrot genennet wird, muͤſte nur erſt durch Abwaͤgen beſtimmet werden; wobei dennoch die Zweifel von der Richtigkeit der Wage, und Gewichttheile, dann auch die Beſchwerlichkeit der Stuͤckelung nicht gehoben wird.

§. 258. Dieſes wechſelweiſe Mistrauen zwiſchen Kaͤufer, und Verkaͤufer, die ſich zu uͤberliſten ſuchen, zu heben, muß ein dritter Mittelsmann nemlich der Geſetzgeber dazwiſchen tretten: dieſer uͤbernimmt alſo Korn, und Schrot zu beſtimmen, und durch ſein aufgedruͤcktes Gepraͤg die Buͤrgſchaft dafuͤr zu leiſten. Dieſes Gepraͤg macht nun das Metall zur Muͤnze, oder wie der Sprachgebrauch die Bedeutung allgemein macht, zu Gelde.

§. 260. Die Wirkung, und der Vortheil dieſer Auspraͤgung iſt das Zutrauen, mit welchem das Stuͤck

Metall auf einen solchen Fuß angenommen wird, auf welchem man es zu seiner Zeit wieder hindanzugeben versichert ist. Da die Unterthanen durch die Handlung in die Nothwendigkeit versetzet werden, von ihrem Gelde auch an Fremde einiges abzugeben: so soll der Regent in Ausstücklung seiner Münze auch auf diejenigen Nationen mitsehen, mit welchen seine Unterthanen in Verkehrung stehn können.

§. 261. Der innere Gehalt ist das Produkt des Gewichts, und der Feine, welche bei allen Völkern gleich betrachtet werden, und daher den wahren Werth der Münze ausmachen. Die äussere Gestalt und Benennung der Münze, die an sich willkührlich sind, geben ihr den äusseren, und weil es gemeiniglich Zahlworte sind, den davon sogenannten zählenden Werth. So lange diese beiden Werthe dergestalt übereinstimmten, daß der zählende Werth den wahren würklich ausdrückte, konnte das Münzwesen keinen Verwirrungen unterworfen sein. Aber es kam von dieser einfachen Art des Ausprägens gar bald ab. Die Staaten, welche die Ausgleichung ihres Waarenempfangs mit Gelde zu machen hatten, suchten sich in der Bezahlung zu übervortheilen: die Unfähigkeit, oder der Betrug derjenigen, welchen das Münzwesen anvertrauet ward, und welche die Metalle ungleich ausstückelten, oder vorsetzlich zu geringe machten; die Kosten der Ausprägung, welche in die Münze eingerechnet wurden, zu welchen unwissende Finanzverständige noch Gepräggewinnste schlugen, die sie als ergiebige Quellen landesfürstlicher Einkünfte anpriesen; endlich Nothfälle, gegen welche

man

man in der Veränderung der Münze eine Zuflucht suchte, diese Ursachen veranlaßten, daß die Münzen unter
den ersten Benennungen in Korne, und Schrote
weniger enthielten, mithin der zählende Werth ein blos
eingebildeter ward, der ganz nicht mehr den Gehalt
anzeigte. Aus dieser Abweichung, die in verschiedenen
Ländern mehr, oder weniger sich ereignete, entstunden
diejenigen Münzirrungen, welche den Staaten ordentliche Münzgesetze unentbehrlich machen, wodurch der
innere und äussere Werth der Geldstücke festgesetzt wird.

§. 262. Es würde bei Entwerfung der Münzgesetze ausser dem Gehalte der Metallstücke nichts zu
beobachten gewesen sein, woferne man zum Stoffe des
allgemeinen Entgelts nur ein Metall gewählet hätte.
Aber da man hierzu hauptsächlich zwei Metalle Gold
nemlich, und Silber wählte, welche in einer der
hauptsächlichsten Eigenschaften des Entgelts, in der Seltenheit unterschieden waren; so war es bei dem Münz-
geschäft nicht genug auf die Feine und das Gewicht des
einen Metalls zu sehen: Es ist nothwendig eben dieses
bei beiden, zugleich aber auch das Verhältniß zu beobachten, welches Beide gegeneinander in Ansehen der
Seltenheit halber, die wechselweis durch verschiedene
Umstände, besonders aber in Ansehen Europens durch
den ostindischen Handel, manchmal sogar durch augenblickliche Veranlassungen verändert wird.

§. 263. Der Endzweck der Münzgesetze ist
also zu verhindern, daß die Nation sowohl bei den Zahlungen, welche sie zu machen hat, als auch bei denen,
welche an sie gemacht werden, keinen Verlurst leide.

Folgender Münzgrundsatz wird diesen Endzweck auf das vollkommenste erreichen lassen: Der innere Werth der Münze in allen Untertheilungen soll mit dem äusserlichen übereinstimmen; bei den Gold- und Silbermünzen aber gegeneinander das Verhältniß angenommen werden, welches andre handelnde Staaten, besonders mit welchen man im Verkehr steht, beobachten.

§. 264. Die Abweichungen sind folgende: Die Münze wird ihrem innern Werthe nach höher ausgeprägt, als es ihr Namen anzeigt: Die Münze ist ringhaltiger, als es ihre Benennung anzeigt; die Gold- und Silber-Münzen haben nicht das gehörige Verhältniß gegeneinander: das eine Metall ist zu hoch, das andere zu niedrig geschäzt. Der erste hier angeführte Fall einer Münzirrung ist der seltenste.

§. 265. Der Fall ist weniger selten, daß die Münze gegen ihre Benennung zu ringhaltig ist. Damals also werden die fremden Schuldner die Zahlungen in dieser ringhaltigen Münze abtragen, die man als Landesgepräge nicht zurückweisen kann; sie werden, weil bei dem Ausprägen ringhaltiger Münzen Vortheil ist, das Gepräg der Nation nachahmen, und sich also den in diesem Falle sehr starken Prägegewinn zueignen. In Zahlungen hingegen, so die Nation an Fremde zu thun hat, werden diese die Schuldner zwingen, andere Münzsorten aufzuwechseln, und darinnen zu zahlen; oder woferne sie die Nationalmünze annehmen; so werden sie ihren Werth genau berechnen, und sie nicht höher, als nach dem wahren Gehalte annehmen.

nehmen. Es werden noch verschiedene Nachtheile für Handlung, und Wechsel einer solchen Nation entstehen.

§. 266. Wird das Verhältniß zwischen Gold- und Silber nicht gleich andern handelnden Nationen beobachtet; so werden sich die Fremden diese Ungleichheit im Kaufe, und Verkaufe zu Nutz machen. Im Verkaufe ihrer Waaren werden sie sich die Münze in dem Metalle bedingen, welches man nicht gehörig zu schätzen weis, und es daher im Verhältniße gegen das andere Metall zu nieder gesetzt hat; bei dem Einkaufe hingegen werden sie das zu hoch geschätzte Metall geben, folglich an sich weniger bezahlen als bedungen ward.

§. 267. Alle diese nachtheiligen Folgen sind bei der Ausmünzung nach der grösten Feine vollkommen vermieden. Das Nachprägen ist durch einen solchen Münzfuß wegen Mangel der Vortheile von sich selbst untersaget: unter einem ächten Stempel aber eine ringhaltige Münze einzuschieben, heißt nicht nachprägen, sondern Münzverfälschen, wogegen die Münzämter durch ämsige, und wiederholte Probirung der cursirenden Münzsorten zu wachen haben.

§. 268. Der Grundsatz: daß der nennende Werth mit dem innern, und wahren übereinstimmen soll, ist nur auf die Gold- und Silber, oder sogenannten groben Münzsorten allein anzuwenden: die Scheidemünzen sind ihrer Bestimmung nach denselben nicht unterworfen. Man versteht unter den Scheidemünzen diejenigen kleinen Münzsorten, welche eigentlich nur zur letzten Ausgleichung des Handkaufs dienen, nach Verschiedenheit

der

der Länder, bald von Kupfer, bald von sehr ringhaltigen Silber. Eigentlich also ist ihr Gebrauch nur den Ankauf in kleinen Theilen zu erleichtern, keineswegs aber darinnen grosse Zahlungen zu leisten. Sie sind daher nur bestimmt, unter den Bürgern desselben Staates umzulaufen.

§ 269. Aber es wäre möglich, daß die Scheidemünze nachtheilige Folgen veranlaßte, woferne der Regent dieserwegen nicht die nothwendige Vorsichtigkeit gebrauchte. Diese Folgen würden die Auswechslung, und die Verschwindung der gröberen Münzsorten aus dem Kreislaufe sein. Die Auswechslung der gröberen, mithin der Gold- und Silbermünzen würde durch Fremde geschehen, welche entweder ihre eigne Scheidemünze dafür gäben, oder die Scheidemünze der Nation, deren harte Münze sie an sich ziehen wollen, nachprägten.

§. 270. Dem Auszuge der Gold- und Silbersorten gegen fremde Scheidemünzen vorzubeugen, muß also iede fremde Scheidemünze verruffen, und ungangbar erkläret werden. Damit aber auch die Fremden, die nach dem Stempel der Nation geprägte Scheidemünze, weder zur Aufwechslung, noch zum Waarenankaufe, oder einer andern Bezahlung hereinbringen mögen, wird erstens die Hereinbringung starker Posten an den Gränzstationen durch Contrebantverordnungen erschweret, zweitens durch ein Gesetz, welchem verhältnißmäßige Strafen ein Gewicht geben, untersagt, in was für Zahlungen immer, mehr Scheidemünze zu geben, und anzunehmen, als was zur Ausgleichung der zahlbaren Summe nothwendig ist.

§. 271.

§. 271. Wenn die groben Münzen wegen der überhäuften Scheidemünze verschwinden, so wird in der Folge der Preis des Golds, und Silbers zum Nachtheile der gemeinen Klassen über den wahren Werth erhöhet, weil sie ihrer Seltenheit wegen gesucht werden, und dafür gern ein Aufgeld gegeben wird. Auch die Abtragung der Landesabgaben wird dadurch dem Steuernden, oder die Einhebung der Kammer erschwert, und kostbar gemacht: die Münzkammern müssen also auch der Prägung der Scheidemünze Gränzen zu setzen, und sie in einem Verhältnisse gegen die allgemeine kreislaufende Masse zu erhalten wissen.

§. 272. Die Sorgfalt des Regenten muß auch dahin gerichtet sein, damit seine Bürger auch bei dem Empfange der fremden Münze nicht übervortheilet, und zugleich unter sich über ihren eigentlichen Werth sicher gestellet werden. Zu diesem Ende läst er alle fremde Münzen durch das Münzamt probiren, und verhältnißmäßig zu dem Landesmünzfuß berechnen, oder wie das Münzkunstwort lautet, valviren. Der herausgebrachte Werth, welcher dann der wahre Werth der Münze ist, wird durch Münzedikte bekannt gemacht, und kann mit dieser Behutsamkeit allen fremden Münzsorten der Cours im Lande gestattet werden, welches in grossen Handelsplätzen besonders ungemein vortheilhaft ist.

§. 273. Es wird in folgender Abtheilung der schicklichste Ort sein, zu überzeugen, daß alle Verbote der Münzausfuhr ohne Wirkung sind: die Aufwechslung aber wird gar nicht geschehen. Derjenige, der die Münze aufwechseln wollte, müste nothwendig eine andere dafür geben, und zwar nach dem Zusammenhange der Münzanstalten, da die Aufgabe der Scheidemünze verhindert ist, eine grobe, aber gegen die Benennung ringhaltige: indem aber diese ringhaltige Münze nicht nach ihrem nennenden, sondern durch die Valvirung bestimmten wahren Werthe angenommen wird; so muß er z. B. gegen einen feinen Thaler zween geben, wenn der Gehalt derselben gegen jenen die Hälfte wäre.

§. 274. Ungeachtet die **Vortheile eines Münzfußes**, wo der zählende Werth mit dem nennenden übereinstimmt, nicht im geringsten zweifelhaft scheinen; so sind die Fälle gleichwohl nicht selten, da Nationen dieselben verkennen, und die Münze zu gering ausprägen. Man hat hauptsächlich in Erhöhung der Münze, oder ihrer geringhaltigen Ausprägung ein Hülfsmittel gesucht, manchmal für die **Bedürfnisse des Staates**, manchmal zur Rettung der **Privatbürger**. Man hat die Frage aufgeworfen: ob wenigstens in dringendsten Umständen des Staates eine ringhaltige Münzausprägung anzurathen seie.

§. 275. Ein Volk, ist durch Kriege, oder auf eine andere Art dergestalt mit Abgaben überhäuft worden, daß es in der Folge die ordentlichen Landessteuern nicht erschwingen kann, folglich grosse Rückstände verbleiben. Wird durch eine Münzerhöhung dem Volke eine Erleichterung verschaft, seine Rückstände zu tilgen, und in der Folge die Abgaben zu bestreiten. Der Regent ist schuldig: kann die Münzerhöhung ihm ein Mittel an die Hand geben die Staatsschulden zu tilgen? beide, der Regent, und die Bürger sind einzeln,

zeln, ohne Zusammenhang mit andern Staaten zu betrachten; dann wie sie mit andern Staaten durch die Handlung als Schuldner, und Gläubiger zusammenhängen. Die Münzerhöhung geschieht entweder, daß die Münzen unter dem vorigen Gepräge der Benennung nach erhöhet werden; oder daß die alten Verrufen, und unter einem neuen Gepräge ringhaltige Münzen gang und gäbe gemacht werden.

§. 276. Wir betrachten den Staat abgesondert von andern Staaten. Die Bürger, den Regenten mit begriffen, sind erstens unter sich Käufer, und Verkäufer, zweitens Schuldner, und Gläubiger. In Beziehung der gemeinen Klasse der Käufer und Verkäufer ist die Münzerhöhung eine unfruchtbare Verrichtung. Da das Geld das Vorstellungszeichen der Waaren ist, und daher mit demselben in einem Verhältnisse steht; so ist ganz natürlich, daß die auch nur numeräre Vermehrung des Geldes den Preis der Waaren steigern, und zwar nothwendig nach eben dem Verhältnisse steigern muß, nach welchem durch die Münzerhöhung die Geldmasse vermehret worden.

§. 277. Man nehme die Beziehung als Schuldner, und Gläubiger vor. Wenn das Volk, als Schuldner des Staates betrachtet wird, glaubt man ihm dadurch eine Erleichterung zu schaffen, weil bei einer solchen Münzerhöhung diejenigen, welche Geld besitzen, eilen werden, dasselbe auf einen so hohen Fuß wegzubringen, mithin die Schuldner eine Leichtigkeit finden müssen zu borgen, und die Schuldenlast zu bezahlen: Allein sie bleiben durch diese Münzveränderungen

ungen nicht weniger Schuldner, und anstatt daß die Erhöhung den Schuldnern zu statten kämme; so ist der Vortheil blos für die neuen Gläubiger, auf deren Begünstigung der Staat gewiß nicht gedacht hatte. Es ist weiters nicht so deutlich erwiesen, daß die Klasse der Schuldner vor der Klasse der Gläubiger eine Begünstigung verdiene. Man irret auch sehr, woferne man unter der Klasse der Gläubiger stäts nur die Besitzer des Geldes betrachtet.

§. 278. Will der Regent, als Schuldner seiner Bürger von der Münzerhöhung Nutzen ziehen, so verruft er die alte Münze, befiehlt solche in die Münzbank zu bringen, und dafür die Summe in neuer erhöhter Münze zu empfangen. Der Staat wird in dieser Erhöhung für sich eine sehr unbeträchtliche Aushülfe gefunden; aber immer eine Münzoperation gemacht haben, die den Kreislauf hemmt, den allgemeinen Kredit unterbricht, das Nachprägen erleichtert, und im Grunde von den Gläubigern, die zu wenig empfangen, nicht anders als ein verkleideter Rabbat, eine Art von Bankerutte betrachtet wird, wogegen sie sich in Hinkunft zu verwahren suchen werden, entweder, daß sie dem Staat ganz keinen Kredit geben, oder ihm solche Bedingnisse vorschreiben, die sie wider einen änlichen Verlurst allenfalls sicher stellen, oder vorhinein entschädigen.

§. 279. Woferne man aber den Staat in dem Zusammenhange mit andern Staaten betrachtet, worinnen alle Länder sich wirklich befinden; den Bürger als Schuldner und Gläubiger fremder Nationen, und auf eben diesen Fuß den Regenten; so ist der Nachtheil solcher

solcher Münzerhöhungen noch deutlicher. Es ereignen sich nemlich alle die üblen Folgen, die sich bei Ausprägung einer ringhaltigen Münze überhaupt ereignen müssen.

X. Vom Umlaufe des Geldes.

§. 280. Die Verrichtung des Geldes ist, daß es den Unternehmungen der Aemsigkeit zum Mittel diene. Je öfeers das Geld von Hand zu Hand kömmt, desto mehrern wird dadurch das Mittel verschaft, etwas zu unternehmen. Hieraus läst sich das Wesen des Umlaufs erklären, und seine Wirkung auf die Belebung der Aemsigkeit darthun. Der Umlauf ist die Wiederholung des Umsatzes von Waare gegen Geld, und von Geld gegen Waare. Die Grösse des Vortheils hängt davon ab, ie schneller, oder langsamer die Wiederholung des Tausches geschieht. Der Vortheil des Umlaufs ist also das Produkt, wenn die umlaufende Summe des Geldes durch die Zahl des Umlaufs vermehret wird.

§. 281. Hauptsächlich ist also bei dem Umlaufe erforderlich: daß beständig eine zusagende Menge Geldes gegenwärtig verbleibe: und daß das Geld seinen Gang in der erforderlichen Geschwindigkeit verrichte. Zu bestimmen, wie groß überhaupt die kreislaufende Summe des Geldes in einem Staate sein müsse? ist darum unmöglich, weil dabei sehr viele wandelbare, und willführliche Umstände ihren Einfluß haben.

§. 282. Das Geld kann entweder auf immer, wenigstens auf sehr lange aus dem Umlaufe kommen, oder

oder nur auf einige Zeit: jenes unterbricht den Kreislauf ganz, dieses hemmet nur seine Geschwindigkeit. Auf immer, oder lange Zeit kömmt das Geld aus dem Umlaufe: wenn es aus dem Lande gesendet wird, entweder um Schulden zu bezahlen, oder bei Auswanderung der Bürger, wenn fremde Unterthanen Güter, oder Staatspachtungen besitzen, und sich die Einkünfte nachsenden lassen, durch Anlegung in fremden Banken, durch Bezahlung starker Subsidien oder anderer auswärtigen zugestandenen, oder von ihnen angemaßten Rechte; durch Beilegung eines Schatzes für den Regenten, durch die Sammlung der unsterblichen Gesellschaften, durch Anschaffung vieles Gold- und Silbergeschirrs, durch Sammlung der Kapitalien, und durch Münzirrungen. Seine Geschwindigkeit hemmen hauptsächlich große Zahlungstermine, und die ungleiche Lokaleinleitung des Vermögens. Uibrigens schlägt hier auch alles ein, was die Abwesenheit des Geldes selbst veranlasset; die Verminderung der Masse zieht die Langsamkeit des Umlaufs immer nach sich.

§. 283. Der Versendung des Geldes hat man durch ein Verbot der Geldausfuhre vorzukommen geglaubt. Ein solches Verbot ist entweder unnothwendig, oder fruchtlos, weil es unmöglich beobachtet werden kann. Es ist unnöthig, wo immer die Bilanz der Handlung für eine Nation ist; ist aber die Handlungsbilanz wider die Nation; so hieß ein solches Verbot ebensoviel, als den Nationalschuldnern gebieten wollen, daß sie ihre fremden Gläubiger nicht bezahlen sollen. Wenn das Verbot der Geldausfuhr den Aus-

wan-

wanderungen vieleicht Einhalt thun soll; so geht man bei diesem Uibel nicht auf die Quelle zurück. Weder Verbot der Geldausfuhr, noch starke Abzuggelder, noch sonst gewaltsame Mittel können Menschen zurückhalten, bei denen eben der Willen auszuwandern ein Beweis ist, daß sie dazu Ursache haben.

§. 284. Um den Geldausfluß so viel möglich zu verhindern, sollte Fremden der Ankauf von Gütern entweder gar nicht, oder nur mit dem Bedingnisse auf eine gewisse Zeit in dem Lande zu leben erlaubt, auch Güterbesitzern der Abzug durch vergrösserte Abfahrtgelder erschweret werden. Appanagirten Kindern großer Familien muß es gleichfalls nicht frei stehen ihre Appanagen nach Wohlgefallen ausser Landes zu verzehren: endlich Staatspachtungen sollen Ausländern nie überlassen werden.

§. 285. In welchen Umständen wird Geld in fremde Banken angelegt? es können vortheilhafte, es können nachtheilige sein. Wenn die Geldmasse in einem Lande zu groß ist; so sucht man diese durch Versendung an fremde Nationen, durch Anlegung in fremde Banken zu vermindern, und dadurch zwischen dem Gelde und den Waaren dasjenige Gleichgewicht zu erhalten, so dem Zusammenflusse mit Handlungsnebenbuhlern beförderlich ist. Die in verschiedenen Staaten angebotenen hohen Leibrenten locken gleichfalls Geld aus dem Lande, diese Versendungen sind schwer zu verhindern. Ein Fiskalgesetz kann hier zwar von einigem Nutzen sein, und Polizeianstalten können dasselbe unterstützen. Auch Münzirrungen und gewaltsame Interesseherabsetzungen können

können die Versendung des Geldes an fremde Banken herbeiführen.

§. 286. Die **Bezahlung starker Subsidien** kann nicht als ein Nachtheil betrachtet werden, weil von der Klugheit derienigen, die den Geschäften des Staates vorstehen, vermuthet werden muß, sie werden sich dazu nicht ohne wichtige Vortheile verstehen. Die Bezahlung gewisser Gebühren hingegen, welche Auswärtigen anfänglich durch Uibersehen zugestanden, und darauf von ihnen eine Art von rechtmäßigem Ansprüche gegründet worden, ist desto empfindlicher, da dieser Ausfluß des Geldes so oft wiederkömmt, und ohne einem besonders günstigen Zusammenfluß von Umständen kaum eine Befreiung davon zu erwarten ist.

§. 287. Die Beilegung eines Schatzes wird den Regenten von einigen empfohlen, damit sie in unvorsehbaren Staatsbedürfnissen denselben bei Hand haben mögen. Allein entweder ist der Umlauf belebt, und reicht den Unternehmungen der Bürger zu, oder es ist Mangel am Gelde. Im ersten Falle ist es überflüßig sich durch Beilegung des baaren Geldes vorzusehen; bei einem herrschenden Geldmangel hingegen wird natürlich durch die Beilage ansehnlicher Summen das Uibel nur noch vergrössert, und der Kreislauf desto mehr geschwächt. Nur in einem Falle, dessen am Ende dieser Abtheilung Erwähnung geschehen wird, ist die Beilegung eines Schatzes den Regenten zu empfehlen.

§. 288. Nicht nur in bedrängten Umständen, sondern in allen Zeiten wird durch die Erwerbungen unsterblicher Gemeinden, durch den überhandnehmenden Pracht an Gold= und Silbergeschirren, durch Vergoldungen in Gebäuden, durch das Einschmelzen des Geldes u. s. w. dem Umlaufe unendlich viel Geld entzogen; durch Aufwandgesetze und andere Verordnungen suchte man dem Uibel Einhalt zu thun.

§. 289. Die Verachtung des Handelstandes, Geringschätzung, und Bedrückung der Landwirthschaft, und anderer arbeitsamen Klassen des Volkes, die Anlegung verschiedener Kassen, besonders solcher, wo das Geld ungenutzt bleibt, vorzüglich aber die hohen Zinsen veranlassen die Sammlung von Kapitalien, wodurch das Geld auf lange Zeit aus dem Umlaufe gebracht wird, und dann in denselben nur auf sehr beschwerliche Bedingnisse zurückkömmt. Die hohen Zinsen, und der gehemmte Umlauf haben wechselseitig eine Gegenwirkung.

§. 290. Die grossen Zahlungstermine, es seie nun bei den Abgaben an den Staat, oder von dem Staate an diejenigen, welche von ihm Zahlungen zu erwarten haben, setzen immer die Zurückhaltung gewisser, und beträchtlicher Summen Geldes voraus, die nur erst nach dem Verlaufe einer Zeit in den Umlauf kommen. Die Zurückhaltung ereignet sich zweifach: bei dem Eingange in die Kasse: und bei denen, so Geld von der Kasse empfangen: die Berechnung darüber ist leicht zu machen.

§. 291. Die Ungleichheit der Lokalvertheilung des Geldes entspringt aus einem Hauptmangel der

der ganzen Staatsökonomie, aus einer ungleichen Ver‑
theilung der Bevölkerung, besonders aus einer Uiber‑
ladung der Hauptstädte, wohin das Geld bei weitläuf‑
tigen, und aus mehrern Provinzen zusammengesetzten
Staaten ohnehin durch die abzuführenden Anlagen ei‑
nen starken Zug hat: durch die Verlegung der Manu‑
fakturen in die Provinzen kann man das Geld wieder
aus der Hauptstadt zurück bringen.

§. 292. Nunmehr sind die Folgen aufzusuchen,
welche der durch so viele Ursachen gehemmte Kreislauf
in der Handlung haben muß: dies wird gleichsam die
Geschichte ihres Verfalls sein. Wenn ein Theil des
Geldes, durch was immer für einen Weg dem Umlaufe
entzogen wird; so wird zwischen dem Gelde, und den
Waaren das Verhältniß gestöhret: d. i. es fehlet ei‑
nem gewissen Theile von Waare an dem vorstellenden
Gelde. Wenn die Untertheilung der Geldmasse augen‑
blicklich geschehen könnte; so würde die Folge dieser
Stöhrung die Wohlfeilheit sein. Da aber diese augen‑
blickliche Berichtigung zwischen dem Gelde und den
Waaren nicht geschehen kann; so ist die Verminderung
der Geldsumme auch ungleich empfindlich. Die Zin‑
sen haben eine dreifache Wirkung: sie vertheuern die
Waare, sie vermindern den Gewinnst der Aemsigkeit,
und lassen den Besitzer vom Gelde an denselben Theil
nehmen.

§. 293. Die Wirkung dieses dreifachen Uibels ist
weit verbreitet. Eine Waare, deren Preis auf einer
Seite steigt, da auf der andern die Mittel der Erwer‑
bung abnehmen, findet in dem innern des Staates
we‑

weniger Absatz: in der äussern Handlung wird durch den gesteigerten Waarenpreis der Vorzug bei dem Zusammenflusse mit andern Mitwerbern verloren. Unter solchen Umständen fängt der Zustand der Kapitalisten an der reizendste zu werden, weil die Geldrenten Gewinnträgiger sind, als die Einkünfte der Landgüter, und das Verdienst der Aemsigkeit. Die liegenden Gründe werden schon für sich selbst im Werthe herabgesetzt, eine Menge Grundstücke werden feilgeboten, wodurch ihr Werth noch mehr erniedriget wird. Die Preise werden ungleich ausgetheilet; die Nothwendigkeiten haben nur einen mittleren, die Künste der Pracht aber den höchsten Preis. Die Reichen fallen dann darauf, ihren Pracht in Silber- und Goldgefäßen, in einem großen Gefolge, in Juwelen und andern fremden Prachtwaaren zu zeigen. Es entsteht ein gewisser Aufwand des Standes, der den Staat verleitet die Besoldungen zu erhöhen, und daher die Auflagen zu vergrössern. Die gemeine Klasse der Arbeiter, die sich schwer durchbringt, und welcher wohl hauptsächlich die Last der Abgaben aufgedrungen wird, kann gleichfalls keine Familie unterstützen, also nimmt auch die Ehelosigkeit der gemeinen Klasse überhand, die hauptsächlich schädlich ist. Es folgen Auswanderungen, das flache Land ist öde, der Staat ist seinem Untergange nahe gebracht.

§. 294. Aus der umständlichen Auseinandersetzung der Nachtheile hat man sich überzeugen können, daß dieselben in dem gestörten Umlaufe ihren Ursprung haben, der die hohen Zinnsen veranlasset: man hat aber nur die hohen Zinnsen allein betrachtet, ohne auf die erste Quelle zurückzugehen: man setzte daher die Zinnsen durch Gesetze herab: der Erfolg aber hat die Untauglichkeit dieses Mittels erwiesen.

§. 295. Der Einfluß einer solchen Herabsetzung kann in Beziehung auf den Staat, oder auf den Privatschuldner betrachtet werden. In Beziehung auf den Staat ist es hier zureichend zu bemerken: daß eine einseitige Herabsetzung der Interessen, wenn man den Gläubigern nicht zugleich das Anerbieten thut, ihr Kapital zurückzunehmen, falls ihnen die Bedingnisse nicht anstehen, immer von dem öffentlichen Kreditsstand nachtheilige Muthmassungen erwecket. In Beziehung auf die Privatschuldner ist unvermeidlich, daß eine gesetzmäßige Herabsetzung der Zinnse die Umstände der Schuldner nicht sehr beschwerlich machen sollte, und verschiedene andere Nachtheile nicht entstehen müssen.

§. 296. Die im Jahr 1766. in den Staaten von Oesterreich durch eine Verordnung gemachte Interesseerniedrigung hatte keine so kläglichen Folgen, weil sie von einer gewaltsamen Erniedrigung nichts als den Namen hatte.

§. 297. Verordnungen sind also zur Erniedrigung der Zinnse unwirksam. Der Mangel des Geldes im Umlaufe bietet allen Gesetzen, wie die Hungersnoth allen Polizeitaxen Hohn. Das einzige zuverläßige Mittel ist, das Uibel da zu heben, wo es seinen Ursprung hat, d. i. den gehemmten Umlauf des Geldes wieder frei zu machen. Dann ereignet sich zum Vortheile des
Staa-

Staates gerade das Gegentheil, was vorhero zu seinem Nachtheil angeführet wurde.

§. 298. Der Anfang, diese glücklichen Folgen herbeizuführen muß dadurch geschehen, daß man den Mangel an Gelde ersetze, so den Umlauf hemmt. Hiezu bieten sich zween Wege an, entweder, daß der Staat von auswärts beträchtliche Summen hereinzubringen, oder Papiere auf gleiche Weise, wie Geld gangbar zu machen suche. Es ist schwer, von Ausländern grosse Geldsummen ohne grosse Zinsen zu erhalten. Die Ausländer werden ihr Geld nicht ohne zureichenden Grunde der Sicherheit hergeben. Kann aber ein Staat seinen Gläubigern diese Sicherheit anbieten; so muß es ihm eben so leicht sein, Papieren, zu deren Bedeckung er eben diese Sicherheit anweist, ein solches Zutrauen zu verschaffen, daß sie wie baares Geld umlaufen, und ihm die von Ausländern immer kostbarer zu stehen kommende Hülfe entbehrlich machen.

§. 299. Die blosse Vermehrung der Geldsumme allein aber, es seie wahrhaft, oder durch Papiere, hilft dem Uibel nicht ab: Es hängt von dem Gebrauche ab, der von dem Zuwachse des wahren, oder vorstellenden Geldes gemacht wird, und von den Wegen, durch welche man dasselbe unter die arbeitende Klasse zu bringen, und unterzutheilen weis. Leihebänke, oder wie sie immer Namen haben mögen, zum Vortheile der arbeitenden Klasse, und der Handlungsunternehmungen lassen eine solche Einrichtung zu, wodurch dieser Endzweck erreichet werden mag.

§. 300. Wie in allen menschlichen Anstalten nur ein gewisser Punkt zu erreichen ist, also ist es auch hier nicht nur möglich, sondern in einer gewissen Zeit unausbleiblich, daß die allzugroße Menge Geldes, welche durch die fremde Handlung eingeht, wegen des nothwendigen Verhältnisses des Geldes zu Waaren, die letzten auf einen sehr grossen Preis steigern wird. Der Zeitpunkt einer solchen Veränderung aber ist sehr entfernet, und es giebt Mittel ihn noch weiter zurückzusetzen, wenn man nemlich nach und nach einen Theil des zu häufigen Geldes aus dem Umlaufe zu bringen, und dadurch das Gleichgewicht zwischen Geld und Waare beizubehalten weis. Dieß ist also der Zeitpunkt, wo der Regent mit Vortheile Schätze beilegen, wo er seinen Bürgern Geld in fremde Banken zu legen erlauben, wo er den Nationalpracht mit Gold = und Silbergeschirren ermuntern kann.

XI. Vom Kredit.

§. 301. Wenn ein Kauf geschlossen wird; so setzen die handelnden unter sich erst den Preis fest. Der Käufer entrichtet ihn entweder auf der Stelle: d. h. er zahlt, oder er verheist den Kaufschilling in einer gewissen Zeit abzutragen. Traut dann der Verkäufer seinem Versprechen Richtigkeit zu, und läst er ihm die Waare auf sein Wort, oder gegen eine Verschreibung abfolgen: so heist es: er giebt ihm Kredit. Der Kredit also ist das Zutrauen des Gläubigers, daß er von dem Schuldner die Bezahlung richtig erhalten werde. Die Wirkung dieses Zutrauens ist die Abwesenheit des Geldes zu ersetzen, es seie nun, um den Umlauf der Waaren

ren zu beleben, oder einen andern dem Staate nützlichen Gebrauch zu machen.

§. 302. Das Zutrauen des Gläubigers kann sich auf zween Gründe stützen: auf Sachen, die der Kreditnehmer entweder wirklich zum Unterpfande seiner Schuld aushändiget, oder die er auf den Fall der Nichtbezahlung zum besondern Unterpfande verschreibt, dieser Kredit wird der reale genennet, weil dabei hauptsächlich allein auf die Sache gesehen wird; oder auf die Geschicklichkeit, Redlichkeit, und andere persönliche Eigenschaften des Kreditnehmers, welches der persönliche Kredit heist, wobei aber immer zugleich auf das Vermögen von dem Gläubiger stillschweigend zurückgesehen wird. Der Kredit steigt da am höchsten, wo sich bei einem Geschäfte der persönliche, und reale Kredit vereinbaren lassen. Je nachdem von dem realen, oder persönlichen Kredite entweder einzelne Personen, oder Gesellschaften, oder der Staat Gebrauch machen, ist es entweder ein **Privatkredit**, ein **Gesellschaftskredit**, ein **Staatskredit**.

§. 303. Die Grösse des realen Privatkredits bezieht sich auf das wirkliche Vermögen des Bürgers. Was daher immer dem Vermögen der Bürger im Ganzen oder zum Theile nachtheilig sein kann, muß auch dem Kredit nachtheilig sein, der sich darauf gründet. Das Vermögen im ganzen lauft Gefahr, von der Unsicherheit des Eigenthums: daher in despotischen Staaten, wo die Besitzer der Güter nur als zeitliche Nutzniesser angesehen werden, der Privatkredit immer unendlich kostbar, und der Wucher allgemein ist.

§. 304.

§. 304. Die Grösse, und Unstättigkeit der Entrichtung bewirkt die Verminderung des realen Privatkredits. Jeder Kreditnehmer pflegt ordentlicher Weise zur Sicherheit seiner Schuld nur dasienige anzuweisen, was nach Abzug seines Unterhalts und anderer nothwendigen Auslagen ihm von seinem Einkommen Uiberschuß bleibt.

§. 305. Der Staat ist dem Bürger gleichfalls zur möglichsten Sicherstellung seiner Güter verpflichtet. Wird der Bürger, als Gläubiger des Staates betrachtet, so ist das, was ihm der Staat schuldig ist, ein Theil seines Vermögens, mithin ein Theil des Grundes, auf welchem der Kredit des Privatmannes gestützet war. Dieser Zusammenhang macht die Nothwendigkeit deutlich, durch keine unüberdachte Handlung, als Zurückhaltung der Interesse, ihre gewaltsame Herabsetzung u. d. g. die Staatsverschreibungen in Verdacht zu bringen.

§. 306. Auch der Bürger, als Gläubiger seiner Mitbürger ist oft ein Schuldner des andern; in diesem Zusammenhange dient seine Forderung seiner Schuld zum Unterpfande; er wird Richtigkeit pflegen können, wenn man ihm richtig zuhält. Die Gesetze müssen daher ieden Schuldner zur Bezahlung verpflichten, und der Rechtszwang gegen weigernde Schuldner leicht sein. Die Anstalten zur Handhabung des persönlichen Privatkredits flüssen hier mit denen zusammen, wodurch der reale unterstützet wird. Die Geschicklichkeit des Kreditnehmers, und mehr noch seine Redlichkeit sind immer zweifelhaft, immer Veränderungen unterworfen. Die Gesetze müssen Vorsehung thun,

daß

daß den Betrügereien, so viel möglich ist, vorgebauet, daß die für die Gläubiger nachtheiligen Abkartungen eitel gemacht werden, daß der Schuldner zahlen, mithin auch wider seinen Willen rechtschaffen handeln, und Richtigkeit pflegen müsse. Daher ist eine strenge, unpartheiische, und behende Gerechtigkeitsverwaltung nothwendig; besonders muß dem Fremden ein nicht zaudernder Beistand geleistet werden.

§. 307. Vorzüglich aber müssen ernste Gesetze, und schwere Strafen gegen die muthwilligen Bankerutte verhänget, und in einer Fallitenordnung allen Ausflüchten vorgebauet werden, welche die Sicherheit der Gläubiger vermindern, und ihre Vorsichtigkeit vereiteln können. Bei dem Entwurfe einer guten Fallitenordnung ist hauptsächlich darauf zu sehen, daß die Handlungen einen versicherten Handlungsfond haben; daß dieser Fond nicht durch heimliche, oder auch sonst nachtheilige Verträge geschwächt werde; daß die Handlungsbücher vorgeschrieben werden, damit bei einem sich ereignenden Falle sich Gläubiger und Gerichte darinnen ersehen können; daß die Fallimente, welche durch Unglücksfälle geschehen, von denen, wo eine Schuld des Handelsmannes mit unterläuft, und hauptsächlich von den boshaften, und betrüglichen Fallimenten wohl unterschieden, die geltenden Unglücksfälle genau bestimmet, und unnachläßige Strafen gegen die beiden lezten verhänget werden.

§. 308. Die Verschreibungen, wie sie im Handel üblich sind, heissen Wechsel, Handlungsbilliete, deren

ren wesentliche Theile durch die Wechselordnungen vorgeschrieben werden. Zur Belebung des Umlaufs der Waare ist es ohne Vergleich vortheilhafter, wenn der Kreditnehmer über seine Schuld eine Verschreibung giebt, die dem Kreditgeber abermal zu einer ferneren Unternehmung dienen kann.

§. 309. Der Kredit der Handlungsgesellschaften wird, wegen seiner Verbreitung als ein Zweig des öffentlichen Kredits betrachtet: er ist, wie der Privatkredit, entweder real, oder persönlich. Zum wahren Grunde des realen Kredits der Gesellschaft kann eigentlich nichts gerechnet werden, als dasjenige Kapital, so die Glieder der Gesellschaft zusammenschiessen. Dieser Grund des Zutrauens ist wegen dem Wechsel der bald glücklichen bald unglücklichen Unternehmungen schwankend: daher dann der reale Kredit der Geselschaften ganz mit dem persönlichen verflochten ist, welcher auf der Geschicklichkeit, Redlichkeit derjenigen beruhet, denen die Führung des gesellschaftlichen Geschäfts aufgetragen ist. Der Gesellschaftskredit kann auf die allgemeine Handlung einen vortheilhaften Einfluß haben; aber der Mißbrauch desselben kann auch die gefährlichsten Folgen nach sich ziehen.

XII. Von Handlungsgesellschaften.

§. 310. Unternehmungen, welche die Kräfte einzelner Bürger übersteigen, können durch Handlungsgesellschaften gewagt, und zu Stande gebracht werden. Man hat unbillig solche Handlungsgesellschaften, von Privatassociationen, deren Endzweck nur die Er-
rich-

richtung einer Mannfaktur, oder sonst die Erweiterung des innern Handels ist, unterschieden. Wenn diese letzteren unter einem Befreiungsbriefe eines Staates geschehen; so ist die Unterscheidung in der That nur eingebildet. Dreierlei Ursachen entweder vereinbaret, oder eine derselben veranlassen die Errichtung einer Handlungsgesellschaft: das Unternehmen ist einer grossen Gefahr ausgesetzet, und läst anfangs, oder eine geraume Zeit keinen verhältnißmäßigen Nutzen erwarten: es ist von einer solchen Art, daß es ohne vereinbarte Einsichten mehrerer Menschen nicht wohl geführt werden kann: es fordert endlich Fonds, die ein Privatvermögen übersteigen.

§. 311. Um die Gefahr der Unternehmung, soviel es möglich ist, zu vermindern, müssen einer Handlungsgesellschaft ansehnliche Befreiungen, und Vorzüge ertheilet werden. Zuweilen ist es nothwendig, daß der Staat derselben zum Theile Vorschuß ohne Zinsen thue, und ohne an ihren künftigen Gewinn einigen Anspruch zu machen. Die Befreiungen der Gesellschaft werden in dem Freiheitsbriefe (Octroy) eingeschaltet, welcher auf mehr, dann eine Art eingerichtet sein kann; entweder nur auf eine beschränkte Anzahl von Gesellschaftsinteressenten, oder für alle Theilnehmer unbestimmt, und mit der allen Bürgern vorbehaltenen Freiheit derselben beizutretten; auf beständig, oder widerrufbar, mit Bestimmung der Zeit, und der Bedingnisse, unter welchen die Wiederrufung geschehen soll; oder, ohne daß die Zeit der Widerrufung benennet, noch etwas von den Bedingnissen erwähnet ist, die bei Zurücknehmung der Befreiung zu erfüllen sind.

§. 312.

§. 312. Da alle Arten von Ausschlüſſung in der Folge ſchädlich, und nichts weniger als geſchickt ſind, den Fleiß zu ſpornen; ſo ſind Befreiungsbriefe weder auf eine beſchränkte Anzahl von Theilnehmern, weder auf beſtändig zu ertheilen, ſondern die Zeit der Erlöſchung, und die Bedingniſſe, die der Staat etwa zu beſtimmen haben wird, umſtändlich zu beſtimmen. Die Bedingniſſe werden auf die Vergütung des Fonds der Geſellſchaft abzielen. Durch einen gut eingerichteten Befreiungsbrief werden der Staat ſowohl als die Geſellſchaft ſichergeſtellet.

§. 313. Die Leitung der geſellſchaftlichen Geſchäfte geſchieht durch gemeinſchaftliche Berathſchlagungen, und Entſchlüſſe, deren Art durch den errichteten Geſellſchaftsvertrag feſtgeſetzet iſt. Jede Handlungsgeſellſchaft muß einen oder mehrere Vorſteher haben. Die Wahl dieſer Vorſteher muß nicht auf die Gröſſe der Einlagſumme fallen, weil hier nicht der reichſte, ſondern der einſichtsvolleſte zu wählen iſt. Sie ſind daher von den Theilnehmern der Geſellſchaft zu wählen, ihre Beſtättigung aber ſoll vom Staate abhängen. Dieſe Vorſteher unterſuchen, und ordnen alle Geſchäfte, und Vorfälle theils allein, theils mit Zuziehung zweier Geſellſchaftsglieder; die wichtigſten Geſchäfte werden der Verſammlung der Geſellſchaft vorgetragen, zu welcher, wenn die Geſellſchaft ſehr zahlreich iſt, ein Ausſchuß gewählt, oder ſchon vorher feſtgeſetzet worden, mit wie viel Einlage iemanden eine entſcheidende Stimme eingeräumet ſeie. Es iſt anzurathen, daß wenigſtens zwei Drittheile von den Intereſſenten erſt die Mehrheit

der

der Stimmen ausmachen. Noch ist um anderer Ursachen Willen anzurathen, den gesellschaftlichen Berathschlagungen einen Kommissär von Staatswegen immer beiwohnen zu lassen.

§. 314. Der Hauptstamm der Handlungsgesellschaft wird in kleinen Antheilen zusammengeschossen, welche Actien genennet werden. Manchmal erhält man eine Actie auf die blosse sogenannte Unterzeichnung, oder Versicherung der Summe, wo nicht sogleich baar Geld erfordert wird, wie bei Assekuranzkompagnien: meistens muß der Erlag des Geldes folgen. Findet sich die Gesellschaft bemüßiget, zur Unterstützung ihrer Unternehmung noch ferner Geld aufzunehmen: so geschieht es entweder abermal durch Aushändigung neuer Actien, oder die Gesellschaft fertiget eine andere Gattung von Papieren aus, welche gemeiniglich Compagniebilliete genennet werden. Der Unterschied zwischen den Actien, und Compagnieb:'lieten ist beträchtlich: Die Actie hat einen wandelbaren Werth, das Compagniebilliet hingegen hat, wie ieder andere Schuldbrief, einen bestimmten Werth, soviel nemlich die Zahl sagt.

§. 315. Ob es zuträglicher sete, wenn die Gesellschaft Geld aufzunehmen hat, neue Actien auszuhändigen, oder Billiete auszustellen? dieses hängt von den Umständen der Gesellschaft ab; bei angehenden Gesellschaften, oder wo die Hoffnung des Gewinnstes noch sehr entfernt ist, scheint die Aushändigung neuer Actien vorzuziehen, weil die Handlungskompagnie dadurch wenigstens nicht zur Schuldnerinn wird, auch ihre Actien

sich

sich in einem beſſern Werth erhalten. Iſt hingegen die Geſellſchaft gegründet, und ihr Gewinn ſicher; ſo ſind natürlich Billiete vorzuziehen, da ſie durch dieſelben ſich zu nicht mehr verpflichtet, als was ſie empfangen hat.

§. 316. Der Gewinn, den die Geſellſchaft mit ihren Fond macht, iſt ein gemeinſchaftlich Gut der Actieninhaber, und wird der Antheil, welcher auf eine Actie kömmt, der Dividend genennet. In Frankreich hat man zur Bequemlichkeit der Theilnehmer eine Art von Coupons eingeführet, welche den Beſitzern der Actien auf drei Jahre behändiget, und nach den halbjährig gewönlichen Repartitionen des Gewinnſtes abgeſchnitten werden.

§. 317. Der Vortheil, den der Staat aus ſolchen Handlungsgeſellſchaften zieht, iſt nicht die Erweiterung der Handlung, und welches ihr hauptſächlichſter Augenmerk ſein muß, die Ausfuhr des Nationalüberfluſſes allein: wenn ſie geſchickt geleitet, und ohne Verdacht ſind; ſo haben ihre Papiere auch ein ſo allgemeines Zutrauen, daß ſie vollkommen, wie Geld umlaufen, mithin den Mangel deſſelben zu erſetzen fähig ſind: dieſes Zutrauen kann der Staat dadurch noch mehr befeſtigen, wenn er dieſelbe bei ſeinen Einnahmkaſſen gleich baarem Gelde anzunehmen befiehlt. Keine Aufmerkſamkeit des Staates iſt überflüßig, den Verfall einer ſolchen Geſellſchaft, und den Miskredit ihrer Papiere zu hindern.

§. 318. Der Zeitpunkt, ſolche Handlungsgeſellſchaften aufzulöſen, iſt damals vorhanden, wenn ihr
End-

Endzweck erreichet, und die Handlung, welche ihr Gegenstand war, also eingeleitet ist, daß ieder Burger daran Antheil nehmen kann. Die Aufhebung soll durch den Befreiungsbrief der Regierung vorbehalten sein. Die Aufhebung einer Handlunglungsgesellschaft kann so geschehen, daß auch ihr Namen aufhöret, und iedermann ohne Zusammenhang denselben Handel treiben kann, den sie vorhin trieb: oder man giebt der Aufhebung den Namen einer Abänderung in eine allgemeine. Dieses letztere scheint vorzuziehen, und ist rathsam, selbst eine Art von Direktion, die der Staat errichtet, beizubehalten.

XIII. Vom Wechsel.

§. 319. Aus dem wechselseitigen Empfange werden die Staaten unter sich zu Schuldnern gemacht: diese wechselseitigen Forderungen müssen gegen einander ausgeglichen werden, wozu sich anfänglich kein anderes Mittel anbietet, als die Uiberbringung des Geldes, mithin eine wirkliche Zahlung: da aber die Uiberbringung des Geldes gefährlich, kostbar, und endlich dem Handlungsgeschäft einen Zeitverlurst zuziehet; so lag dem Staate nicht weniger, als dem Privatkaufmann daran, eine Art von Zahlung auszufinden, wobei die angeführten Schwierigkeiten nicht vorhanden wären. Sie bietet sich von selbst an, wenn man Staat gegen Staat ohne den Privatschuldner betrachtet, man hebt seine Schuld gegen einander auf; so ist die Bezahlung geleistet.

§. 320.

§. 320. Das Geschäft des Wechsels kann von zwoen Seiten angesehen werden: als ein politisches Geschäft in Ansehen des ganzen Staates, und als ein Geschäft des Privatmannes, der davon insbesondere der Wechsler genennet wird. Der Wechsel von Seite des Staates betrachtet ist die Aufhebung der wechselseitigen Forderungen: als ein Privatgeschäft ist es die Uiberlassung seiner Forderung gegen einen zu bestimmenden Preis.

§. 321. Solange die Schulden einer Nation gegeneinander ungefehr im Gleichheit stehen; so ist nichts einfacher, als das Wechselgeschäft. Die Wechselbriefe zwoer Nationen werden gleich theuer sein, kein Handelsplatz hat gegen den andern einen Vortheil. Sobald aber die Schulden zweener Plätze, zwoer Nationen ungleich sind, so ist gewiß, daß der Uiberschuß durch wirkliche Uibermachung des Geldes getilgt werden kann. Weil es nun dem Privathandelsmann vortheilhaft ist, die Uibermachung der Baarschaften zu ersparen, so wird ieder Schuldner sich diesen Vortheil zu zueignen, und Wechselbriefe an sich zu bringen suchen.

§. 322. Das Steigen, und Fallen der Briefe kann also am deutlichsten erkläret werden, wenn man die Forderungen nach einem Platze, mithin die Wechselbriefe als die Waaren betrachtet, diejenigen aber, welche diese suchen, als Käufer. Wie nun eine Waare, die gesucht wird, wenn sie nicht nach eben dem Verhältniße auch angeboten wird, im Preise steigt, und desto mehr steigt, ie nothwendiger dieselbe ist, eben so wird es sich mit den Briefen verhalten.

§. 323.

§. 323. Die hauptsächlichste Quelle der Nationalschulden ist natürlich die Handlung. Es ist also ausser Zweifel, daß die Nation, welche die Handlungsbilanz für sich hat, auch den Wechsel für sich haben werde. Alle Geldversendungen, sie mögen nun zur Bezahlung von Interessen an auswärtige Bänke, Subsidien, oder was immer für einen Endzwecke nöthig sein, sie mögen jährlich, und wiederkehrend, oder nur für die gegenwärtige Zeit sein, erhöhen den **Wechselpreis.**

§. 324. Der **Wechselpreis** ist also der Uiberschuß, den der Käufer des Briefes über die Summe giebt, welche ihm der Brief an den Ort seiner Bestimmung gilt, und dieser Uiberschuß ist ein Verlurst für die Nation mehr, als den Privathandelsmann. Ausser diesem Nachtheil vergrössert der Wechselpreis auch die Bilanz derjenigen Nation, deren Briefe in hohem Werthe stehen.

§. 325. Der Staat kann diesen Verlurst, welcher eine Folge der nachtheiligen Bilanz ist, durch keine Gesetze abhalten. Er hat nur eine Ursache mehr, alle Kräften daranzubieten, um seine Handlung zu ermüntern. Es sind aber dennoch zween **Mittel,** durch welche der Wechselverlurst wenigstens gemindert werden kann; die **Spekulation der Wechsler,** und **baare Geldversendungen.** Die Spekulation der Wechsler, wenn ihnen der Curs unmittelbar nach einem Platz zu kostbar ist, vergleichet die Wechselpreise verschiedener

Plä-

Plätze, und suchet ein Verhältniß von zween, oder mehrern Plätzen zu finden, welches vortheilhafter ist, die Trassirung geschieht dann, wenn Zeit und Umstände es zugeben, durch einen Umweg. Die baaren Geldremessen sind überhaupt vortheilhafter, so oft der Wechselpreis die Uiberbringungsköstenübersteigen würde: ein abermaliges Beispiel, wo das Verbot der Geldausfuhr nachtheilig sein muß. Es ist daher dem Staate anzurathen, die zu versendenden Summen, Subsidien, Interessen u. d. g. vielmehr baar überbringen zu lassen, als durch Aufkaufung der Briefe der Handlung ihre Remessen zu vertheuern.

XIV. Handlungstraktaten.

§. 326. Handlungstraktaten sind Verträge zweiner Staaten zum Vortheile ihrer wechselseitigen Handlung. Ihre Gegenstände sind dieselben mit der äussern Handlung: die Einfuhr, Ausfuhr und Durchfuhr der Waare, und alles, was zu diesen dreien Endzwecken eine Beziehung haben kann; die Freiheit, und der Schutz der Handelsleute, welche sich bei einer Nation niederlassen, die Bestellung der Consule, die Errichtung von Faktoreien, Waarenniederlagen u. d. g. Die Grundsätze, nach welchen die Handlungstraktaten errichtet werden, sind vollkommen mit den Grundsätzen der äussern Handlung einerlei: die freie Einfuhr seiner Produkten mit Ausschlüssung anderer Nationen, mit geringen Eingangsrechten, mit geringeren, als die Nebenbuhler in demselben Zweige von andern Nationen,

oder

oder wenigstens auf eben den Fuß, wie die begünstigte
Nation; die freie Ausfuhr der Waaren, so man nöthig hat, das Vorkaufsrecht gewisser Waaren, deren
man besonders zur Unterstützung seiner Manufakturen
bedarf, ein unbeschränkter Durchzug seiner Waaren
auf dritte Handelsplätze, geringe Straßengelder bei
dem Durchzuge, allenfalls eine Erschwerung des Durch-
zugs für Nebenbuhler der Nationalhandlung bedingen,
wenn Zeit, Umstände, die geringe Einsicht der Nation,
mit welcher der Vertrag errichtet wird, die Gelegenheit hiezu anbieten.

§. 327. Die Handlungsverträge müssen wenigstens
zum wechselseitigen Vortheile errichtet zu sein scheinen. Die Handlungsverträge müssen also auf die
Handlungsbilanz gegründet sein, woferne sie dauerhaft
sein sollen. Diejenigen, welche die Uibermacht der
Waffen erpreßt, sind Gesetze, die der Stärkere giebt,
denen der Schwächere nur solange gehorchet, als er
sich dawider nicht empören kann.

§. 328. Wenn eine Nation den günstigen Augenblick, sich von andern Staaten Vortheile zu bedingen,
nicht vorbeistreichen lassen soll; so verbindet sie hingegen die Klugheit, sich durch zu umständliche Artikel
nicht die Hände zu binden, daß sie ihrer Handlung in
der Folge durch anpassende, und der Zeit angemessene
Vorkehrungen die nothwendige Unterstützung geben könne. Die Handlungsumstände sind plötzlichen Veränderungen unterworfen. Es scheint daher vorsichtiger,

wo die Vortheile nicht offenbar, und unveränderlich sind, die Handlungsverträge vielmehr in unbestimmten Versicherungen bestehen zu lassen.

XV. Von der Handlungsbilanz.

§. 329. Es ist eines der wichtigsten Geschäfte für die Handlungspolitik, und woher ihre Maaßregeln die hauptsächlichste Richtung empfangen müssen, den Fortgang der Handlung, und ihre Vortheile und Nachtheile zu berechnen. Es bieten sich hiezu zween Wege an. Der erste Weg ist die Vergleichung der Ausfuhr einer Nation mit demjenigen, was von andern Nationen bei ihr eingeführet worden. Diese Vergleichung heist die Bilanz der Handlung. Die Bilanz überhaupt genommen ist eine numerische, und eine Bilanz des Vortheils. Die eingeführten Waaren werden im Preise angeschlagen; übersteigt die Summe der Ausfuhr die Summe der eingeführten Waaren: so heist die Bilanz vortheilhaft; ist das Gegentheil, so heist sie nachtheilig. Die Bilanz zahlen, heist daher, den Uiberschuß an Empfang in Geld abtragen: diese Berechnung giebt die numerische Bilanz. Die Bilanz des Vortheils hingegen ist die Berechnung, auf welcher Seite eine grössere Anzahl von Menschen ist beschäftiget worden.

§. 330. Die Absicht der Handlung von Seite des Staates ist, die Beschäftigung der Bürger zu vermehren.

ren. Wenn daher das Bestreben der Nationen dahin ausläuft, die Bilanz zu empfangen, so geschieht es nur insoferne, als dieser Empfang für das Gegenwärtige eine Folge, und Anzeichen von der vergrösserten Nationalbeschäftigung, für das künftige eine Unterstützung für dieselbe ist. Der Einfluß des Geldes, wornach die numerische Bilanz berechnet wird, ist also wenigstens nur ein untergeordneter Endzweck, und die Bilanz des Vortheils ist dann erst auf der Seite eines Staates, wenn die ausgeführte Waare eine grössere Menge Menschen in der Erzielung, und in der Fracht beschäftiget hat, als die eingeführte beschäftiget haben würde.

§. 331. Die Berechnung der numerischen Bilanz würde unrichtig ausfallen, wenn der Preis der eingeführten und ausgeführten Waaren überhaupt angesetzet würde. Es ist zu beiden Theilen alles das abzuziehen, was an Fracht, Commißion, Stoff, Zugehörwaaren u. d. nicht von, oder an die Bilanzziehenden Staaten bezahlt worden. Um also eine zuverläßige Vergleichung zu machen, muß jeder Staat erst die besondere, dann aber die allgemeine Bilanz ziehen. Die besondere Bilanz vergleicht die Einfuhr, und Ausfuhr mit einer Nation allein: die allgemeine stellet diese Vergleichung mit allen Nationen an, mit welchen man immer Handlungsgeschäfte gehabt. Die allgemeine Bilanz ist das Produkt, wenn beide Seiten aller besondern Handlungen aufgezogen werden. Man kann gegen eine, und andere Nation verlieren, und doch die

Totalbilanz für sich haben. Vielleicht hat eben dieser Verlurst gegen eine Nation den Gewinn bei der andern unterstützt.

§. 332. Die besondere und allgemeine Bilanz führet diejenigen, welche die Handlung leiten, auf die nähern und eigentlichen Mängel der Handlung; sie weiset ihnen eben dadurch auch die nächsten, und eigentlichsten Wege an, diesen Mängeln abzuhelfen; wo die Einfuhr zu vermindern, welcher Zweig zu ermuntern, wodurch die Ausfuhr zu vergrössern, zu befördern seie u. d. Die Sorgfalt sich ein genaues Kenntniß der Bilanz zu verschaffen, kann also nicht zu groß sein: allein bis jetzt hat man den Weg nicht ausgefunden, und sich immer nur an einem beiläufigen Kenntnisse müssen genügen lassen. Die Commerzien= und Manufaktur= und Mauthregister waren die einzigen Quellen, aus welchen man sich darüber einigermassen unterrichten konnte.

§. 333. Ungeachtet dieser Unzuverläßigkeit hat man sich dennoch einzig an diesen Mitteln zu halten, zugleich aber diejenigen zu Hülfe ziehen müssen, durch welche man nur ein allgemeines Urtheil von dem Vortheile, oder Nachtheile der Handlung zu fällen vermag: sie sind der Wechsel, die Geldzinnsen, die Vermehrung, oder Verminderung der Fracht, und überhaupt der Zuwachs, oder die Abnahme der Bevölkerung. Es ist von iedem diejenige Behutsamkeit anzuempfehlen, ohne die man ganz leicht auf Irrwege
ge=

gerathen kann. Am untrüglichsten zeigt die Vermehrung oder Abnahme der Ehen, und der Bevölkerung die Vergrösserung, oder Abnahme der Handlung an: weil das Maaß der Beschäftigung überhaupt auch das Maaß der Bevölkerung ist.

XVI. Von Handlungskollegien.

§. 334. Die Anwendung aller bisher erklärten Grundsätze auf das Lokal, und nach den Umständen jedes Landes ist der ausübende Theil der Handlungspolitik. Die Menge, und Verschiedenheit der Umstände, welche zu verbinden sind, die verschiedenen Gesichtspunkte, von welchen die Handlungsangelegenheiten betrachtet werden können, überzeugen jeden Monarchen von selbst von der Nothwendigkeit, die Leitung der Handlung nicht einem einzelnen Menschen, sondern einem ganzen Kollegium zu übertragen, dessen Thätigkeit weit verbreitet genug seie, alle diejenigen Anstalten zu machen, welche die Aufnahme der Handlung entweder überhaupt, oder oft auch nur in einem günstigen Augenblicke erfordert. Der Namen eines solchen Kollegiums, und seine äusserliche Einrichtung sind an sich gleichgiltig: es kömmt vorzüglich darauf an, wie es von innen beschaffen? aus welchen Menschen es zusammengesetzt? und was hauptsächlich in den Umkreis seiner Thätigkeit gezogen werden soll?

§. 335.

§. 335. Wenn ein Staat aus mehrern Provinzen, oder Bezirken zusammengesetzet ist; so fordert iede solche Abtheilung ein kleines Kollegium, wo die besondern Handlungsangelegenheiten dieses Theils am ersten besorget werden. Diese Provinzialkollegien sind eigentlich als Manufakturkollegien anzusehen, welche die Aufnahme der Provinzialnahrungswege besorgen, in kleineren Sachen nach den ihnen mitgetheilten Verordnungen, und Richtschnuren zu Werke gehen, die wichtigeren Angelegenheiten aber, oder Vorschläge, welche zur Aufnahme der Beschäftigung ihrer Bezirke dienen, der obersten Commerzienstelle einsenden. Diese oberste Commerzienstelle untersucht dieselben nicht nur in der Beziehung auf diesen einzelnen Distrikt, sondern auf das ganze des Staats: und besteht hauptsächlich die Verrichtung der obersten Commerzienstelle darinnen, daß sie den Vortheil der Provinzen mit dem Vortheile des ganzen Staates in ein Verhältniß bringe, und unter den verschiedenen Theilen des Staates ein Gleichgewicht des Vortheils zu erhalten wisse.

§. 336. Zu den Provinzialkollegien würden Handelsleute mit Nutzen anzuwenden sein, wenigstens solche, die die Handlung für ietzt nicht mehr führen. Allen Gliedern solcher Kollegien soll untersagt sein, an irgend einem Handlungsgeschäfte, an irgend einer Manufaktur Antheil zu haben. Da in solchen untergeordneten Kollegien nur das Kenntniß einzelner Theile; aber auch ein genaues und sehr umständliches Kenntniß
ein-

einzelner Theile nöthig ist; so empfehlen sich hiezu vorzüglich solche Männer, die ihre Lebenszeit darauf gewendet, sich dasselbe zu erwerben, die alle Vortheile, und Nachtheile eines Zweiges kennen zu lernen Gelegenheit gehabt. Ganz anders verhält es sich mit dem Beisitz bei der obersten Commerzienstelle. Die Pflanzschulen der Räthe bei dieser müssen der Aufenthalt unter handelnden Nationen, und, wenn diejenigen, welche der Staat bei dem Handlungsgeschäfte anzuwenden Willens ist, von da zurückkommen, die Provinzialkollegien sein, in welchen sie das besondere Kenntniß von allen Theilen des Reichs, und den praktischen Theil ihrer künftigen Verrichtungen erwerben können.

§. Die Thätigkeit endlich der Kommerzlendirektion muß dem Endzwecke angemessen, d. i. zureichend sein, um in den nothwendigen Maaßregeln zur Unterstützung der Handlung kein Hinderniß zu finden. Daß der Feldbau, mit der Oekonomieaufsicht, die Handgewerbe, das Manufakturwesen, die Unterstützungsmittel, mithin auch die Belohnungen, die Consulate, die Kauffarteifracht, die Assekuranzen, die Merkantilgerichte u. d. g. unter die Gerichtsbarkeit der Commerciendirektion gehören, davon ist iedermann überzeugt: aber die Einrichtung beinahe aller Staaten beweist, daß man in Ansehen der Mäuthe, der Straßen, des Münzwesen nicht einer gleichen Meinung seie. Zum mindesten sollten die

Mäuthe, als der Leitriem der Handlung, und die Straffenaufsicht mit der obersten Commercienstelle vereiniget werden.

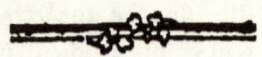

Finanzwissenschaft.

Dritter Theil.

Einer der wichtigsten Grundsätze der Finanzverwaltung ist folgender: daß man mit unendlich größerer Sorgfalt der Vermehrung der Staatsbedürfnisse vorzubauen, als die Einkünfte zu vermehren bedacht sein soll.

J. J. Rousseau.

Litteratur.

1. **Theod. Ludw. Laus,** Vorschlag von Einrichtung der Einkünfte der Souverainen, und Unterthanen, in welchen von Polizei, Negotien, Kammer und Steuersachen gehandelt wird. Frankf. 1719. 6 Theile, 4.

2. **Wilh. Freyh. v. Schrödern,** fürstliche Schatz- und Rentkammer, 3te Aufl. 1752. 8.

3. **Johann Wilhelm von der Lith** politische Betrachtungen über verschiedene Arten von Steuern Breslau, 1751. 8.

4. Le Financier, par Mr. le Chévalier de Mouhy à Amsterd. 1757. 12.

5. **D. G. H. Zinkens,** Anfangsgründe der Kammeralwissenschaften, worinn dessen Grundriß weiter ausgeführt, und verbessert wird, Leipz. 1755. 4 Bände 8.

6. Recherches et Considerations sur les finances de france depuis l'Année 1595. Jusqu'à l'année 1721. a Basle 1758. 2 Tomes 4.

7. Memoires, et Considerations sur les finances d'Espagne. à Amsterd. 1761. 2 Tomes 8.

8. La Balance generale, et raisonnée de l'Angleterre depuis 1660. iusqu'en 1761. à Amsterd. 1764. 8.

9. Theorie

9 Theorie de l'Impôt, par l'Auteur de l'Ami des Hommes (Mirabeau.) à Paris. 1761. 8.

10 Sistem des Finanzwesens nach vernünftigen aus dem Endzweck der bürgerlichen Gesellschaften, und aus der Natur aller Quellen der Einkünfte des Staats hergeleiteten Grundsätzen, und Regeln, ausführlich abgehandelt, von J. H. G. v. Justi, Halle, 1766. 4.

11 Die Kammeralwissenschaften nach dem Grundriß des Hrn. Hofr. Daries, von Lorenz Joh. Dan. Succow. Jena 1767.

12 v. Pfeiffer, Grundriß der Finanzwissenschaft; Erf. 1781. 8.

Einleitung.

§. 1. Die Wandelbarkeit der innern und äussern Umstände, welche nothwendig die Wandelbarkeit der Bedürfnisse veranlasset, das Bestreben eines ieden einzelnen, entweder von der gemeinen Last frei zu bleiben, oder doch davon den kleinsten Antheil zu tragen, die Untreue der Finanzbedienten haben die Verwaltung der Staatsrenten zu einem der verworrensten Geschäfte gemacht. Um desto nothwendiger also ist demienigen, dem dieser wichtige Theil der öffentlichen Verwaltung anvertrauet ist, daß er von überdachten Grundsäzen geleitet werde, nach welchen die Staatseinkünfte auf das vortheilhafteste behoben werden. Diese gesammelten Grundsäze sind die Finanzwissenschaft.

§. 2. Die Bedürfnisse des neuen Staatskörpers wurden öffentliche, oder gemeine Bedürfnisse genennet, weil sie das gemeine Wesen, den öffentlichen Staat betraffen. Sie bestunden in den Mitteln, wodurch der Sicherheit und der Bequemlichkeit der Bürger vorgesehen, und die öffentliche Gewalt in Stand gesetzt wurde, von innen die Gesetzgebung, von aussen die Vertheidigung handzuhaben. Was auf diese Art für das gemeine Beste, für den Staat geleistet wurde, hieß gemeiner Dienst, Staatsdienst, und bestund anfangs größtentheils in wirklichen Dienstentrichtungen, nach der Art, als die Umstände solche forderten.

§. 3. Obwohlen also sich die Bürger zu den Dienstleistungen gegen das gemeine Wesen verbunden hielten, obwohlen das gemeine Wesen von dem Bürger Dienste fordern berechtiget war; so konnten diese Dienste niemals zum Nachtheile des eignen, und Familienunterhalts gereichen, sondern die gemeinen Dienste wurden entrichtet, nachdem dieser Unterhalt besorgt war.

§. 4. Der Grund der Verbindlichkeit von der einen Seite Dienste zu leisten, und des Rechtes von der andern Seite selbe zu fordern ist der nothwendige Zusammenhang der Mittel mit dem Endzwecke, zwischen welchen, ohne mit sich selbst in Widerspruch zu stehen, keine Sonderung geschehen kann. Der Grund dieser wechselseitigen Verbindlichkeiten ist nun auch derselben Maaßstaab. Die Bürger verpflichteten sich zu allen: aber auch nur zu denjenigen Diensten, die mit dem Endzwecke im Verhältniße standen. Das gemeine Wesen war zu allen, aber auch nur zu sovielen Dienstforderungen berechtiget. Die Entrichtungen des öffentlichen Dienstes standen also im Ebenmaaße mit dem Bedürfnisse des gemeinen Wesens.

§. 5. Nach und nach kam es aus verschiedenen Ursachen von ihrer ursprünglichen einfachen Gestalt beinahe ganz ab. Die Maschine, wenn es erlaubt ist, so sich auszudrücken, ward zusammengesetzter, die Verschiedenheit der Stände nahm ihren Ursprung. Die Bürger konnten nicht, wie ehemals von ihrem Hausgeschäfte zum gemeinen Dienste, von diesem zu ihrem Hausgeschäfte übergehn, ein Theil derselben muste ohne Unterlaß dem ersteren gewidmet bleiben. Hieraus floß die Nothwendigkeit, denjenigen, welche sich entweder freiwillig dazu erboten, oder gewählet wurden, für den Uiberfluß ihres Dienstes einen Ersatz zu machen, welcher Sold genennet wird.

§. 6.

§. 6. Nunmehro gaben die Bürger, anstatt zu arbeiten, und der Staat empfieng statt der ehemals geleisteten gemeinen Dienste Einkünfte, welche die Wesenheit desjenigen, an dessen Stelle sie treten, vollkommen beibehalten haben. Der Grund gemeine Dienste zu fordern, und zu leisten, war die Nothwendigkeit der Mittel zum Endzwecke: die Einkünfte werden aus eben diesem Grunde behoben. Oeffentliche Einkünfte, Staatsrenten sind also Einkünfte, die der Staat behebt, um davon den nothwendigen gemeinen Dienst zu besorgen. Um der gewöhnlichen Art des Ausdrucks näher zu bleiben, wird in der Folge der gemeine Dienst Staatsbedürfniß, die Auslage, die dafür zu machen sein wird, Staatsaufwand heissen.

§. 7. Die Behebung der gemeinen Einkünfte geschieht zu dem gemeinschaftlichen Vortheile des Staates, und des einzelnen Bürgers. Die gemeinen Einkünfte auf das vortheilhafteste beheben, heißt daher den Vortheil des Staates, für welchen die Einkünfte einzubringen sind, mit dem Vortheile des Bürgers, von dem der Beitrag geschieht, vereinbaren. Aus dieser beidseitigen Vereinigung entspringt das wahrhaft nützliche, und dauerhafte einer Finanzverwaltung. Hier durchkreuzen sich oft die scheinbaren Vortheile, wenn man von der einen Seite die Einkünfte zu vermehren, von der andern die Entrichtung zu verringern sucht.

§. 8. Der Vereinigungspunkt für den Vortheil des Staates mit dem Vortheile des einzelnen Bürgers läßt

sich

sich nach dem Endzwecke bestimmen. Gemäß diesem Endzwecke wird der Vortheil des Staates darinn bestehen, daß die eingehenden Einkünfte zureichen: der Vortheil des einzelnen Mitsteuernden hingegen darinn, daß der Antheil, den er zum Staatsaufwande beizutragen hat, mäßig seie.

§. 9. Die Einkünfte des Staates sind zureichend, wenn ihre Grösse der Grösse des Aufwandes angemessen ist, welche der Regent davon zu bestreiten hat: das ist, wenn soviel einkömmt, um es an keiner Anstalt gebrechen zu lassen, die dem gemeinschaftlichen Wohl einen Zuwachs verschaffen kann. Eigentlich schlüst das Wort zureichend nur zwo Gattungen von Aufwande in sich, zu deren Bestreitung von den öffentlichen Renten die oberste Gewalt berechtiget ist, den nothwendigen nemlich, und den nützlichen. Aber da auch die oberste Gewalt allein aus dem Zusammenhange der Umstände die Nothwendigkeit, und den Nutzen der Anstalten zu beurtheilen fähig ist, so ist die Vermuthung für sie, iede Auslage werde sich auf eine von diesen Gattungen beziehen, wenn gleich diese Beziehung sonst nicht deutlich in die Augen fällt.

§. 10. Der Beitrag des einzelnen Entrichtenden zu den allgemeinen Aufwande mag geschehen, auf welche Art er wolle: so ist die Mäßigkeit des Antheils von seiner Seite eine gegründete Forderung. Unter den Beweggründen zu dem bürgerlichen Vertrage war die Sicherheit des Eigenthums überhaupt, und der Nutzniessung insbesondere ohne Zweifel einer der vorzüglichsten Beweggründe. Diese Sicherheit würde ganz vereitelt, woferne die öffentlichen Anforderungen unbegränzt sein möchten.

§. 11. Durch diese Betrachtung geleitet, wird man von dem Werthe eines von so vielen Schriftstellern verfochtenen, und in der Ausübung sehr angenommenen Finanzgrundsatzes das zuverläßige Urtheil fällen können: daß nämlich die öffentlichen Einkünfte beständig vermehret werden sollen. Durch denselben wird die Ordnung der Staatsverwaltung ganz über- und umgestürzet.

§. 12. Es ist nicht möglich ein allgemeines, und numerisches Verhältniß des Beitrags zu finden, um dadurch die Gränzen der Mäßigkeit auszuzeichnen, weil es nicht möglich ist eine Zahl zu finden, die sich zu zwoen wandelbaren Größen beständig gleich verhalte. Die Mäßigkeit des Beitrags besteht also wesentlich darinnen, daß in dem Ebenmaße zu der Größe des allgemeinen Aufwandes, und zu dem Vermögen eines jeden der Staat sich an dem möglich kleinsten Beitragsantheile genügen lasse.

§. 13. Die zureichende Summe der öffentlichen Einkünfte ist eine Größe, die sich auf die Größe des Aufwandes bezieht, daher um jene zu bestimmen, diese vorhero muß gefunden werden. Hier entfernet sich die Staatshaushaltung vollkommen von den Grundsätzen der Privatökonomie, bei der Privathaushaltung sind die Einkünfte der Maaßstaab, nach welchem die Auslagen entweder erweitert, oder eingeschränkt werden müssen; in der Haushaltung des Staates hingegen

gegen ist der Maaßstaab der zu machende Aufwand, und in gleichem Verhältnisse mit demselben müssen die Staatseinkünfte wachsen, oder abnehmen.

§. 14. Die Grösse des nöthigen, und nützlichen Aufwandes wird durch eine Berechnung gefunden, welche aus der allgemeinen Verwaltung des gemeinen Wesens die einzelnen Rubricken in eine Summe zusammenziehet, und der Staatserat, der Staatsaufwandüberschlag genennet wird. Die Verfassung eines ieden Staates in Beziehung auf den Aufwand muß unter zween Gesichtspunkten angesehen werden: in der ordentlichen, und beständigen Lage desselben, wenn seine Ruhe von aussen, und innen nicht bedrohet ist, und in der ausserordentlichen, worinn er sich durch eine entweder wirklich gegenwärtige, oder nahende Gefahr versetzet findet. Es fällt in die Augen, daß nach Verschiedenheit dieser Lagen auch der Aufwand verschieden sein müsse, und daß die ausserordentlichen Vorfälle seine Vergrösserung unvermeidlich machen. Der Staatsaufwands-Uiberschlag muß nach diesen wechselnden Umständen eingerichtet sein: der ordentliche enthält den gewönlichen von Jahre zu Jahre wiederkehrenden, und daher sogenannten beständigen Aufwand des Staates: der ausserordentliche richtet sich nach der Grösse der besonderen Vorfälle, die den Staat zur Vermehrung seiner Auslagen zwingen.

§. 15. Der Staatsaufwandsüberschlag zeiget das Bedürfniß; wenn nun die Grösse des Bedürfnisses bekannt ist: so ist es nöthig festzusetzen, auf welche Art der Beitrag zur Bestreitung desselben geschehen

soll

soll, welches ein Finanzsistem eine Finanzverfassung entwerfen heist. So wie nach Verschiedenheit des Bedürfnisses der Staatsaufwandsüberschlag sich in einen ordentlichen, und ausserordentlichen zertheilet, eben so muß bei dem Finanzsistem eines ieden Staates darauf gedacht werden, durch welches Mittel erst dem ordentlichen Aufwande des Staates die Stirne geboten werden mag; dann auch, wie man dem durch ausserordentliche Umstände herbeigeführten ausserordentlichen Auslagen werde zureichen können.

§. 16. Der Beitrag der Bürger zum ordentlichen Aufwand kann auf eine dreifache Art geschehen: bei dem Ursprunge des gemeinen Wesens konnte es geschehen durch Uiberlassung verhältnißmäßiger Antheile eines ieden zur Errichtung der Staatsgüter, gemeinschaftlichen Güter, denen in spätern Zeiten nach der Verschiedenheit der Regierungsform der Namen Güter des gemeinen Wesen, Domänen, Krongüter beigeleget worden.

§. 17. Oder man wirft den Blick auf dieienigen Dinge, die nutzabwerfend; aber zugleich von einer solchen Beschaffenheit sind, daß sie die Zerstückung in Privatantheile nicht zulassen, ohne daß ihr abfallender Nutzen entweder ganz vereitelt, oder doch sehr ansehnlich vermindert werde. Man überläst diese der obersten Gewalt um davon den gemeinen Aufwand zu besorgen. Die Lage der Länder ließ Gegenstände von dieser Art die eine bürgerliche Gesellschaft mehr, als die andere entdecken. Die Benennung, womit man hiezu bestimmte Gegenstände, oder vielmehr das Recht auf diese

Gegenstände belegte, ist bei einer aufmerksamen Betrachtung sehr unangemessen: man hieß sie Regalien d. i. der obersten Gewalt vorbehaltene Rechte. Man scheint gefühlt zu haben, daß dieses Wort zu allgemein, zu weitreichend seie, man hat es also durch einen Zusatz bestimmter zu machen gesucht, und sagt Regalien des Fiskus, um die der obersten Gewalt auf gewisse nutzabwerfende Gegenstände vorbehaltenen Vorrechte zu bezeichnen.

§. 18. Die dritte Art des Beitrags ist, wenn die Bürger die Summe, welche der gemeine Aufwand verlanget, in Antheilen, nach einer gewissen Schätzung zusammenbringen. Das sind Steuern, Gaben, Beischoß, Anlagen, Wörter sämmtlich von derselben Bedeutung, deren Ableitung in die Augen fällt. Die Steuern sind nur als das Ergänzungsmittel in Ansehen der zwoen ersten Quellen der Einkünfte zu betrachten. Der Grundsatz bleibt unverändert: Die Steuern haben zu der Summe des öffentlichen Aufwands nur den abgehenden Theil nachzutragen.

§. 19. Dieses gilt sogar in Ansehen derjenigen Einkünfte, die nur erst, nachdem die Staaten lange schon bestunden, ihren Ursprung genommen zu haben scheinen, und die zufälligen Abfälle (ungewissen Gefälle) genennet werden; sie werden durch Taxen, Würden, Befreiungen, Strafgelder u. s. w. erhalten; sie sind zwar zufällig: aber eine genauere Beobachtung hat sogar in einer gewissen Reihe von Jahren, deren eines das andere überträgt, eine Vermuthung auf die Summe gegründet, und diese erlaubt die

zu

zufälligen Einkünfte unter den Calkulus der Finanz zu ziehen.

§. 20. Der Beitrag zu den ausserordentlichen Aufwande muß nach den mannigfaltigen Umständen eingerichtet sein, worein sich der Staat versetzet findet, immer aber den Blick von dem Wohl der Bürger unabgewendet, welches unter allen Umständen der Endzweck eines ieden Aufwandes bleibt. Die Lage eines Staates, worinnen der ordentliche Aufwand unzureichend ist, kann zweifach sein. Der ausserordentliche Aufwand darf nur stückweise nach kleinern Theilzahlungen gemacht werden: oder es ist nöthig mit einmal beträchtliche Summen zu verwenden.

§. 21. Zur Bestreitung des ausserordentlichen Aufwandes, welcher die gemächliche Theilzahlungen erlaubt, geschieht der Beitrag ordentlich durch den Weg der Steuern; zuweilen weis auch der Staat die Unterscheidungsbegierde der Vermögenden zu nutzen, welches aber viele Nachtheile gewönlich nach sich ziehet.

§. 22. Wenn grosse Summen miteinmal nothwendig sind, und dieselben durch den Beischuß der Bürger aufzubringen wären: so ist die Beschwerlichkeit dieses starken Beischusses in die Augen fallend. Da der Bürger von den besonders sparsam berechneten Lebensnothwendigkeiten nichts abbrechen kann: so ist er gezwungen entweder zu borgen, oder zu veräussern, daher liegt dem Staate seiner eignen Erhaltung wegen daran, diesen traurigen Folgen zuvorzukommen, und sich nach andern Mitteln umzusehen, wodurch

durch er die erforderlichen Summen mit einmal erhält, gleichwol aber für den Bürger zu der gemächlichen Theilzahlung Zeit gewinnt. Der Weg des öffentlichen Kredits bietet ihm dieses Mittel an.

§. 23. Manchmal, und in dringenden Umständen irgend eines Staates sind die vorher genannten Mittel entweder zu langsam, oder unzureichend, dann ist der Fall, wo Veräusserungen unvermeidlich sind. Die entbehrlichsten, die beweglichen Güter kommen dabei eher an die Reihe, als die unbeweglichen. Sind die Umstände äusserst verzweifelt, so sieht sich der Regent in der traurigen Nothwendigkeit, das hohe Eigenthums-Recht (Dominium eminens) geltend zu machen, und das bis dahin unverletzbare Privat-Eigenthum zur Rettung des Staates zu Hülfe zu nehmen.

§. 24. Eine Menge wichtiger Gründe empfehlen dem Regenten die Behutsamkeit, bei dem Finanzwesen die Einsicht, Erfahrung und Treue mehrerer geschickten Männer zu vereinigen, mithin die Staatsrenten durch ein Finanzkollegium verwalten zu lassen.

§. 25. Es soll wie über alle Theile der Staatsgeschäfte auch hier die Freiheit Vorschläge einzureichen, nicht blos iedermann unbenommen sein, sondern iedermann sogar dazu durch Verheissungen aufgefordert werden. Die Pflicht des Finanzkollegiums wird es sein, die eingekommenen Projekte zu prüfen, und die brauchbaren davon zur Ausführung zu bringen.

§. 26.

§. 26. Diese Zergliederung der einfachsten Begriffe der Finanz bietet mir nun zur Abhandlung derselben folgende Ordnung. Vorausgesetzt, die Größe des erforderten Aufwandes seie bestimmt, das ist, der Staatsaufwandsüberschlag gemacht, so wird:

I. Das Finanzsistem gefaßt, welches die Richtschnur wird, wie zu dem ordentlichen Aufwande
II. von Domänen.
III. von Regalien.
IV. von zufälligen Gefällen die Einkünfte eingebracht, und was noch abgängig,
V. von Steuern ergänzet werde,
wie weiters der
Ausserordentliche Aufwand.
VI. von erhöhten Steuern, oder
VII. von dem Staatskredite bestritten oder endlich gar
VIII. von Veräusserungen die lezte Hülfe erwartet; alles dieses
IX. von dem Finanzkollegium besorget, und diesem, neben den gewöhnlichen Verrichtungen, insbesondere die Untersuchung
X. der Finanzprojekte aufgetragen werde.

Vom Finanzsistem.

§. 27. Der Aufwand ist der Maaßstaab der Staatseinkünfte, dieses kann gleichwol nur mit derjenigen Mäßigung zu verstehen sein, welche die Größe eines Landes, der Bevölkerungsstand, der Reichthum, und andere Umstände, von denen die Macht eines Staates abhängt, nothwendig an die Hand geben. Sind nun alle Stimmen überein, welchen Aufwand die allgemeine Wohlfahrt nothwendig mache, und der Staat zu tragen fähig seie, so wird ein Plan festgesetzet, wornach die zureichenden Einkünfte des Staates von den Nationaleinkünften gewiß eingehoben, und dauerhaft gemacht werden. Die Gewißheit der Einkünfte, und ihre Dauer vereinigen alles, was immer bei einem Finanzsisteme zum Vortheile des empfangenden Staates, und des beytragenden Burgers verlangt werden kann.

§. 28. Bei Entwerfung eines Finanzsistemes muß die Gewißheit der Einkünfte von zwoen Seiten zum Augenmerke genommen werden: die Gewißheit in Ansehen der Grösse, und die Gewißheit in Ansehen der Zeit.

§. 29. Die Gewißheit der Staatseinkünfte in Ansehn der Grösse hängt von den folgenden drei Stücken ab. 1.) Daß bei Bestimmung der Staatseinkünfte überhaupt das Maaß der Möglichkeit nicht überstiegen werde. 2. Daß zu Gegenständen, davon Einkünfte zu heben sind, nicht solche gewählet werden, die einer willkührlichen Veränderung unterworfen sind. 3. Daß alles, was unter dem Namen der öffentlichen Einkünfte behoben wird, auch ohne Verminderung in die öffentlichen Kassen eingehe. Das Maaß der Möglichkeit ist überschritten entweder in Beziehung auf den ganzen Staat, wenn überhaupt die Summe der öffentlichen Einkünfte zu gros angetragen wird, oder in Beziehung

auf

auf die Theile des Staats, wenn in grösseren Staaten zwischen den Provinzen, in kleineren zwischen den Kreisen nicht das gehörige Gleichgewicht beobachtet wird.

§. 30. Die öffentlichen Einkünfte sind ein Theil der sämmtlichen Nationaleinkünfte. Der Grund zur Verfassung eines guten Finanzsistems muß daher durch das Kenntniß des Ganzen geleget werden, davon man einen Theil zu beheben hat. Der Mangel dieses Kenntnißes wird beständig einen von zwoen Nachtheilen, oder vielmehr beide vereinigt veranlassen: die Ungewißheit, der wievielte Theil zur Bedeckung des Staatsaufwandes zureiche, und die Ungewißheit, wie stark das Produkt des nach dem ungefehr angenommenen Theiles sein werde.

§. 31. Die Quellen des Nationaleinkommens sind der Feldbau, und die Aemsigkeit, unter welchen letztern alles mitbegriffen wird, was auch den sogenannten numerären Reichthum eines Staates vermehret. Aber man würde einen wesentlichen Irrthum begehen, wenn man die Erzeugnisse dieser beiden Zweige des Fleisses ohne einigen Abschlag zur Summe der Nationaleinkünfte einrechnete. Die Vorschußkösten sind dabei auf eben die Art abzuziehen, wie sie der Privatmann bei seinem Privateinkommen abzuziehen pfleget. Also sind die Nationaleinkünfte eigentlich das Produkt der Nationalbeschäftigung nach Abzug des Vorschusses.

§. 32. Die Grösse der Nationaleinkünfte wird entweder durch die politische Berechnung gesucht, oder
durch

durch eine Verbindung verschiedener Urkunden, welche der Finanzverwaltung von andern Zweigen der öffentlichen Verwaltung an die Hand gegeben werden. Die politische Berechnung setzet zwar nicht in Stand mit Gewißheit über die Grösse der Nationaleinkünfte auszusprechen; aber immer Muthmassungen zu wagen, die manchmal, wo die Gewißheit nicht zu erreichen ist, zu Wegweisern dienen müssen. Die liegenden Güter der Nation müssen aus Oekonomietabellen, Grundbüchern, und Kadastern bekannt sein. Es kömmt nur darauf an, das Vermögen der Nation an gemünztem Gelde zu bestimmen, welches durch das Verhältniß des Geldes zu den unbeweglichen, und beweglichen Gütern geschieht, auf diese Art wäre das Nationalkapital festgesetzet.

§. 33. Die Urkunden zur Bestimmung der Grösse der Nationaleinkünfte für eine Regierung sind die Grundbücher, und Kadastra, und Oekonomietabellen, die Manufakturtabellen, die Bergwerktabellen, und Münzregister, dann die Mauthregister. Die Grundbücher, und Kadastra vereinbart mit den Oekonomietabellen geben das Produkt der Landwirthschaft; die Manufakturtabellen geben das Produkt der Nationalämsigkeit, durch welche der Werth des Stoffes, den die Landwirthschaft erzielet, einen neuen Zuwachs erhält; die Manufakturtabelle verglichen mit der Ausfuhr nach den Mauthregistern giebt die Grösse des Nationalumsatzes. Die Bergwerkstabellen, und Münzregister geben den Zuwachs an den Numerären von innen, die

Mauth-

Mauthregister geben die Ausfuhr an landwirthschaftlichen, und Kunstprodukten, mithin den Zuwachs an Numerären von auſſen. Zugleich geben sie die Einfuhr von daher, mithin auch, was von dieser Seite wieder an Numerären abzuziehen kömmt. Alles, was wahrhaft Nationaleinkommen genennet werden kann, wird unter eine von diesen Rubriken geordnet werden müssen, dem der Staat nur noch zur Vollkommenheit den aktiven, und paſſiven Schuldenstand zugesellet.

§. 34. Durch dieses Kenntniß geleitet kann die Finanzverwaltung einsehen: ob die zu behebenden öffentlichen Einkünfte mit der allgemeinen Beitragsfähigkeit in gehörigem Ebenmaaſe stehen? zugleich ist sie in Stand gesetzt zu bestimmen, der wievielte Theil zur Bedeckung des öffentlichen Aufwandes zureichen werde? es fehlet auch nicht an sich stets zeigenden Merkmalen. In dem Körper des Staates, wie in dem phisischen hat iedes Uibel sein Anzeichen. Da die Verbesserung der Landwirthschaft, die Aufnahme der Manufakturen, und der Fortgang der Handlung hauptsächlich durch die Beschwerlichkeit der Abgaben gehemmet werden: so kann mit aller Zuverläßigkeit von dem blühenden Zustande dieser drei Zweige des Fleiſſes auf das begünstigende Verhältniß, und so umgekehrt der Schluß gezogen werden.

§. 35. Der Beischuß zur Summe der allgemeinen Staatseinkünfte muß unter die verschiedenen Provinzen untergetheilet werden. Wenn die Theile eines Staates einander an Fruchtbarkeit und Vermögen gleich wären: so so würde zur Verfertigung einer Länderuntertheilung allein nöthig sein, das arithmetische Verhältniß dem geometrischen zur Seite zu setzen, d. i. die zu entrichtenden Antheile würden sich untereinander verhalten, wie ihre gegenseitigen Grössen: aber, da der Unterschied unter denselben meistens sehr beträchtlich ist: so muß das Kenntniß der Provinzialeinkünfte hier eben so zum Grunde geleget werden, wie das Kenntniß der Staatseinkünfte der Grund der allgemeinen Summe war. Die Einkünfte einer Provinz werden berechnet nach der Grösse derselben, nach der Fruchtbarkeit, und der daher rührenden Menge der landwirthschaftlichen Erzeugnisse, nach dem Anwerthe derselben von aussen, nach den in einer Provinz angelegten Manufakturen, und der Ausfuhr ihrer Erzeugnisse, mithin nach der Grösse ihrer Ausfuhrhandlung, und nach andern Geldzuflüssen. Die Summe aller dieser Rubriken zusammengezogen geben den Empfang. Auf der andern Seite hingegen muß in Betrachtung kommen, was durch die Einfuhrhandlung, oder auf andere Art an Gelde ausfliest, und für die Ausgabe von dem Empfange abzuziehen ist; was übrig bleibt, kann allein für die Summe angenommen werden, wovon ein Theil, als der Provinzialbeitrag zu den allgemeinen Staatseinkünfte, eingehoben werden mag.

§. 36. Die Grösse einer ieden Provinz muß der Regierung aus genau gezeichneten Provinzialkarten bekannt werden. Die Fruchtbarkeit ist entweder die mögliche, oder die wirkliche. Die mögliche Fruchtbarbarkeit kömmt auf die Beschaffenheit der Scholle an, welche, da sie natürlich in einem etwas grösseren Umfange stäts unterschieden ist, durch eine unter den verschiedenen Zahlen der klassificirten Gründe gemachte Ausgleichung in eine Mittelzahl gebracht wird. Die wirkliche Fruchtbarkeit ist der Grad der Vollkommenheit, worinn sich die Landwirthschaft der Provinz nach dem Maase ihrer Bevölkerung, der Hoffnung des Absatzes, und anderer Ermunterungen befindet. Die Polizei kann bei der allgemeinen Magazinirung, und die Oekonomieaufsicht zur Beförderung der Landwirthschaft derjenigen Tabellen nicht entbehren, die der Finanzverwaltung über die letzte Gattung, an der sie allein Antheil nimmt, das nöthige Licht geben werden.

§. 37. Der Stand der Einkünfte wird auf gleiche Art von allen Provinzen gleich behoben, wodurch man eine Bilanz des numerären, oder das Verhältniß in seiner Gewalt hat, in welchem die Provinzen gegeneinander in Ansehn der kreislaufenden Geldmasse stehen. Dieses Verhältniß nun muß die Richtschnur zur Untertheilung des Provinzialbeitrags sein, und die Regel, welche man dabei wahrzunehmen hat, ist: die wechselseitigen Grössen der beizutragenden Antheile sollen sich gegeneinander verhalten, gleich dem wechselseitigen Geldempfange der Provinzen. Der Beweis dieser Regel liegt in dem einfachen Rechnungssatze, daß die Auslage den Empfang nicht übersteigen könne.

§. 38. Wenn die Last der Entrichtungen die Seltenheit des baaren in einem Lande veranlasset, so muß diese Seltenheit ordentlicher Weise bei derjenigen Klasse anfangen, die davon keinen Uiberfluß hat; also bei der arbeitenden Klasse, bei dem Landmanne, und Manufakturanten. Man kann die Zeitpunkte leicht bestimmen, in welchem ein Landmann bei einer so unglücklichen Staatsverfassung zu Grunde gerichtet werden muß.

§. 39. Den Verfall der Landwirthschaft begleitet der Verfall der Manufakturen. Der glückliche Zustand, wie der schwache wirkt auf Sie stäts wechselseitig.

§. 40. Mit sehr geringer Aufmerksamkeit läßt sich wahrnehmen, daß das Uibel, so die nicht nach der Bilanz des Geldes belegten Theile befällt, seinen Grund in dem gestörten Kreislaufe habe, und daß hingegen, wenn die Bilanz des Geldes zum Maaßstaabe der Untertheilungen angenommen wird, die Provinz, welche den ordentlichen Wohnplatz des Regenten in sich begreift, wohin also gleichsam die Baarschaft des ganzen Staates einfließt, von der Abgabenlast den grösten Theil auf sich zu nehmen haben wird.

§. 41. Bei den Einkünften des Staats sind immer gewisse Gegenstände, welche der Behebung im ganzen, oder zum Theile als die Grundlage bienen. Die schickliche, oder unschickliche Wahl dieser Gegenstände vermehret hie Gewißheit der Staatsrenten in Ansehn der Größe, oder vermindert sie. Der Grundsatz, daß die Einhebung der Staatseinkünfte auf die einfachste Art am vortheilhaftesten seie, hat selbst Männer von Ansehn zu Vorschlägen verleitet, die ganze Summe derselben auf einen einzigen Gegenstand zu legen.

Die

Die Unsicherheit muste davon die unfehlbare Folge sein.

§. 2. Hier kann auch eine der wichtigsten Fragen in dem Finanzwesen untersucht, und entschieden werden: ob nämlich die Bedürfnisse, oder die Gemächlichkeit, und Überfluß schicklichere Gegenstände sind, um darauf das ganze, oder einen wichtigen Theil der öffentlichen Einkünfte zu gründen. — Die Gewißheit der Finanzrechnung fordert die Gründung der Einkünfte vorzüglich auf die Bedürfnisse.

§. 43. Wenn die Staatseinkünfte gleich auf verschiedene Gegenstände vertheilet sind: so ist dennoch immer bei einem, oder anderm derselben ein Abgang zu besorgen; da sich so leicht Umstände ereignen mögen, welche die Beschränkung der Erzielung, oder der Verzehrung nach sich ziehen. Um dieser Verlegenheit vorzukommen, und die Gewißheit der öffentlichen Einkünfte, soviel es thunlich ist, über allen Zweifel hinweg zu setzen, wird zu der nach dem Bedürfnisse ausgemessenen Summe noch soviel geschlagen, als man für zureichend hält, den durch unvorhersehbare Zufälle verursachten Abgang zu ersetzen.

§. 44. Die Gewißheit der Einkünfte verlangt die möglichste Vorsehung gegen die Veruntreuungen, und Mischereien derjenigen, welche mit der Einnahme der Staatsgelder, mit ihrer Verwahrung, mit ihrer Verwaltung beschäftiget sind. In dieser Absicht muß man zu verhindern suchen, daß Niemand an den Staatskassen eine Untreue begehen wolle, und

Z   daß

daß dieselbe niemand begehen könne. Wenigstens muß die Begehung einer Untreue, sosehr es menschlicher Weise möglich ist, erschweret werden. Um das erstere zu bewürken, ist eine vorsichtige Wahl in Besetzung der Aemter zu treffen; die Beamten sind anständig zu besolden, gegen die Veruntreuungen sind strenge Strafen festzusetzen, und an den Betrettenen ohne Nachsicht zu vollstrecken. Das zweite wird durch niedergelegte Sicherheitsgelder, durch öftere, und genaue Kassennachsuchungen, und eine wohleingerichtete Staatsberechnung zu erhalten sein.

§. 45. Da die Gelegenheit zu Veruntreuungen bei Unterkassen lachend, die Reizung so mächtig ist, so ist es unumgänglich nöthig, solche Leute gut zu besolden, damit sich mit der Leichtigkeit eine Untreue zu begehen nicht auch der Beweggrund der Noth paare, und den Trieb unwiderstehlich mache. Hat nun aber der Beamte eine zureichende Besoldung angewiesen; so können keine Strafen gegen denjenigen ohne Rücksicht des Standes, und der Person zu groß sein, der an dem gemeinen Wesen unter was immer für einer Bemäntelung zum Diebe wird.

§. 46. Fast aller Orten und bei allen Bedienungen, welche mit Geld zu walten haben, wo daher Untreue, und Saumseligkeit eine Unordnung in die Kasse bringen dürfte, werden von dem die Bedienung antrettenden, wirklich niedergelegte Gewährgelder, oder Kautionen gefordert; nachdem die anvertrauten Gelder grössere, oder kleinere Summen sind, sind auch die Unterpfänder grösser, oder kleiner. Bei untergeordneten Aemtern

ist

ist eine öftere Untersuchung des Kassestandes, und der nach der Rechnung vorräthigen Baarschaft, welche ganz unvermuthet geschehen soll, von einem in die Augen fallenden Einflusse. Große Kassen, vorzüglich diejenigen, worauf von mehreren Orten Anweisungen geschehen, werden auch gewöhnlich unter mehrern Schlössern gehalten, wozu verschiedene Beamten die Schlüssel haben, davon einer ohne dem andern keine Zahlung leisten kann.

§. 47. Die Gegenstände der Staatsberechnung sind die Einnahme, und Verwendung, aus deren Vergleichung sich der Vorrath der Staatsgelder zeiget. Die Form der Staatsberechnung mag an sich selbst als gleichgiltig angesehen werden: diejenige wird vor den übrigen den Vorzug verdienen, welche folgende wesentliche Eigenschaften vereiniget, aus welchen für den Staat die genaueste Sicherheit entspringet: Kürze, Klarheit, Leichtigkeit das ganze, und die Theile augenblicklich zu übersehen, und eine beständige Kontrole. Die Kontrole wird vorzüglich dadurch erhalten, wenn ein Rechnungsgeschäft bei mehrern dergestalt durchläuft, daß die Theile unter sich eine Beziehung haben, nach welcher auf die Genauheit, oder Ungenauheit der geführten Rechnung ein geltender Schluß gefolgert wird.

§. 48. Die Gewißheit der Einkünfte in Beziehung auf die Zeit, hängt von der Ausmessung der Einhebungstermine, und von der Pünktlichkeit in der Einhebung ab. Fürs erste muß darauf gesehen werden, daß die Zeit der Entrichtung überhaupt dahin

ver-

verleget werde, wo der Bürger wahrscheinlich bei Kräften ist, sie zu tragen. Fürs zweite müssen die Abgaben in kleinere Antheile zerstückt werden, um durch die Untertheilung ihm die Entrichtung weniger beschwerlich zu machen.

§. 49. Eine pünktliche Einhebung ohne Nachsicht, wo im Verzögerungsfalle sogar die Strenge zu Hülfe gerufen wird, um die ausgemessenen Summen genau nach den festgesetzten Terminen einzubringen, ist unvermeidlich für den Staat, der seine Auslagen nach dem Maase eingetheilet hat, als er den Einfluß der Einkünfte erwartet, und heilsam dem steuerbaren Bürger.

§. 50. Die Dauer der Einkünfte im eigentlichsten Verstande ist die Gewißheit derselben auf die folgenden Jahre, und beruhet auf der unverminderten Beitragsfähigkeit. Die allgemeine Beitragsfähigkeit ist aus zwoen Größen zusammengesetzt: aus der Zahl derjenigen, welche zu der öffentlichen Last beitragen, die zweite ist der Antheil, so jeder an dieser Last zu tragen fähig ist. Die Zahl der Beitragenden hängt von der Größe der Bevölkerung, und die Größe des Antheils, den der einzelne Bürger zu der Summe des gemeinschaftlichen Aufwandes entweder gegenwärtig entrichtet, oder bei einem ausserordentlichen Bedürfnisse entrichten kann, diese hängt von dem Vermögen ab, dessen Grund auf die Erwerbung durch die Wege der Beschäftigung errichtet ist. Wann also eine von diesen beiden Größen in Abnahme geräth: so wird die Summe der allgemeinen Beitragsfähigkeit

auf

auf, gleiche Art vermindert, woraus zween der wichtigsten Finanzgrundsätze abgeleitet werden, die bei ieglicher Finanzunternehmung, als der Prüfstein anzusehen sind. 1.) Alle Einkünfte, es seie nun die Gattung derselben, ihre Grösse, oder die Art sie einzuheben, welche mittelbar, oder unmittelbar auf die Beschränkung der Bevölkerung wirken können, sind schädlich. 2.) Alle Einkünfte sind schädlich, welche die Verminderung von irgend einem Zweige der Beschäftigung veranlassen, entweder, daß sie der Arbeitsamkeit nicht Kräfte genug lassen um ihre Unternehmung fortsetzen zu können, oder auch nur nicht Ermunterung genug sie fortsetzen zu wollen.

§. 51. Die Beitragsfähigkeit, und die Entrichtungen stehen in einem entgegengesetzten Verhältniße, mithin um die Beitragsfähigkeit unvermindert zu erhalten, soll 1.) die Summe der öffentlichen Einkünfte weder unmittelbar zu groß angenommen, noch mittelbar vergrössert, 2.) keine Ausnahme von der allgemeinen Beitragspflicht gestattet; 3.) der zu entrichtende Antheil eines ieden, nach dem doppelten Verhältnisse zu seinem eignen Vermögen, und dem Vermögen des Mitsteuernden ausgemessen werden. Doch darf die Nothwendigkeit zureichender öffentlicher Einkünfte nie aus den Augen gelassen werden.

§. 52. Die Summe der öffentlichen Einkünfte wird nicht selten grösser angenommen, in der Absicht die Entrichtung auf einen unveränderlichen Fuß zu setzen, wovon man große Vortheile erwartet. Um die Unveränderlichkeit in den Entrichtungen zu Stande zu bringen muß die Summe der Einkünfte über den ordentlichen jährlichen Aufwand noch einen Theil enthalten, welcher bei Seite geleget, und davon eine Vorrathskasse gesammelt wird, die dem ausserordentlichen Aufwande, wenn der Fall sich ereignet, zur Bedeckung dienen möge. Bei einer solchen Finanzverfassung sieht man einem zweifachen Nutzen entgegen. 1. Seie der arbeitsame Bürger bei seinen Erzeugnissen im Uiberschlage des Preises gesichert. 2. Seie der Staat mit einer solchen Finanzverfassung auf ieden Fall vorausbereitet, wodurch seine äussere Sicherheit sehr vergrößert wäre, die Bürger aber die Gemächlichkeit kleiner Theilzahlungen genössen.

§. 53. Der Schein dieser Vortheile ist verführend; aber eine nähere Prüfung derselben würde diesen Schein ohne Zweifel haben verschwinden machen. 1. Die Sicherheit, welche man dem Bürger in seinem Preisüberschlage verheist, ist nur eingebildet. 2. Fällt es niemand ein zu läugnen, daß die Größe der Entrichtungen zwar oft ein nothwendiges, aber doch immer ein Uibel seie. 3. ist die Gemächlichkeit der kleinern Theilzahlungen zu den ausserordentlichen Aufwande zwar vortheilhaft, gehalten gegen große auf einmal zu leistende Zahlungen: aber es ist gleichwohl immer vortheilhafter nichts, als in noch so kleinen Theilen zu zahlen.

§. 54. Ein unter allen Umständen unveränderlicher Entrichtungsfuß ist also unmöglich, und nachtheilig, wenn er möglich wäre, da er die Entrichtungen beständig auf einen hohen Fuß erhalten muß. Indessen würden öffentliche, und plötzliche Abänderungen desselben ebenfalls nicht weniger schädlich sein. Es ist also nothwendig bei Entwerfung eines Finanzsistems für die ordentliche Lage der Umstände einen beständigen Entrichtungsfuß festzusetzen, der wenigstens so lange, als diese Umstände nicht wechseln, unveränderlich erhalten werde.

§. 55. Die Summe der öffentlichen Einkünfte kann mittelbar durch die Einhebungskosten vermehret werden. Die Kosten der Einhebung machen einen Theil des nothwendigen Staatsaufwandes aus. Je größer nun diese Kosten sind, desto stärker muß die Summe der Einkünfte werden, deren Verhältniß beständig zu dem Aufwandsüberschlage beziehend ist. Der Staat überläst entweder die Behebung an andere, oder er erhebt die Einkünfte selbst. Die Behebung wird an andere entweder auf den Fuß überlassen, daß der Staat ganzen Bezirken eine bestimmte Summe vorschreibt, die Untertheilung derselben aber den Grundobrigkeiten heimstellt, welches das *Jus collectandi* genennet wird; oder der Staat überläst seine Einkünfte pachtweise, welches abermal auf zweierlei Weise geschehen kann: Die Pächter geben eine gewisse Summe an den Staat mit dem eingeräumten Rechte, dieselbe von den Unterthanen nach eigner Untertheilung wieder einzuheben; oder Sie schüssen die Summe der Staatseinkünfte vor: aber Sie sind in der Wiedereinhebung an eine gewisse Vorschrift gebunden. Das erste wird

Pach-

Pachtung ohne allen Zusatz genannt: Das zweite ver⸗
mischte Pachtung weil Sie in einem gewissen Sinne
aus der Pachtung, und der eignen Behebung zu⸗
sammen gesetzet scheint. Die eigne Behebung ge⸗
schieht durch landesfürstliche Einnehmer.

§. 56. Die Untertheilung der Entrichtungen an die
Grundobrigkeiten zu überlassen ist aus verschiedenen
wichtigen Gründen nicht anzurathen, man hat alles zu
befürchten, was eine willkührliche Einhebungsart, von
welcher bald zu handeln sein wird, übels nach sich ziehen
kann.

§. 57. Die Meinungen, welche wie Davenannt
sagt, schon zu seiner Zeit darüber sehr getheilet waren:
ob es für den Staat nützlicher seie, seine Ein⸗
künfte zu verpachten, oder selbst einzuheben?
sind wenigstens in der Ausübung noch heute nicht ver⸗
einiget. Die Verfechter der Pachtungen kommen mit
ihren Widersachern überein: daß von Seite der Päch⸗
ter der Beweggrund eine Unternehmung von solcher
Wichtigkeit auf sich zu laden der Gewinn seie: man
kann von diesem Satze ausgehn um zu zeigen, daß die
Pachtungen überhaupt aus folgenden Gründen zu ver⸗
werfen seien.

§. 58. 1. Die Pachtung ist die Einhebungs⸗
art, welche dem Staate am theuersten zu stehen
kömmt; und der Gewinn des Pächters ist ein Ver⸗
lurst des Staates.

§. 59. Die Pachtung ist die Einhebungsart,
welche dem Unterthan am beschwerlichsten fällt:
weil

weil Sie ihn der Willkühr des Pächters Preis giebt, und weil er von dem Pachter bei Umständen, welche die Entrichtung unmöglich, oder äusserst beschwerlich machen, keine Nachsicht zu erwarten hat.

§. 60. Die Pachtung setzet den Staat der Gefahr aus, den Feldbau, die Handlung, die ganze Klasse der Arbeitsamkeit zu Grunde zu richten.

§. 61. Es können auch noch andere nicht geringere Gefahren daraus entstehn, die aber zuletzt immer auf die Zugrundrichtung der Nationalbeschäftigungen hinauslaufen. Es ist möglich, daß Fremde unter ihrem, oder um behutsamer zu Werke zu gehn, unter dem erborgten Name einer Nationalfamilie die Einkünfte eines Staates pachten. Uiberhaupt läst sich aus der Beobachtung aller Länder, und Zeiten anmerken, daß man die Pächter, als die gefährlichsten Schleichhändler zu scheuen hat, bei allen Gattungen von Waaren nämlich, wo der Verkauf einen größern Vortheil hoffen läst, als die davon abfallenden Mauthgebühren.

§. Die Vortheile, die man sich von den Pachtungen verheist, sind entweder keine Vortheile, oder sie können auch ohne sie bei der eignen Behebung des Staates erhalten werden. Der wichtigste, und allgemein angeführte Grund ist die Gewißheit der Einkünfte, die Pächter nemlich setzen dem Staate eine gewisse Summe fest, da bei der eignen Behebung das Produkt nur erst von dem

Ausgange erwartet, mithin die Bedeckung des Bedürfnisses unsicher bleiben müsse. Auf diese Summe hätte man, was sich auch für Umstände ereignen mögen, staat zu machen. Der grosse Vortheil der Pächter bestehe weiters in der Genauheit, womit sie die ihnen überlassenen Gefälle zu verwalten, und alle Kleinigkeiten zusammenzuhalten wissen. Zuletzt bereite sich der Staat an den Pächtern auch eine Hülfsquelle in Fällen eines ausserordentlichen Aufwandes, ihre Kasse, oder ihr Kredit waren ihm eine zuverläßige Zuflucht, wovon Frankreich beständig, und selbst unter der gerühmten Finanzverwaltung Sullys das beweisende Beispiel gegeben habe.

§ 63. Was den Verfechtern einer Meinung, bei welcher die eigne Uiberzeugung versagt, meistens begegnet, daß sie, um etwas zu sagen, sich auf Gründe werfen, die gegen sie selbst gebraucht werden können, das geschieht auch hier. Hätte man wohl überdacht, daß, indem man die Gewißheit der Einkünfte nur durch die Pachtung zu erreichen als möglich ansieht, indem man den Pächtern eingesteht, daß sie die Einhebung sparsamer einzurichten, und ihre Gegenstände genauer zu übersehen wissen, man zugleich entweder eigne Unwissenheit, oder doch gewis Sorglosigkeit eingestehe? Was der Privatpächter ohne andere Hülfsmittel, als seinem Fleiße zuwegebringt, warum sollte das dem Finanzverweser des Staates mit gleicher Verwendung, aber bei den vielen Behelfen, die ihm sein Standort reichet, oder die einzusammeln die Leichtigkeit verschafft, weniger möglich sein?

§. 64.

§. 64. Man wird wenigstens keinen vernünftigen Grund angeben, warum dem Staate, und seinem Beamten nicht eben das genaue Kenntniß der Gegenstände, nicht dieselbe Sparsamkeit in der Art der Einbringung möglich wäre. Was Menschen können, die von Pächtern besoldet werden, werden Menschen können, die vom Staate besoldet sind, wenn man anders bei der Wahl derselben auf die Geschicklichkeit, und Redlichkeit sieht, und sie durch gleiche Mittel zur Beobachtung ihrer Pflicht anhält.

§. 65. Das **Hülfsmittel** endlich, so sich der Staat durch die Pachtung bereiten soll, ist das traurigste in der Welt. Es ist der Fall eines Spielers, der an iemanden ehe sein ganzes Vermögen verliert, um von ihm nachher einen Theil im Nothfalle zu borgen. Gerade, daß die Pächter dem Staate ihre Kasse öffnen, oder Kredit zu schaffen fähig sind, dies beweist, wie ungeheuer ihr Gewinn an dem Staate müsse gewesen sein. Die gewisseste Zuflucht, und dauerhafteste Quelle in dringenden Bedürfnissen des Staates sind un-erschöpfte Unterthanen.

§. 66. Um die Pachtungen von diesen Fehlen zu reinigen, und ihnen eine andere weniger bedenkliche Gestalt zu geben schlug man eine gemischte **Pachtungsart** vor. Mich deucht, schreibt **Davennant**: es seie sicherer mit den Unternehmern gleich anfangs über eine gewisse Behebungsart eins zu werden, wofür man ihnen überhaupt eine Summe zahlt, und darüber noch eine Belohnung für das, was sie in die Königliche Kasse mehr, als sie verheissen, werden eingehen machen.

Mit

Mit dieser Beschränkung glaubt man auf einer Seite sich die aus den Pachtungen fliessenden Vortheile versichert, auf der andern aber das Volk gegen die willkührlichen Forderungen bedeckt zu haben. Woferne diese gemischte Pachtungsart von der unbeschränkten unterschieden sein soll, so ist es vieleicht nur darinnen, daß die Regierung dadurch sorgloser, der Pächter aber desto verwegener gemacht wird, unter dem Scheine der Gerechtigkeit das Volk zu drücken, und daß diesem in einem gewissen Verstande selbst die Freiheit zu seufzen benommen ist.

§. 67. Die vielfältigen Gefahren erstens, denen der Staat bei fremden Pächtern ausgesetzet ist, und des für die Nationalhandlung so nachtheiligen Schleichhandels sind durch diese Regulirung nicht verschwunden; der Staat raubt sich zweitens das Vermögen, dem Dürftigen die Erlassungen zu machen, ohne die er unvermeidlich zu Grunde gerichtet wird. Der Gewinn des Pächters bleibt drittens nicht weniger eine Belästigung des Entrichtenden, und ein Verlurst für den Staat. Wie kann man viertens von Menschen, deren einziger Endzweck ist ihren Gewinnantheil zu vergrössern, sich verheissen, daß sie sich genau an die vorgeschriebenen Eintheilungen halten, und nicht Gelegenheit suchen und finden sollten iedem Tariff auszubeugen? Sie werden zwar das Volk nicht so ungebunden drücken können, als wo ihnen ganz freie Hand gelassen worden: aber kleinere, und wiederholte Bedrückungen werden ihnen eben so lästig fallen.

§. 68.

§. 68. Die eigne Behebung des Staates ist die Verwaltung eines liebenden Hausvaters, der seine Einkünfte mit Sparsamkeit, und Ordnung selbst einbringt, und wobei allen Uibeln ansgewichen wird, welche die Pachtungen nach sich ziehen. Damit aber auch die eigne Behebung nicht zu beschwerlich, und kostbar werde, muß iedem Entrichtenden seine Entrichtungspflicht bekannt sein: muß die Einhebung ohne Stöhrung des Innern der Familien, muß sie auf dem kürzesten Wege, und nur mit der zureichenden Zahl der Beamten geschehen. Das erste ist nothwendig um auch von dieser Seite dem Willkührlichen in der Untertheilung vorzukommen. Ist die Behebung zu sehr mit häuslichen Nachsuchungen verschlungen, so giebt dieß beständigen Anlaß zu Plagereien, davon man sich eher loszukaufen, als sie zu erdulden geneigt ist. Der Kürzeste Weg endlich ist beständig der Sicherste, und am wenigsten kostbarste. Die Zwischenabfälle werden desto mehr gehindert, ie weniger Einnahmkassen, und Beamten sind, und ihre Besoldungen fallen dem allgemeinen Aufwande weniger zur Last.

§. 69. Die Ausnahme von der Beitragspflicht im Ganzen oder zum Theile wird erschlichen, angemaßt oder ertheilet. Erschlichen, wenn sie in Geheim erhalten wird, ohne daß man einen Grund der Ausnahme auch nur vorzuschützen hätte; widerrechtlich also erkannt, sobald man derselben wahrnimmt: angemaßt, wenn man sie auf irgend ein Recht, Herkommen, Verträge u. d. zu stützen sucht: ertheilet endlich von der obersten Gewalt als eine Befreiung.

Die

Die Ausnahmen im allgemeinen vermindern die Beitragsfähigkeit, weil sie die Zahl der Beitragenden vermindern. Die widerrechtliche Ausnahme ist im eigentlichsten Verstande ein Diebstahl entweder an dem gemeinen Wesen, oder an dem Mitbürger: an jenem, wenn der Ersatz von einer andern Seite nicht geschieht, mithin ein zu Bestreitung des öffentlichen Aufwandes erforderter Theil ihm vorenthalten wird: an diesem, wenn der durch die Ausnahme mangelnde Theil Verhältnißmäßig auf ihn gelegt, sein Beitragsantheil also vergrössert wird. Es scheint, daß nicht wohl eine Ausnahme zu erschleichen seie, als unter Begünstigung folgenden Umstände: wenn der Staat von seinen Beitragspflichtigen kein genaues Kenntniß hat: wenn die Untertheilung den Gütern, den Magistraten oder den Pächtern überlassen ist. Bey einer wohl eingerichteten Seelenbeschreibung kann dem Staat das Kenntniß aller Beitragspflichtigen nicht abgehn: und da eine solche Beschreibung auch zugleich die Beschäftigung, und andere Klassen, in welche die Bürger getheilet werden, enthält: so würde es den äussersten Grad der Nachläßigkeit bei den Staatseinnehmern verrathen, wenn sich Jemand dem Beiträge entzöhe.

§. 70. Es sind Stände im gemeinen Wesen, die auf eine Ausnahme von der Beitragspflicht, als einen ihnen gebührenden Vorzug ansprechen, der Adel, die Klerisei, die Gelehrten. Ich untersuche hier nur, ob es Ansprüche des Standes sind, die also als geltend angesehen werden müssen, auch ohne daß man besondere Verleihungen, oder Verträge anzuführen hat. Da die

die Beitragspflicht aus dem Wesen des bürgerlichen Vertrags entspringt: so ist sie allgemein in Ansehn aller, auf welche dieser Vertrag sich erstrecket, das ist, in Ansehn aller Bürger. Die Stände, welche eine Ausnahme fordern gestehn nur ein, daß sie Bürger sind, oder nicht. Sind sie es, so zieht sie diese allgemeine Benennung, und die damit von dem Schutze des gemeinen Wesens verknüpften Vortheile unter die allgemeine Beitragspflicht: wären sie keine Bürger, so mögen sie zusehen, ob sie dabei gewinnen, wenn der Staat, wie sie ihrer Seite den Vertrag aufheben, seiner Seite sich gleichfalls von der Verbindlichkeit sie zu beschützen lossagt. Doch man erkennet wohl allgemein, daß man unter der Pflicht des Beitrags als Bürger stünde, wenn nicht die Dienste, welche das gemeine Wesen von diesen Ständen erhält, von einer solchen Beschaffenheit wären, daß sie demselben seinen Schutz vorhinein vergelten. Diese vorzüglichen Dienste von Seite des Adels wären die Vertheidigung, welche einst seine besondere Sache war, von Seite der Klerisei der Religionsdienst, von Seite der Gelehrten der Nutzen, den sie dem gemeinen Wesen durch ihren Unterricht schaffen. Wenn der besondere Vortheil, den der Staat von einem Stande empfängt, ein Grund zur Ausnahme werden müßte, so hatte jeder Stand den seinigen anzuführen in Bereitschaft.

§. 71. Ungeachtet die Vertheidigung des Staates nicht mehr von dem Adel allein übernommen wird, so bezieht man sich dennoch auf das Herkommen, und in manchem Staate auf die Verträge, welche mit dem Regenten

genten über die Ausnahme von der Beitragspflicht im ganzen, oder zum Theile gepflogen werden. Es ist unstreitig, daß die Last auf die Schulter der übrigen Mitbürger gewälzt wird, wo ein solches Herkommen, oder solche Verträge bestehn, durch welche gerade der vermögendste Theil sich dem Beitrage entzieht. In Ansehn des Herkommens ist die Sache nicht sehr grossen Schwierigkeiten unterworfen: iedes Herkommen, das keinen zu Rechte bestehenden Grund hat, fällt von sich selbst hinweg, und bei der vor Alters hergebrachten Ausnahme des Adels läßt sich kein solcher Grund anführen, da die Vertheidigung des Staates, woraus sie einst entsprung, aufgehöret, und der Staat sie nun selbst auf sich genommen hat. Es ist bedenklicher, wo ein Stand sich auf Verträge, die mit dem Regenten errichtet worden, berufen kann. Die Giltigkeit dieser Verträge in Zweifel zu ziehen, hieß einen Vorwand an die Hand geben, alle Grundgesetze eines Staates über den Haufen zu werfen, die an sich selbst auch nur Verträge zwischen dem Volke und dem Thronwerber sind. Die Auseinandersetzung dieser Schwierigkeit gehöret in den Bezirk des allgemeinen Staatsrechtes; aber es ist immer gewiß, daß ein Vertrag mit einem Theile der Nation zum Nachtheile des andern sehr ausgesetzt sein muß, angefochten, und nicht selten aufgehoben zu werden.

§. 72. Die Klerisei entrichtet unter allen Regierungen ihre Abgaben mit derienigen Bereitwilligkeit, mit welcher sie ihren Mitbürgern in allen übrigen Pflichten gegen den Staat, und sein Oberhaupt das Beispiel giebt.

giebt. Aber es giebt immer zu eifrige Menschen, die bereit sind das gemeine Wesen einer Ungerechtigkeit gegen diesen Stand zu beschuldigen, der nach ihrer Meinung seine Ausnahme von der allgemeinen Beitragspflicht sowohl aus dem göttlichen Rechte, als von Verträgen abzuleiten vermögend ist. Einige gehen gar soweit, daß sie ein iedes Gut von der Steuerpflicht entziehen wollen, sobald der Besitzer zur Klerisei gehöret.

§. 73. Aus dem alten Gesetze wird als ein Grund der geistlichen Steuerbefreiung das Beispiel der Leviten angezogen, und aus dem neuen Gesetze ist die bekannte Stelle bei Matthäus beständig die Veste der Kanonisten. Die Stellen der Kirchenversammlungen, der Väter, und die Bullen der Päbste sind ohne Zahl, welche dieser Schriftstelle zur Unterstützung dienen. Zu diesen Gründen kämen endlich eine Menge theils mit dem römischen Stuhle offenbar errichtete Verträge sovieler Landesfürsten, theils die stillschweigend anerkannte Befreiung des Klerus, da die Regenten ohne die von Rom eingeholte Erlaubniß die Geistlichkeit in die Schätzung zu nehmen nicht nur ehemals nicht versucht hätten, sondern selbst noch heute, wenigstens bei ausserordentlichen Auflagen, die Genehmhaltung von Rom für nothwendig hielten; dadurch wäre also, was die göttlichen Rechte bereits gegründet hätten, noch durch Verträge, und eine Art von Verjährung befestiget.

§. 74. Die Antwort auf alle diese Gründe ist schon so oft gegeben worden, daß man sie nur kurz berühren darf. Die Aehnlichkeit der Leviten mit der

Klerisei ist, wenn man sie zugiebt, der letztern mehr nachtheilig, als vortheilhaft. Die Leviten hatten an den Zehnten, und opfern ungefähr, was zu ihrem Unterhalte zureichte; diesen aber, der bei dem heutigen Klerus unter der Benennnng *Portio canonica* ausgemessen ist, wenn er sonst nichts besitzt, frei von Abgaben zu lassen, ist eine Forderung, die iedermann gerne unterschreibt. Die Erklärung der Stelle des Matthäus hat einigen Auslegern der Schrift bereits von Erasmus Rotterodamus den nicht unverdienten Vorwurf des Stolzes zugezogen, daß sie auf die Geistlichkeit, so groß auch sonst ihre Würde sein mag, eine Stelle ziehen, die nur auf den Erlöser allein zu ziehen, oder nach des Augustinus Meinung von allen Gläubigen zu verstehn ist. In einer Sache übrigens, die nur weltliche Gegenstände betrift, kann der Ausspruch der Kirchenversammlung, der Väter, und Päbste überhaupt von keinem Gewichte sein: Die rechtenden Partheien sind die Klerisei auf der einen, die weltliche Obrigkeit auf der andern Seite; was also von jener gesagt wird, ist das Vorgeben einer Parthei, nicht ein Endurtheil. Ansehen gegen Ansehen, kann man Kirchenversammlungen und Päbsten und Vätern von dieser Meinung Väter und Päbste und Kirchenversammlungen, die der gegentheiligen zugethan sind, und den Hieronymus und Augustinus sich selbst entgegen stellen. Aber es ist hier nicht mit Ansehn zu kämpfen, wo die Gründe der Vernunft die Sache ins Reine bringen, sobald man der Absonderung der geistlichen, und weltlichen Macht, und der in den Umfang beider Gerichtsbarkeiten gehörigen Gegenstände genau wahrnimmt.'

Aus

Aus der Vermengung beider, und den verſuchten wechſ: ſelſeitigen Eingriffen allein koͤnnen ſolche Zweifel abge: leitet werden. Haben nun auch Schwache, oder durch die Lage der Umſtaͤnde genoͤthigte Fuͤrſten nicht dem roͤmiſchen Stuhle, ſondern den Anſinnungen des roͤmiſchen Hofs nachgegeben; wenn ſolche Begeben: heiten einen Anſpruch gruͤnden koͤnnten, ſo wuͤrden die Fridriche, Heinriche, Philippe, und andere un: gluͤckliche Regenten ihren Nachfolgern alle Rechte der Hoheit vergeben, und die Kronen der Tiara ganz unter: worfen haben. Jedoch das Recht eines ieden Fuͤrſten fuͤr ſeiner Unterthanen Wohl zu ſorgen wird nicht von ſeinem Vorgaͤnger, ſondern von dem Zuſammenhange der Mittel mit dem Endzwecke abgeleitet, der Vorfah: ter kann in dieſem Stuͤcke ſeinem Nachfolger nichts vergeben, der in ſeinem nicht ſeiner Vorfahren Namen herrſchet. Die Verjaͤhrung kann daher gegen Maje: ſtaͤtsrechte keinen Platz greifen.

§. 75. Wenn alſo die Klexiſei weder von dem goͤttlichen Rechte, noch durch die Anſpruͤche einer frem: den Macht, dergleichen der roͤmiſche Hof iſt, eine Ausnahme von der allgemeinen Buͤrgerpflicht abzulei: ten faͤhig iſt; ſo bleibt ihr die Verleihung der Fuͤr: ſten allein uͤbrig, auf die ſie ſich da berufen kann, wo ſie dieſer Ausnahme noch genieſt. In ſo ferne nun dieſe Befreiung eine Gnade des Regenten iſt, fuͤhrt ſie ſo, wie iede Verleihung dieſer Art das ſtillſchwei: gende Bedingniß mit, wenn dadurch dem oͤffent: lichen Wohl nicht zu nahe getretten wird: in welchem Falle ſie nicht nur allein widerrufbar iſt, ſondern ſogar widerrufen werden muß, weil keine Ge: walt

walt sich bis dahin erstrecket, zu Gunst eines einzelnen oder eines Standes das gemeine Wesen zu verletzen. Der Schluß aus allen diesem ist: daß es von Seite des Klerus eine Ungerechtigkeit gegen den Staat, und seine Mitbürger sein würde die Steuerfreiheit zu fordern, von Seite des Staats aber eine Verletzung des allen Bürgern gleichschuldigen Schutzes, seinen Forderungen Gehör zu geben.

§. 76. Der Staat ertheilet die Ausnahme entweder gegen eine erlegte Summe, welches also eine Art von Einlösung ist, oder unentgeltlich als eine Belohnung. Daß der Regent dazu berechtiget ist, kann von niemanden in Zweifel gezogen werden. Auch können die Umstände sehr oft eine Ursache an die Hand geben, die eine solche Ertheilung für den Augenblick rechtfertiget. Indessen, sobald die Frage ist, ob es nützlich seie, daß der Staat auf eine solche Art belohne? oder zu solchen Hülfsmitteln bei Aufbringung von Geldsummen die Zuflucht nehme? so sollte niemanden dazu gerathen werden. Hätte man nun unter vorhergehenden Regierungen Befreiungen ertheilet; so ist es der Klugheit gemäs darauf zu denken, auf welche Art solche zurückgezogen werden mögen, ohne die Gerechtigkeit der Besitzer zu verletzen, von Seite derer die Forderung immer billig ist, daß ihnen das von dem Staate auf eine andere Art vergütet werde, wodurch sie zum Besitze einer solchen Ausnahme gelangen.

§. 77. Die Entrichtungen des einzelnen Bürgers müssen nach einem zweifachen Verhältnisse berechnet sein: zu seinem eignen Vermögen, und dann zu

den

den Vermögen der Mitsteuernden. Im ausgedehntesten Verstande ist alles, was des Eigenthums fähig ist, unter dem Worte Vermögen begriffen; der bestimmtere Verstand aber schränkt seine Bedeutung auf dasjenige ein, was nutzbringend ist: und in diesem Verstande ist Vermögen gleichviel mit Stock, Hauptstamm, Kapital. Obwohlen in ausserordentlichen Fällen, und wo das Eigenthumsrecht seine Wirkung zeigt, alles, was des Eigenthums fähig ist, dem gemeinen Wesen zu Gebot steht; so ist doch dem ordentlichen Finanzüberschlage nur das nutzbringende Vermögen, oder der eigentliche Stock unterworfen. Der Stock unter dieser Bedeutung ist zweifach, der reelle, wirklich besessene, welcher die beweglichen, und unbeweglichen nutzabwerfenden Güter, von was immer für einer Gattung einbegreift; und der persönliche, oder die Fähigkeit zu erwerben. Da die Dauer der Staatseinkünfte auf der unverminderten Beitragsfähigkeit, die Beitragsfähigkeit selbst aber auf der unverminderten Erwerbung der Beitragenden gegründet ist; so ist folgendes der Grundsatz des Verhältnisses der Entrichtungen zu dem eignen Vermögen: weder der reelle, noch der persönliche Stock des Bürgers müssen durch die Entrichtungen angegriffen; und dadurch dem Bürger weder das Vermögen, noch der Muth benommen werden, seine Erwerbungen fortzusetzen. Was also zur Fortsetzung der Erwerbung erfordert wird, muß von den Entrichtungen frei bleiben. Unter diesem Namen spricht am ersten eine vollkommne Befreiung an der nothwendige Unterhalt; zweitens der Vorschuß, oder diejenigen nothwendigen, und nützlichen Auslagen, ohne welche die Einkünfte ganz nicht, oder nicht so groß hereingebracht werden könnten. Das dritte endlich ist, der die Bemühung des Bürgers belohnende, der zur Fortsetzung der Erwerbung ermunternde Theil der Einkünfte, welcher bei dem Entrichtenden den Willen unterhält seine Beschäftigung ferners fortzusetzen.

§. 78. Der Anspruch auf den nothwendigen sowohl eignen Unterhalt, als auf den Unterhalt seiner Familie ist von der anerschaffenen Pflicht der Selbsterhaltung, und des Hausvaters abgeleitet. Ein Fürst, welcher diesen geheiligten Antheil der Menschheit bei Ausmessung der Beitragsantheile aus den Augen setzte, und durch seine Forderungen schmälerte, spräche der eigentlichen Folge nach: gieb mir, du aber, und die Deinigen hungert.

§. 79. Bei der arbeitenden Klasse könnte der nothwendige Unterhalt, als Arbeitlohn auch unter dem Vorschuß eingerechnet werden, worunter alles zusammen gefaßt wird, was in Beziehung auf die gemachte Erwerbung, als eine hereingebrachte, in Beziehung auf die künftige, als eine zumachende Auslage, als der Unternehmungsstock anzusehen ist. So kommen z. B. bei dem Landmanne die Aussaat, die Unterhaltung des Gesindes, des Viehs, die Unterhaltung der Geräthschaften, und die eigne Versorgung, als Vorschußkösten. So sind es bei einem Manufakturanten das Geld welches zur Anschaffung des Stoffs, und anderer Zubereitungsnothwendigkeiten ausgelegt wird, der Handlohn, die Geräthsunterhaltung, u. d. g.

§. 80.

§. 80. Bei genauer Prüfung der meisten Finanzverfassungen, und der dabei angewendeten Verhältnißsätze nimmt man selbst ersonnene, willkührliche Hipothesen wahr, welche die tägliche Erfahrung Lüge straft. Entweder das Einkommen der Bürger ist überhaupt zu groß angesetzet; oder die Preisveränderungen sind nicht genug erwogen, die Fälle, welche diese Veränderungen herbeiführen, nicht unter den vielen möglichen Ereignungen in Uiberschlag gebracht; oder auf der andern Seite sind die Vorschußkösten zu geringe berechnet, die Steigerungen des Unterhalts nicht überdacht, der Unterhalt überhaupt ist zu genau abgezirkelt, die Zufälle endlich, welche von Zeit zu Zeit in dem Hauswesen eine ausserordentliche Auslage erzwingen, sind ganz übersehn worden.

§. 81. Wenn also der Staat die Zukunft im Gesicht behalten, und sich auch für die folgenden Jahre Einkünfte versichern will; so kann nicht das ganze Einkommen der Bürger unter die Beitragspflicht gezogen werden, sondern allein das reine, das ist eigentlich der Gewinn. Wo daher ganz kein reines Einkommen, oder Gewinn gemacht worden, da hört auch die Forderung des Staates vollkommen auf. Dieser Fall ist vorhanden, wenn Mißwachs, Wetterschaden, Feuersbrünste, oder solche verwüstende Ereignisse über einzelne Unterthanen, oder grössere Strecken Landes, und ganze Provinzen kommen. Der Staat, welcher in seinem Aufwandsüberschlage auf solche Fälle ohnehin gedacht hat, muß daher die Entrichtung ganz nachlassen. Uiberhaupt dürfte als ein richtiger Satz an-

anzunehmen sein: daß die Rückstände in einer Finanz=
verwaltung beständig ein Gebrechen beweisen: das
Wort Rückstände sollte also in einer wohlbestellten
Finanzverwaltung gar nicht vorkommen. Von dem
Verunglückten müssen keine gefordert, dem Nachläßigen
keine geduldet werden, und wären Rückstände durch
Versehen aufgelaufen; so ist es immer zuträglicher einen
Abschnitt zu machen, und durch ihre Erlassung den
Fleiß gleichsam zu beleben, als durch zu Grund richtende
Eintreibung ihn zu Boden zu drücken.

§. 82. In Staaten, wo der Unterthan nicht mit
dem Regenten unmittelbar, sondern durch Grundherrn
zusammenhängt, denen er gleichfalls zu Entrichtungen
verbunden ist, sind diese Entrichtungen nothwendig vor=
her abzuziehen, ehe das, was die Frucht des Fleißes
ist, als rein Einkommen angesetzet werden kann. Diese
Erinnerung ist auf Frohndienste, Naturalabgaben,
auf Geldsteuer gleich anwendbar, und so sehr die
Billigkeit einleuchtet, daß der Staat dem Grundherrn
ihre rechtmäßige Forderungen gleich iedem andern Eigen=
thümer sicher stellen muß; so sehr fällt es auf, daß er
die Gränzen solcher Forderungen fest bewahren, und
den Unterthan gegen iede Erweiterung derselben, unter
was immer für einem Vorwande, auf welchem Wege
dieselbe immer geschehen möge, zu schützen verpflichtet
seie.

§. 83. Werden durch die unverhältnißmäßigen
Entrichtungen der Unterhalt, und die Vorschußkösten
angegriffen; so ist das Vermögen zu erwerben geschwächt.
Bleibt dem Bürger bei aller seiner daran gestreckten

Mühe

Mühe zuletzt mehr nicht, als der trockne Unterhalt, und Vorschuß; so verliert er den Willen, den Muth zu erwerben, da er nicht sich erwirbt. Die Folge ist von beiden immer dieselbe, die Verminderung nämlich in der Masse der Beschäftigung, woraus die Verminderung der allgemeinen Beitragsfähigkeit erfolgt. Männer von stählernen Herzen, und Menschenfeindlichen Grundsätzen haben Regenten manchmal überreden wollen: ein Volk werde desto ämsiger sein, iemehr es mit Abgaben belegt würde. Sie haben die Erfahrung zum Beweise aufrufen wollen, daß Völker ohne Abgaben nie bis auf einen gewissen Punkt der Arbeitsamkeit zu bringen gewesen. Aber wenn diese die Arbeit aus Trägheit scheuen, so werden diejenigen, welche zu sehr angelegt sind, sie aus Muthlosigkeit fliehen. Weit gefehlt, daß der Fleiß dadurch angespornet werde zu arbeiten, damit er die Abgaben erschwingen möge, so tritt im Gegentheile an die Stelle der Ermunterung die Gewißheit, daß alle Mühe für ihn selbst unfruchtbar sein werde, und diese Gewißheit macht seine Sehnen schlaff.

§. 84. Damit in einer so wesentlichen Sache ein misverstandener Satz nicht irre führe, muß nothwendig angemerket werden; daß die Aufgabe: wieviel der Unterthan nach dem Verhältnisse seines Vermögens zu entrichten fähig? und diese: der wievielte Theil zu Bestreitung des gemeinschaftlichen Aufwandes nöthig seie, ganz nicht zu vermengen sind. Bei Bestimmung des Beitragsverhältnisses zur Festsetzung eines Finanzsistems ist die Frage nicht: **wieviel kann der Unterthan geben?**

geben? sondern: **womit kann die öffentliche Ver‑
waltung zureichen.**

§. 85. Um das Verhältniß der Abgaben nach dem
Vermögen der Mitentrichtenden zu bestimmen, dürfte
der Grundsatz als unfehlbar angenommen werden,
daß die zu entrichtenden Antheile sich gegenein‑
ander gleich den Einkünften der Steuerpflichti‑
gen verhalten sollen; derjenige also, dessen Einkünfte
gegen die Einkünfte seines Mitbürgers berechnet wie
100 zu 1 stehen, wäre immer mit hundert anzulegen,
wenn dieser mehr nicht als eines zu steuern hätte. So
sehr aber dieses Verhältniß die minder vermögenden
Klassen zu begünstigen scheint; so bedrückend wird es
für dieselben in der That erscheinen, wenn der Zustand,
worein es den Burger setzet, genauer aufgedecket wird.

§. 86. Man muß indessen auch so billig sein, zu
gestehn: daß diese erstaunliche Ungleichheit nicht die
Folge des Unverhältnisses in den Abgaben, sondern
des Unebenmasses in dem Vermögen, des Unterscheids
in den Klassen der bürgerlichen Gesellschaft seie; und
daß die Forderung widersinnig sein würde, diese in dem
Baue wenigstens grösserer Staaten nicht zufällige Ver‑
schiedenheit durch ein Finanzsistem in eine Gleichheit
zu bringen. Es kömmt also bei Bestimmung des wech‑
selseitigen Verhältnisses unter den Bürgern nur darauf
an, daß diese Ungleichheit durch das Unebenmaaß der
Entrichtung nicht noch vergrössert werde. Man wird
diesem Endzwecke so viel als möglich nahe kommen,
wenn der Grundsatz noch durch den Zusatz vereinbaret
wird; die zu entrichtenden Antheile sollen sich
ge‑

gegeneinander verhalten gleich den reinen Einkünften der Steuerpflichtigen; das ist, gleich der Summe, welche beiden nach Abzug des Unterhalts und Vorschusses übrig bleibt.

§. 87. Nach den beobachteten Grundsätzen zu den zweifachen Verhältnisse, bleibt endlich noch die beträchtliche Schwierigkeit übrig, den Weg auszufinden, wie das reine Einkommen der Bürger nach der so unendlich mannichfachen Verschiedenheit in den Klassen, dem Vermögen, dem Verdienste, den Erwerbungen, und dem Unterhalte mit Zuverläßigkeit möchte bestimmet werden. Es hat weder einen Schriftsteller, noch auch einem wirklichen Finanzverwalter gelungen, die vollkommne Gleichheit unter den Mitsteuernden zu Stande zu bringen; darum allein, weil es niemanden gelingen wird, eine Unmöglichkeit in die Wirklichkeit zu setzen. Derjenige Finanzverständige wird immer viel, und eigentlich alles gethan haben, welcher mit Verzicht auf die individuelle Gleichheit sich angelegen sein läst, eine solche Gleichheit in den Klassen festzusetzen, daß die Abgabe für denjenigen, der in jeder Klasse das wenigste Einkommen hat, nicht drückend ist. Diese höchste Stufe der Vollkommenheit in dem Finanzwesen aber wird durch alle die schönen Träume von einzigen Abgaben nicht erreichet, die von dem Herzen ihrer Urheber einen vortheilhafteren Begriff, als von ihren Finanzkenntnißen geben. Die Verschiedenheit der Klassen, der Güter, und Erwerbungswege in einem Staate macht die Verschiedenheit von Abgaben nothwendig, und nur durch ihre geschickte

schickte Einrichtung allein kann die mögliche wechselseitige Ausgleichung in den Entrichtungen der Bürger geschehen.

§. 88. Da nach der in der Einleitung angegebenen Eintheilung den Steuern in diesem Werke ihr eigner Platz angewiesen ist, wo von dem Wesen derselben, ihrer Behebung, von ihrem Vortheile oder Nachtheile ausführlich zu handeln sein wird; so kann man gegenwärtige Abtheilung damit schlüßen, daß man die durch die vorausgesendeten Betrachtungen festgesetzten Eigenschaften eines guten Finanzsistems unter einen Gesichtspunkt sammle. Dasselbe wird also, die für die Bedürfnisse des Staats zureichende Summe, insoferne die Domänen, Regalien, und zufälligen Einkünfte dieselbe nicht abwerfen, nach einer Verhältnißmäßig zu der Bilanz des Geldes ausgemessenen Provinzialeintheilung, von den, nach dem Verhältnisse ihrer reinen Einkünfte ohne Ausnahme angelegten Bürgern, in kleinen, auf die Zeit, welche ihnen am wenigsten beschwerlich fällt, angewiesenen Terminen, durch eigne, und möglich einfachste Behebungsart einzubringen haben.

Von Domänen.

§. 89. Wenn auf den wirklichen Zustand der Finanzverfaßungen gesehen wird; so haben die meisten Staaten Domänen, das ist Landgüter, welche dem Regenten als Regenten angehören; wenn aber davon die Rede ist, was mit den vortheilhaften Grundsätzen der Finanzverwaltung übereinkömmt; so werden solche zu Bestreitung des öffentlichen Aufwandes ausgezeichnete Besitzungen höchstens gewissen Staaten, wegen ihrer besonderen Regierungsform angemessen sein: denienigen nemlich, wo die Maiestätsrechte auf eine abentheuerliche Art getrennet, und z. B. das Recht des Krieges unbeschränkt in den Händen des Regenten, das Recht der Anlagen in den Händen des Volks, das ist, in einer andern Gewalt der Endzweck, in einer andern die Mittel sind den Endzweck zu erreichen. In iedem andern Staate würde man nicht mehr darauf verfallen Domänen abzusondern, da man überzeugt ist, daß bei der besten Verwaltung derselben der Staat immer noch den Vortheil so vieler Familien verlöre, als sich auf diesen in gewisse Antheile zerstückten Grundstücken anzubauen Gelegenheit fänden.

§. 90. Ist es nun einmal angenommen, daß die Verwandlung der Domänen in Bauerngüter, sowohl der Bevölkerung eines Staates, als der allgemeinen Kultur zuträglicher seie; so scheint die Frage ganz und gar überflüßig: ob dieselben in der Absicht einer solchen Verwandlung, oder sonst zu einem nutzbaren Endzwecke des öffentlichen Wohls auch veräussert werden können? Nach den verschiedenen Regierungsformen, und Grundgesetzen der Staaten zwar wird zu der Gesetzmäßigkeit einer solchen Veräusserung bald der Willen des Landesfürsten allein zureichen, bald wird die Einwilligung der Stände, oder desienigen Körpers, welcher in Steuersachen die Nation vorstellet, mit erfordert werden.

§. 91.

§. 91. Sind jedoch in einem Staate Kammergüter vorhanden; oder solange, bis mit solchen die vortheilhafte Verwandlung in Privatwirthschaftsstücke vorgenommen wird, solange bleibt der Grundsatz immer in seiner Wirkung, daß man dieselben bestmöglichst nutzen müsse: weil, je nachdem die Einkünfte dieser ersten Quelle zu ordentlichen Einkünften ergiebiger sind, die Steuern der Bürger mäßiger sein werden. Der Staat verfährt übrigens in der Verwaltung seiner Domänen nach derselben Anleitung, nach welcher jeder Besitzer eines Landguts seine Einkünfte zu verbessern sucht: das ist, nach den Grundregeln der Privathaushaltung, deren Auseinandersetzung nicht in die Gränzen dieses Werks gehöret.

Von Regalien.

§. 92. Der Begriff von Regalien ist bei den Rechtsgelehrten, und bei den Finanzschriftstellern darinnen verschieden, daß die ersten darunter überhaupt alle Rechte der Oberherrschaft verstehen: die zweiten hingegen nur diejenigen Rechte, durch welche zu Bestreitung des Staatsaufwandes Einkünfte erhoben werden. Um also diese letztere zu unterscheiden; setzt man in der Rechtsgelehrsamkeit die Bestimmung hinzu, und heist sie Regalien des Fiskus oder Finanzregalien. Die besondere Verfassung des teutschen Reichs trägt die Ursache, daß nur die teutschen Schriftsteller allein von dieser Quelle der öffentlichen Einkünfte unter einer abgesonderten Eintheilung gehandelt haben. Es ist ihnen aber unmöglich gefallen, die

Eigentlichkeit des Begriffs festzusetzen, oder die Gränzen der Finanzregalien auszuzeichnen. Justi hatte bereits angemerket, wie unangemessen die Finanzregalien dadurch erkläret werden, daß bei denselben die Behebung der Einkünfte den Hauptendzweck ausmachet. Allein die Erklärung, die er an die Stelle der verworfenen unterschiebt, räumt die Zweideutigkeit eben so wenig beiseite. Er heist Regalien, diejenigen Rechte, welche der obersten Gewalt über die zum Privateigenthume nicht schicklichen, dennoch aber zum allgemeinen Vermögen der Republik gehörigen Güter, und Dinge zu dem Ende zugestanden werden, damit dieselben vermög der darüber zu machenden Anstalten nach Maßgebung des gemeinschaftlichen Besten genutzet werden, und durch einen Nebenzweck Einkünfte abwerfen mögen. Es ist unmöglich sich aus dieser endlosen Beschreibung von dem, was eigentlich als Regal angenommen werden soll, oder nicht soll, Rechenschaft zu geben. Auch durch den Zusatz, womit der Schriftsteller dem Schwankenden dieser Beschreibung zu Hilfe kömmt, wird der Begriff um nichts bestimmter. Er beobachtet nemlich, daß um das Recht des Regenten Steuern zu beheben von den Regalien zu unterscheiden, bei den Regalien, von welchen etwas behoben wird, eine Handlung vorausgehn müsse, die zu den Einkünften Gelegenheit giebt, welches aber bei den Steuern mangle, wie dann der Regent, sagt er, auch kein Recht habe, nach seinem Belieben Steuern aufzulegen, sondern blos nachdem es die Nothdurft des Staates erfordert.

Aber

Aber ist denn die Anstellung der Magistrate, zu deren Unterhalt ein Theil der Steuern behoben wird, weniger eine vorhergehende damit vereinbarte Handlung der obersten Gewalt, als die Sicherstellung der Strasse, welche den Grund des Geleitsregals enthält? und kann der Regent, wenn vom Rechte allein die Frage aufgeworfen wird, z. B. von dem Salzregal nach Belieben seine Einkünfte vergrössern, ohne auf den allgemeinen Zusammenhang mit dem gemeinschaftlichen Nahrungsstande, das ist die Nothdurft des Staates zurückzusehen?

§. 93. Ungeachtet dieser Unbestimmtheit sind die Schriftsteller dennoch in den Gegenständen der Regalien, und ihrer Zahl allgemein übereingekommen. Zu Gegenständen derselben haben sie die Gewässer, die Wälder, die Landstrassen und die Güter unter der Erde angewiesen; und zu diesen Gegenständen die Finanzregalien auf folgende Weise zurückgeführt. Zu den Gewässern die wilde Fischerei, zu den Wäldern die Forst- und Jagdrechte: zu den Landstrassen das Geleit und Zollrecht, wie auch das Postrecht: zu dem unterirrdischen Eigenthum endlich das Bergrecht und Münzrecht. Unter diesen sieben Regalien aber sind einige mit wenigem Geschicke zu Quellen der Einkünfte angewiesen; andere sind, insoferne sie Einkünfte abwerfen, eigentlich entweder vorbehaltene ausschlüssende Verkaufe, oder wirkliche Abgaben, die iezuweilen zu Bestreitung gewisser Polizei- oder befördernden Handlungsanstalten gewidmet sind. Das Mauthregal, und Münzregal sind diebleienigen, bei denen die geläuterten Grundsätze nicht verstatten, sie als Quellen der öffentlichen Einkünfte anzusehn, wovon der Beweis an einem andern Orte geführet worden. Beide sind wesentliche Anstalten, wohin auch das Strassenregal im allgemeinsten Verstande gehöret, und besonders ist in Beziehung auf das **Münzregal** die Ableitung von dem **Bergwerksregale** unüberdacht; weil einem Regenten, der ungeachtet er in seinem Lande ganz keinen Bergbau hat, das Recht **Münze** unter seinem Stempel zu prägen, und die Verbindlichkeit das Münzwesen in seinem Gebiete zu berichtigen unstreitig zuerkennet werden muß. Das **Postrecht** ist eine der Handlung besonders, und vorzüglich zuträgliche Anstalt. Die **Wasserregalien**, welche nur bei wilden grossen Gewässern Plaz greifen können, sind, wo ein Landesfürst sich derselben bemächtigte, oder sie an ausschlüssende Gesellschaften verpachtete, gleich einer Toback, oder ieder andern Pachtung Alleinverkauf; oder würde solche iedermann gegen gewisse Entrichtungen überlassen; so wäre es eine Art von Gewerbsteuer, die bei dem Verkaufe der Fische in eine Consumtionssteuer ausschlägt. Eben so ist die Beschaffenheit des **Salzregals**, welches im eigentlichsten Verstande Verzehrungssteuer ist. Das **Bergregal** fällt mit der Fischerei unter einerlei Betrachtungen. Es ist entweders Alleinverkauf, oder Abgabe, diese mag nun durch gewisse Antheile an dem Bergbau selbst, oder in der Gestalt eines sovielten Theils der Ausbeute, oder auch nur in dem Einlösungsrechte gegen einen bestimmten natürlich vortheilhaft berechneten Preis abgenommen werden. Das **Forstregal**, und Jagdregal endlich sind, jenes eigentlich eine Polizeianstalt um eines der unentbehrlichsten Bedürfnisse, wie das Holz ist, nicht der Willkühr des Ungefährs zu überlassen; dieses hingegen, wo es üblich ist, kann entweder für mehr nicht, als eine dem Landesfürsten vorbehaltene Ergötzung, oder auch als ein ausschliessendes Nutzungsrecht angesehen werden.

§. 94. Durch diese Betrachtung fällt nun die Nothwendigkeit einer besonderen Behandlung der Regalien an diesem Orte offenbar hinweg: diejenigen Regalien also, welche ihrem Wesen nach blosse Steuern, und Abgaben sind, müssen nach den allgemeinen Grundsätzen der Steuern verwaltet werden: diejenigen, welche als Hülfstheile zur Beförderung der Polizei, und Handlung beitragen, sind entweder schon behandelt, oder die zergliederte bis auf das einzelne herabsteigende innere Einrichtung, und Verwaltung ist zu umständlich, um in den Gränzen dieser Grundsätze Raum zu finden.

Von zufälligen Einkünften.

§. 95. So sehr die Finanzverwaltung die Summe der Staatseinkünfte zu versichern bedacht ist, so sind sie in einzelnen Rubriken betrachtet, gewissermassen alle zufällig, entweder in Beziehung auf den Gegenstand, von welchem sie behoben werden, oder der Summe, die eingebracht wird, oder endlich der Personen, die dazu beitragen. Diejenigen aber, welche unter der Benennung zufälliger Einkünfte insbesondere begriffen werden, vereinbaren meistens die Zufälligkeit in Ansehn aller drei Theile. Alles, was unter der

der Rubrike der zufälligen Einkünfte eingeht, wird sich unter folgende drei Klassen ordnen lassen: Rückfälle, wodurch dem Staat gewisse Güter anheimfallen, Taxen, die bei besonderen Verleihungen abgetragen werden, und Strafen von gewissen Uibertrettungen.

§. 96. Die Klasse der **Rückfälle** begreift vorzüglich die **Lehnseröfnungen**, und die **Fiscal=Erbfolge**. Die Lehn werden zwar nach der Lehnverfassung nicht immer dem Landesfürsten, als Landesfürsten eröfnet, weil oft auch auswärtige Fürsten in einem andern Gebiete auch sogar Unterthanen Lehnherrn sein können. Wenn aber der Regent als solcher zugleich einen Lehnhof hat; so ist die von den **Lehnserneuerungen**, und weiteren **Lehnsverleihungen** eingehende Summe manchmal ein beträchtlicher Zufluß.

§. 97. Die **Fiscalerbfolge** kann unter zweierlei Umständen ihre Wirkung haben: wenn ein Erblässer keine Anverwandtschaft hat, und ohne über sein Vermögen verordnet zu haben stirbt, oder wenn dem Erblässer das Recht des letzten Willens benommen ist.

§. 98. Gewisse Verbrechen, vorzüglich aber der **Hochverrath** haben die Strenge der Gesetze so sehr gegen sich gereitzet, daß die Strafe gewissermassen auf die Erben ausgedehnet, und ihnen das andern Bürgern zustehende Erbfolgrecht entrissen wird. Auf die Frage von der Gerechtigkeit, und Wirksamkeit eines solchen Sistems kann man antworten, was Montesqieu irgendwo von Spionen sagt: Das ist nicht Gewönheit guter Regenten, und weiters hinzusetzen: ist es billig, daß die Strafe weiter reiche, als das Verbrechen sich erstrecket hat?

§. 99. Aber die in vielen polizirten Staaten mit dem *Jure Albinagii* (Fremdlingsrechte) bestehende Härte gegen Ausländer läst sich vielleicht noch minder vertheidigen, sie mag nun von Seite des Rechts angesehn werden, oder von Seite des Vortheils, welchen die Staaten dadurch zu gewinnen glauben.

§. 100. Die Taxen, welche bei den verschiedenen Verleihungen bezahlt werden, machen gemeiniglich den wichtigsten Zweig der zufälligen Einkünfte aus. In Ansehn deren ist folgender allgemeine Grundsatz vorauszuschicken: daß der Staat bei Verleihungen nicht den Finanzvortheil zum Endzwecke machen müsse. Die Gegenstände der Taxen sind nach Verschiedenheit der Staaten verschieden gewählet, und nach einem ungleichen Verhältnisse belegt.

§. 101. Die Angelegenheiten der inneren öffentlichen Verwaltung werden von dem Magistrate, und dem Regenten entweder von Amtswegen das ist: ohne vorhergehenden, oder auf das erste Anrufen des Bürgers verwaltet; oder es muß der Bürger durch sein besonderes Ansuchen erst dazu Anlaß geben. Die Angelegenheiten der ersten Art sind sämmtlich eigentlich beständig fortdauernde Polizeigeschäfte, bei welchen nicht sowohl die einzelne Person, die gegenwärtig ihr Vorwurf ist, als das allgemeine in Erwägung kömmt. Die Angelegenheiten der zweiten Art sind zum Theil
Rechts=

Rechtsgeschäfte zum Theil Gnadensachen nach dem vielleicht nicht angemessensten, aber überhaupt angenommenen Sinne dieses Wortes. Auf dem ersten Blicke muß iedermann in die Augen fallen, daß die Polizeigeschäfte, daß alle diejenigen Verrichtungen, welche überhaupt zum gemeinschaftlichen Wohl beitragen, alle diejenigen, welche die Magistrate von Amtswegen vornehmen müssen, kein Gegenstand einer Taxe sein können.

§. 102. Die Gestalt der Entrichtung bei den Rechtsgeschäften ist nach Verschiedenheit der Verfassung mancherlei: Gerichtstaxen bei iedem Gerichtsvorgange; Sporteln; sogenannte Quoten, oder so viele Theile, Stempelpapiere. Man findet für die bei Eigenthumsveränderungen, Käufe, und Verkäufe, und Sterbefällen eingeführten Abgaben keinen schicklicheren Platz, als daß man sie den Gerichtstaxen zuzählet, wie sie dann auch meistens unter dem Namen der Gerichtsbarkeitsgebühren eingehoben werden. Jedermann wird den Wunsch unterschreiben, daß die Verwaltung des Rechts geschehen könnte, ohne daß der Bürger, welcher den Beistand des Richters anruft, ieden Schritt desselben gleichsam erkaufen müsse, wodurch derienige, der unglücklicher Weise die Gerichtskösten zu tragen, oder doch vorzuschüssen ausser Stand ist, sehr oft von dem Gesuch seiner Rechte ausgeschlossen wird. In Rücksicht dieser Taxen soll ein Verhältniß beobachtet werden: dieses besteht im allgemeinen darinnen: daß die Gerichtstaxen dem Endzwecke der Gerichtsverwaltung beständig untergeordnet bleiben,

Bb 3 mit-

mithin durch ihre Grösse dem Bürger in der Verfolgung seiner Rechte kein Hinderniß geleget werde: das besondere Verhältniß ieder Taxe ist dann am billigsten, wenn dabei nicht die Gerichtshandlung ohne Beziehung auf den Gegenstand, sondern der Gegenstand ohne auf die Gattung der Gerichtshandlung zurückzusehen, zum Maaßstaabe angenommen ist; diesem Grundsatze werden die sogenannten Quoten, wo sie immer anwendbar sind, am nächsten kommen.

§. 103. Dieser Maaßstaab ist besonders bei Eigenthums Veränderungen, Kaufverträgen und Sterbefällen, wie auch einigermassen bei dem Stempelpapier angenommen. Von den letztern wird eine kurze Erörterung nicht überflüßig sein. Es ist in vielen Staaten eingeführet, daß alle Aufsätze von einem Vertrage, oder die mit einem Vertrage in Zusammenhang stehen, oder stehen können, auf mit gewissen Stempeln bezeichneten Papiere bei Fiskalstrafen, und unter der Rechtsungiltigkeit eines solchen Instruments entworfen werden müssen. Diese Papiere haben verschiedene Taxen; zuweilen nach der Summe, die den Innhalt des Aufsatzes wie bei Quittungen ausmachet, manchmal nach dem Stande der Vertragerichtenden, wie bei Hausverträgen. Wird diese Art von Gefäll seinem innern, und wesentlichen nach untersuchet; so besteht sie aus einer Abgabe, die beinahe mit allen Gattungen von Entrichtungen verwandt ist.

§. 104. Die Schmeichelei hat Regenten überredet: Alle Verleihungen, die nicht im Wege des Rechtes gesucht werden, als Gnaden anzusehen, der Eigennutz

schlug

schlug bald darauf seine Hand ein, die Verleihungen dieser Gnaden mit gewissen Entrichtungen zu verbinden; so entstund die zweite Gattung von Taxen, deren mannigfältige Gegenstände unter vier Hauptgattungen eingetheilt werden mögen: nemlich Verleihungen von *Würden,* von *Bedienungen, Verleihungen in Gewerben,* und endlich *Befreiungen.*

§. 105. Eine ertheilte Würde setzt immer von Seite des Staates den Beweggrund, und die Verbindlichkeit voraus, iemand um geleisteter unterscheidenden Dienste Willen zu belohnen: und von Seite des Empfangenden sollte sie nie gefordert werden, als aus Bewustsein seines vorzüglichen Dienstes. Wenn in Verleihung der Würden aller Orten nach diesen Grundsätzen verfahren wird: so ist es nicht wohlmöglich, daß die öffentlichen Einkünfte hievon einen Zufluß haben.

§. 106. Alle Bedienungen sind entweder Plätze des Zutrauens, wie z. B. dieienigen, welche der Person des Regenten beständig nahe sind; oder es sind Stellen, wozu wegen den damit verknüpften Verrichtungen nur eine eigentliche Fähigkeit schicklich machen kann. Niemand also ist des Zutrauens würdig, niemand besitzt Fähigkeit, als der die Taxe, oder, welches auf dasselbe hinausläuft, den Kaufschilling für eine Bedienung erlegen kann? und im Gegentheil eine Summe Geldes kann sie die Fähigkeit geben, oder Zutrauen gewinnen? Nach diesen Betrachtungen wird es schwer sein, die Verkäuflichkeit der Bedienungen oder die Verleihung gegen Taxen zu rechtfertigen. Woferne auch die Fähigkeit immer vor dem Erlage der Taxe als ein wesentliches Bedingniß

niß gefordert wird, so ist gleichwohl die nur erst bei Verleihung der Würden gemachte Anmerkung auch hieher herüber zu nehmen: alle Geschicklichkeit der Unvermögenden ist für den Staat verloren.

§. 107. Es würde überflüßig sin, bei den Verleihungen in Gewerben nach dem ausgedehntesten Sinne des Wortes, oder von Befreiungsertheilungen lange stehen zu bleiben. Jedermann ist auf den ersten Blick überzeugt, daß Taxen von dieser Gattung entweder sehr unbeträchtliche Abfälle seien, oder dem gemeinschaftlichen Nahrungsstande, der Handlung Schwierigkeiten im Weg stellen müssen, da die öffentliche Verwaltung vielmehr nichts angelegeneres haben kann, als dergleichen Schwierigkeiten bei Seite zu schaffen.

§. 108. Nach geläuterteren Grundsätzen also werden die Gnadenverleihungen, als solche zu einem schicklichen Gegenstande der Staatseinkünfte nicht zu wählen sein: und die bei Gelegenheit derselben zu entrichtenden Abgaben sind eigentlich nur Kanzleigebühren, bei welchen in Ansehen des Verhältnisses der nemliche Grundsatz, wie bei den Sporteln der Rechtsgeschäfte herrschen muß, daß nemlich die Taxen nicht den Endzweck der Verleihung ausmachen, sondern demselben beständig untergeordnet bleiben sollen.

§. 109. Bei mancher Finanzverwaltung werden auch die Strafgelder, als eine ergiebige Quelle des Zuflusses gerechnet: man kann aber dieser Art von Einkünften keinen schicklichen Ort anweisen. Man kann

kann sie weder als eine Entrichtung für eine Art von Begnadigung, weder als eine Befreiung ansehn. Es bleibt hier nichts übrig, als über die Kraftlosigkeit der Gesetze, zugleich aber auch über Mangel der Grundsätze in einem Staate zu seufzen, wo die Strafgelder eine beträchtliche Finanzrubrike ausmachen.

Von Steuern.

§. 110. Was die Steuern, oder Abgaben auch immer für Namen*), oder Gestalt nach Verschiedenheit der Länder, und Umstände bekommen haben: so müssen sie im Grunde immer das wesentliche beibehalten, so ihnen der Ursprung gegeben hat: Sie sind der Ersatz des gemeinschaftlichen Dienstes. In Beziehung auf den Regenten, welcher die Grösse bestimmet, ist daher die Steuer, oder Abgabe die Schätzung, wornach der Bürger zur Unterhaltung des öfentlichen Dienstes beizutragen hat, in Beziehung auf den Beitragenden Bürger ist sie die Entrichtung dieser Schätzung selbst.

> * Die Namen der Entrichtungen sind bald von dem Gegenstande hergeholet, welcher zum Regulativ des Verhältnisses genommen worden: also Grundsteuer, Kopfsteuer, Gewerbsteuer, Pferdsteuer, Tranksteuer, u. d. g. bald von der Bestimmung, wie Schuldensteuer zur Tilgung der Staatsschulden, Armensteuer zur Unterhaltung der Armen u. s. w. bald von der Art zu erheben, wie Losung: manchmal fliest Regulativ und Bestimmung zusammen: wie bei Strassengeldern.

§. 111.

§. 111. Die Auseinandersetzung der gemeinschaftlichen Beitragsart leitet auf zween Grundsätze, die in der Anwendung von den wichtigsten Folgen sind: nemlich I. Die ganze Summe der Bürger betrachtet nach der Finanzbeziehung sondert sich nur in zwo Klassen ab; in die Klasse der Geldbesitzer, und in die Klasse der Arbeiter; die Summe der öffentlichen Einkünfte wird von der ersteren allein abgeführet: Die Summe, wenn ich so sprechen darf, des öffentlichen Dienstes wird von der letztern allein getragen. Aber die Klagen über diese Theilung sind auf der einen sowohl, als andern Seite unbillig.

§. 112. Der Maaßstab der Schätzung ist also das Vermögen, oder eigentlicher gesprochen das Einkommen und zwar, wie bereits anderwärtig beobachtet worden, das reine Einkommen. Dieses entspringt entweder aus wirklichem Gute, oder aus persönlicher Aemsigkeit. Hiedurch entstand also die Verschiedenheit der Schätzung, oder der Steuern, die im Grunde sämmtlich auf zwo Klassen zurückgeführet werden können: nemlich auf die Güter, oder sogenannte Realsteuer, worunter alle Abgaben von Grundeigenthum und Gelde gehören, und die Industrialsteuer, welche an sich persönlich ist, und entweder unmittelbar von der durch die Person oder Schätzung des Gewerbes, oder mittelbar durch eine auf die Verzehrung fallende Abgabe eingebracht wird.

§. 113. Diese Eintheilung der Steuern ist nach den Quellen des Einkommens, die bei der Bestimmung

mung der Summe, als die Regulative derselben angesehen worden. Wird hingegen die Steuer in Beziehung auf den Entrichtenden betrachtet: so fällt auch noch diese Verschiedenheit hinweg, und alle Gattungen von Steuern müssen sich unvermeidlich in eine Gattung von persönlicher, nemlich in die Verzehrungssteuer auflösen. Im Grunde also bleibt iede Anlage eine Verzehrungssteuer, und das Mangelhafte derselben besteht darinnen, wenn der entrichtenden, und gleichsam im Vorschusse stehenden Klasse der Weg abgeschnitten ist, ihren Ersatz von der Klasse der Verzehrer wieder zu erhalten: dieses nun kann durch die Gattungen der Steuer, durch die Art des Verhältnisses, durch die Einhebungszeit, durch die Grösse derselben und durch ihre Mannigfaltigkeit veranlasset werden.

§. 114. Die Gattung der Steuer ist mangelhaft hauptsächlich, so oft der Gegenstand, so zum Regulativ genommen wird, eine zuverläßige Bestimmung ausschließt. Die Steuer ist auch noch in der Gattung mangelhaft, wenn das Regulativ derselben einer willkührlichen Verminderung ausgesetzet ist. In der Art des Verhältnisses ist iede Steuer mangelhaft, nicht nur, wenn, wie bereits angemerket worden, dabei vieles der Willkühr überlassen, sondern auch, wenn die Untertheilung nicht dem Wesen einer Steuer zusagend ist.

§. 115. Mangelhaft in der Einhebungszeit wird eine Steuer, wenn zwischen dem Termine der Entrichrichtung, und der Zeit, wo dem Entrichtenden durch den Verkauf sein Ersatz geleistet werden soll, nicht Raum genug gelassen wird, um einen anständigen vortheilhaften Preis abwarten zu können. Dieses Uibel ist vorzüglich der Landwirthschaft fürchterlich, wenn die Abtragung der Grundsteuer in zu grossen Antheilen, und nahe an der Erndte gefordert wird.

§. 116. Die Grösse der Abgaben fällt mit der Mannigfaltigkeit überein. Die Grösse ist nachtheilig, nicht nur, weil sie der ersten Forderung des Burgers der Mäßigkeit nemlich der Entrichtung widerstrebt, und daher die Beitragsfähigkeit vermindert, sondern auch, weil jede Abgabe den Preis der Feilschaften, worauf sie fällt, zusetzt; jede Preisvermehrung aber den Absatz beschränkt, mithin die Wiedereinbringung beschwerlich macht. Die Mannigfaltigkeit der Abgaben ist nachtheilig, weil sie dieselben wenigstens von Seite der Einhebungskosten vergrössert.

§. 117. Nachdem man dasjenige kennet, wodurch die Steuern zum Nachtheile ausarten; so werden sich aus dem Gegensatze leicht die Grundsätze herholen lassen, wornach über die Schicklichkeit und Güte einer Steuer der Ausspruch geschehen kann. Allgemeiner Grundsatz: Die Steuer ist unnachtheilig, so oft sie der erzielenden und arbeitenden Klasse das Mittel übrig läst, die Vergütung darvon hereinzubringen. Dieser allgemeine Satz löset sich in folgende fünf untergeordnete Grundsätze auf. 1. Der Gegenstand, welcher bei einer Abgabe zum Re-
gu-

zulativ angenommen wird, muß einer zuverläſſigen Beſtimmung, mithin eines ſicheren Verhältnißes fähig ſein, welches alles Willkührliche, alle Stöhrung in dem Nahrungsgeſchäfte ausſchlieſſet. 2. Der Theiler ieder Abgabe muß in dem Regulative ſelbſt offenbar enthalten ſein. 3. Die Einhebungstermine müſſen in kleinen Antheilen, und auf die dem Entrichtenden am wenigſten beſchwerliche Zeit feſtgeſetzet werden. 4. Die Gröſſe der Abgaben muß bei einem Gegenſtande keine Verminderung verurſachen. 5. endlich die Einhebung einer Steuer muß nicht zu weitläuftig, und daher zu koſtbar ſein.

§. 118. Unter der Benennung der Güterſteuer, oder reellen Steuer begreifet man dieienige Schätzung, bei welcher das wirklich beſeſſene Nutzbringende Vermögen zum Grunde gelegt wird. Das Vermögen beſteht entweder in unbeweglichen Gütern, oder im Gelde: ie nachdem eines, oder das andere zum Gegenſtande angenommen iſt, empfängt die Abgabe ihre Benennung: unbewegliche Güterſteuer von der erſteren, und Vermögenſteuer insbeſondere von der letzteren. Zu den ſteuerbaren unbeweglichen Gütern gehöret alle Oberfläche der Erde, ſowohl welche zur Erzielung, als durch Gebäude wirklich genützet wird, oder doch genützet werden kann. Die Abgabe auf das der Landwirthſchaft zugewendete Erdreich iſt durch die Benennung der Grundſteuer unterſchieden die von den Gebäuden, wo ſie insbeſondere anwendbar iſt, wird Hausſteuer genennet.

§. 119.

§. 119. Die Grundsteuer ist wahrscheinlicher Weise bei angehenden Gesellschaften, wenn die Dienstentrichtungen nicht mehr zureichten, die erste, und einzige Art von Schätzung gewesen, und sie war nach der Lage der Umstände auch die billigste. Ihrem Wesen nach ist sie eine verhältnißmäßig zu dem Erträgnisse des Grundes berechnete Schätzung; das Erträgniß aber hängt von der Grösse des Grundes, von der Güte der Scholle, und von dem Anwerthe ab, welchen die Erzielungen finden. Diese drei Stücke sind also bei Bestimmung der Grundsteuer zur Richtschnur zu nehmen.

§. 120. Die Grösse der Gründe sowohl im Ganzen, als in den Untertheilungen muß dem Staate überhaupt zwar aus den zu so manchen andern Gebrauch gewidmeten Oekonomietabellen bekannt sein, aber da in einer Sache von solchem Einflusse nicht mit zuvieler Genauheit zu Werke gegangen werden kann, so müssen, je nachdem in einem Lande die Eintheilungen üblich sind, in iedem Kreise, oder Amte, und bei iedem Guttnnhaber Karten, worinnen die Oberfläche nach allen ihren Eintheilungen aufgezeichnet ist, weiters ordentliche Fund= und Lagerbücher vorhanden sein, welche letzteren über die Besitzer der Grundstücke, mit ihren Antheilen gehalten, und worinnen die vorgehenden Veränderungen genau bemerket werden. Diese Karten, wie auch die Fund= und Lagerbücher sollen von Feldmessern, die im Dienste des Staates stehen, von Zeit zu Zeit berichtiget, unterfertiget, und in Ordnung gebracht werden.

§. 121.

§. 121. Aus eben diesen Oekonomietabellen kann gleichfalls die Güte der Scholle, das ist, das Maaß der phisikalischen Fruchtbarkeit, und weiters, auf welche Art das Erdreich benützet werde, bekannt sein. Die Stufen der phisikalischen Fruchtbarkeit, bei deren Bestimmung die grössere, oder mindere Beschwerlichkeit der Bearbeitung in Betrachtung zu ziehen ist, werden durch Klassen ausgedrücket, deren gewöhnlicher Weise drei, eine gute, mittleren, und schlechte angenommen werden. Die Verschiedenheit des Grundes läst ganz wohl wenigstens eine Eintheilung in sechs Klassen zu, und fodert sie.

§. 122. Der Anwerth der Erzielungen, welcher unter die vorzüglichsten Triebfedern der Landwirthschaft zu rechnen ist, kömmt in Anschlag, wo die Entrichtung nicht in Naturalien, sondern im Gelde geleistet wird. Die Größe, und Fruchtbarkeit des Grundes werden durch die Leichtigkeit, und den Vortheil des Absatzes erst geltend gemacht: In Beziehung auf den Anwerth werden nicht nur Provinzen, gegen Provinzen, sondern manchmal sogar die Theile einer Provinz gegeneinander zu unterscheiden sein.

§. 123. Aus Vereinbarung, und wechselseitiger Vergleichung der vorausgesendeten drei Eigenschaften entspringt sodann die Schätzung des Erträgnisses, welche, auf was für eine Weise sie immer ausgedrücket werde, im Grunde beständig dahin abgeht, daß einen sovielten Theile eines Grundes von guter Scholle, und einen solchen Anwerthsvortheile sovielle Antheile eines

Grun

Grundes von geringerer Scholle, und minderem Abzuge gleich gemacht werden.

§. 124. Nach erhobener Schätzung ist der Steuerfuß zu bestimmen. Unter diesem Worte begreift man die angenommene Form, nach welcher die Grundsteuer von dem Staate eingehoben wird: sie enthält in sich den Maaßstaab, welcher bei der Einhebung zum Grunde gelegt wird, und den Antheil der Entrichtung. Die Schicklichkeit, oder Verwerflichkeit eines Steuerfusses läst sich daraus beurtheilen; ie nachdem durch denselben den Entrichtenden seine Steuerpflicht deutlich wird, oder nicht, ie nachdem also bei der Einhebung sich willkührliches mit einmengen, oder nicht einmengen kann. Uiberhaupt läst sich zum Grundsatze festsetzen: so oft der ausgesprochene Maaßstaab erst noch durch einen zweiten Satz aufgelöst werden muß; so ist der angenommene Steuerfuß nicht von der zuträglichen Art. Zum Maaßstaabe kann entweder die Naturalnutzung, oder das Naturalerträgniß zu Gelde angeschlagen, oder die wahre, oder auch eine eingebildete Größe eines Grundstückes angenommen werden.

§. 125. Der Antheil der Abgabe muß bei der Grundsteuer nach den aller Entrichtung gemeinschaftlichen Grundsätzen bestimmet, mithin dem Erzieler Vorschuß, und Unterhalt vorausbehalten werden. Die Grundabgabe ist also ein Theil von den reinen Einkünften des Grundes, bei dessen Ausmessung einzig, und allein das Erdreich in Betracht gezogen, folglich, woferne die Grundsteuer nicht ihre Wesenheit

ver-

verlieren, und in eine zweideutige Gattung von Grund- und Personalsteuer ausarten soll, durch die Eigenschaft der Besitzer keine Ungleichheit herbeiführen muß. Wie groß übrigens dieser Antheil sein soll, läßt sich numerisch nicht bestimmen. Aber eine besonders wichtige Frage ist folgende: Der wievielte Theil der allgemeinen Entrichtung soll den Ländereien aufgetragen werden? Die Beantwortung dieser Frage leitet auf die Untersuchung des Sistems, welches täglich mehrere Anhänger gewinnet, auf das Sistem der Oekonomisten.

§. 126. Nach ihrer Meinung hat der Feldbau, als die einzige Quelle des Nationaleinkommens, und Reichthums die Entrichtungen des Staates, welche sie durch die Grund- oder sogenannte Territorialsteuer als die einzige Abgabe einzubringen, mithin alle übrigen Steuern aufzuheben anrathen, ganz auf sich zu nehmen.

§. 127. Die Vortheile, welche die Einführung der einzigen Grundsteuer begleiten sollen, werden von ihren Verfechtern sehr reizend vorgestellet. 1. Die einfachste, und daher am wenigsten kostbare Art in der Behebung. 2. Die Ausschlüssung alles Willkührlichen, weil das Regulativ der Steuer zuverläßig bekannt, unveränderlich ist. 3. Eine ebenmäßige Vertheilung der Abgaben unter den Steuerpflichtigen, indem die auf den Grund gelegte Steuer eigentlich eine Abgabe nur auf die Verzehrung ist; daher der Grundeigenthümer dem verzehrenden Rentirer den Theil der Abgaben nach dem Maaße seiner Verzehrung, das ist, seines Einkommens bezahlen lasse. 4. Das Hinderniß der Verzehrung bei Seite geräumet, und den willkührlichen Preisveränderungen der Feilschaften abgeholfen, da die auf den Grund haftende Anlage sich natürlich auf die davon herkommenden Erzeugnisse nach Maaß ihrer grösseren, oder kleineren Menge untertheile, deren Preis durch den Zusammenfluß berichtiget werde. 5. Der Zustand des Grundeigenthümers versicherter, und dadurch glücklicher gemacht, daß derselbe bei mittleren, wie bei fruchtbaren Jahren immer gleiches Einkommen genüsse; endlich 6. auch die Gewißheit der Einkünfte für den Staat, welcher, wenn die Abgabe auf den Böden selbst, und nicht auf das, was darauf erzielet wird, gegründet ist, nicht mehr von der Verzehrung abhängig seie, und eine Verminderung zu besorgen habe, wenn Mißwachs eine Theurung verursachet, und die Verzehrung beschränket.

§. 128. Diejenigen, welche dem Vorschlage der unmittlbaren Abgabe mit unbefangenen Gemüthe nachdenken, werden sich überzeugt finden, daß, woferne die politische Lage Europens es einem Staate möglich machte, seine Abgaben nur in Naturalentrichtungen einzuheben das Sistem der Oekonomiker, als die vortheilhafteste Finanzverfassung angesehen werden müste. Aber die Unmöglichkeit einer solchen Veränderung ist allgemein anerkannt, und daher muß die Prüfung dieser Vortheile in der Hipothese: daß die Abgaben in Geld entrichtet werden, vorgenommen werden. Man muß gestehn, daß auch unter dieser Voraussetzung zween
sind,

sind, welche aus der Aufnahme der Grundsteuer zum allgemeinen Steuerfuß unwidersprechlich entspringen würden: der eine ist die Vereinfachung in der Einhebungsart, mithin auch die Sparsamkeit der Einhebungskösten, die dann auf die Verminderung der Entrichtungsantheile selbst wirket. Der andere ist die Zuverläßigkeit des Regulativs weil unter allen, was zum Steuerfuß gewählet werden könnte, nichts eine so genaue Bestimmung zuläßt, und daher alle häusliche Stöhrung, und verhaste Nachforschung überflüßig macht, als der Grund, in Ansehen dessen das Willkührliche nur noch in der Klassifikation zu besorgen wäre, welchem aber durch die Wachsamkeit der Finanzverwaltung vorgebäuet werden könnte. Indessen sind die übrigen Vortheile nicht eben so entschieden. Um sich derselben zu versichern, und überhaupt um das System der einzigen Grundsteuer in Ausübung setzen zu können, wird zweierlei vorausgesetzt: 1. daß der Eigenthümer des Grundes die Summe der allgemeinen Abgaben für alle übrigen Klassen vorzuschüssen die Kräfte hat; 2. daß der Eigenthümer des Grundes als Verkäufer seiner Erzielungen Meister des Preises ist, und sich daher beim Verkaufe seine Vorauslage immer vergüten lassen kann. Alles dieses ist ohne Einwendung gewiß?

§. 129. Die Verfechter der Grundsteuer haben die Folgen, welche aus der ersten Voraussetzung gegen ihren Vorschlag gezogen werden könnten, sowohl vorhergesehen, daß sie um ihnen vorzubeugen, behaupten: Der Grundeigenthümer müsse bei einem jeden Finanzsistem immer den Vorschuß leisten. Man denke nun die Klasse der Grundbesitzer, nicht die mächtigen Grundeigenthümer, sondern die kleineren Güterbesitzer, man denke die Grösse, zu welcher nach der gegenwärtigen Zwangverfassung aller Staaten die Abgaben gestiegen sind, und man urtheile, ob die Klasse der Verkäufer, das ist, diejenige, die kein Geld, sondern Waare hat, für die Klasse der Käufer, das ist, die Klasse, die keine Waare, aber Geld hat, die ganzen Staatseinkünfte voraus entrichten könne?

§. 130. Die zweite Voraussetzung, daß die Eigenthümer des Grundes bei dem Verkaufe Meister des Preises sind, mithin ihren Vorschuß beständig wieder einbringen können, verträgt eben so wenig eine tiefere Untersuchung.

§. 131. Es ist immer gewiß, daß in Absicht auf den Preis der Feilschaften die Folgen der Grundsteuer mit jeder anderen Einhebungsart einerlei sind: nemlich eine Vertheuerung, die in dieser Lage sowohl von der minderen Erzielung, als dem grösseren Antheile der darauf fallenden Abgabe herrühret; schon also kann nicht gesagt werden, daß die gute, mittlere und schlechte Erndte in Ansehen des Verzehrenden alles gleich lassen, wenn dieser im letzten Falle für den gegebenen Werth nur die Hälfte der Feilschaft erhält. Diese Vertheuerung wird aber auch von Seite des Grundeigenthümers nicht alles gleich lassen.

§. 132. Die Voraussetzung, daß der Verkäufer im Preise das Gesetz vorschreibt, ist durch Grundsätze und

und Erfahrung in iedem andern, als dem Falle des ausschliessenden Handels widersprochen: Der Zusammenfluß berichtiget den Preis: eben darum also, da dieser Zusammenfluß nicht nur von der Menge der Verkäufer, von der Menge der angebotenen Waare allein, sondern auch von der Grösse der Anfrage nach dieser Waare abhängt, und nur das Gleichgewicht zwischen dem Anbieten, und der Anfrage das Gleichgewicht des Preises herstellet: so kann zwar die Verminderung der zu Markte kommenden Feilschaften auf einer Seite eine Preiserhöhung verursachen; aber der Preis muß wieder fallen, wo auf der andern Seite die Anfrage nach dieser Waare abnimmt: und es ereignet sich nicht selten, daß auf eine plötzliche Preißsteigerung wegen der dadurch veranlasten Abnahme der Anfrage plötzlich eine sonst unerklärbare Erniedrigung folget.

§. 133. Nachdem nun die Voraussetzungen unrichtig sind; so muß eben dieses sich in Ansehen der Schlüsse ereignen, welche darauf gebauet sind; wenn der Eigenthümer nicht Meister des Preises ist, wenn er also die Rückzahlung seines Vorschusses nicht immer erhalten kann: so vertheilt die Grundsteuer die Abgaben nicht verhältnißmäßig gleich. Die auf den Grund gehäuften Steuern werden den Feldbau, den sie nach der Absicht der Urheber dieses Sistems begünstigen sollten, zu Grund richten. Dieses ist ohne Zweifel das gröste Uibel, so nur immer durch eine Gattung von Entrichtung herbeigeführet werden kann; und wodurch nothwendig alle verheissenen Vortheile vereitelt werden. Das Hinderniß der Verzehrung ist nicht bei Seite

geräumet, weil dieses Hinderniß von der Preisstei=
gerung herrühret, welche durch die Grundsteuer nicht
abgewendet wird. Der Zustand der Eigenthümer
ist nicht versichert, weil der Absatz erschweret ist.
Sogar die Gewißheit der Einkünfte in Ansehen
des Staates fällt bey genauer Prüfung hinweg, oder
vielmehr der Staat opfert der Gewißheit eines Jahres
die Gewißheit der künftigen Jahre, das ist, die Dauer
der Einkünfte auf; indem durch die erschwerte, durch
die unmöglich gemachte Hereinbringung des Vor=
schusses die Erzielung folgender Jahre vermindert,
und bey dem Feldbau die Beitragsfähigkeit, auf de=
ren Erhaltung die Dauer der Einkünfte allein beruhet,
geschwächt wird.

§. 134. Dieses sind, wie mich deucht, die wichtig=
sten Einwürfe gegen die Einführung eines Steuerfusses,
welcher bey dem ersten Anblicke mit der Mine der
Simplifikation und dem glücklichsten Zustande des Land=
mannes schmeichelt. Die Hindernisse, welche bey einer
ernsthaften Untersuchung sich schon in der Theorie, als
unübersteiglich zeigen, müssen sich in der Ausübung
noch mehr vervielfältigen. Der in einem kleinen Ge=
biete vorgenommene und mißlungene Versuch giebt der
Muthmassung eine Art von Gewißheit; obgleich ein in
einem kleinen Gebiete in einem einzelnen Bezirke, oder
Amte auch glücklich ausschlagender Versuch für grosse,
und ganze Reiche noch nichts entscheiden würde: und
selbst die erkläretesten Anhänger dieses Sistems gezwun=
gen sind zu gestehen, daß gegenwärtig kein einziges
Volk in Europa seie, dem seine Lage diese grösse Ver=
än=

Änderung gestatte; die Anlagen sind aller Orten so stark, der Aufwand so vermehrt; die Staatsschulden so angehäuft, die Bedürfnisse so dringend, daß eine plötzliche Abwechslung zuverläßig das öffentliche Zutrauen, und das Glück der Bürger vernichten würde.

§. 135. Ob nun schon die Grundsteuer nicht als die allgemeine, und einzige Steuer im Staate anwendbar ist; so scheint sie gleichwohl die einzige Steuer zu sein, die dem offenen Lande zukömmt. Die ländlichen Gewerbe, wenn sie genau betrachtet werden, sind blosse Hülfstheile der Landwirthschaft, die entweder zum Unterhalte des Landmannes, oder zu den Geräthschäften, und Zugehör des Feldbaues zu schlagen, und daher nicht besonders zu belegen sind; unter diese Zugehör sind billig auch die Gebäude auf dem offenen Lande und den kleinen Landstädchen einzurechnen: wohl aber können die sogenannten Schlösser der Grundeigenthümer bequem belegt werden.

§. 136. In mitteren, grossen und Hauptstädten hingegen sind die Häuser allerdings zum Beitrage zu ziehen, weil die Miethe ein wirkliches Erträgniß ist, folglich sie unter die nutzbringenden Grundgüter gehören. Die Schätzung der Häuser geschieht auf mancherlei Weise; nach der Zahl der Heerde, der Schornsteine, der Fenster, nach dem Unterschiede der Thore, nach einer Klassification der Grösse, und endlich nach dem Erträgnisse. Unter diesen Schätzungsarten setzt nur allein die letzte das ist, ein gewisser Antheil des wirklichen Erträgnisses ein für den Staat, und die Eigenthümer gleich billiges Verhältniß fest.

Nebst den Staatsabgaben sind die Häuser manchmal auch noch mit besonderen Gemeinabgaben zu mancherlei Bestimmung belegt, z. B. Armengeld, Säuberungsgeld, Wachtgeld, Brunnengeld u. d. g.

§. 137. Die Vermögensteuer wird nicht überall in der beschränkten Bedeutung genommen, welche ihr bei der Untertheilung der Gütersteuer gegeben worden. Die Schriftsteller hauptsächlich, wenn sie die Ausübung im Gesichte haben, ziehen alles darunter, was iemand besitzt, bewegliches, und unbewegliches Gut, Geld, so im Geschäfte wirbt, oder sonst verliehen ist, oder noch unangewendet im Schranken liegt. Das war die Steuer, durch welche nach der Beschreibung Xenophons die Athenienser den grösten Theil ihrer Einkünfte behoben. Die Königliche Zehente welche von Vauban vorgeschlagen worden, ist gleichfalls eine Art Vermögensteuer: auch die Losung zu Nürnberg ist ohngefehr dasselbe. Die wichtigsten Gründe, welche die Vermögensteuer als eine allgemeine und beständige Steuer verwerflich machen, sind ohne Zweifel, daß das Vermögen überhaupt, als ein Gegenstand der Steuer einer zuverläßigen Bestimmung, mithin eines richtigen Verhältnisses unfähig ist, und daher, wenn der Staat von dem Beitragspflichtigen keine Uibervortheilung besorgen soll, der Vermögensstand iedes Hauses zu genau untersucht, und dadurch eine Stöhrung der Nahrungsgeschäfte

ver-

veranlasset wird, die bei der Klasse des Handelsstandes besonders die betrübtesten Folgen nach sich ziehen kann.

§. 138. Eben diese Gründe stehen der Vermögensteuer, als einer auf die beweglichen Güter allein beschränkten Abgabe entgegen. Wenn alle Fahrnisse zum Gegenstande der Entrichtung gemacht werden, was für ein Maaßstab kann zu ihrer Schäzung angenommen werden, um dem Willkührlichen auszuweichen? und wäre es gleichwol möglich einen schicklichern Maaßstab zu finden, würde dadurch nicht noch immer in hundert Gelegenheiten ein die Gleichheit verlezendes Unebenmaaß unterlaufen müssen?

§. 139. Wo die Vermögensteuer in der engsten Bedeutung von nuzbringenden Geldern allein behoben wird; da steht ihr als einer beständigen Abgabe immer noch die Beschwerlichkeit entgegen, daß die Berichtigung des Gegenstandes entweder der Treu, und Glauben der Steuerpflichtigen überlassen, oder durch eine in das Innerste der Familen eindringende Nachforschung geschehen muß. Das eine, und andere hat seine einleuchtenden Bedenklichkeiten.

§. 140. Ist die auf die Kapitalien gelegte Vermögensteuer in eine Finanzverfassung aufgenommen worden; so scheint es hauptsächlich in der Absicht geschehen zu sein um dem Kapitalisten von dem allgemeinen Beitrage, zu welchem der Besizer der Grundstücke, und die Aemsigkeit unter besonderen Abgaben gezogen sind, nicht frei zu lassen. Aber es läst sich darthun, daß diese Absicht auf solche Art nicht erreicht wird. In der That wächst die Vermögensteuer der Landwirthschaft, oder Aemsigkeit, wo die Kapitalien anliegen, allein zur Last, und der Kapitalist für sich geht beständig frei hindurch.

§. 141. Aus der Schätzung der persönlichen Aemsigkeit entspringt die zweite Klasse der Steuern, die nach ihrer Wesenheit Industrialsteuer genennet werden soll, gewöhnlicher Weise aber unter dem Namen Personalsteuer behandelt wird. Die Person des Bürgers ohne andere Beziehung ist zu einem Steuerregulative ganz unschicklich, weil sie zu einem angemessenen Verhältnisse keinen Grund anbietet. In Absicht auf die Person allein würde der Fürst nicht mehr entrichten, als sein Pferdewärter, der Krämmer, welcher Schwefelfäden verkauft eben so viel, als der Handelsmann, dessen Schiffe die Kostbarkeiten beider Welttheile frachten. Die Ausübung bestättiget die Richtigkeit dieser Anmerkung, und verbindet bei den uneigentlich sogenannten Personalsteuern beständig andere Beziehungen, wodurch die Beitragsantheile ausgemessen werden. Die Belegung der Aemsigkeit geschieht durch eine unmittlbare Schätzung der Person, oder ihres Gewerbes, dieß giebt den Kopfsteuern, oder Gewerbsteuern ihren Ursprung; oder die Schätzung geschieht mittelbar durch Belegung der Verzehrung. Die Verzehrungssteuer ist mehr noch unter dem allgemeinen Namen Accise bekannt.

§. 142. Die Kopfsteuer ist stäts auch eine Klassensteuer, d. i. die Beitragsantheile werden nach einem

Range

Range ausgemessen, bei welchem die Einkünfte mehr, als alles übrige den Unterschied angeben; die Kopfsteuer ist also, auf was immer für eine Art sie eingehoben werde, sowohl nach ihrem Wesen als nach ihrer ganzen Einrichtung, eine wahre Vermögenssteuer, wider die alle Einwürfe zurückgerufen werden können, welche gegen diese letztern angeführet worden. Doch sind die der Kopfsteuer noch besonders eignen Mängel nicht zu übergehn. Die Voraussetzung, daß der höhere Rang mit grösserem Einkommen vereinbaret seie, ist zu willkührlich, und täglich von der Erfahrung widerlegt. Eine Klassensteuer nach Rang, und Würde verletzet den Grundsatz des ebenmäßigen Verhältnisses unter den Entrichtenden. Die Kopfsteuer, welche die Köpfe der Familien zählet ohne den Frauen, und Kindern eine Befreiung zuzuerkennen, vergrößert die Bürde des Ehestandes, und wirket unmittelbar auf die Bevölkerung: sie wird endlich nicht weniger der arbeitenden Klasse beschwerlich, weil die Entrichtung des Kopfgeldes für das Dienstgesind, oder die Gewerbsgehülfen zuletzt immer auf den Gesindhälter zurückfällt.

§. 143. Obgleich beinahe alle Welt über diese Gebrechen der Kopfsteuer einig ist; so erschien doch eine Schrift, worinnen wie ehemals Vauban die Vermögensteuer zum Hauptgegenstande der französischen Staatsannahme zu erheben gedachte, eine Klassensteuer zur einzigen Abgabe vorgeschlagen, und nach einem vorgelegten Uiberschlage für erwiesen angenommen ist, daß iedermann, in Vergleiche der gegenwärtigen vielfältigen Entrichtungen zu einer geringeren Anlage gezogen, dey

köni-

königlichen Schatzkammer aber ungleich mehr, als jetzt eingehen werde. Dieser Vorschlag ist von ungenannten Gegnern heftig angegriffen worden.

§. 144. Justi schlägt die Gewerbsteuer an die Stelle der von ihm verworfenen Accise vor, und räumt ihr in seinem Finanzsistem eine besondere Eintheilung ein. Er macht zwischen ihr, und der in vielen Ländern eingeführten Nahrungssteuer einen Unterschied, weil diese letztere, bei der die Beschäftigungswege nur in allgemeine Klassen untergetheilt sind, eher für eine Klassensteuer, als wahre Gewerbsteuer anzusehen seie, zu einer eigentlichen Gewerbsteuer fodert er, daß der Beitragantheil nach dem Umfange des Gewerbes, und des davon abfallenden Gewinnstes bestimmet werde. Aber so sehr sich dieser Schriftsteller bemühet die Mittel anzuweisen, wie der Umfang eines Gewerbes zu übersehen, und der davon abfallende Gewinn zu berechnen seie; so konnte er sich dennoch selbst die Schwierigkeiten nicht ganz verkleiden, welche in der Bestimmung eines billigen Verhältnisses der Entrichtung auffallen würden. Dieses Verhältniß müste erstens nach der Verschiedenheit aller mannigfältigen Gewerbe, und Beschäftigungen unter sich aufgesuchet werden, zweitens, nach den verschiedenen Abstufungen bei einerlei Gewerbe, drittens nach den Graden des Vortheils, welcher aus der Lokalstellung iedes Gewerbtreibers entspringt. Viertens endlich nach den Graden der persönlichen Geschicklichkeit, der Größe des Unternehmungsfonds, der Glücks- oder Unglücksfälle, und noch mehrerer andern in die Erwerbung einflüssenden

gröſten-

gröstentheils aber veränderlichen Umstände, welche abermal unter sich auf verschiedene Art verwechselt, und verbunden werden mögen.

§. 145. Die Belegung der Aemsigkeit durch unmittelbare Abgabe der Verzehrung geschieht auf zweierlei Art: wenn alles, was in den Umsatz kömmt, ohne Unterscheid einer Entrichtung unterworfen wird; so empfängt sie den Namen einer allgemeinen, oder sogenannten Universalaccise: sind aber nur die näheren Bedürfnisse, und besonders die Lebensmittel zu versteuern; so heist sie die besondere, oder Partikularaccise, welche manchmal von den einzelnen Regulativen ihre bestimmtere Benennung ableitet, z. B. Fleischsteuer, Tranksteuer.

§. 146. Die Meinungen über den Nachtheil der allgemeinen Accise sind beinahe vereiniget. Sie ist entweder der einzige Steuerfuß eines Landes; oder eine Steuer, die neben andern eingeführet ist. In einer Finanzverfassung, wo die Accise zur einzigen Steuer gewählet worden, müssen nothwendig folgende Sätze zum Grunde geleget werden: iedermann kauft, und verkauft nach dem Verhältnisse seines Vermögens: iedermann gewinnt nach dem Verhältnisse seines Kaufs, und Verkaufs: iedermann ist also nach seinem Kaufe, und Verkaufe in Beitrag zu ziehen. Die beiden Vordersätze können nur unter zweien Bedingnissen richtig sein: daß die Handlung in einem Staate die einzige oder wenigstens die wichtigste Erwerbungsart ist: und dann, daß die Handlung sich nicht auf die eigne Verzehrung, sondern vorzüglich und beinahe ganz allein auf Ausfuhr gründet. Ohne das erste dieser Bedingnisse würde der Kapitalist, und der Besoldete nicht nach Verhältniß ihres Einkommens belegt, das zweite ist noch wesentlicher, da wird entweder die Gewißheit der Einkünfte leiden, oder die Daüer derselben. Man hat an der Universalaccise noch mit Grunde getadelt, daß der Handelsmann, wenn er grosse Einsendungen erhält, in die Nothwendigkeit versetzt werde, grosse Summen mit einmal zu bezahlen, wodurch der Großhandel sehr erschweret ist, noch mehr: sein Vorschuß ist gethan; aber er ist des Widerersatzes nicht versichert.

§. 147. Nicht weniger gewiß ist, daß bei der Universalaccise die Veruntreuungen der Beamten schwer gehindert, daß die Beitragsantheile der Entrichtenden durch die Weitläuftigkeit der Einhebung sehr vergrößert, und ein Vorwand in das Innere der Familien sich einzubringen an die Hand gelassen wird, der leicht zu Plagereien, und Erpressungen gemißbrauchet werden kann. Diese Mängel sind noch sichtbarer, wo die Accise neben andern Abgaben besteht.

§. 148. Ungefähr auf die nemlichen Gründe stützen sich diejenigen, welche die Partikularaccise, oder die auf die Lebensmittel gelegte Abgabe nicht blos mißrathen, sondern als die Quelle unzählbarer Uibel, als die Hauptursache der Innern Schwäche aller Staaten, und ihres gänzlichen Verfalls bezeichnen. Woferne die Betrachtungen, welche der Einführung der Grundsteuer, als der einzigen Abgabe entgegengesetzet worden, von einigen Gewichte waren; so fällt das Besorgniß

niß wegen den nachtheiligen Folgen der Verzehrungssteuer bereits zur Hälfte hinweg.

§. 149. Vor allen ist es nöthig die mittelbare
Abgabe überhaupt von der eigentlichen Verzehrungssteuer zu unterscheiden. Die mittelbare Abgabe nach
dem Begriffe, so die Oekonomisten damit verknüpfen,
ist ein Geschlecht, worunter alles, was nicht unmittelbare Grundsteuer ist, gehöret; worunter also viele
von verwerflicher Art sind, und wovon in diesen Grundsätzen selbst bereits sehr viele verworfen worden. Die
besondere Verzehrungssteuer hingegen, wovon hier
eigentlich gesprochen wird, ist eine einzelne Art, welche
auf die Lebensmittel allein fällt; ihre Bestimmung ist
zu dem öffentlichen Aufwande den über die ein-
gehobene Grundsteuer annoch abgehenden Antheil einzuliefern. Ihre Bestimmung weiset darauf,
wo sie eigentlich angelegt? von wem sie entrichtet?
wie sie eingehoben? und auf welche Gegenstände
sie gegründet werden soll? es wäre eine fruchtlose Finanzoperation, sie auf den offenen Lande, oder in kleinen Landstädtchen einzuführen. Der für die Verzehrungssteuer einzig schickliche Ort sind die Städte.

§. 150. Die Innwohner der Städte sind von
fünferlei Klassen: Güterbesitzer, Kapitalisten, Besoldete, Handelsleute, und das arbeitende Volk.
Niemand von allen diesen ist durch die Verzehrungssteuer beschweret, der Güterbesitzer nicht, weil sein
grösserer Antheil von Vermögen ihn zu einen verhältnißmäßigen grösseren Beitrag verbindet, den er aber bei
der

der Grundsteuer nicht abträgt, als bei welcher der Ersatz der vorgeschossenen Abgabe durch den Verkauf der ländlichen Erzielungen geleistet wird: der **Kapitalist** nicht, als welcher sonst von dem allgemeinen Beitrage befreit bleiben würde: der **Besoldete** nicht, weil sein Gehalt, er mag ihm von dem Staate, oder Privatherrn fallen, nach dem Verhältnisse des nöthigen Aufwandes ausgemessen werden muß: auch nicht der **Handelsmann** weil der Verkauf ihm stäts seine Auslagen, worunter der Unterhalt eingerechnet ist, vergütet: und eben so wenig die übrige arbeitende Klasse, indem sie den Preis ihres Handlohns immer hauptsächlich nach der Maase des Werths der Lebensmittel einrichtet. Die Städte sind nicht blos in Absicht auf die Entrichtung, sondern auch in Absicht auf die Einhebung der allein schickliche Ort. – Nichts wird daselbst erzielet, alles wird eingeführt. Bei dieser Einfuhr nun läßt sich die Einhebung auf eine einfache Art mit gemäßigten Kösten nach festgesetzten Tariffen ohne Plagerei, und stöhrende Nachsuchungen einrichten.

§. 151. Die Gegenstände, welche mit der Verzehrungssteuer belegt werden sollen, sind die Lebensmittel ohne Unterscheid, wie sie eingehen. In gegenwärtiger Lage begreift das Wort: **Lebensmittel** nicht ledig die Eßwaaren, sondern alles, was zu dem menschlichen Unterhalte gehöret, nur mit Ausnahme dessen, was nach richtigen Handlungsgrundsätzen der Leitung der Mauth überlassen werden muß: denn dadurch unterscheidet sich die besondere Verzehrungssteuer von der **allgemeinen Accise.** Die Verfertigung des Tariffs
wor=

wornach die Abgabe von den eingehenden Feilschaften gefordert werden soll, ist von äusserster Wichtigkeit, und setzet in der wirklichen Ausübung ein genaues Kenntniß aller in die Verwaltung einschlagenden Umstände voraus, aus deren Vergleichung unter sich das Verhältniß der Taxe entspringt. Diese Taxe muß nach einer dreifachen Beziehung berechnet werden: erstens nach der Beziehung der Verzehrungssteuer überhaupt zu der ganzen Summe der Entrichtungen; zweitens nach der Beziehung zu der Nationalhandlung, mithin zu dem Preise des Handlohns. Drittens nach der Beziehung der steuerbaren Gegenstände unter sich.

§. 152. Uiber das Verhältniß der Verzehrungssteuer zur Masse der sämmtlichen Entrichtungen kann nicht anders, als nach gewissen gegebenen Umständen, mithin in der Anwendung selbst der Ausspruch geschehen.

§. 153. Auf die Nationalhandlung muß in Verfertigung des Tariffs der Verzehungssteuer von darum zurückgesehen werden, weil der Wachsthum derselben von dem Vorzuge im Zusammenflusse, und dieser vorzüglich von dem Vorzuge im Preise abhängt; der letztere aber beruht grossentheils auf der Wohlfeilheit des Handlohns.

§. 154. Das Verhältniß der steuerbaren Gegenstände unter sich muß zwar überhaupt nach den Stufen des Bedürfnisses eingerichtet werden, mithin die Entrichtung immer nach dem Maaße steigen, als die belegten Gegenstände sich dem blossen Vergnügen, und Uiber-

Dd flusse

flusse näheren. Aber woferne dieser an sich richtige Grundsatz nicht einen wesentlichen Vortheil des Staates die Gewißheit nemlich der Einkünfte vereiteln soll: so muß er nicht zu sehr ausgedehnet werden. Viele Schriftsteller wollen die ersten, und unmittelbaren Bedürfnisse des menschlichen Unterhalts von der Verzehrungssteuer gänzlich ausnehmen um die gemeine Klasse zu erleichtern, und die Entrichtung der Abgaben der vermögenderen Klasse allein aufzudringen. Aus diesem Grunde fällt nach ihrer Eintheilung die gröste Summe der Entrichtung auf die Gegenstände des Prachtes. Aber sie hätten bedenken sollen, daß nicht der Handlöhner, nicht der Arbeiter derjenige ist, so eigentlich die Verzehrungssteuer entrichtet, sondern der, welcher ihn zu seinem Dienste miethet.

§. 155. Endlich haben sie, was das vorzüglichste ist, nicht darauf gesehen, daß die Gewißheit der Einkünfte bei einer Vertheilung der Verzehrungssteuer, welche die Last auf Gegenstände von willkührlicher Verzehrung vorzüglich übertrüge, Gefahr laufen würde.

§. 156. Gleichwie aber die Gewißheit der Einkünfte durch die Befreiung der nothwendigeren Bedürfnisse leidet, also würde im Widerspiel eine zu grosse Belegung der ersten Nothwendigkeiten ihrer Dauer, welche auf die unverminderte Beitragsfähigkeit, das ist, auf die Erwerbung gegründet ist, schaden. Bei Bestimmung des Verhältnisses unter den Gegenständen der Verzehrung selbst sind daher zween Grundsätze zur Richtschnur zu nehmen. 1. Die Bedürfnisse der ersten und zweiten Gattung können so weit be-

belegt werden, als die dadurch veranlaste Preissteigerung bei den Beschäftigungen keine Verminderung befürchten läſt. 2. Die Bedürfniſſe des
Vergnügens nach allen Stufen sollen nur soweit
belegt werden, als die dadurch veranlaste Preißsteigerung nicht den Gebrauch derselben beschränkt.

§. 157. Mit diesen beiden Grundsätzen ist nicht ver-
träglich, daß die Klaſſen der Bedürfniſſe sehr unterschieden, und vervielfältiget werden. Denn bei einer langen Reihe derselben würde entweder auf die untersten
zu wenig übertragen, oder die obern würden nach
einem wachsenden Verhältniſſe zu stark zu belegen sein.
Es scheint also, daß die Eintheilung der sämmtlichen
Verzehrungsgegenstände in vier Klaſſen zureiche, und
iede Klaſſe von der Summe, so die Verzehrungssteuer
zu dem allgemeinen Aufwande liefern soll, einen gleichen
Theil auf ſich zu nehmen habe.

§. 158. Die Vertheilung der einzelnen Gegenstände
in diese vier Klaſſen, und der Ausschlag der Abgabe
im Numerären, das ist die Verfertigung des Tariffs
ist das Geschäft der Ausübung, welche die beſtimmten
Umstände eines Staates vor Augen hat, und seine Hand-
lungsſtellung, seine Erzeugniſſe, den laufenden Preis,
die Lebensart, und den Vermögensſtand der beitragenden Klaſſen zu Rath zieht. Um die Bedrückungen zu
hindern, iſt es zuträglicher die Entrichtung nach der
Gattung der Feilſchaften, nach dem Stücke, Maaſe,
oder Gewichte auszudrücken. Die Verzehrungssteuer ist vortheilhaft in Beziehung auf den Staat,
und

und in Beziehung auf den Entrichtenden; diesen letztern betrachtet, wann er zahlt, und wann er verzehrt.

§. 159. Der Vortheil des Staates ist die Gewißheit der Einkünfte, und ihre Dauer. Die Gewißheit in Ansehen der Grösse, weil der Gegenstand der mindesten Willkühr unterworfen, und die Verzehrung unter allen Umständen nothwendig ist: die Gewißheit in Ansehen der Zeit, weil die Verzehrung ihren Gang ununterbrochen hält, die Einnahme aber der Verzehrung zur Seite geht, mithin in Aufwandsüberschlage auf die eingehenden Summen stäts Rechnung gemacht werden kann, ohne daß der Staat jemals zu gewaltsamen Zwangmitteln zu kommen nöthig habe; das natürliche Bedürfniß vertritt hier die Stelle der Eintreibung. Der Staat ist der Dauer der Einkünfte versichert; weil die Verzehrungssteuer sich immer nur nach der Erwerbung richtet, mithin der Beitragsfähigkeit keinen Abbruch thun kann. Vielmehr ist das grössere Einkommen in der Rubrike der Verzehrungssteuer ein sicheres Zeichen entweder von der vergrösserten Bevölkerung, oder von der Aufnahme der allgemeinen Bequemlichkeit, und meistens von beiden zugleich. Ja sogar die Steuerbefreiung einiger Klassen wird mittelbar aufgehoben. Hier vereiniget sich also der allgemeine mit dem Vortheile des einzelnen Entrichtenden.

§. 160. Für diesen ist die Verzehrungssteuer die gelindeste Abgabe, indem sie stäts 1.) nur nach dem Maase seiner Erwerbung eingehoben wird: wodurch das zweifache Verhältniß zu seinem eigenen,

und

und dem Vermögen der Mitsteuerden so sehr als möglich beobachtet wird. Der Regel nach verzehrt die arbeitende Klasse nur nach dem Maaße ihrer Erwerbung, und sie entrichtet dann nur nach dem Maaße, als sie verzehrt. 2.) Die Verzehrungssteuer wird zu der Zeit eingehoben, wann der Entrichtende bei Kräften ist: der Verkäufer zahlt also, weil er seine Feilschaften angeworden, mithin Geld erhalten hat: wenn nemlich die Entrichtung der Abgabe nur nach dem Maaße geschehen darf, als er zu Markte verkauft hat. Eben diese Vereinigung der Abgabe mit dem Preise der Waare verursacht, 3.) daß die Verzehrungssteuer bei der Entrichtung beinahe nicht empfunden wird. Denn keine Gattung von Abgabe läßt sich gleich dieser in so unmerklich kleine Entrichtungsantheile zerstücken, wo die ganze Summe der Entrichtung gewissermaßen auf alle einzelnen Tage des Jahres untergetheilet wird.

§. 161. Damit der Vorzug der Verzehrungssteuer in Beziehung auf den Verzehrenden eingesehen werde, muß die Anmerkung vorhergehen: daß jede Abgabe ohne Unterscheid bei dem Gegenstand, auf welchen sie fällt, nothwendig eine Preissteigerung wirket: daß dieser Zuwachs zwar nicht den Grund des Preises sondern nur einen Nebentheil ausmachet; aber in den durch den Zusammenfluß veranlaßten Wechseln der Märkte dennoch auf den ganzen Preis wirket, und zu seinem Fallen oder Steigen beitragen muß.

§. 162. Einige Schriftsteller haben bei der Verzehrungssteuer noch manche andere Vorzüge wahrgenommen: aber es sind entweder solche, die bei genauerer Untersuchung ganz verschwinden: oder sie sind dieser Steuer mit andern Gattungen von Abgaben gemein. Die Nachtheile der Verzehrungssteuer können sämmtlich auf folgende zurückgeführet werden: 1.) Daß die Einhebung ungemein kostbar, mithin der Entrichtungsantheil iedes einzelnen sehr erhöhet werde; 2.) Daß der Vermögende, aber kargere Bürger nicht nach dem Maase seiner Einkünfte belegt, mithin das billige Verhältniß unter den Mitsteuernden nicht beobachtet; daß im Gegentheile 3.) der Verehelichte, und derienige, so mit einer grossen Familie beladen ist, dadurch zu sehr beschweret werde; daß endlich 4.) der Preis der ersten Bedürfnisse zum Nachteile der Beschäftigung, und Handlung dadurch sehr erhöhet werde.

§. 163. Der erste dieser Einwürfe wird durch die Erinnerung sehr gemindert, daß die Verzehrungssteuer, von welcher hier gehandelt wird, keine Universalaccise ist. Wenn also zugegeben wird, daß die Einhebung der mittelbaren Abgabe die Summe, welche wirklich eingeht, um 8 mal übersteige, so kann dieses nicht auf die Verzehrungssteuer fallen, welche vorzüglich auf die Lebensmittel gelegt wird, wovon die Gegenstände der Mauth sorgfältig unterschieden, und nur die Städte, welche nicht erzielen, belegt sind. Bei der Verzehrungssteuer werden die Legionen von Accisbeamten, und ihre Plagereien nicht nothwendig sein. Die Einnahme an den Thören kann eine Einrichtung erhalten, die weder so weitläuftig, noch so kostbar ist.

§. 164.

§. 164. Die drei übrigen Nachtheile werden diejenigen nicht irre machen, welche sowohl die vorausgesendete Zergliederung der Steuern überhaupt, als die Beschaffenheit der besonderen Verzehrungssteuer im Gesichte behalten haben. Da iede Entrichtung, wenn sie auf ihr Wesen zurückgeführt wird, Verzehrungssteuer ist, und am Ende durch einen kürzeren oder näheren Weg von dem Verzehrenden getragen wird; so müssen die Nachtheile, welche der Verzehrungssteuer insbesondere vorgeworfen werden, zugleich allen andern Steuern gemein, und eben dadurch Nachtheile zu sein aufhören; es wäre dann, daß überhaupt die Nothwendigkeit Abgaben zu heben, als ein Nachtheil in der bürgerlichen Gesellschaft angesehen würde.

Von ausserordentlichen Steuern.

§. 165. Wird der Staat zu einem Aufwande gezwungen, wo die ordentlichen Einkünfte nicht zureichen: so tritt die Nothwendigkeit ein, ausserordentliche, das ist, grössere Einkünfte zu beheben. In der Voraussetzung, daß die Lage der Umstände Theilzahlungen zuläst, kann die Behebung auf zweierlei Weise geschehen, entweder die ordentlichen Steuerantheile werden erhöhet, oder es werden neue Gegenstände der Belegung gewählet. Beides läuft da hinaus, daß die Summe der allgemeinen Abgaben erhöhet wird. Von was für einer Gattung immer die Begebenheiten und Fälle sein mögen, welche die Erhöhung der Abgaben herbeiführen: so darf der Endzweck der Entrichtungen überhaupt, nemlich das gemeinschaftliche Wohl nicht bei Seite gesetzt, so darf das Heil eines Augenblickes nicht auf Kosten des dauerhafteren Wohlstandes erhalten werden. Die Erhöhung der Abgaben muß also durch eben die Grundsätze geleitet werden, wie die Einhebung der ordentlichen Einkünfte. Die Einkünfte zur Bedeckung des Aufwandes müssen gewiß eingehen, ohne der Dauer derselben, mithin ohne der Beitragsfähigkeit nachtheilig zu sein. Wenn daher ein Vorschlag zu ausserordentlichen Einkünften gefordert wird; so ist die Aufgabe, welche der Regent dem Finanzminister vorlegt, eigentlich folgende: Eine Art Abgaben zu finden, wodurch die geforderten Summen gewiß eingehen, ohne eine Vertheurung der Waaren, mithin ohne Verminderung des Absatzes, und Beschränkung der Erwerbungswege zu veranlassen.

§. 166. Um diese beiden Absichten zu vereinigen muß der Beitragende von derjenigen Klasse sein, welche die Erhöhung der Entrichtung am leichtesten übertragen kann: wodurch die ganze arbeitende Klasse von der Entrichtung befreiet, und der Vermögendere allein zum Beitrage angewiesen wird. Die Belegung neuer Gegenstände ist also der Finanzverwaltung allein offen; doch die Wahl der Gegenstände ist abermal nicht willkührlich, sondern muß von dem Grundsatze die erzielende, und arbeitende Klasse nicht in Beitrag zu ziehen geleitet werden. Dadurch bleiben den Staaten eigentlich drei offen, nemlich: die Einkünfte als Geldrenten betrachtet, die Gattungen von Uiberflüßigflüßigkeiten unter den Lebensmitteln, und der Pracht. Zur Hereinbringung der ausserordentlichen Einkünfte sind also eine gewisse Art von Vermögenssteuer, eine Erhöhung der Verzehrungssteuer bei der dritten und vierten Gattung von Lebensmitteln, und eine auf einigen Prachtaufwand fallende Taxe die einzigen unnachtheiligen Steuerarten.

§. 167. Die Vermögenssteuer als ein sovielter Theil der Einkünfte überhaupt würde alle Klassen der Bürger mithin auch die arbeitende unmittelbar zum Beitrage ziehen, und dadurch der Absicht einer ausserordentlichen Steuer widersprechen, und andere Unschicklichkeiten mit sich führen. Die den Umständen angemessenste Art der Einhebung scheint eine Klassifikation der Beitragenden zu sein, wo die unvermögendere und arbeitende Klasse ausgenommen, die Entfernung der Klassen selbst nicht zu groß angenommen, und überhaupt alle Ungleichheit in der Entrichtung so viel möglich vermieden werde.

§. 168. Derjenige, welcher von Lebensmitteln, die nicht in die ersten Klassen der Bedürfnisse gezählt werden, Gebrauch macht, kann ordentlicher Weise für vermögender angesehen, und von demselben eine Erhöhung der Entrichtung leichter vertragen werden. Die Erhöhung der Verzehrungssteuer in der dritten und vierten Klasse von Bedürfnissen wird daher zu Hereinbringung ausserordentlicher Einkünfte vorzüglich schicklich. Eben so wenig wird eine Taxe auf Kutschenpferde, auf eine gewisse Anzahl von Livreibedienten, und was dergleichen den Reichthum, oder wenigstens

nigstens ein gewisses stärkeres Einkommen anzeigender Prachtaufwand sein mag, wenn sie allein für ein, oder einige wenigen Jahre auferlegt wird, die Folge haben, daß Equipagen abgeschaft, oder die Zahl der Livreibedienten vermindert, mithin die erwarteten Summen nicht eingehen werden.

Vom Staatskredite.

§. 169. Der Staats= oder öffentliche Kredit ist das Zutrauen gegen den Staat von der Sicherheit der Wiederzahlung. Dieses Zutrauen hat wie bei dem Privatkredite seinen zweifachen Grund den reellen und persönlichen. Der reelle besteht in der allgemeinen Beitragsfähigkeit, der persönliche in der Geschicklichkeit der Finanzverwaltung, und der Genauheit den übernommenen Verbindlichkeiten unter allen Umständen Genüge zu leisten.

§. 170. Die allgemeine Beitragsfähigkeit ist der reelle Grund des Staatskredits, denn unter was immer für einer Gestalt der Staat die Zahlung leiste, zuletzt wird dieselbe immer auf die Entrichtungen zurückgeführet. Da nun die Beitragsfähigkeit von den Wegen der Erwerbung abhängt; so muß der reelle Kredit eines Staates von einem weitern Umfange sein, ie nachdem die Bevölkerung stärker, ie nachdem der Feldsbau mehr begünstiget, die Aemsigkeit mehr ermuntert, und unterstützet, ie nachdem die Handlung blühender ist, ie nachdem die Abgaben, welche wirklich entrichtet werden, leicht sind, und endlich ie nachdem der Staatskredit selbst weniger beschweret ist. Der Umfang eines

eines Staates, sein milder Himmelsſtrich, das Genie der Nation, sein Vertheidigungsſtand, seine politiſchen Verbindungen alles trägt zu dem Umfange des reellen Kredites bei. Indeſſen kann der reelle Grund des Staatskredits ſich auch nur auf Vermuthungen ſtützen; das berufene Lawiſche Siſtem, welches an ſich ſelbſt eine Regierungsoperation war, kann zum Beiſpiel dienen, wie weit ſich die Täuſchung treiben läſt: aber wenn dieſe zerſtiebt wird; ſo kömmt dem Staat die Hülfe von dieſer Art ſehr theuer zu ſtehen.

§. 171. Zwiſchen dem perſönlichen Staatskredite, und dem Privatkredite läſt ſich ein merkwürdiger zweifacher Unterſchied wahrnehmen. Gewöhnlicher Weiſe ſind die zwiſchen Privat, und Privat errichteten Verträge auf kurze Friſt; das Zutrauen, welches auf die Geſchicklichkeit des Kreditnehmers geſezt wird, hält ſich an eine, und dieſelbe Perſon. Die Verträge der Staatsgläubiger aber ſind gröſtentheils von längerer Ausſicht: der zweite Unterſcheid iſt von noch gröſſerem Einfluſſe. Wenn der Privatburger seiner Zuſage nicht Genüge leiſtet; ſo hat der Gläubiger den Gerichtszwang zu Hülfe, welches Mittel dem Staatsgläubiger entzogen iſt. Dem Staate kann keine Eintreibung auf den Hals geladen werden: dieſes Unterſchieds wegen werden manchmal Staatsverſchreibungen Papiere, oder doch die Gewährleiſtung der Stände vorgezogen, weil die Stände vor dem Richterſtuhle des Regenten belanget werden können. Wenn die Gröſſe, und glückliche Lage eines Staates den reellen Kredit deſſelben erhöhen; ſo muß die Regierungsform entgegen auf die

die Natur des persönlichen Kredits einfliessen. Je unbeschränkter also eine Monarchie ist, desto begränzter ist ihr Kredit: der Despotismus hat gar keinen.

§. 172. Unter den Zusagen, welche zu erfüllen der Staat auf sich genommen, ist die Entrichtung der Zinse eine der vorzüglichsten; die Finanzverwaltung muß daher vor allem darauf bedacht sein, daß die Abführung derselben nicht verzögert werde, einige Schriftsteller glaubten, daß der Kredit eines Staates überhaupt sich nicht auf die Sicherheit des Kapitals, sondern allein auf die Sicherheit der Zinsen zu erstrecken habe. Sie vermengen aber offenbar die einzelnen Gläubiger mit allen Gläubigern zusammengenommen. Der eigentliche Unterscheid zwischen dem reellen Privat- und öffentlichen Kredite besteht also darinn: daß erstere ein Unterpfand fordert, welches die augenblickliche, und ganze Bezahlung sicher stellet; der zweite zufrieden ist, wenn die Rückzahlung auch nur für die Zukunft und nach Raten gewiß stehet.

§. 173. Nebst den angeführten Gründen des Zutrauens hängt die Grösse, und Leichtigkeit des öffentlichen Kredites auch viel von dem Endzwecke ab, zu welchen ein Staat denselben bestimmet; oder eigentlicher, der Endzweck selbst erweitert, und beschränket den Umfang des reellen, und persönlichen Zutrauens.

§. 174. Der Staat kann von seinem Kredit auf verschiedenen Wegen Gebrauch machen. Die erste Verschiedenheit ist in Ansehen der Kreditgeber, welche entweder fremde, oder die eignen Bürger sind, ohne alle Beziehung auf besondere Umstände sind die

Nach-

Nachtheile Ausländern schuldig zu sein, folgende: die Zinnsen, welche entrichtet werden, sind ein jährlicher Verlurst für die kreislaufende Masse, welche am Ende dennoch den Hauptstamm selbst wider bezahlen muß. Die Zurückforderung dieses Hauptstamms kann von Fremden so sehr zur Unzeit geschehen, daß die dadurch veranlaste plötzliche Verminderung des Numerären in dem allgemeinen Kreislaufe die nachtheiligste Stöhrung verursachet; nur dann kann der Staat die nachtheilige Zuflucht zu fremden Gelde nehmen, wenn die kreislaufende Masse durch einen solchen Zuwachs, und auf keine andere Art belebt werden kann.

§. 175. Die zweite Verschiedenheit des Staatskredits rühret von der Art her, mit welcher von dem öffentlichen Zutrauen ein unmittelbarer, oder mittelbarer Gebrauch gemacht wird. Unmittelbar entlehnet der Regent entweder baares Geld, oder er macht seine Verschreibungen statt der Baarschaft geltend: das ist, er bestreitet verschiedene Zahlungen mit Staatspapieren. Die Summen in Baarem aufzubringen werden mannigfältige Mittel ergriffen: es wird eine Unterzeichnung zu freywilligen Darlehn eröffnet, oder Darlehn anbefohlen: es wird ein Steuervorschuß (oder sogenannte Anticipation) ausgeschrieben: man verpfändet, man erschafft Leibrenten, Tontinen, errichtet Staatslotterien. Die Staatsverschreibungen sind gleichfalls in mancherlei Gestalt erschienen; alle Gattungen derselben können auf folgende zwo zurückgeführet werden; Papiere, welche von der besonderen Bestimmung ihre Benennung erhalten, wie z. B.

die

die Billete de Marine, de Lartiglerie, de Monroye in Frankreich, und England u. d. g. oder es sind Staatspapiere, welche bald mit, bald ohne Interessen auf längere, oder kürzere Zeit, manchmal auch ohne die Zahlungsfrist auszudrücken umlaufen. Der mittelbare Kredit ist derjenige, welchen der Staat von den öffentlichen Banken durch Stände, oder Negotianten erhält. Bei besonderer Untersuchung aller dieser Gattungen von Kredit werden sich die jedweder eignen Vortheile und Nachtheile bestimmen lassen. Die Vortheile bestehen in dem weiteren Umfange des Kredits, in der Leichtigkeit ihn zu erhalten, und in der daraus entspringenden Wohlfeilheit; das ist: den geringeren Zinsen: alle drei ziehen sich zuletzt dahin zusammen, daß die Erwerbungswege, mithin die Beitragsfähigkeit dadurch am wenigsten beschweret wird; die Nachtheile sind die Beschränkung, die Beschwerlichkeit, und folglich die Kostbarkeit des Kredits, und laufen sämmtlich dahin aus, daß die Erwerbung stark beleget, und dadurch die allgemeine Beitragsfähigkeit vermindert wird.

§. 176. Wenn die Finanzkammern die nothwendigen Gelder durch freiwillige Darlehn negoziren wollen; so machen sie die Summe sammt den Bedingnissen, welche sie den Gläubigern verwilligen, die Bedeckung, welche sie dieser Schuld zueignen wollen, und die Zahlungstermine, in welchen das Geld eingehen soll, nachdem die Umstände es zugeben oder fordern, unter der Hand, oder öffentlich bekannt. Staaten, deren Kredit aufrecht steht, deren Bürger reich sind, ziehen die

die öffentliche Bekanntmachung dem geheimen Geldsuchen vor. England eröffnete gemeiniglich Unterzeichnungen, bis die verlangten Summen voll waren. Die Unterzeichnungen werden desto schleuniger erfüllet werden; je vortheilhafter die Bedingnisse sind, so den Gläubigern angeboten werden. Sie bestehen gewönlich in etwas höhern Zinsen, als die Landesüblichen, und einer Subskriptionsprime von 1 oder 2 Prozent, für diejenigen, welche in einer gewissen Zeit unterzeichnen.

§. 177. Vielleicht um sich die beschwerlichen Bedingnisse zu ersparen, oder weil der Weg der eröffneten Unterzeichnung zu ungewiß, zu langsam schien, ergriff man hie, und dort das Mittel Darlehn anzubefehlen. Darlehn anbefehlen heist die Natur des Kreditvertrags ganz verändern wollen. Das Zutrauen als das Wesen des Kredits schließt allen Zwang aus. Wenn indessen ein Staat sich nach erschöpften allen andern Hülfsquellen zu der traurigen Nothwendigkeit gebracht sähe das Mittel anbefohlener Darlehn zu ergreifen; so ist es natürlich, daß er seine Forderung nur an die Vermögenderen richte.

§. 178. Der Steuervorschuß ist gewissermaßen mit den anbefohlenen Darlehn einerlei: er geschieht entweder von Staatspächtern, da, wo die öffentlichen Einkünfte verpachtet sind, oder von den Steuerpflichtigen selbst. Der Weg von den Staatspächtern Steuervorschuß zu erhalten, kömmt den Staat sehr hoch zu stehn; die Pächter wissen die Verlegenheit des Staats zu nützen, um ihre Pachtverträge entweder zu verlän-

gern, oder Nachlaſſungen zu erhalten. Der Steuer=
vorſchuß, welchen die Steuerpflichtigen ſelbſt leiſten,
ſcheint ſich dadurch zu empfehlen, daß der Staat den=
ſelben ohne Zinnſen erhält: aber dieſen Vortheil ver=
nichten überwiegende Nachtheile.

§. 179. Die Verpfändungen ſind insgemein im
Privatgeſchäfte die Art des Kredits, welche am leich=
teſten erhalten wird, und am wenigſten koſtbar iſt,
weil die Bezahlung ſicher geſtellet, die Gefahr aber
ein Beſtandtheil von der Gröſſe der Intereſſen iſt.
Dennoch wenn der Staat ſeinen Gläubigern ein Pfand
anweiſt; ſo kömmt es immer viel darauf an, worinnen
daſſelbe beſtehe. Es iſt der Ordnung immer gemäſſer,
daß der unnütze Uiberfluß hingegeben werde, bevor
der Bürger ſich ſeines nothwendigen Unterhalts zu
berauben genöthiget wird. Soll aber zum Unterpfande
ein Krongut, ein Geldabwerfendes Recht, oder
ſonſt ein Zweig der öffentlichen Einkünfte gegeben wer=
den, ſo iſt dieſes überhaupt für den laufenden Aufwand
eben ſo nachtheilig, als der Steuervorſchuß.

§. 180. Aus dieſen Gründen werden vor den Ver=
pfändungen ſtäts alle anderen Wege Geld aufzubrin=
gen, ergriffen, worunter die Erſchaffung der Leibren=
ten von dem berufenen Law, als einer der nützlich=
ſten geprieſen wird. Der Leibrentenvertrag hat wahr=
ſcheinlich unter Privatleuten ſeinen Urſprung genom=
men; wie dann in groſſen Handelsplätzen manche ein=
zelne Handelshäuſer und Magiſtrate ſich damit abge=
ben. Ein Mann beſaß ein kleines Kapital, deſſen
ordentliche Zinnſen zu ſeinen Auskommen nicht hinrei=
chen

chen würden: wenn er lebenslänglich höhere Zinnsen erhalten könnte, gäbe er seinen Hauptstamm verloren, dieses Anerbieten schien demienigen günstig, der eine solche Summe zur gegenwärtigen Verwendung nöthig hatte: er sagte also höhere Zinnsen zu, von welchen das Absterben seines Gläubigers ihm die Befreiung vorsehen ließ, weil diese Einkünfte auf das Leben versichert wurden, so empfiengen sie den Namen Rentes viageres, oder à Vie, Annuities upon Life, teutsch Leibrenten, und weil der Hauptstamm mit dem Tode des Gläubigers verloren gieng; so hiessen die Franzosen diese Art von Renten fond perdu.

§. 181. Das Wesen der Leibrenten ist, wie man aus der Beschreibung ihrer Entstehung siehet, höheres als ein Landübliches Interesse: darinnen liegt die Anreizung für den Käufer der Leibrenten. Die jährliche Leibrente enthält also zween Theile, oder Interessen, und einen Uiberschuß, dieser Uiberschuß ist eigentlich der Gegenstand der Berechnung, welche bei Bestimmung der Leibrenten gezogen werden muß: er ist an sich selbst eine Theilrückzahlung an dem Hauptstamme. Von Seite des Rentirers ist die Absicht am Ende nebst den laufenden Interessen den Hauptstamm wenigstens ganz wider zurückzuerhalten, von Seite des Staats als Schuldners neben dem Interesse wenigstens nicht mehr, als den Hauptstamm durch die kleinen Renten abgetragen zu haben. Bei Bestimmung der Leibrenten ist daher auf drei Stücke zu sehen: auf die Landesüblichen Interessen, auf die Grösse des Uiberschusses, welcher gezahlet, und auf die Länge der Zeit, durch welche die Leibrente gezahlet wird. Weil nun der Leibrentenvertrag auf

Lebenslang errichtet wird: so ist die Berechnung von der Dauer des menschlichen Lebens dabei die Grundlage.

§. 182. Die politischen Berechner nemlich haben die wahrscheinliche mittlere Dauer des Lebens in iedem Jahre des menschlichen Alters festgesetzet, und darüber ausführliche Tabellen geliefert. Diese durch vieljährige Erfahrung geprüfte, und durch Gegeneinanderhaltung mehrerer Länder, soviel bei Vermuthungen immer möglich, berichtigten Tabellen zeigen, daß zwischen 10 bis 20 Jahre die Lebenslänge am stärksten ist, indem diese Jahre zusammengenommen von 112 nur 1 stirbt; daß sie von 20 bis an das End beständig abnimmt, und die Kindheit von der Geburt bis zur Erreichung des ersten Jahres am schwächsten ist, weil von vier neugebohrnen Kindern iährlich eines zu Grunde geht. Die Leibrentenplane enthalten gewönlich Klassen von 10 zu 10 Jahren, und bestimmen ieder Klasse ihre Prozenten, welche in der ersten Klasse die kleinsten, und am stärksten in der lezten sind. Bei diesen Klassen wird die mittlere Zahl der Lebenslänge die Richtschnur, wodurch also ein Alter das andere überträgt. Der Uiberschlag, wie hoch die Leibrenten gegeben werden könnten, sollte nun dahin gemacht werden, daß mit Schlusse des mittlern Jahres der Klasse Kapital, und Zinnsen getilget würden: die mässigsten Schriftsteller setzen für die Klasse von 1 bis 11 sieben, von 11 bis 20 acht, von 20 bis 40 neune, von 40 bis 50 zehn, von 50 bis 60 zwölf, und von hier durchaus fünfzehn Prozente fest. Wenn der Staat Geld auf Leibrenten zu nehmen entschlossen ist: so muß der Plan, welcher die Bedingnisse einer solchen Leibrente

rente enthält, bekannt gemacht; die Zeit, wann die Einzeichnung zu Stande sein soll, bestimmet; und der Beweis des Alters bei der Einlage, wie auch des Lebens bei Erhebung der jährlichen Renten durch Taufregister, und obrigkeitliche Bescheinung vorgeschrieben werden.

§. 183. Man muß den Nutzen der Leibrenten nicht darinnen suchen, als gewänne der Staat das eingelegte Kapital, weil der Tod des Gläubigers die Schuld erlöschen macht. Es ist dargethan, daß der Uiberschuß eine Tilgung an dem Hauptstamme ist: Auch das kann nicht, als ein Vortheil angesehen werden, daß die Gläubiger sterben können, ehe die Rückzahlung ganz geleistet worden: denn da es eben sowohl möglich ist, daß sie, wenn die Rückzahlung schon vollendet ist, noch durch mehrere Zeit leben können; so ist das Spiel des Ohngefehrs auf beiden Seiten ausgeglichen; und der eigentliche, der einzige Nutzen für den Staat liegt darinnen, daß die Rückzahlung des Kapitals nach und nach geschehen kann.

§. 184 et 85. Die Gemächlichkeit der theilweisen Wiederbezahlung kann sich der Staat auch durch andere Schuldtilgungswege verschaffen: nur mit dem Unterschiede, daß sonst der Schuldtilgungsfond gewönlich auf eine Zeit angewiesen wird, da die ausserordentlichen Ausgaben aufhören; hingegen die starken Zinnsen der Leibrenten mit dem Erlage des Kapitals anfangen, und sogleich gezahlt werden müssen, welches dem Staate, der ohnedas mit grösserem Aufwande beschweret ist, ganz nicht gleichgiltig sein kann. Die Leibrenten sind also in Ansehen der Zeit; aber noch ungleich mehr in Ansehen der Grösse die kostbarste Wiederbezahlung.

§. 186. Die Leibrenten als eine Finanzoperation haben ihre Anhänger und Vertheidiger gefunden, die behaupten, daß, obgleich der Staat anfangs höhere Zinnsen tragen müsse, er dennoch am Ende immer nicht mehr, als gemeine Interessen werde bezahlet haben. Ihr Grund, der aber bei Leibrenten nicht wohl angewendet werden darf, ist, daß ein Alter in das andere gerechnet, von 30 Menschen jährlich einer sterbe, daß also die Zahl der Leibrenten-Eigenthümer jährlich um den dreißigsten Theil abnehme.

§. 187. Zu diesem Nachtheile, welcher die Leibrenten, die Einlage mag von Fremden, oder von Einheimischen geschehen, wenigstens als ein sehr verdächtiges Hülfsmittel muß ansehen machen, gesellet sich noch ein anderer nicht weniger wichtiger Grund, ihren Gebrauch ganz zu verwerfen, welcher die Nationalisten allein betrifft: indem die Leibrenten zur Ehelosigkeit anreitzen, und den Hang zum Müßiggange begünstigen.

§. 188. Die Tontinen, werden bei genauer Prüfung dem Staate nicht günstiger befunden: sie kommen mit den Leibrenten darinn überein, daß dem Staate der Hauptstamm der Einlage mit dem Tode des Einlegenden gleichfalls heimfällt: sie sind hingegen in zween Stücken unterschieden: erstens in der Grösse der jährlichen Zinnse, welche bei der ordentlichen, oder sogenannten einfachen Tontine gewöhnlich nicht so groß sind, als bei der Leibrente; zweitens in der Art, wie sie erlöschen, weil die Antheile der verstorbenen nicht dem Staate als Schuldner zu gutem kommen, sondern

die

die Renten der Sterbenden dem Uiberlebenden beständig zuwachsen, wodurch zuletzt die Einkünfte der ganzen Tontine auf einen Kopf zurückfallen. Die Regulirung des Zuwachses ist einer verschiedenen Einrichtung fähig. Es werden, wie bei der Leibrente, Klassen bestimmet, wobei iedoch zum Vortheile des Staates beobachtet werden sollte, daß iede Klasse nicht mehr dann das Alter von 5 zu 5 Jahren enthielte, auch die Klassen selbst nicht zu stark, sondern wenn die Anzahl von einerlei Klasse zu groß wäre, in mehrere zertheilet würden. Der Zuwachs der Renten kann dann entweder auf die Interessenten der Klassen allein fallen, mithin die Tontine mit dem Absterben des letzten Interessenten der Klasse erlöschen, oder die Rente der einen Klasse wächst der zweiten, dritten und so fort bis auf die letzte zu; wiederum kann der Zuwachs unter den Interessenten entweder durch das Loos, oder das Alter berichtiget, oder zu gleichen Theilen unter alle zerstücket werden. Auf welche Art aber der Zuwachs immer geordnet seie; so muß der Staat die Rente solang ganz bezahlen, als ein Kopf von der Klasse bei Leben bleibt. Die Dauer dieser Zeit ist ebenfalls ausgerechnet, und beträgt in der ersten Klasse von der Geburt bis 5 Jahr 90. Mit Abnahme von 5 zu 5 Jahren bei ieder Klasse ist in der letzten von 70 bis 75 die Lebensdauer 20 Jahre.

§. 189. Der Uiberschlag von der Theurung der Tontine ist leicht gemacht. Auf einer Seite sind zwar die Renten, welche gezahlt werden, geringer, als bei der Leibrente; aber auf der andern ist die Zeit, durch welche sie dauern, desto länger: wodurch der Verlurst des Staates nicht nur gleich gemacht, sondern noch vergrössert wird. Aus Uiberzeugung dieses Nachtheils sind verschiedene Entwürfe, die Tontine und Leibrente zu vereinigen, und eine durch die andere zu verbessern gemacht worden. Aber es war unmöglich aus der Vereinigung zwoer üblen Gattungen eine dritte gute hervorzubringen.

§. 190. Dieses ist ebenfalls von dem Plane zu sagen, welchen Fortbonnais zu einer solchen Rente aus den Leibrenten, und einfachen Zeitrenten zusammen gesetzet hat. Das Darlehn soll wie bei Zeitrenten zu gleichen Theilen in einer gewissen Anzahl von Jahren bezahlt werden, die Eigenthümer möchten leben, oder nicht: die Zinnsen hingegen, welche geringer sein könnten, als bei ordentlichen Leibrenten würden gleich diesen mit dem Tode des Einlegenden aufhören.

§. 191. Die Einrichtung der Staatslotterien ist zwar an sich selbst mit keinem so unmittelbaren Verlurste verknüpfet: aber sie ist auch als eine Kreditsoperation beinahe von ganz keiner Ergiebigkeit. Der eigentliche Nutzen einer Lotterie, welche gleich der holländischen die Gewinnste mit der Summe der Einlage bilanziret, wird allein in dem Genusse der eingelegten Summen bis zur Ziehung, und in dem Abzuge von den Trefflosen bestehen. Das erstere kann keineswegs erheblich sein, weil die Einlage in die Lotterien nur langsam, nur nach und nach kömmt, die Rückzahlung aber bei der Ziehung, die, wenn die Lotterie Liebhaber finden soll, nicht zu entfernt sein darf, auf einmal geschehen muß. Ein Theil des Abzugs wird auf die Kosten der Führung verwendet: der Uiberschuß ist eine Kleinigkeit, die dadurch manchmal zu theuer erkauft wird, daß die ansehnlichsten Gewinnste ausser Landes gezogen werden.

§. 192.

§. 192. Wenn der Zustand des Kredits dem Staate erlaubt mit Verschreibungen statt baaren Geldes zu bezahlen; so ist dieser Weg allen übrigen vorzuziehen. Von dergleichen Verschreibungen wird der erste Gebrauch gewöhnlicher Weise zur Bezahlung von grossen Unternehmungen, als Proviantlieferungen u. d. g. zur Bezahlung der Besoldungen im Civil- oder Kriegsetat gemacht, und daher kömmt ihre Benennung. Die Vervielfältigung dieser Art von Verschreibungen setzt den nemlichen Unbequemlichkeiten aus, welche die Anhäufung der insbesondere sogenannten Staatspapiere nach sich zieht.

§. 193. Unter der Benennung Staatspapiere, oder öffentlichen Papiere sind diejenigen Verschreibungen überhaupt begriffen, welche vom Staate gefertiget werden um selbe nach den vorkommenden Fällen statt baarem Geldes anzuwenden. Sollen dergleichen Staatspapiere gangbar werden: so muß ihnen die Bedeckung der Widerbezahlungen angewiesen sein. Diese Bedeckung ist der besondere, und nächste Grund des Zutrauens, kraft dessen sie bestimmet sind, auf einige Zeit baares Geld vorzustellen. Aus dieser Bestimmung muß abgeleitet werden, was in Ansehen der äusserlichen Gestalt, der Bedingnisse, der Mannigfaltigkeit, der Menge, und Zinnse zu beobachten kömmt.

§. 194. Die äusserliche Gestalt bei den öffentlichen Papieren ist nichts weniger, als gleichgiltig. Da das Zutrauen gegen dieselben der Ihnen angewiesenen Bedeckung zusaget; so muß aller Zweifel entfernet werden, daß die Summe der Papiere die Grösse der Bedeckung übersteigen könne. Diese Zweifel könnten sich in Ansehen der Finanzkammern selbst erheben, als wäre nämlich daselbst eine grössere Anzahl gleich Anfangs verfertiget, oder nach der Hand nachgemachet worden; oder in Ansehen der Nachkünstlung, des Betrugs, der Verfälschung.

§. 195. Durch die Bedingnisse hauptsächlich, welche meistens auf den Billeten ausdrücklich bemerkt sind, können die öffentlichen Papiere nicht nur dem Gelde gleich gemacht werden, sondern auch vor demselben einen Vorzug erhalten. Die Leichtigkeit grosse Summen zu bewahren, zu übermachen, und die Unwandelbarkeit im Werthe waren die Scheingründe, welche der Urheber des Sistems im J. 1717. hervorsuchte, den Bankbilleten vor den Metallen, als Münze den Gang zu verschaffen. Ob nun gleich diese Eigenschaften durch die Nothwendigkeit die Papiermünze nach dem Verlauf einiger Jahre zu erneuern, durch die Leichtigkeit, womit sie entwendet, und sogar vernichtet werden kann, hauptsächlich aber dadurch überwogen werden, daß ihr ein anderer, als willkührlicher Werth mangelt, und die Möglichkeit mit einmal grosse Summen zum Nachtheile des Umlaufs in der Handlung gäng zu machen, vorhanden ist; so kann dem öffentlichen Papiere dennoch auf einige Zeit nach seiner Bestimmung die Schätzung des baaren Geldes zuwege gebracht werden, wenn es die Begünstigung erhält, bei den Staatskassen ohne Weigerung angenommen zu werden.

§. 196. Die Mannigfältigkeit kann von der Gestalt, der Benennung, der Bedeckung, der Grösse der Zinnse, und der Zeit der Widerbezahlung herrühren. Die beiden ersteren sind zufällig, die letz-

letzteren drei sind wesentlich, und fliessen sowohl auf jeden Schuldschein, für sich allein, als auf den Werth der übrigen Papiere zugleich ein.

§. 197. Der Abfall (Rabat) ist auch eine nothwendige Folge einer unverhältnißmäßigen Menge; das Verhältniß der Papiere muß nicht nur in Beziehung auf die besondere Bedeckung beobachtet werden, sondern auch in Beziehung auf die kreislaufende Summe, und die allgemeine Beitragsfähigkeit.

§. 198. Die Zinnsen, welche von dem Schuldner an den Gläubiger abgeführet werden, haben überhaupt zween Bestandtheile: die Schätzung der Gefahr, das anvertraute nicht wider zu erhalten, und den Ersatz des Nutzens, so dem letzteren durch die Abwesenheit des überlassenen Geldes entgeht. Je mehr nun die Papiere das baare Geld vorstellen; das ist, je sicherer mit dem Vorstellenden eben das Geschäft geführt, eben der Nutzen verschafft werden kann, als mit dem vorgestellten, desto weniger entbehrt der Gläubiger, desto geringer kann auch seine Forderung an Zinnsen sein.

§. 199. Der Kredit, welchen die Banken verschaffen, ist unter den Gattungen des mittelbaren Kredits der wichtigste. Der Anfang der Banken ist auf eine Handlungsgemächlichkeit zurückzuführen. Privatleute, die von ihrer Beschäftigung Bankiers genannt worden, nahmen es über sich das Geld einzelner Kaufleute, oder auch anderer Bürger bei sich zu verwahren. Die erste Absicht war die Sicherheit der Aufbewahrung: bald zeigte sich ein anderer Vortheil, die Leichtigkeit der Bezahlung, welche dadurch geleistet werden konnte, daß das niedergelegte Geld entweder mit Uebergebung des Scheines, so der Bankier ausgestellt, oder mit sonst einer Förmlichkeit, hauptsächlich aber mit ab- und zuschreiben in den Büchern, welche der Bankier über die bei ihm liegenden Summen halten muste, überlassen werden konnte. Die beiden Vortheile einer Geldniederlage, welche gleichsam zur Kasse aller Bürger erwuchs, musten in der Folge die öffentliche Aufmerksamkeit auf sich ziehen, und einige Fälle, wo das bei Privatleuten niedergelegte Geld entweder verloren worden, oder doch Gefahr lief, erweckten den Wunsch einer mehreren Sicherheit für die anvertrauten Summen. Gesellschaften, deren Vermögen von einem weitern Umfange, und sicher gegründet war, übernahmen die Beschäftigung einzelner Bankirer, die Regierung nahm sie zu beiderseitigen Vortheile in Schutz unter dem Namen **öffentlicher Banken.**

§. 200. Wenn die Banken ihre nähere Benennung von ihrem Endzwecke, und inneren Verfassung empfangen: so giebt es deren zwo Gattungen: **Handlungsbanken,** und **Leihbanken.** Die Handlungsbanken sind **Depositenbanken,** und **Girobanken.** Die Leihbanken erhalten diese Benennung, wenn sie nur an Privatleute verleihen. Erstrecket sich aber ihr Geschäft bis auf den Staat; so werden sie von den Schriftstellern durch das Beiwort **politische Banken** unterschieden. Depositenbanken sind diejenigen, wo die Gelder der Privatleute bis zu weiterem Gebrauch anfänglich blos niedergelegt, und aufbewahrt wurden. Aber dieser alleinige Endzweck würde der Absicht nicht vollkommen entsprochen haben: also war damit eine von grösserem Nutzen verknüpfet, nemlich die Uiberlassung seiner Forderung bei der Bank, welches sie zu

einer

einer Girobank machet. Obgleich nur diejenigen Banken diesen Namen insbesondere führen, wo durch Ab- und Zuschreiben auf Bankoblättern die Uibertragung der Forderung geschieht, so leistet in der Sache selbst jede Bank der Handlung den nemlichen Dienst, weil von demjenigen, welcher Geld in der Bank liegen hat, an einem andern Ort eine Bezahlung durch Uiberlassung der Bankosummen mittels Aushändigung der Verschreibung unter der vorgeschriebenen Förmlichkeit geleistet werden kann. Mit der Sicherheit der Aufbewahrung, und Leichtigkeit der Bezahlung vereiniget sich auch ein dritter Vortheil. Die Banken, deren Bücher unveränderlich in derjenigen Münze geführet werden, welche sie anfangs angenommen, machen die Zahlung unter den Privatleuten gewiß, indem die Veränderungen der Münzsorten auf sie keinen Einfluß haben. Das Bankogeld bleibt beständig einerlei, das ist: es wird unter derselben Benennung stets dieselbe Menge feinen Silbers verstanden.

§. 201. Die Banken stellen für die bei ihnen niedergelegten Gelderverschreibungen aus, welche Bankobillete, Bankozettel o. d. genennet werden, wenn diese die Eigenschaften, und das Zutrauen der öffentlichen Papiere erhalten: so ersetzet ihre Anwendung dem Kreislaufe die ganze Summe des niedergelegten Numerären. Dann aber ist noch die Summe selbst vorhanden, welche bei der Bank niedergelegt worden, diese kann, und soll auch angewendet werden.

§. 202. Die erste Anwendung ist: daß die ohne Anfrage bleibenden Summen gegen genommene Sicherheit an Privatleute verliehen werden: daher sie den

Namen

Namen Leihbanken erhalten. In denselben wird nicht nur Geld auf Unterpfänder gegeben, es werden Wechselbriefe diskömptirt, manchmal auch aufrechtstehenden Handelsleuten gegen ihre Billete Vorschuß gegeben. Die Sicherheit der Bankogläubiger wird durch das Ausleihen der ohne Anfrage gebliebenen Gelder nicht geringer, weil, wie vorher das Geld den Billeten die Bedeckung gab, nunmehr das Pfand, worauf geliehen worden, das Geld sicherstellet. Die Wirkung der Leihbanken ist mannigfältig; sie vermehrt die kreislauffende Masse, und trägt zur Herabsetzung der Zinsen bei. Die Vermehrung der kreislauffenden Masse ist gleich der Summe Geldes, welche die Bank verleiht, weil diese Summe ohnehin durch die vorstellenden Billete in Umlauf gebracht worden. Ist die Bank in den Händen einer Gesellschaft, deren Antheile durch Aktien vorgestellet worden, so laufen die Aktien selbst in der Handlung ebenfalls um, welcher Zuwachs gleich ist den Einlagfond, und den zum Besten kommenden Dividenten.

§. 203. Die Herabsetzung der Zinse erfolgt aus zwo Ursachen. Erstens wie die Zinßsteigerung von Verminderung der kreislauffenden Masse, und der dadurch veranlasten gegen das Anbieten ungleich grösseren Anfrage der Borgenden ihren Ursprung nahm; so muß die Vermehrung derselben die gegentheilige Wirkung haben; welche sich noch weiter, als nach der Masse der Kapitalien, so durch die Leihbank dem Umlaufe zugewachsen, erstrecket. Zweitens, zahlen die Handlungsbanken für die bei ihnen niedergelegten Gelder überhaupt dem Eigenthümer keine Zinsen.

§. 204.

§. 204. Eine solche Bank thut nemlich dem Staat im Bedürfnißfalle Vorschuß, entweder in baaren Gelde, oder auch in ihren Billeten, welche bei einem vollkommnen Zutrauen wenigstens in den Zahlungen, die innerhalb Landes selbst zu leisten sind, mit baarem Gelde einerlei Vortheil schaffen. Diese zweite Anwendung der Gelder macht eine Bank zur politischen Bank. Diese Gefälle setzen also die Bankgläubiger in Sicherheit, indessen der Staat den zweifachen Nutzen erhält: auf ieden vorkommenden Fall eine gegenwärtige Hülfe manchmal um geringere, wenigstens aber gegen landesübliche Zinsen zu finden. An sich selbst ist ein Darlehn dieser Art ein Mittelkredit, die Bank wird Schuldner in Ansehn der Privatleute, deren Geld ihr anvertrauet worden, und Gläubiger in Ansehen des Staates, dem sie die nöthigen Summen geliehen. Es hängt von der Einsicht der öffentlichen Verwaltung ab, von dem Umfange dieses Mittelkredits mehr oder minder Vortheil zu ziehen.

§. 205. Derienige, welchen die Stände eines Landes der Krone verschaffen können, hängt ab von der Beschaffenheit der Regierungsform, und von der stärkern oder schwächern Abhängigkeit der Landstände. Bei einer Verfassung, wo das Recht der Berathschlagung mehr als ein blosser Name geblieben, wird die Gewährsleistung oder Vermittlung der Stände der Regierung nutzbar, und stäts dem Entschlusse durch Negozianten ein Mittelkredit zu suchen, vorzuziehen sein.

§. 206. Das sind die verschiedenen Mittel, wodurch der Staat nach Anleitung der Umstände sich die nöthigen Summen verschaffen kann. Da diese Mittel von dem

dem Zutrauen der Wiederbezahlung abhängig sind; so muß alles, was dieses Zutrauen verringern kann, auch den Staatskredit selbst verringern. Die Verringerung des öffentlichen Zutrauens ist eigentlich die überhandnehmende Meinung, daß der Staat seiner Verbindlichkeit gegen die Gläubiger nicht werde genug thun können, oder derselben nicht werde genug thun wollen: das erste bezieht sich auf den reellen, das zweite auf den persönlichen Grund des Staatskredits.

§. 207. Die Meinung, der Staat werde seiner Verbindlichkeit nicht genug thun können, entsteht von der entweder wirklichen, oder scheinbaren Verschlimmerung der Bedeckung. Die Bedeckung des Staatskredits ist die allgemeine Beitragsfähigkeit, welche von der Grösse der Bevölkerung, und der Erwerbungswege abhängt. Alles also, was die Bevölkerung, den Feldbau, oder die Handlung eines Staates beschränken kann, muß nothwendig auch den Kredit schwächen. Dieser kann sowohl durch wahre, als auch falsche Nachrichten geschwächt werden, dadurch wird auch der Aktienhandel erweitert.

§. 208. Wenn die Bedeckung des Kredits wirklich verringert worden, oder verringert zu sein das Ansehen gewinnet; so ist es unmöglich die öffentlichen Verschreibungen bei ihrem Werthe zu erhalten, die Schätzung den Schuldscheine ist stets eine arithmetische Ausgleichung mit der Sicherheit.

§. 209. Die Meinung: der Staat wolle seinen Verbindlichkeiten nicht Genüge leisten, ist die Folge gewisser Finanzoperationen, welche in kritischen Umständen zur Befreiung des Kredits versucht werden, aber

das

das Uibel, so dadurch entfernet werden sollte, nur desto
eher herbeiführen: als eine gesetzmäßige Herabsetzung
der Zinnse, Untersuchungen der Papiere u. d. g. Die
Wirkung des geschwächten Kredits wird in der Zukunft
und gegenwärtig empfunden: in der Zukunft hindert
sie den Staat, die gesuchten Summen gegen seine Verschreibungen aufzubringen: gegenwärtig setzet sie die
laufenden Papiere in ihrem Werthe herab. Der
Abfall der öffentlichen Papiere erfolgt aber nicht blos
nach dem arithmetischen Verhältnisse der Bedeckung
zur Schuldenmasse, die Furcht verkennet bald die eigentlichen Gränzen.

§. 210. Diese Folgen der übermäßigen Kreditspa-
piere lassen sich entweder vorher sehen, oder werden
bald empfunden. Um sie abzuwenden bemühen sich die
Finanzverwaltungen das Gleichgewicht zwischen der Bedeckung, und den Papieren, welche im Umlaufe Masse
machen, herzustellen. Eine der mehreren zu diesem
Ende mit nicht ungünstigem Ausschlage unternomme-
nen Finanzoperationen besteht darinnen, daß man den
verhältnißmäßigen Theil der Papiere durch Veränderung ihrer Gestalt aus dem Kreislaufe zu setzen
suchet. Die Veränderung der Papiere muß vorzüglich dahin abzielen, daß sie ohne an ihrem Werthe, als
Fond zu leiden, nur der augenblicklichen Vorstellung des baaren Geldes entsetzt werden. Weil aber
diese Vorstellung an den öffentlichen Schuldscheinen ein
wirklicher Nutzen war; so ist es natürlich, daß den
Besitzern, wofern sie darein willigen sollen, auf einer
andern Seite eine Vergütung gemacht werden muß.
Diese Vergütung besteht entweder in Zinnsen, wenn die
Papiere vorher keine hatten: oder in einer bestimmten

ren Bedeckung, die ihnen ehemals nicht zugeeignet war: oder in Festsetzung näherer Rückzahlungsfristen die ehemahls entweder entfernet, oder ganz unbestimmt waren. Die Veränderung der überlästigen Papiere in Leibrenten, und Tontinen, oder in Zeitrenten, durch Lotterien, oder zu einer andern angebotenen Verwendung sind in dieser Absicht in England und Frankreich versucht worden.

§. 211. Die Gestalt der Lotterien dient bei dieser Finanzunternehmung nur dazu, daß die Veränderung der Papiere den Anschein einer freien Willkühr empfängt. Die Einlage in diese Lotterien wird also in Papieren, die man dem Kreislaufe entziehen will, angenommen, die Trefflose bestehen in der Art Renten, welche der Staat vorschlägt, und um die Abnahme der Loose zu beschleunigen, meistens mit einer Prime, das ist, einem gewissen Loosen zugesellten Preise begleitet.

§. 212. Nicht nur die Staatsverschreibungen sollen nur auf einige Zeit die Baarschaft vorstellen, und daher nach Verlauf dieser Zeit durch Bezahlung vernichtet werden; sondern auch ieder anderer Gebrauch des Staatskredits versichere die Wiederbezahlung. Die Wiederbezahlung der Staatsschulden heist die Befreiung des Staatskredits. Die äusserst wichtige Befreiung des Staatskredits, oder Tilgung der Staatsschulden geschieht nur von dem Uiberschusse der Einkünfte über die laufenden Auslagen, welcher Uiberschuß entweder von der Verminderung des Aufwandes, oder Vergrösserung der Einkünfte herrühren kann. Die Verminderung des Aufwandes kann bei einer gut eingerichteten Finanzverfassung nichts bedeuten: wäre aber der ordentliche Aufwand übertrieben worden; so ist seine

Ver-

Verminderung in solchen Umständen um desto nothwendiger. Die Häuslichkeit des Staates muß also auf andere Gegenstände fallen, entweder auf den durch den Zusammenfluß der Umstände veranlaßten ausserordentlichen Aufwand, oder unmittelbar auf die Staatsschulden selbst. Es kömmt der Staatsklugheit zu, die Rubriken zu bezeichnen, wo z. B. durch Beurlaubung der Truppen, Einziehung der Subsidien u. d. g. etwas in Ersparung gebracht, und die Last der Abgaben erleichtert werden kann. Die Ersparung der Staatsschulden aber hängt allein von einer guten Finanzverwaltung ab. Sie bezieht sich entweder auf den Hauptstamm der Staatsschulden oder auf Zinsen; und man sieht leicht ein, daß die Ersparung nur darinnen bestehen könne, entweder zur Nichtbezahlung der Staatsschulden einen Vorwand zu suchen, oder die verheissenen Zinsen herabzusetzen. Würde unter dem Vorwande eines Nationalunvermögens die Bezahlung aller Schulden verweigert; so wäre es ein Nationalbankerutt. Trifft die Weigerung nur gewisse Gattungen von Papieren, oder etwa einen Theil derselben; so wird sie unter dem Namen einer Schuldenberichtigung, Liquidation beschöniget.

§. 213. Der Vorschlag einen gänzlichen Bankerutt anzukündigen muß durchaus verworfen werden, weil der Untergang der Staatsgläubiger nothwendig alle diejenigen mit ins Verderben ziehen müßte, welche mit ihnen in einigem Zusammenhange stünden, das wäre gewöhnlich der größte Theil der Nation. Im Lande würden alle Klassen der Bürger, alle Klassen der Aemsigkeit dadurch erschüttert, und zu Grunde gerichtet werden. Ausser Landes aber könnte das Zutrauen der

Nation nicht anders als ganz vernichtet sein. Dem Staate selbst endlich würde auf ewig aller Kredit, das ist, das einzige, und reichste Hülfsmittel geraubt.

§. 214. Unter der Schuldenberichtigung versteht man die Zweifel, welche in Ansehen der Papiere, ob sie ächt sind? oder der Bezahlung, ob sie wirklich geleistet? ob sie nicht mit zu grossem Nachtheile des Staates unter wucherlichen Bedingnissen geleistet worden? von dem Staate aufgeworfen werden. Es kann nicht geläugnet werden, daß eine Schuldenberichtigung von dieser Gattung an sich selbst ein Halbbankerut ist, der für den Staat immer die nachtheiligsten Folgen verursachen wird.

§. 215. Die Herabsetzung der Interessen kann auf zweifache Art geschehen. Den Staatsgläubigern wird die Wahl überlassen, entweder ihren Hauptstamm zurückzunehmen, oder gegen geringere Interessen liegen zu lassen: oder dieses Anbieten wird ihnen nicht gemacht, sondern allein ein erniedrigtes Interesse angekündiget. Im allgemeinen ist eine gezwungene Herabsetzung stäts für den öffentlichen Kredit äusserst gefährlich.

§. 216. Indessen kann die besondere Lage der Umstände diese Gefahr um vieles vermindern; wenn nemlich die Masse, oder dennoch der gröste Theil der Staatsschulden den Innländern angehöret, und nach der Gestalt der Regierungsform die Herabsetzung der Zinnse nicht das einseitige Werk der Regierung, sondern der Nation selbst ist. Das war der Fall der englischen Interesseherabsetzung.

§. 217. Die Ersparung an Interessen kann, wenn die Triebfedern des öffentlichen Kredits nicht abgenützt sind, noch von einer andern Seite einen Zuwachs empfanpfangen. Die auf eine, oder andere Art ersparten Interessen tragen zur Befreiung des Staatskredits nicht allein durch Verminderung des sovielten Theils, als an Zinnsen weniger abzuführen ist, bei; sie erwachsen selbst zu einen wirklichen Schuldtilgungsfond (Fond d'amortissement, Sinking Stock) weil zur Bezahlung der ganzen Zinnse eine zureichende Bedeckung bestimmet gewesen, wovon der Uiberschuß nun zur Einlösung der Staatsscheine angewendet werden kann.

§. 218. Da iedoch die Befreiung des Staatskredits, wenn sie auf diesen Schuldtilgungsfond allein beruhete, zu weit hinausgesetzt sein würde; so ist es nöthig denselben mit der Vermehrung der Einkünfte zu vergesellen. Die Vermehrung der Einkünfte kann aber nicht anders, als durch die Vergrösserung der Entrichtung erhalten werden, welche, da sie sich auf längere Zeit erstrecken wird, gewissermassen in die Klasse der ordentlichen Anlagen eintritt, mithin auch nach den nemlichen Grundsätzen geleitet werden muß. Die Erhöhung der laufenden Steuern unter der Benennung des ausserordentlichen Antheils ist der gelindeste Weg, weil die Einhebungskosten nicht vergrössert werden, weil das Verhältniß offenbar, und die Einnahme gewiß ist.

Von Veräusserungen.

§. 219. Veräusserungen sind die Aushülfe in der letzten Verlegenheit, das Rettungsmittel, welches die Umstände nothwendig gemacht haben: die Nothwendigkeit aber erkennet keine Gesetze, sie schreibt dieselben vor. Es läst sich also hier in Ansehen des Staats keine andere

Erinnerung anwenden, als daß die Veräusserungen bei
den entbehrlichen Dingen, als den Kostbarkeiten, welche
gewöhnlich die Schatzkammer genennet werden, bei den
Kronjuwelen u. d. g. ihren Anfang nehmen, und stufen=
weise zuletzt bis an die Veräusserungen von Theilen des
Staates hinaufsteigen müssen.

Von dem Finanzkollegium.

§. 220. Unter dem Finanzkollegium wird die
oberste Finanzverwaltung, insoferne sie derselben
in einem grösseren Staate die Bestimmung der Gegen=
stände, von welchen die Einkünfte behoben, und des
Verhältnisses, wornach die Provinzialantheile aus=
gemessen werden, zugetheilet sind. Der Namen,
und die äussere Gestalt sind an sich selbst zufällig:
aber es ist wesentlich, daß die Theile der Verwaltung,
welche unter sich einen untrennbaren Zusammenhang
haben, nicht abgesöndert, und das Finanzkollegium aus
solchen Gliedern zusammengesetzet seie, die in Absicht
auf die Provinzen die zureichenden Kenntnisse besitzen.

§. 221. Es ist nöthig hier einige erwiesene Wahr=
heiten in das Gedächtniß zurückzurufen. Ein vortheil=
haftes Finanzsistem vereinbart die Gewißheit der
Einkünfte mit der Dauer. Die Dauer der Einkünfte
hängt ab von der unverminderten Beitragsfähigkeit.
Die Beitragsfähigkeit ist gleich groß mit der Masse der
Beschäftigung. Die Nationalbeschäftigung ist auf
die Nationalhandlung gegründet.

§. 222. Auch die traurigen Folgen der unebenmäßig
bestimmten Provinzialantheile sind in ihrem ganzen
Umfange geschildert worden. Das Besorgniß die ganze
Reihe derselben herbeizuziehen, wenn von der Beitrags=
fähig=

fähigkeit der Provinzen ein günstigerer Begriff genommen wird, als es der wahre Zustand derselben zuläßt, empfiehlt die Vorsicht, die Zahl der Beisitzer des obersten Finanzkollegiums nach der Zahl der Provinzen, oder sonstiger Bezirke, in welche ein Staat untergetheilet ist, zu bestimmen; alsdann aber für jede Provinz einen Beisitzer aus ihrem eignen Mittel auszulesen, der durch seinen längeren Aufenthalt daselbst Gelegenheit gehabt, den Feldbau, die Aemsigkeit, die Handlung, das ist, die Beitragsfähigkeit derselben innig zu kennen.

Von Finanzprojekten.

§. 223. Die Finanzvorschläge sind größtentheils von dem Geiste des Eigennutzes entworfen, der sich aber in dem Mantel des Eifers für das öffentliche Wohl hüllet. Dieses muß das Mißtrauen der Finanzverwaltung gegen dieselben erwecken, und immer einen desto grösseren Verdacht gegen sie erregen, je mehr sie verheissen. Jedweder zur Verbesserung der Staatseinkünfte abzielende Entwurf ist ein Finanzprojekt. Die vorgeschlagenen Verbesserungen, wie sie immer eingekleidet werden, lassen sich auf eine der folgenden drei Untertheilungen zurückführen. 1. Auf die Erleichterung der Einhebung, mithin auf die Verminderung der Einhebkösten. 2. Auf die Vergrösserung der Einnahme bei wirklich belegten Gegenständen. 3. Auf neue zur Belegung bezeichnete Gegenstände. Ehe über diese besonderen Klassen einige Betrachtungen gemacht werden, können folgende zween allgemeine Grundsätze in Ansehen der Finanzprojekte vorausgehen. 1. Jeder Vorschlag, welcher keinen andern Vortheil verheisset, als überhaupt die Vermehrung der öffentlichen Einkünfte, oder wie die Miethlinge sich auszudrücken pflegen, den Nutzen des allerhöchsten

Aerariums verdient keine Aufmerksamkeit. Denn die Unrichtigkeit des Satzes: die öffentlichen Einkünfte müssen beständig vermehret werden, ist dargethan. Ein Vorschlag, der auf den einseitigen Vortheil der Rentkammer abzielt, ist der Vorschlag zu einer Erpressung. 2. Jeder Vorschlag, welcher den Staatskassen den Eingang grösserer Summen verheist, ungeachtet die Entrichtenden weniger geben sollen, wenn er nicht Veruntreuungen, oder Unhäuslichkeit in der Einhebung aufdeckt, ist auf den ersten Anblick verwerflich: er verheist eine Zahlvergrösserung mittels eines Abzugs; er verheist also eine Chimäre.

§. 224. Die Projekte, welche eine Erleichterung der Einhebung vorschlagen, sind hauptsächlich nach folgenden Sätzen zu prüfen: Ist dem Verfasser des Vorschlags die gegenwärtige Einhebungsart genugsam bekannt? ist die vorgeschlagene Einhebungsart darinnen einfacher, daß sie weniger Beamte fordert? daß die eingehenden Summen auf einen kürzeren Weg in die Staatskassen verschaft werden? oder, ist sie einfacher, weil der Verfasser bei dem Entrichtenden auf eigne, oder erzwungene Rechtschaffenheit zählet, die sich in Geschäften, wo der Eigennutz einschlägt, wenigstens im allgemeinen nicht voraussetzen läßt? endlich ist die einfache Behebung auf der einen Seite nicht auf der andern für die Entrichtenden mehr beschwerlich?

§. 225. Die Vergrösserung der Einnahme bei wirklich belegten Gegenständen kann entweder von Verhinderung der Zwischenabfälle, oder von genauer Aufsicht, um dem Unterschleif vorzubeugen, oder von strengerer Eintreibung der Entrichtung, od von der erweiterten Verzehrung des belegten Gegen   , oder endlich von

Er-

Erhöhung des Entrichtungsantheils hergeleitet werden. Jeder dieser Ableitungen sagen eigne Prüfungssätze zu: Sind die Zwischenabfälle dargethan? sind sie wenigstens bei der gegenwärtigen Einrichtung des Gefälles wahrscheinlich? und zeigt der Projektant, daß er diese Einrichtung genau genug kenne, um darüber ein Urtheil zu fällen? Sind die zur Verhinderung des Unterschleifs, und strengeren Eintreibung gewählten Mittel nicht der Würde des Regenten unanständig? arten sie nicht in Bedrückungen aus, welche den Willen zum Unterschleif eher erwecken, als benehmen? geben sie den Beamten nicht zu Plagereien, und dadurch zu Abkartungen, und geheimen Unterschleifsverträgen Gelegenheit? binden sie dem Regenten nicht die Hände in Ansehen der nothwendigen Nachlassungen, oder Vergebung? die Erhöhung der Entrichtung, wird sie nicht auf die Verminderung der Verzehrung, und was noch nachtheiliger sein würde, auf die Verminderung der Erzielung einfliessen? endlich zugegeben, daß eine wirkliche Vermehrung bei einem Zweige der Einnahme erfolge; was für eine Wirkung hat diese Erhöhung auf das ganze? gewinnt, wenn alle Zweige zusammengehalten werden, die Hauptsumme der Einkünfte einen wirklichen Zusatz, welcher dem Regenten die Verringerung bei einem andern zu hoch angelegten Theile gestattet?

§. 226. Neue Gegenstände der Belegung aufzufinden scheint dem Entwurfmacher immer das leichteste. Die Pächter der römischen Einkünfte unter den Kaisern waren zugleich auch Projektanten: Sie riethen Abgaben auf den Harn, den Staub, den Kehricht, und Koth, auf Leichen, Rauch, Luft, und Schatten an. Es gab nach dem Tacitus ......ssersteuer, Ufersteuer, eine

Steuer

Steuer auf Räder, Deichsel, Lastthiere, auf alles was der Erfindsamkeit der Pächter zu unmäßigen Forderungen nur einen Namen anbieten konnte. Aber die neuen Gegenstände, bieten sie einen Grund zu einer Entrichtung? bieten sie einen Maaßstab zu einen billigen Verhältnisse an? vertragen sie eine Entrichtung ohne Abnahme, vieleicht ohne gänzliche Vernichtung ihrer eignen Erzielung? oder doch ohne eine Abnahme in der Erzielung anderer Gegenstände zu verursachen? und abermal, was kann in Zukunft die Wirkung dieser neuern Anlage auf die arbeitende Klasse, auf die Aemsigkeit, auf die Handlung, mithin unmittelbar auf die allgemeine Beitragsfähigkeit? gegenwärtig aber auf die Gröſſe, und Gewißheit der öffentlichen Einnahme sein.

§. 227. Ein solcher Entwurf muß sorgfältig zergliedert, alle einzelnen Theile untersuchet, und gegen die angeführten Grundsätze gehalten werden. Uibrigens dürfte eines der leichtesten, und zugleich zuverläßigsten Mittel das Uibergewicht der Vortheile, und Nachtheile bei Entwürfen zu entdecken dieses sein: daß dieselben ohne Namen durch den Druck bekannt gemacht, und gleichsam der allgemeinen Untersuchung freigestellet werden.

Mit Druckfreiheit der Juristischen Fakultät. Sign. Ingolstadt den 29. Maymonats 1786.

Licent. J. Lichtenstern, Mpria.

Churfürstl. Sekretär und Universitäts Notarius.

www.ingramcontent.com/pod-product-compliance
Lightning Source LLC
Chambersburg PA
CBHW032006300426
44117CB00008B/914